MEMORIALES

DE

FRAY TORIBIO DE MOTOLINIA

MANUSCRITO DE LA COLECCIÓN

DEL

SEÑOR DON JOAQUÍN GARCÍA ICAZBALCETA

PUBLÍCALO POR PRIMERA VEZ

SU HIJO LUIS GARCÍA PIMENTEL

Con una lámina

MÉJICO

EN CASA DEL EDITOR

CALLE DE DONCELES, N° 8

PARÍS	MADRID
EN CASA DE A. DONNAMETTE	LIBRERÍA DE GABRIEL SÁNCHEZ
30, RUE DES SAINTS-PÈRES	CALLE DE CARRETAS, N° 21

1903

DOCUMENTOS HISTÓRICOS

DE MÉJICO

TOMO I

Es oprobio á cualquiera que pretende tener
alguna ilustracion ignorar la Historia de su país.

QUINTANA.

MEMORIALES

DE

FRAY TORIBIO DE MOTOLINIA

MANUSCRITO DE LA COLECCION

DEL

SEÑOR DON JOAQUIN GARCÍA ICAZBALCETA

PUBLÍCALO POR PRIMERA VEZ
SU HIJO LUIS GARCÍA PIMENTEL

Con una lámina

MÉJICO
EN CASA DEL EDITOR
CALLE DE DONCELES, Nº 9

PARÍS	MADRID
EN CASA DE A. DONNAMETTE	LIBRERÍA DE GABRIEL SÁNCHEZ
30, RUE DES SAINTS-PÈRES	CALLE DE CARRETAS, Nº 21

1903

INTRODUCCIÓN

———

El tomo XXXII de la *Coleccion de Manuscritos relativos á la Historia de América*, formada por mi padre, comienza con la siguiente advertencia :

« Dos obras se contienen en el presente volúmen, ambas escritas de mi mano.

« Es la primera una copia del manuscrito de Fr. Toribio de Motolinia, sacada de là coetánea que se encuentra en el « Libro de Oro », tomo XXXI de esta « Coleccion de Manuscritos ».

« Por los años de 1860 ó 61 el Sr. D. Francisco Gonzalez de Vera me dió la noticia de encontrarse de venta en Madrid ese precioso Códice ; y con ocasion de emprender viaje á Europa en aquellos dias mi excelente amigo el Sr. D. José María Andrade, le rogué que procurase adquirirle. El Sr. Andrade cumplió con exceso su encargo ; y digo con exceso, porque compró el Códice para sí en 200 pesos, le puso en mis manos luego que regresó y acabó por regalármele.

« En él encontré, casi al principio y sin título alguno, este manuscrito del P. Motolinia, que parece ser un primer ensayo de la *Historia de los Indios de Nueva España*, que publiqué en 1858 (*Coleccion de Documentos para la Historia de México*, tomo I). Comparadas ambas obras, se advierte que van conformes en muchos capítulos; pero en otros discrepan totalmente, habiendo de más y de menos en una y otra. El manuscrito excede mucho al impreso en lo relativo á las antigüedades de los indios, y trae un tratado del Calendario; pero en el impreso hay de mas la Vida de Fr. Martin de Valencia, y algo relativo á la conversion. La estampa del Calendario es á mi juicio la que mencionan Torquemada en su *Monarquia Indiana* (libro X, capítulo 36) y Enrico Martinez en su *Reportorio de los Tiempos* (trat. II, capítulo 9).

« Este manuscrito, importantísimo y muy digno de la prensa, es posterior al año de 1541. Por el desórden que se nota en él, sobre todo al fin; por la confusión con que están mezclados asuntos muy diversos, por el desaliño del estilo, y aun por la falta de numeracion en la mayor parte de los capítulos, me inclino á creer que es uno de los borradores de que sacó el autor la *Historia de los Indios*, mucho mejor ordenada ya.

« El otro manuscrito que completa el volumen es una copia de la *Breve Relacion* del oidor Zurita, inédita todavia en su verdadera forma. Lleva al frente una advertencia en que se explica el orígen de la copia, y solo resta decir que el original, despues de pasar por varias manos, ha desaparecido.

« México, Julio 28 de 1881.

« JOAQUIN GARCÍA ICAZBALCETA. »

La *Breve Relacion* del oidor Zurita, la publicó mi padre en 1891, en el tomo III de su *Nueva Coleccion de Documentos para la Historia de México*.

Los *Memoriales* de Fray Toribio de Motolinia, que se imprimen ahora, van enriquecidos con aclaraciones de nuestro eminente sabio Don Francisco del Paso y Troncoso, quien asimismo enmendó las palabras en mejicano, la mayor parte de las cuales están mal escritas en el original de Motolinia.

Me ayudaron á arreglar el manuscrito para la imprenta, el Sr. Troncoso, en Europa; y desde Méjico, los Señores Presbítero Don Vicente de Paul Andrade y Don José María de Agreda y Sanchez, ambos de reconocida competencia en la materia. En París, puso á mi disposición su biblioteca el insigne filólogo Don R. J. Cuervo. Debo, y lo hago con el mayor gusto, manifestar publicamente mi gratitud á estos excelentes amigos mios, como lo fueron de mi padre. Tambien le estoy obligado al Sr. Mortreuil, Secretario-tesorero de la Biblioteca Nacional, por las atenciones que ha tenido conmigo.

Noticias de la vida y escritos de Fray Toribio de Motolinia se encuentran en el magistral opúsculo, así intitulado, de Don José Fernando Ramirez, que está al frente de la *Historia de los Indios de Nueva España*.

Los *Memoriales de Fray Toribio de Motolinia* abren una serie de publicaciones, que me propongo ir dando á luz, ó reimprimiendo, con el título de *Documentos Históricos de Méjico.*

Mi único objeto es difundir nuestra historia. De la cultura y patriotismo de mis compatriotas espero cooperación, ó por lo menos indulgencia para esta empresa. Confío firmemente en que Dios me prestará su auxilio, indispensable para llevarla á buen término.

París, 14 Julio 1903.

Luis García Pimentel.

O. S. C. S. M. E. C. A. R.

ADVERTENCIAS

Los *Memoriales* de Motolinia aparecen divididos en dos partes, pero el autor tenía la intencion de que fuesen cuatro, como lo indican las referencias que hace á la *tercera* y á la *cuarta*. El Sr. Troncoso propone que se consideren subsistentes las cuatro divisiones : la primera, que intitula *Ritos, idolatrías y ceremonias de los Indios*, terminaría con el capitulo 31 ; la segunda, *Conversión de los Indios*, con el 54, ambos pertenecientes á la *primera* parte de Motolinia. A la tercera no le da nombre, mas podría aplicársele el de *Descripcion del país*; *sus producciones*, en vista de la primera de las notas que puso al capítulo 19 de la *segunda parte* de Motolinia. Esta parte, la cuarta del Sr. Troncoso, tampoco tiene título : en mi concepto, le convendría el de *Religion, gobierno, usos y costumbres de los Indios*, excepto al capítulo 19, que se trasladaría á la tercera, por lo expuesto en la nota citada antes.

Para distinguir las apostillas del original, de las agregadas por el Sr. Troncoso, se ponen las primeras en *letra cursiva*.

Les fechas en apostilla al márgen, que corresponden á las que están con letra en el texto, son de mi padre ó del Sr. Troncoso, y sirven para encontrar fácilmente las fechas, ó rectificar las equivocadas en el original.

Hay algunas notas de mi padre, y una del Sr. Pbro. Andrade : las primeras llevan al fin (G. I.) y la segunda (A.).

Las adiciones, que he creído indispensable poner, y alguna nota mía, van marcadas con (G. P.).

Las *versalitas* en frases, palabras, sílabas ó letras, significan correcciones para aclarar pasajes confusos del original, hechas por mi padre ó por el Sr. Troncoso. Ya el primero había usado este sistema, con la mira de « excusar infinitas notas, que no harían más que distraer al lector, guardándose al mismo tiempo el respeto debido á los originales. » (*Coleccion de Documentos*, I, XIII.)

Siguiendo este método, conservo las palabras erradas en el original, tal cual están, poniendo inmediatemente después de cada una de ellas, la correcta, entre paréntesis.

Respecto á las palabras mejicanas, el Sr. Troncoso opina que se haga lo mismo. Hé aquí lo que sobre el particular me dice de Florencia : « Las correcciones de palabras mexicanas mal escritas en el original, me parece bien que se hagan como Ud. ha pensado, poniendo primero el vocablo errado y en seguida el corregido, entre paréntesis. » Asimismo, todas las palabras mejicanas van en *letra cursiva*, de acuerdo con el parecer del Sr. Troncoso. « Los editores — agrega en la carta que acabo de citar — han adoptado la regla de imprimir con cursiva los vocablos extraños á la lengua en que está escrito el original : así puso D. Fernando Ramírez las palabras mexicanas del Durán ; y yo, en lugar de Ud., así pondría también las de los *Memoriales* : de tal manera, saltarán á los ojos del estudioso los vocablos de lengua mexicana que se proponga buscar en el texto. »

El signo § delante de un párrafo, denota que ese párrafo debe ir aparte, según el Sr. Troncoso.

Las citas de la Sagrada Biblia han sido confrontadas con el texto de la Vulgata y corregidas por D. Miguel de Toro Gómez.

L. G. P.

EPÍSTOLA PROEMIAL DEL AUCTOR AL ILUSTRÍSIMO SEÑOR CONDE DE BENAVENTE, DON ANTONIO PIMENTEL, EN LA CUAL SE DECLARA EL ORIGEN DE LOS PRIMEROS POBLADORES É HABITADORES DE LA NUEVA ESPAÑA.

La paz del muy alto Señor Dios nuestro sea siempre con su santa ánima. Amen.

Nuestro Redentor y Maestro Jesucristo, en sus sermones, formaba las materias, parábolas y enjemplos segun la capacidad de los oyentes, á cuyo enjemplo digo que los caballeros leales y cuerdos se deben preciar de lo que su rey y emperador se precia, porque hacer lo contrario seria gran simpleza, y locura no pequeña el siervo desdeñar y despreciar aquello de lo cual su señor presume y se prescia ; y de aquí es que en la corte cuando el Emperador se prescia de justador, todos los cortesanos se precian de lo mismo ; y si el rey se inclina á ser cazador, los caballeros se dan á la caza, y el traje que el rey ama y se viste, de aquel se visten los cortesanos. Nuestro Señor, Rey de los Reyes y Señor de los Señores, hecho hombre, de ninguna cosa más se preció ni presumió que de la cruz, en la cual estaba la redencion del humanal linaje y la exaltacion y gloria de ese mismo Señor nuestro ; y de aquí es que los de su corte, como cuerdos, se preciaron y presumieron más de la misma cruz que de otra cosa ninguna, y por eso decian : *Nos autem gloriari oportet in cruce Domini nostri Jesu Christi in quo est salus, vita et resurrectio nostra etc.* No nos conviene tanto gloriar é presumir en cosa del mundo como en la cruz de Jesucristo, en la cual está nuestra salud y vida y toda nuestra redencion. La razon es que el cuerdo se precia de lo que le hace hombre, y ansi es que el hombre sabio de ninguna cosa se precia más que de la razon, que le hace hombre y le distingue de los brutos, y presume guiar todas las cosas por el nivel de la razon que le hace hombre. Dios

1

precióse de la cruz porque la cruz le hizo hombre, y en la cruz determinó redemir al hombre, por lo cual por muchos años deseó la cruz y morir en ella por redemir al hombre, y ansi mas sed tenia y deseo en el oprobrio de la cruz, que de la honra y recibimiento de Jerusalen : y pues el Señor se precia del fruto de la cruz, que son las ánimas de los que se han de salvar, creo yo que Vra. Illma. Sria., como cuerdo y leal siervo de Jesucristo, se gozará en saber é oir la salvacion é remedio de los convertidos en este Nuevo Mundo, y en el fruto de la cruz de Cristo y de su pasion. Ansimesmo soy cierto se alegrará y no poco Vra. Sría. en ver cómo aquella letra de nuestro rey y emperador, *scilicet, Plus Ultra*, en estas partes occidentales se cumple y ensancha á banderas desplegadas, más que en parte del mundo. Ca ciertamente por esta tierra grande é incógnita se dijo propiamente aquel *Plus Ultra*, pues en las otras partes del mundo notorio era y sabido esta su imperial (*un hueco en el original*) y potencia, como está dilatado ; mas en esta Nueva España en tiempo de su reinado comenzó, y cada dia se descubren grandes y ricas tierras y subjetándoselas sus capitanes y gobernadores, el blason de S. M. siempre esta diciendo *Plus Ultra* « adelante » ; y porque Vra. Illma. Sria. es tan leal servidor é íntimo amador de S. M. y de su imperial estado, como tal se gozará, será servido y espiritualmente consolado de oir y saber el favor y celsitud y dilatamiento de nuestra santa fe católica cristiana, que Dios en este Nuevo Mundo occidental ha obrado en estos nuestros tiempos, por ser honra y gloria del muy soberano Señor nuestro, universal rey de todo lo criado, cuya es toda la bondad y virtud que en Vra. Illma. Sria. y en todos los príncipes virtuosos de la tierra resplandece, de cuyo poder no es menos dotado y favorescido Vtra. Illma. Sria. que lo fueron vuestros antecesores, segun los loables y esclarescidos principios que ya la espiriencia ha enseñado, MOSTRANDO SER no menos generoso que católico subcesor de la muy afamada casa y excelente ditado de Venavente, por lo cual debemos todos sus siervos y capellanes los frailes menores, en especial yo, aunque el más pobre y menguado de toda la virtud, estudiar, trabajar de servir y reagradescer la intima devocion de Vtra. Illma. Sria. á

nuestro estado ; y á esta causa ruego con amor Á VRA. SRIA. re-
ciba este pequeño servicio hecho con amor y el trabajo de él
acete, que cierto por caer sobre otros muchos y no pocos cui-
dados, no ha sido pequeño : ca todo lo mas fué ó quitado de
mi espiritual consolacion ó del sueño necesario ; porque qui-
tarlo de la consolacion que debo y soy obligado dar al prójimo
no se sufre, ni la conciencia lo consiente : ca ciertamente de
esta manera que digo he copilado esta relacion y servicio que
á Vtra. Illma. Sria. presento, en la cual segun mi cortedad
pienso me he alargado, salvo en una sola cosa, que es en dar
cuenta á Vtra. Sria. del origen y principio de los primeros
habitadores y pobladores de esta Nueva España, lo cual dejé
por no ofender ni divirtirme en la historia é obra de Dios, si en
ella contara la historia de los hombres.

Pero porque esta obra no parezca ir coja de lo que los
hombres naturalmente desean saber é investigar, y aun en la
verdad es gloria de los señores y príncipes buscar y saber
secreto, segun aquello del sabio : *Gloria Regum investigare* Prov. XXV 2.
sermonem, en esta declararé brevemente los que primero habitaron en esta tierra de *Anahuac* ó Nueva España los que
primero la habitaron, segun los libros antiguos que estos
naturales tenian de caracteres é figura, ca esta era su escritura ; é á causa de no tener letras sino caracteres é la memoria
de los hombres es DEBIL, algunas veces no se acordando bien,
son varios los viejos en la manera de declarar las cosas antiguas, ca para bien entenderlas requiérese plática ; pero de
todas las opiniones é libros diré aquí lo que por más verdadero
he podido averiguar y colegir de los libros historiales más
verdaderos. Habia entre estos naturales cinco libros, como
dije, de figuras y caracteres : el primero hablaba de los años
y tiempos : el segundo de los dias y fiestas que tenian en todo
el año : el tercero que habla de los sueños y de los agüeros,
embaimientos y vanidades en que creian : el cuarto era del
bautismo y nombres que daban á los niños : el quinto es de los
ritos, cerimonias y agüeros que tenian en los matrimonios.
Los cuatro de estos libros no los ha de creer Vra. Illma. Sria.
como los Evangelios, porque ni los escribieron Juanes, ni
Lucas, ni Marcos, ni Mateos, mas fueron inventados por los

demonios. El uno, que es de los años y tiempos, de este se puede tomar crédito, que es el primero, porque en la verdad, aunque bárbaros y sin escrituras de letras, mucha órden y manera tenian de contar los mesmos tiempos y años, fiestas y dias, como algo de esto parece en la primera parte del tratado y DÉCIMO sexto capítulo. Ansimismo escribian y figuraban las hazañas é historias de guerras, Y LAS del subceso de los principales señores, de los temporales, y pestilencias, y en qué tiempo y de qué señor acontecian, y todos los que subjetaron principalmente esta tierra é se enseñorearon hasta que los españoles entraron. Todo esto tienen escrito por caractéres é figuras.

Este libro que digo se llama en lengua de estos indios *xihu-tonal amatl*, que quiere decir libro de la cuenta de los años; pues lo que deste libro se ha podido colegir por más averiguado de los que esta tierra poblaron, es tres maneras ó géneros de gentes. Hay en esta Nueva España tres generaciones. A los unos dicen *chichimecas*, que fueron primeros en esta tierra: los segundos los de *Culhua*, y los terceros los *mexicanos*. De los *chichimecas* no se halla más por lo escrito de ochocientos años que son moradores en esta tierra, y aunque se cree haber más años, ó los antiguos libros son perdidos ó no lo escribian, y aun estos no se halla que tuviesen libros, por ser gente muy bárbara y como salvajes, hasta que vinieron los de *Culhua* que comenzaron á escribir é hacer memoriales por sus caractéres. Estos *chichimecas* no se halla que tuviesen casa ni lugar, ni vestidos ni maiz ni otro género de pan ni semillas. Habitaban en cuevas y en los montes: manteníanse de raices del campo y de venados, conejos, liebres y culebras, y esto comian crudo seco al sol, é aun hoy dia hay gentes que viven de esta manera, segun que mas largamente podrá dar cuenta á Vtra. Illma. Sria. el portador de esta, porque él con otros tres ó cuatro compañeros atravesaron ochocientas leguas, trayéndolos Dios maravillosamente, y descubrieron mucha tierra en la parte á do agora han ido españoles, y en esta sazon han llegado cartas cómo han hallado principios de grandes pueblos y de mucha gente. La primera ciudad se dice *Cibola*, en la cual quedaban los españoles: creese ser gran puerta para adelante. Estos cuatro españoles que digo fueron de los que se perdieron de la armada del desdichado Panfllo de Narvaez, é antes que á esta Nueva España aportasen estuvieron mas de ocho años esclavos cabtivos en los cuales padecieron grandísimos trabajos. § Tenian y reconoscian estos *chichimecas* á uno por mayor, al cual obedecian como *pater familias*. Tomaban á sola una por mujer, é no propinca pariente : no tenian sacrificios de sangre ni idolos, mas de llamar al sol y tenerlo por Dios, al cual ofrecian aves, culebras y mariposas : esto es lo que de estos primeros *chichimecas* se ha podido alcanzar. § Los segundos ó segunda generacion son, como dije, de *Culhua*, los cuales de cierto no se sabe de dónde vinieron : dícese no ser naturales sino que fueron de los primeros, despues que ya los *chichimecas* habitaban la tierra treinta años antes, de manera que hay memoria de estos de *Culhua* 770 años. Estos poblaron y cultivaron la tierra é fué gente de más razon é de mas policia : estos comenzaron á edificar é hacer casas, y despues de mucho tiempo que estos de *Culhua* estaban en esta tierra, los primeros *chichimecas* comenzaron á comunicar con ellos y á contratar matrimonios los unos con los otros, que antes no habian querido ó no osaban ; y este tiempo que no se comunicaron fué ciento y setenta y tantos años.

771.

Los terceros como arriba hice mencion son los *mexicanos*. Del origen de estos terceros en la tercera parte dije algo. Estos mexicanos algunos quieren sentir que son de los mesmos de *Culhua*, y la lengua consiente de ello, ca toda es una, agora sean de ellos, agora no. Los de *Culhua* tienen por primeros, y los mexicanos que volvieron despues de ellos. De estos dicen que no vinieron señores principales ni de manera ni de señalado linaje ; bien es verdad que habia entre ellos algunos que mandaban como capitanes. Los de *Culhua* parecieron gente de más cuenta y señores principales : los unos y los otros vinieron á la laguna de México : los de *Culhua* entraron por la parte de Oriente, y encomenzaron á poblar y edificar en un pueblo que se dice *Tullancinco* (*Tullantcinco*), diez y siete leguas de México, y de allí fueron á *Tullan*, doce leguas de México hácia el norte, y vinieron poblando hacia *Tezcuco*, que es á la vera de la laguna de México, cinco leguas de traviesa de

Siglo X.

agua y ocho de bojeo. *Tezcuco* está á la parte del oriente y México al occidente y la laguna en medio. Algunos dicen que *Tezcuco* se dice *Culhua* por respeto de estos que allí poblaron. Despues el señorio de *Tezcuco* fué muy grande, semejante al de México. De allí de *Tezcuco* vinieron á edificar á *Covatlinchan*, poco mas de una legua á la vera de la laguna entre el oriente y el mediodia. De *Covatlinchan* vinieron á *Culuacan* á la parte del mediodia : tiene á México al norte dos leguas. Alli en *Culuacan* asentaron y estuvieron muchos años. Donde es agora México era entonces ciénegas y manantiales, salvo un poquillo que está enjuto como isleta. Alli comenzaron los de *Culhuacan* de hacer unas poquillas de casas de paja, pero la cabecera y el señorio estaba en *Culhuacan* é alli residia el señor principal.

En aqueste medio tiempo vinieron los terceros *mexicanos*, y vinieron tambien por la parte del norte en respeto de México, y vinieron hácia el poniente poblando á *Azcapuzalco*, poco más de una legua de México, y de allí á *Tlacuba* hasta *Chapultepec*, que es do nace la gran fuente que entra en México, una legua escasa, y de alli poblaron á México, residiendo los mexicanos en México, cabesera de su señorío, y los de *Culhua* en *Culhuacan*.

En este tiempo levantóse un principal de los de *Culhua*, y con ambicion de señorear mató á traicion al señor de los de *Culhua*, el cual era treceno señor despues que poblaron y estaban en *Culhuacan*, y diez y seteno despues que estaban en la tierra : callo los nombres, por ser extraños. El señor que mató aquel traidor llamábase *Acamapichzin*, y el homicida levantóse por señor, y tambien quiso matar á un (HIJO) que tenia del mesmo nombre del padre, *Acamapichzin*, sino que su madre lo escapó de noche, que se metió con él en una canoa ó barca, y llevólo á *Covatlinchan*, como otro tiempo hizo Josavá cuando la cruel Athalia por reinar mató todos los que eran de sangre real, Josavá escondió á Joas, heredero hijo del rey que despues reinó en Jerusalem, e sobrino de la mesma Josava. Algunos querian decir que este *Acamapichzin* ó *Acamapichtli*, que no era hijo del muerto á traicion sino su sobrino, pero que heredaba, y todos concuerdan que era

legítimo heredero, y tambien dicen que la que lo escondió y
escapó que no era madre sino ama ó madre de leche.

Este *Acamapichzin* crióse algunos años en *Couaichan* (*Couatlichan*), y siendo mochacho fué llevado á México, é los mexicanos teníanlo en mucho, porque sabian que era de linaje é
legítimo heredero y señor de la casa de *Culhua*, y desque fué
de edad procuraron los más principales de los mexicanos de
darle sus hijas por mujeres, por ser de aquel linaje y heredero
de la casa de *Culhua*, y allegó á tener hasta veinte mujeres
principales, de las cuales hobo muchos hijos, de los cuales
descienden los principales señores de todas las comarcas de
México. A este le favoreció la fortuna cuanto desfavoreció
á su padre, ca fué el primero señor de México, y tambien
volvió á ser señor de *Culhuacan*, é aun viviendo dió á un hijo
suyo el señorio de *Culhua*, y él quedó en México, y en tiempo
de este fué muy noblecida México, ca la señoreó cuarenta y
seis años ; y del señorio de *Culhuacan* algunos pueblos de
los que obedecían al viejo *Acamapichzin* muerto á traicion
no obedecieron al hijo *Acamapichzin*. Muerto este *Acamapichzin*. sucedióle un su hijo que se llamó *Uiciliuizin* (*Uitcili-
uitzin*. Este se mostró más señor é sujetó mas pueblos é
aumentó el señorio mexicano. A este *Vicilivicin* (*Uiliuicin*)
subcediole un su hermano llamado *Chimalpupucazin* (*Chimalpupucatzin*) al cual no le favoreció la fortuna porque quirién-
dose restituir y enseñorearse como sus antepasados, sus
contrarios los de *Culhua* le mataron á él y al que estaba por
señor en *Culhuacan*, que era del linaje de este mesmo señor
de México *Chimalpupucatzin* ; y estos fueron muertos no por
falta de gente y favor, mas porque los tomaron descuidados
y desapercibidos. A este *Chimalpupucazin* (*Chimalpupucatzin*), (tercero) señor, subcedióle un su hermano llamado *Iscoacin* (*Itzcoatzin*), el cual muy bien vengó la muerte de su hermano, é fué venturoso en las guerras : subjetó muchos pueblos y
provincias é hizo templos muchos é amplió los de México.
A este *Iscoacin* (*Itzcoatzin*), cuarto señor, subcedió el quinto,
llamado *Veve Motecçuma*, que quiere decir *Motecçuma* el viejo: Aqueste era nieto de *Acamapichzin* el mozo que arriba dije,
que escapó cuando mataron al padre á traicion, el cual *Aca-*

mapichzin fué el primer señor de México, é subcedióle *Vici-liuicin* (*Uitciliuitcin*), segundo señor de México, porque esta era la costumbre de heredar é subceder en los señorios, que muerto el señor subcedianle los hermanos, si los tenia, y á los hermanos les subcedia otra vez el hijo del mayor hermano. En algunas partes sucedia el hijo al padre, pero lo del subceder los hermanos fué más general.

Muerto *Moteczuma* el viejo sin hijo varon legítimo, sub-cedió la una hija legítima cuyo marido fué un su muy cercano pariente.

Aquesta hija de *Veve Moteczuma* y su marido hobieron tres hijos. El primero se llamó *Axayacin* (*Axayacatcin*), padre de *Moteczuma* el mozo : el segundo hijo se llamó *Tizocicazin* (*Tizocicatzin*) : el tercero *Avizocin* (*Auitzotcin*), que señorearon por su órden *subcesive*, como dije de sus antepasados. Muertos estos tres hermanos, subcedió el dicho *Moteczumacin* (*Moteczumatcin*), segundo de este nombre, hijo legítimo, que no habia otro de *Axayacacin* (*Axayacatcin*), que fué hijo mayor de *Moteczumacin* (*Moteczumatcin*) el viejo.

Este *Moteczuma* es el que reinaba y señoreaba cuando vinieron los españoles y entraron en esta tierra de *Anahuac* y Nueva España llamada primero por el Emperador, y á la sazon reinaba este *Moteczuma* en la mayor prosperidad que nunca él ni sus antecesores tuvieron. Aquesta dicion *zi* que se añade á los nombres de los señores aqui nombrados, no es propia de los nombres ; mas añádese por cortesia y dignidad y acatamiento. Y porque por sus pronósticos y agüeros tenian que su gloria, triunfo y majestad no habia de durar muchos años, é que en su tiempo habian de venir otras gentes á enseñorearse en la tierra, *Moteczuma* no vivia alegre sino triste conforme á la etimología é interpretacion de su nombre ; ca *Moteczuma* quiere decir hombre triste y sañudo ; y por esta causa le llamaron *Moteczuma*, que en buena significacion quiere decir hombre grave y modesto y que se hace temer y acatar, como dizque él lo era y lo hacia. De este Moteczuma y de su estado &c. está dicho en la tercera parte.

Estos indios, demás de poner por memoria las cosas ya dichas, en especial el suceso y generacion de los señores y linajes principales, y cosas notables que en sus tiempos, acontecian, por figuras, que era su modo de escribir, habia tambien entre ellos personas de buena memoria que retenian y sabian, aun sin libro, contar y relatar como buenos blibistas ó coronistas el suceso de los triunfos é linaje de los señores, y de estos topé con uno á mi ver bien hábil y de buena memoria, el cual sin contradiccion de lo dicho, con brevedad me dió noticia y relacion del principio y origen de estos naturales, segun su opinion y libros.

Cuanto al lugar, dice que estos indios de la Nueva España traen principio de un pueblo llamado *Chicomuztotlh* que en nuestra lengua castellana quiere decir « siete cuevas ». Comienza á contar ÉSTE de un anciano viejo de que ellos toman principio, ·llamado por nombre *Iztacmixcoatlh*. Este, de su mujer llamada *Ilancue*, ovo seis hijos. Al primero llamaron *Gelhua :* al segundo *Tenuch :* al tecero *Ulmecatlh :* al cuarto *Xicalancatl :* al quinto *Mixtecatlh :* al sexto *Otomitlh :* de estos proceden grandes generaciones, casi como se lee de los hijos de Noe.

El nombre del primero escrito *Gelhua* ó *Xelua* con *x* al principio, porque esta lengua entre otras letras de que carece la una es *g :* este *Xelhua* pobló á *Cuauhquechulan* y á *Itzucan, Tzepatlan, Teopantlan* y despues á *Teoacan, Cuzcatlan, Teutitlan,* &c.

Del segundo hijo llamado *Tenuch* vinieron los *Tenuchca*, que son los mesmos mexicanos que se llamaban *mexica* y *tenuchca.*

Del tercero y cuarto llamados *Ulmecatlh* é *Xicalancatlh* tambien descendieron muchas gentes y pueblos. Estos poblaron á do agora está edificada la ciudad de los Ángeles y en *Totomihuacan* &c., é andando el tiempo tuvieron grandes guerras, y sus contrarios destruyeron entre otras cosas á *Vicilapan* y á *Cuetlaxcoapan*, que es á do agora está la ciudad de los Ángeles, é mucha parte de *Totomiuacan*, porque se juntaron contra ellos muchos pueblos y gente de los *xicalanca* ó *xicalancas :* fueron tambien poblando hácia á *Cazacualco* (*Coatzacualco*), que es hácia la costa del norte, y adelante en la misma costa está un pueblo de mucho trato ·á do solian ayuntarse muchos mercaderes de diversas partes y diversas tierras y van allí á contratar, que se dice *Xicalanco* ó tercero pueblo del mesmo nombre. OTRO PUEBLO DEL MESMO NOMBRE me acuerdo haber visto en la provincia de *Maxcalcingo*, cerca del puerto de la Veracruz, que poblaron los *Xicalancas*, y aunque están ambos en una costa, hay mucha distancia del uno al otro.

Del quinto hijo *Mixtecatlh* vienen los *Mixtecas*, é la tierra que habitan se llama *Mixtecapan*. Es un gran reino. Desde el primer pueblo que se llama *Acatlan*, que es hácia la parte de México, al postrero que se dice *Tututepec*, que es á la costa del mar del Sur, son cerca de ochenta leguas. En esta *Mixteca* hay muchas provincias y pueblos, y aunque es tierra de muchas montañas y sierras, toda va poblada de mucha gente : hace algunas vegas y valles ; pero no hay ninguna tan ancha que pase de una legua. Es tierra muy poblada y rica, do hay minas de oro y plata y muchos morales, por los cuales aquí se comenzó primero á criar seda en cantidad en esta Nueva España ; y aunque no ha mucho que esta granjería se comenzó, dícese que cojerán en este presente año mas de quince ó veinte mil libras de seda. Sale tan buena, que dicen los maestros que la *tonoci* es mejor que la joyante de Granada : la joyante de esta Nueva España es muy extremada de buena. Esta es tierra muy sana, y de muy buena templanza, por lo cual es muy de notar que todo el año en peso se cria la seda, sin faltar ningun mes. Antes que esta carta escribiese, en este mesmo año, anduve por esta tierra que digo más de treinta dias, y por el mes de Enero ví en muchas partes semillas dé seda que revivia, é gusanitos negros, y otros blancos, de una dormida y de dos y de tres y de cuatro dormidas, y otros gusanos hilando, y otros en capullo, y palomitas que echaban simiente. Dos cosas hay que notar, ó tres en esto : la una poderse siempre avivar la semilla, y aun sin ponerla en los pechos ni entre ropa, como en España : la otra que en ningun tiempo se mueren los gusanos, ni con frio ni con el mayor calor, y haber en los morales hoja verde todo el año, y ansi es que por la templanza de la tierra algunos morales no dejan del todo ni pierden la hoja : é porque yo he visto todo esto que digo, lo óso afirmar y decir. Podráse criar la seda en cantidad dos veces en el año, y poca siempre, como dicho es. No es poca cosa ver las casas donde se cria la seda : unas llenas de panelas, adonde se cria el gusano hasta que ha dormido, y de estas hay hasta sobre cuatro ó cinco mil y más : otras casas enjarciadas, que como las casas son grandes, los zarzos que en ellas HAY son innumerables, porque hay muchos españoles que tienen siete y ocho casas de mas de doscientos pies de largo y muy anchas y muy altas, en las cuales caben sobre diez ó doce mil zarzos, y desque el gusano ha hilado, quedan todas las casas llenas de capullos de seda desde el suelo hasta el techo, que parecen una floresta llena de rosas. Esta rica granjeria del criar de la seda, con la cual se remedian muchos españoles, introdujo y comenzó el señor visorey D. Antonio de Mendoza, favoresciendo á los maestros que sabian criar seda y morales, é incitó é despertó á muchos para que se diesen á ella ; y vista ser muy provechosa, está ya por toda esta Nueva España muy multiplicada. Ansimesmo ha Su Señoria introducido y traido de España otros muchos oficios que ennoblecen y enriquecen esta tierra, especialmente el hacer de los paños, que encierra en sí mas de veinte distintos, y está ya este oficio tan adelante, que demas de los paños bajos se han hecho refinos, y se tejen rasos, tafetanes y terciopelos y carmesí. Hay ya en México veinte telares de sedas, y muy presto se tejerán las otras sedas de labores : pues emprenta é impresion de libros de moldes y el hacer del vidro no ha sido poca admiracion á los indios naturales : enfin de esta *Mixteca* que he dicho está el rico é fertilísimo valle de *Huaxyac*, del cual se intitula el señor Marqués D. Hernando Cortés y en él tiene muchos vasallos.

En el medio de este valle, en una ladera, está edificada la ciudad de Antequera : es abundosísima de todo género de ganados é muy proveida de mantenimientos, en especial maiz y trigo : en principio de este año ví vender en ella la hanega del trigo á tomin de *tepuzque puztli* (*tepuztli*), que es un real de plata, y en esta tierra no se estima tanto un real como en España medio. Hay en esta ciudad buenas frutas de Castilla, en especial granadas muchas é muy excelentes, é muy muchísimos higos ó muy buenos, que turan casi todo el año y pasan muchos : es la tierra muy natural para higueras, y crianse muy grandes y muy buenas.

Del postrero hijo llamado *Otomitlh* descienden los *otomís*, que es una de las mayores generaciones de la Nueva España. Todo lo alto de las montañas alrededor de México está lleno de ellos, é otros pueblos muchos todos son de *otomís* : el riñon de ellos es *Xilotepec*, *Tula* y *Otomba*. De este sexto hijo *Otomitlh* dicen que salieron los *chichimecas*, y en la verdad estas dos generaciones son las de más bajo metal y de más servil gente de toda la Nueva España ; pero hábiles para recibir la fe, y muy bien han venido al bautismo.

. No he podido saber ni averiguar cuál de estos hijos de *Iztacmixcoatlh* fué á poblar la provincia de Nicaragua : sé empero que en tiempo de una grande esterilidad, de necesidad compelidos, salió mucha gente de esta Nueva España, y barrunto que fué en tiempo de aquella esterilidad de cuatro años de sequedad que no llovió, segun paresce en la primera parte, capítulo veinte. En este tiempo por la mar del sur fué una gran flota de *acales* ó barcas, y aportó y desembarcaron en Nicaragua que dista de México mas de trecientas y cincuenta leguas, y dieron guerra á los naturales que allí estaban poblados, y desbaratándolos, echáronlos de su señorio, y poblaron allí aquellos naturales descendientes de aquel viejo *Iztacmixcoatlh*. Y aunque no puede haber mas de cient años poco más ó menos, cuando los españoles descubrieron aquella tierra, que si bien me acuerdo fué el año de mill y quinientos y veinte y dos, y fué descubierta por el capitan Gil Gonzalez de Avila, apodaron haber en la dicha provincia de Nicaragua quinientas mill ánimas. Despues se edificó alli la ciudad de Leon, que es cabeza de aquella tierra : y porque muchos se maravillan de ver que Nicaragua está poblada de *nauales,* que son de la mesma lengua de México, y no saben cuándo ni por quién fué poblada, pongo aquí la manera, ca es muy incógnita en la Nueva España.

El mismo viejo *Iztamixcoatlh*, padre de los ya dichos, ovo otra mujer llamada *Chimalmatlh*, de la cual ovo un hijo que se llamó *Quizalcoatlh*. Este salió hombre honesto y tem-

1522.

plado. Comenzó á hacer penitencia de ayuno ó disciplinas y á predicar, segun se dice, la ley natural, y enseñó por enjemplo y por palabra ayuno : y desde este tiempo comenzaron algunos en esta tierra á ayunar. No fué casado ni tomó mujer, antes dicen que vivió honesta y castamente. Este *Quezalcoatlh* dicen que comenzó el sacrificio y á sacar sangre de las orejas y de la lengua, no por servir al demonio, segun se cree, mas por penitencia contra el vicio de la lengua y del oir : despues el demonio aplicólo á su culto y servicio. Un indio llamado *Chichimecatl* ató una cinta ó correa de cuero en el brazo de *Quetzalcohuatlh*, en lo alto cerca del hombro, al cual lugar se llama en su lengua *aculli*, y por aquel hecho ó acontecimiento de atarle el brazo, llamáronle *Aculhua*, y de este dicen que vinieron los de *Culhua*, antecesores de *Moteczuma*, señores de México, ya dichos. A este *Quetzalcoatlh* tuvieron los indios de la Nueva España por uno de los principales de sus dioses, y llamábanle Dios del aire, y por todas partes le edificaron templos, y levantaron su estatua y pintaron su figura.

En diversos lugares diversas opiniones tienen y sienten acerca del principio é orígen de estos naturales, en especial de los de *Aculhua*, que fueron los principales señores de esta tierra, y debo declarar á Vtra. Illma Sria, todas las opiniones.

Los de *Tezcuco*, que en antigüedad y señorío son como los mexicanos, estos se llaman hoy dia *aculhuaques*, é todos los pueblos de aquella provincia ó la provincia junta se llama *Aculhuacan*, y este nombre les quedó de un capitan valiente, hombre natural de la mesma provincia que se llamó por nombre *Aculi*, que es ansi y se llama aquel hueso que va desde el codo al hombro, y del mesmo hueso llaman al hombro *aculi* : este capitan que digo era como otro Saul, valiente hombre y alto, que del hombro arriba sobrepujaba á todo el pueblo, y ansi fué TAN esforzado, animoso y nombrado en las guerras, que de él se llamó la provincia de *Tezcuco Acolhuacan*, é uno de aquella provincia se llama *aculhuatl* y en plural *aculhuaque*.

Los *tlaxcaltecas* que recibieron y ayudaron á conquistar á los españoles la Nueva España, y son de los *nauales*, que es la mesma lengua de México y *Tezcuco*, dicen que sus antecesores vinieron de la parte del norueste, que es entre el occidente y setentrion : de aquella parte dicen vinieron sus antecesores, y que para entrar en esta tierra navegaban ocho ó diez dias, é de los más antiguos que alli vinieron tenian dos saetas, las cuales guardaban como preciosas reliquias, y en las guerras las tenian como el vaso ó taza de José, en el cual pensarian los egipcianos que tenian arte de agorear. Estas saetas tenian ellos por principal señal para saber si habian de vencer, ó si debian proseguir la batalla ó retirarse afuera. Estos *tlaxcaltecas* cuando salian á la batalla, dos capitanes los más principales y más esforzados llevaban aquellas saetas, y en el primer recuentro tiraban con aquellas á sus enemigos, y procuraban hasta la muerte de tornarlas á cobrar, y si con ellas herian tenian por muy cierta señal que habian de vencer, y ponianles mucho ánimo y esperanza de prender á muchos en la batalla ; y si con las dichas saetas no herian á nadie ni sacaban sangre, lo mejor que podian tornaban á se retirar, porque tenian agüero que les habia de ir mal en aquella batalla.

Volviendo al propósito los ancianos de los *tlaxcaltecas* tienen que VINIERON de aquella parte del norueste DE ALLI y señalan y dicen que vinieron los *nauales*, que es la principal lengua y gente de la Nueva España, y lo mismo que los *tlaxcaltecas* sienten otros muchos, y dicen que de aquella parte vinieron los que se enseñorearon en esta gran tierra.

Aristóteles en EL libro *de admirandis in* NATURA, dice que en los tiempos antiguos los cartagineses navegaron por el estrecho de Hércules, que es el nuestro estrecho de Gibraltar, hacia el occidente sesenta dias, y que hallaban tierras amenas é deleitosas é muy fértiles ; y como se siguiese mucho aquella navegacion, y se quedasen muchos moradores en aquellas tierras, el Senado cartaginense mandó so pena de muerte que ninguno navegase ni viniese la tal navegacion, porque los que entonces eran cabeza del mundo no viniesen á ser los piés. Estas tierras ó islas pudieron ser las que están antes de la Española ó San Juan, ó la mesma Española, ó Cuba, ó por aventura alguna parte de esta Nueva España ; pero una tan gran tierra é tan poblada por todas partes, más parecen traer orígen de otras partes, y aun me paresce que es de sospechar que comenzó y tuvo principio del repartimiento y division en los nietos de Noe.

Algunos españoles, considerados ciertos ritos y costumbres de estos naturales, júzganlos y dicen que son de generacion de moros : otros por algunas causas y razones y condiciones que en ellos ven, dicen que estos indios son y descienden de generacion de judios. La mayor parte y principal afirma que estos naturales son puros gentiles, y esta es la más comun opinion, y parece ser más verdadera.

Si esta relacion de mano de V. S. saliere, dos cosas le suplico en limosna por amor de Dios : la una, que el nombre del autor se diga ser un fraile menor, y no otro nombre, y la otra que V. S. la mande examinar en el primer capítulo que ahí se celebrare, pues en él se ayuntan personas asaz doctísimas.

CAPÍTULO PRIMERO (1)

DE CÓMO Y CUANDO PARTIERON LOS DOCE FRAILES PRIMEROS DE CASTILLA, Y VINIERON Á ESTA TIERRA DE ANÁHUAC ; Y DE LA INTERPRETACION DE ESTE NOMBRE ANÁHUAC Y CEMANAHUAC.

En el año del Señor de mill y quinientos y veinte y cuatro, dia de la conversion de Sant Pablo, el padre Fr. Martin de Valencia, de santa memoria, con once frailes sus compañeros, partió de España para venir á esta tierra de *Anáhuac,* enviados por nuestro padre el Rmo. Sr. Fr. Francisco de los Ángeles, entonces ministro general de la órden de nuestro glorioso y Seráfico Padre S. Francisco, é agora cardenal de Santa Cruz. Vinieron con favores espirituales de la Silla Apostólica á la conversion de estos naturales muy necesarios, y con especial mandamiento y licencia de la Cesárea Católica Majestad.

1524.

(1) Primera arte (Véase la *Introduccion*).

Consideradas todas las cosas acaecidas desde el dia que aquestos doce frailes fueron elegidos y nombrados para venir á esta tierra que se llama *Anauac*, no hay dubda sino que hemos de decir y creer que la enviada, venida y llegada fué por el Espíritu Santo enderezado, y esto parece confirmar los efectos que de la dicha enviada han sucedido, de la cual, ayudando la divina gracia, adelante diremos, y que esta mision fué apostólica á este Nuevo Mundo, é á semejanza de los doce apóstoles, pilares é fundamento de la universal Iglesia, no se debe dubdar, de que es argumento probable el propio é universal nombre de esta tierra, que es *Anauac*, que quiere decir « tierra grande cercada y rodeada de agua » ; y más particular y especial interpretacion quiere decir « mundo ». Que aquesto sea ansi verdad, claro se prueba de la interpretacion del vocablo é de su etimología, porque á todo el mundo llámanlo en esta lengua *Cemanauac*, de *Cen* y *Anauac*. Esta diccion *cem* es congresiva ó capitulativa, como si dijésemos « todo junto *Anahuac* ». Tambien es nombre compuesto de *atl*, que quiere decir *agua*, y *nauac* dentro ó en derredor, esto es, cosa que está dentro de agua, ó cercada de agua, de manera que porque toda la tierra, que es el mundo, está entre agua ó cercada de agua, dícese *Cemanauac*, que es todo lo criado debajo del cielo, sin hacer division alguna, segun la significacion verdadera de la diccion *cem* : quitada la *cem*, *Anahuac* es ansimismo « que está entre agua ó cercada de agua », que sea grande y tal que exceda á isla, porque el nombre y vocablo de isla es *tlatelli*, onde *Anahuac* no quiere decir isla sino tierra firme é casi mundo, no todo el mundo junto, porque le falta la diccion *cem*, sino una tierra grande que en vulgar solemos decir un mundo.

Envió, pues, Jesucristo á sus doce á predicar por todo el mundo, y en toda parte y lugar fué oida y salió la palabra de ellos, á cuyo ejemplo Sant Francisco fué é envió sus frailes á predicar al mundo, cuya noticia fué publicada ó divulgada en todo el mundo de que hasta nuestros tiempos ovo noticia, ansi de fieles como de infieles. Agora que nuestro Dios descubrió aqueste otro mundo, á nosotros nuevo, porque *ab æterno* tenia en su mente eleto al apostólico Francisco por alferez y capitan de esta conquista espiritual, como adelante se dirá, inspiró á

su vicario el Sumo Pontiflce y el mesmo Francisco á nuestro
padre el general, que es ansimismo vicario suyo, enviasen los
sobredichos religiosos, cuyo sonido y voz en toda la redondez
de aqueste Nuevo Mundo ha salido y ha sonado hasta los fines
de él, ó la mayor parte.

De esta tierra dice Sant Anselmo en el tractado *De Imagine
Mundi*, aflrma que en las partes de occidente hay una isla que
es mayor que Europa, África, adonde Dios ha dilatado á Japhet
cumplido agora mas que nunca aquella profezia ó bendicion
del patriarca Noe que dijo á su hijo Japhet *Dilatet Deus
Japheth*, de donde decienden los españoles, no solo agora dila- *Gen. IX, 27.*
tados por las tres partes d 1 mundo en fé, señorio, sciencias é
armas, pero acá tambien los dilata en todas estas cosas en esta
gran tierra. Podemos ansimesmo con buena convenencia y
aplicacion decir que aquestos doce hijos del verdadero israe-
lita Sant Francisco vinieron á esta tierra como á otro Egito, no
con hambre de pan, sino de ánimas, do hay abundancia, no
tampoco para de ella sacar y llevar vituallas ó mantenimientos,
mas á traerles alimentos de fe é doctrina evangélica y sacramentos de Jesucristo, universal Señor, para que todos los que
en él creyeren é lo recibieren, tengan vida eterna en su santo
nombre.

Vista la tierra y contemplada con los ojos interiores, era
llena de grandes tinieblas y confusion de pecados, sin órden
ninguna, y vieron y conoscieron morar en ella horror espantoso, y cercada de toda miseria y dolor, en sujecion de Faraon,
y renovados los dolores con otras mas carnales plagas que las
de Egipto.

CAPÍTULO 2

CÓMO ESTA TIERRA FUÉ HERIDA DE DIEZ PLAGAS MAS CRUELES QUE LAS DE EGIPTO.

Hirió Dios esta tierra con diez plagas muy crueles por la
dureza é obstinacion de sus moradores, y por tener cautivas

las hijas de Sion, esto es, sus propias ánimas so el yugo de Faraon, la primera de las cuales fué que ya entrado en esta Nueva España el capitan y gobernador D. Fernando Cortés con su gente, al tiempo que el capitan Pánfilo de Narvaez desembarcó en esta tierra, en uno de sus navios vino un negro herido de viruelas, la cual enfermedad nunca en esta tierra se habia visto ; y á esta sazon estaba toda esta Nueva España en extremo muy llena de gente, é como las viruelas se comenzasen á pegar á los indios, fué entre ellos tan grande enfermedad y pestilencia mortal en toda la tierra, que en algunas provincias morian la metad de la gente, y en otras poco menos, porque como los indios no sabian el remedio de las viruelas, antes como tienen de costumbre, sanos y enfermos, bañarse á menudo, con esto morian como chinches, y muchos de los que murieron fué de hambre, porque como todos enfermaron de golpe, no podian curar unos de otros, ni habia quien les hiciese pan ; y en muchas partes aconteció morir todos los de una casa y otras, sin quedar casi ninguno, y para remediar el hedor, que no los podian enterrar, echaron las casas encima de los muertos, ansi que sus casas fué sepultura. A esta enfermedad llamaron *Veyzavatl*, que quiere decir « la gran lepra », porque desde los piés hasta la cabeza se hincheron de viruelas, que parecian leprosos, y aparecia esta enfermedad significarles las tribulaciones y plagas que por todo y en toda parte se habian de seguir ; é hoy dia en algunos que de aquella enfermedad escaparon, parece bien la fortaleza de la enfermedad, que todo el rostro les quedó lleno de hoyos.

Despues, dende á once años, vino un otro español herido de sarampion, y de él saltó en los indios, (é) si no que ovo mucho aviso que se les mandó y defendia y aun se les predicaba que no se bañasen y otros remedios contrarios á esta enfermedad ; y con esto plugo al Señor, que no murieron tantos como de las viruelas ; y á este tambien llamaron el año de la pequeña lepra, y al primero el año de la grande lepra.

Esta primera plaga fué bien semejante á la de Egipto, de la cual se lee que fueron heridas las aguas y vueltas en sangre, ansí los rios como las fuentes y arroyos, estanques y toda el

Sobra (é) que está en el original (G. P.)

agua que estaba en las vasijas é vasos, toda fué vuelta en sangre : murieron los peces, y por todas partes hedia la sangre y las aguas. Digamos que esta tierra, como otro Egipto, en ella el agua fué convertida en sangre de aquella cruel enfermedad, de la cual desde los menores hasta los mayores murieron casi la mitad, y el agua fué hecha hedionda, cuando muchos morian, que no los pudiendo enterrar, hedian por todas partes ; y ansi como en esta tierra habia mucha crueldad y derramamiento de sangre humana ofrecida al demonio, ángel de Satanás, bien así el segundo ángel derramó sobre ella su vaso como sobre otra mar amarga flutuosa, y fué hecho el mar, esto es, esta tierra, como sangre de muerto. *Secundus angelus effudit phialam suam in mare, et factus est sanguis tanquam mortui.* La sangre del vivo es hedionda y mala, cuánto mas la del muerto ; y estos que derramaban y ofrescian al demonio sangre de muertos FUERON en esta tribulacion puestos, lo cual dice el mismo capítulo : *Sanguinem effuderunt et sanguinem eis dedisti bibere.*

Apoc.
XVI, 3.

Apoc.
XVI, 6.

La segunda plaga fué los muchos que murieron en la conquista de esta Nueva España, en especial sobre México, ca es de saber que luego que VINO el capitan D. Fernando Cortés que esta tierra conquistó, en desembarcando con mucho esfuerzo y para poner ánimo á su gente dió con los navios al través, y metióse la tierra adentro, é andadas cuarenta leguas entró en tierra de *Tlaxcalla*, que es una de las mayores provincias de la tierra y más llena de gente, y entrando en lo poblado de ella, aposentóse en uno de LOS templos del demonio, en un lugarejo que se llama *Tloacacinco* : los españoles llamáronle « la torrecilla, » porque está en un alto, y allí tuvo quince dias de guerra con los indios que estaban alrededor de aquella torrecilla : estos son *otomís*, gente baja como labradores ; por otro nombre se dicen *tenime* : los españoles dijéronles los (1) de *Tlaxcalla* : destos se ayuntaban gran número, que aquello es muy poblado. Los de allá .dentro en *Tlaxcalla* hablan la lengua *nauatl*, que es la mesma de México ; y como los españoles peleasen valientemente con aquellos *otomís*, sabido en

(1) Hay en el original una palabra que no se entiende (G. I.).

Tlaxcalla salieron los señores y principales de *Tlaxcalla* y tomaron grande amistad con los españoles, lleváronlos á *Tlaxcalla* y diéronles grandes presentes y muy abundantes mantenimientos mostrándolos mucho amor ; y no contentos en *Tlaxcalla*, despues que reposaron algunos dias tomaron el camino para México. El grande señor de México *Moteczuma* recibiólos de paz, saliendo con gran majestad, acompañado de muchos señores muy principales, dió muchas joyas y presentes al capitan y á todos sus compañeros, hizo mucho recibimiento y buen servicio ; y ansí de paz, pero con su guarda y concierto, paseáronse por México muchos dias, y en este tiempo sobrevino Narvaez con más gente y más caballos, mucho más que la que tenia Cortés : y puestos so la bandera del capitan D. Hernando Cortés trujeron presuncion y soberbia conflando en sus armas y fuerzas, y humillólos Dios de tal manera, que quiriendo los indios echar á los españoles de la ciudad, y en comenzándoles á dar guerra, muy presto los echaron fuera : AL salir murieron mas de la mitad de los españoles, y casi todos los otros fueron heridos, y lo mismo fué de los indios amigos, y aun estuvieron muy á punto de perderse todos, y tuvieron harto que hacer en volver á cobrar á *Tlaxcalla*, porque en el camino pensaron muchas veces perecer, segun la gente de guerra los seguia. Llegados á *Tlaxcalla* curáronse y convaleciendo, mostrando siempre ánimo y haciendo de las tripas corazon, salieron conquistando, y llevando muchos *tlaxcaltecas* consigo, conquistaron la tierra, rededores de México, á enjemplo de los reyes católicos de gloriosa memoria, que cuando ganaron á Granada, primero tomaron los pueblos de la redonda : é para conquistar México, habian hecho en *Tlaxcalla* bergantines, que hoy dia están en las tarazanas de México, los cuales bergantines llevaron en piezas desde *Tlaxcalla* á *Tezcuco*, que son quince leguas ; é armados los bergantines en *Tezcuco* y echados al agua, cuando ya tenian ganados muchos pueblos de paz y otros conquistados, los unos servian á los cristianos de comida, y los otros les ayudaban de guerra, y de *Tlaxcala*, que fué gran número de gente de guerra en favor de los españoles contra los mexicanos, que siempre habian sido enemigos capitales los mexicanos de los *tlaxcaltecas*. En México y en su favor habian mucha más pujanza, ca estaban en ella y en su servicio y defension todos los principales señores de la tierra. Allegados los españoles, pusieron cerco á México, tomaron todas las calzadas, y con los bergantines peleaban por el agua, y guardaban que no entrase á México socorro ni manteni- mientos, é los capitanes por las calzadas diéronles muy cruel guerra, y encomenzaron echar por tierra todo lo que ganaban de la ciudad ; porque antes que destruyesen los edeficios, lo que por el dia ganaban los españoles, retraidos á sus reales y estancias, de noche tornaban los indios á ganar y abrir las calzadas. Despues que fueron derribando edeficios y cegando calzadas, en espacio de (1) dias ganaron á México. En esta guerra, por la gran muchedumbre que de la una parte y de la otra murieron, comparan el numero de los muertos, á los que murieron en Jerusalen cuando la destruyó Tito y Vespasiano.

En la primera plaga castigó Dios por la mayor parte á los pobres y pequeños, y en esta segunda hirió Dios á los señores y principales, que son gente de guerra, superba, figurados en la segunda de Egipto, que fué de ranas, las cuales fueron tan- tas que henchian los rios, arroyos y estanques, y de allí salie- ron y hincheron hasta las casas y cámaras, &c. Entonces salie- ron las ranas locaces, hinchadas y soberbias, murmuradores del cielo, de los vicios y pecados que en aquella ciudad más que en toda la tierra se cometian, y en la guerra fueron muer- tos muy muchos de ellos. Estos eran los espíritus inmundos que salian por la boca del dragon y de la bestia á manera de ranas, cuando el sesto angel derramó su fiola ó vaso en el rio Usfrates ; por el dragon son entendidos los (detraedores) mali- ciosos, murmuradores : por la bestia los que vivian bestial- mente en diversos vicios y pecados, que fueron los que por la mayor parte en esta segunda plaga murieron. Bien se puede á este propósito traer y decir del agua de México *quam (qui ?) pro piscibus eructavit fluvius ranarum multitudinem :* el agua cenosa de la laguna de México en lugar de peces dió ranas, en la cual andaban los muertos hinchados, sobreaguados, á ma-

Sap.
XIX, 10.

(1) En blanco en el original (G. I.).

nera de ranas tienen los ojos salidos del casco, sin cejas ni cobertura, mirando á una parte y á otra, denotando en esto que los pecadores son disolutos sin guarda del corazon, y estos eran los que en esta plaga murieron, y andaban sus cuerpos ansi en el agua, como en tierra, hediendo como pescado hediondo, de lo cual muchos enfermaban.

La tercera plaga fué una muy grande hambre que subcedió en siendo ganada México, ca como no pudieron sembrar con las grandes guerras, unos defendiendo la tierra é ayudando á los mexicanos, otros siendo en favor de los españoles, é lo que sembraban unos, los otros lo talaban é destruian, no tuvieron que comer; y aunque 'en esta tierra acontecia haber años estériles de pocas aguas, é otros de muchas heladas, los indios en estos años comen mill raices y mill yerbas y semillas, y es generacion que mejor que otros y con menos detrimento pasan los años estériles, pero aqueste año fué de tanta falta de pan, que en esta lengua llaman *centli* cuando es en mazorca, cuando es desgranado llámanle *tlaulli*, y en lengua de las islas se dice Maiz, y este nombre usan los españoles y de otros muchos que de las islas trajeron acá. De esta gran hambre murieron muchos de los pobres y que poco pueden. La tercera plaga de Egipto que responde á esta fué que el polvo de la tierra todo fué convertido en mosquitos zumbradores, y fueron tantos, que toda la tierra ocuparon, y terriblemente afligeron al pueblo : ansi acá la hambre que aflige cruelmente, punje y da retorcijones en el estómago y tripas hasta la muerte, y estos mosquitos salieron del polvo, porque la tierra seca y hecha polvo no frutifica ni da de sí mantenimiento, qué es causa de hambre ; y salir los mosquitos del polvo no es otra cosa sino afligir el estado miserable de los pobres figurados por el polvo, como HA acontecido en esta hambre, de la cual muchos pobres murieron. § La cuarta plaga fué los *calpixques* ó estancieros y negros ; que luego que la tierra se repartió, los conquistadores pusieron en sus repartimientos y pueblos á ellos encomendados criados ó negros para cobrar los tributos y para entender en granjerias, y estos residian y residen en los pueblos, y aunque por la mayor parte son labradores de España, acá en esta Nueva España se enseñorean y mandan á

los señores y principales naturales ; y porque no querría escribir sus defectos, digo que me parece á los opresores egipcianos que afligian al pueblo de Israel, porque en todo les semeja
en las obras y en el hacer de los ladrillos. Tambien son como
las moscas gravísimas de la cuarta plaga de Egipto que agra-
viaba la casa de Faraon y de sus siervos : y de esta plaga fué
corrompida la tierra : bien asi estos *calpixques* que digo agra-
vian á los señores naturales y á todo el pueblo, y ansi se hacen
servir y temer más que si fuesen señores naturales, y nunca
otra cosa hacen sino demandar, y nunca están contentos a do
están y allegan : todo lo enconan y corrompen, hediondos
como carne dañada de moscas por sus malos ejemplos ; moscas en ser perezosos y no saber hacer nada sino mandar ;
zánganos que comen la miel que labran las abejas, esto es, que
no les basta cuanto los pobres indios pueden dar, sino que
siempre son importunos, como moscas gravísimos. En los
años primeros eran (tan) absolutos estos *calpixques* en mal-
tratar los indios y en enviarlos cargados lejos tierra, y ponién-
dolos en otros trabajos, de los cuales hartos murieron.

La quinta plaga fué los tributos grandes y servicios que los
indios hacian, porque como los indios tenian en los templos
de los ídolos y en poder de los señores y principales y en muchas sepulturas oro recogido de muchos años, comenzaron
á sacar de ellos grandes tributos, y los indios con gran temor
que cobraron á los españoles del tiempo de la guerra daban
cuanto tenian ; pero como los tributos eran tan continuos,
para los cumplir vendian los hijos y las tierras á los mercaderes, y faltando de cumplir el tributo, hartos murieron por
ello, unos á tormentos, otros en prisiones, de las cuales salian tales que muchos morian, porque los trataban bestialmente, y los tenian en menos estima que á sus bestias y
caballos, y no sin causa esta plaga se puede comparar á la
quinta de Egipto, do murieron los animales de Egipto. Harta
insensibilidad fué tratar y estimar más un caballo ó un otro
animal, que una criatura hecha á la imágen de Dios.

La sexta plaga fué las minas del oro, que demas de los tributos y servicios de los pueblos á los españoles encomendados, luego comenzaron á buscar minas, que los indios que

hasta hoy en ellas han muerto no se podrian contar ; y fué
el oro de esta tierra como otro becerro por Dios adorado, ansi
en las islas como en la tierra firme y de otros más devotos (de
los) que los reyes magos PORQUE desde Castilla lo vienen á
adorar. La plaga que á esta responde fué la quinta con que
Dios hirió á los egipcianos, en la cual Moysén echó la ceniza
en alto, y derramada por el aire salieron heridas y plagas
crueles en Faraon y en todos los egipcianos, y fueron de tanto
dolor, que no podian asosegar. Esto significa que los hombres
que son de lodo y ceniza, y se debian contentar y humillar
delante de Dios, levantaron su codibcia á desear minas de oro
y plata para adquirir riquezas, las cuales, segun el Evangelio
pungen y hieren y llagan el ánima, que no puede sosegar,
porque los que quieren ser ricos caen en lazos y cadenas del
demonio, de las cuales no se escapan sin llagas crueles.

La séptima plaga FUÉ la edificacion de la gran ciudad de
México, en la cual los primeros años andaba más gente que en
la edificacion del templo de Jerusalem en tiempo de Salomon,
porque era tanta la gente que andaba en las obras, ó venian
con materiales y á traer tributos, y mantenimientos á los españoles y para los que trabajaban en las obras, que apenas
podia hombre romper por algunas calles y calzadas, aunque
son bien anchas ; y en las obras á unos tomaban las vigas, y
otros caian de alto, sobre otros caian los edificios que desha-
cian en una parte para hacer en otras ; é la costumbre de las
obras, es que los indios las hacen á su costa, buscando materiales, y pagando los pedreros ó canteros y los carpinteros, y
si no traen que comer, ayunan. Todos los materiales traen á
cuestas : las vigas y piedras grandes traen arrastrando con
sogas ; y como les faltaba el ingenio é abundaba la gente, la
piedra ó viga que habian menester cient hombres, traianla
cuatrocientos, y es su costumbre que acarreando los materiales, como van muchos, van cantando y dando VOCES ; y
estas voces apenas cesaban de noche ni de dia, por el grande
hervor con que edificaban la ciudad los primeros años. Es
agora de ver la séptima plaga de Egipto si no concuerda con
esta ; y aunque á prima faz parece no concordar, bien considerada, mucha significacion tiene esta con aquella, en la cual

mandó Dios á Moisén que levantase la vara en alto al cielo, y fueron hechos truenos y relámpagos, y descendió gran tempestad de granizo, envuelta con fuego del cielo aereo, claro que son los cristianos claros por la fé, fueron hechos escuros en la edificacion de la superba ciudad, fueron hechos una casa llana, la mejor que ninguno de su linaje habia tenido, levantaban casas de torres é de cuatro cuartos, como si fueran caballeros de salva. No es pequeño viento este, ni es pequeño viento este (sic), ni da chico tronido los terromotos de piedra y granizos con todas las tribulaciones y trabajos que cayeron sobre los indios é edificadores de la ciudad, haciéndola á costa suya. Tambien concuerda la séptima plaga ó fiola del Apocalipse con esta cuando derramó el séptimo ángel su vaso, y fueron hechos truenos y relámpagos, y fué hecha gran tempestad, y la gran ciudad fué hecha en tres partes ; y las ciudades de los gentiles cayeron. Hacerse la gran ciudad *Tenuchtitlan-Mexico* tres partes, qué otra cosa sino reinar en ella aquellas tres cosas que S. Juan dice en su Canónica. La una parte es codicia de la carne : la segunda, cobdicia de los ojos : la tercera, soberbia de la vida ; que no faltó soberbia levantar tales edificios que para los hacer oviesen de derribar las casas y pueblos de los indios gentiles, como á la letra acaeció deshacer muchos edificios y algunos llegar de bien lejos los materiales á México para otros.

La octava plaga fué los esclavos que se hicieron para echar en las minas : fué tanta la priesa que los primeros años dieron á hacer esclavos, que de todas partes entraban en México grandes manadas como de ovejas para echarlos el hierro : y no bastando los que entre los indios llaman esclavos, que ya que segun su ley cruel y bárbara algunos lo sean, segun ley y verdad casi ninguno es esclavo ; pero por la priesa que daban á los indios que trajesen *los* que eran esclavos, traian sus hijos y *macenales,* que es gente baja como vasallos labradores, y cuantos haber y hurtar podian, y traianlos atemorizados para que dijesen que eran esclavos ; y EL examen QUE no se hacia con mucho escrúpulo, y el hierro que andaba muy barato, dábanles por aquellos rostros TANTOS LETREROS demas del primer hierro del rey, porque cada uno que compraba el esclavo le ponia su nombre en el rostro, tanto que toda la faz traian escrita. No fué la menor de las plagas esta ottava en esta tierra, ni tampoco la que á esta ottava responde : ottava entre las de Egipto fué cuando por toda Egipto cayeron innumerables langostas que destruyeron y comieron cuanto verde habia, ansí en el campo de la yerba como en los árboles de rama y hojas. Comer la yerba verde es comer la bueno de la vida, pues hacer esclavos ¿ qué otra cosa es sino dar muerte cevil á los que hacen esclavos ? Ca género de muerte es hacer esclavo al que no lo es, aunque se busquen rodeos para que con temor ó malos testigos digan los míseros indios que sí, que sus padres lo fueron : y esto es lo que Sant Agustin siente que sea la langosta que come é roe lo verde, diciendo : *Locusta est malicia* *infideli seu* *testimonio* (1).

La nona plaga fué el servicio de las minas, á las cuales de sesenta y setenta leguas y aun más los indios cargados iban con mantenimientos : é la comida QUE para si mesmos llevaban á unos se les acababa en llegando á las minas, á otros en el camino de vuelta, antes de su casa, á otros detenian los mineros algunos dias para que les ayudasen á descupetar, ó los ocupaban en hacer casas y servirse de ellos, á do acabada la comida, ó se morian allá en las minas ó por el camino ; otros volvian tales que no podian escapar ; pero de estos y de los esclavos que en las minas murieron, fué tanto el hedor, que causó pestilencia, en especial en las minas de *Huaxyacan* (*Huaxyacac*) en las cuales media legua alrededor, y mucha parte del camino ápenas pisaban sino sobre muertos ó sobre huesos, é eran tantas las auras é cuervos que venian á comer los cuerpos muertos, é andaban cebadas en aquella cruel carniceria, que hacian gran sombra al sol.

En aqueste tiempo muchos pueblos se desplobaron, ansí de la redonda de las minas como del camino : otros huian á los montes é dejaban sus casas. Fué la nona plaga en Egipto de tinieblas muy espantosas y escuras, las cuales causaron

(1) Locusta est malitia *ore lædens*, infideli *scilicet* testimonio. S. Aug. in Ps. 77 (p. 832 lin. 7 y 8, tomo IV). S. Aurelii Augustini Hipponensis Episcopi Operum. Venetiis, 1730 (A.).

grand espanto y horror en toda (*sic*) : qué mayores tinieblas
y ceguedad de espíritu que dar ocasion y ser causa de tantos
muertos, y el que de esta ocasion y causa fué libre quedó en
luz, y libróle Dios del poderío de las tinieblas, y permaneció
en luz como los hijos de Israel, de los cuales es escripto :
Ubicumque autem habitabant filii Israel lux erat : á la morada   *Exod. X, 23.*
de los hijos de Israel no allegaron las tinieblas ; mas luz
tenian de toda parte.

La décima plaga fué las divisiones y bandos entre los
españoles que estaban en México, que no fué la menor, mas
la que en mayor peligro puso la tierra para perderse, si Dios
no tuviera á los indios como ciegos ; y estas diferencias y
bandos fueron causa de justiciar á muchos españoles, unos
condenados á muerte, otros afrentados y desterrados, otros
fueron heridos cuando llegaban á travesarse, é no habiendo
quien pusiese paz ni se metiese en medio, si no eran los
frailes, porque esos pocos de españoles que habian todos estaban apasionados de una parte ó de otra, y era menester salir
los frailes unas veces á impedir que no rompiesen unos con
otros : otras veces á meterse entre ellos despues de trabados,
y para los poner en paz entraban entre los caballos y entre las
espadas ó tiros : ca demas de querer poner concordia entre
los españoles porque la tierra no se perdiese, sabian que los
indios estaban apercibidos de guerra, y tenian hechas casas
de armas, esperando cuando viniese nueva que el capitan y
gobernador D. Fernando Cortés fuese muerto en el camino de
las Higüeras, ca le tenian armada una traicion los indios que
iban con él y los del camino, y allegando muy cerca del pueblo
tenian concertado de le matar. Súpolo y justició los principales señores que eran en la traicion, y acullá cesó el peligro,
y acá en México, estaban esperando que los unos desbara-
tasen á los otros para acabar los que quedasen ; pero Dios
que ya á esta tierra habia traido su santa fe y divina palabra
no queria que se perdiese, y asi luego dana gracia á los frailes
de lo apaciguar todo ; que cierto entonces todos españoles
amaban á los frailes como á padres, y les tenian reverencia y
acatamiento : no les sabian perder vergüenza, ca los mesmos
españoles habian rogado á los frailes usasen y ejercitasen el

poder que tenian del Papa, fasta que ouiese obispos ; é unas veces por ruego, é otras veces poniéndoles censuras, excusaron grandes males. La décima é ultima plaga, entre los egipcianos fué la muerte de los primogénitos ; por el santo bautismo los españoles son los primogénitos y domésticos de la fé. Entonces murieron los primogénitos, cuando perdida la caridad é justicia entre sí mismos, tovieron pasiones y bandos unos con otros, la cual disension fué causa de muertes, como dicho es, y ansí lo siente SantAugustin, diciendo en las Quincuagenas : *Mors primitivorum est amissio ipsius justitiæ qui quisque humano generi socialis est.* (Nota que aunque parece que á las autoridades que van en latin no va dado romance al pié de la letra, todas van declaradas, si bien estuviere advertido el lector cerca de la materia de que se habla, y aun muchas veces seria superfluo dar romance al autoridad que no hace más de confirmàr lo que va dicho en romance). § bien miradas diferencias hay y grande de esas plagas á las de Egipto. Lo primero que en sola una de las otras, y fué en la postrera, ovo muerte de hombres ; pero acá en cada una de estas ha habido muchos muertos. Lo segundo, que en cada una casa quedó quien llorase el muerto, y acá de las plagas ya dichas quedaron muchas casas despobladas, que todos murieron. Lo tercero allí todas las plagas duraron pocos dias, y acá algunas mucho tiempo. Aquellas por mandamientos de Dios : las mas de estas por crueldad y codicia de los hombres, aunque permitiéndolo Dios, y de aquí es lo que el profeta dice : *Domine, ecce tu iratus es, et nos peccavimus propterea erravimus.* Por los pecados de estos naturales fué Dios movido á ira contra ellos, y los castigó, como dicho es, é su saña ó ira se indignó contra ellos. *Misit in eos iram indignationis suæ.*

Is. LXIV, 5.

Ps. LXXVIII, 49.

CAPÍTULO 13 (1)

En servir de leña siempre estos fueron gabaonitas, porque
antiguamente tenian en los patios, *teucales* ó salas de los
templos del demonio muchos braseros, y de ellos muy grandes de diversas maneras delante de los altares é ídolos, que
todas las noches encendian. Tenian ansimismo unas casas
ó templos del demonio redondas, y de estas unas grandes y
otras menores, segun los pueblos eran, hecha la boca como
de infierno, y en ella pintada la boca de una espantosa
serpiente con terribles colmillos y dientes, y en algunas partes
los dientes eran de bulto, que verla y entrar dentro ponia
grandísimo temor y espanto, en especial EL que estaba en
México, que parecia traslado del infierno. En estos lugares
habia lumbre perpetua de noche y de dia. Unos indios habia
diputados para traer leña, y otros velaban poniendo siempre
lumbre, y poco menos hacian en casa de los señores, que
de los más principales llaman palacio. Hacian lumbre en
muchas partes, é hoy dia hacen lumbres, pero no como solia,
que casi lo de agora no es nada. Otro fuego de devocion se
comenzó á encender y despertar entre los indios y muchachos,
y los otros que se bautizaban, que fué de oracion, cuando
comenzaron á deprender el Paternoster y el Ave Maria ; y
para que mejor lo tomasen y sintiesen algun sabor diéronles
cantado por signum crucis y el Paternoster, Avemaria, Credo
y Salve, con los Mandamientos en su lengua etc. de un canto
llano gracioso. Fué tanta la priesa que dieron á lo deprender,
que se estaban montoncillos en nuestros patios, hechos como
corderillos, y en sus ermitas y barrios y casas tres y cuatro
horas cantando y aprendiendo oraciones, y parecia que por
do quiera que iban, de dia y de noche, no decian otra cosa,

(1) Salta del capítulo 2 al 13 : asi está en el original.

que era muy de ver el fuego de devocion que entre los indios se despertó, y la priesa que se daban á deprender ; y de esta manera se encendió fuego y ardió la leña de su sacrificio con oraciones, soplando aquel Espíritu Santo que encendió el sacrificio de Elias en otro tiempo ; y ansí muchos de ellos que agora hay no solo deprendieron aquellas oraciones, mas otras muchas que agora saben, y la doctrina cristiana, y la enseñaron y enseñan á otros, y en esto y en otras cosas LOS NIÑOS ayudan mucho.

CAPÍTULO 14

De muchas y diversas fiestas que en esta tierra tenian, en las cuales se declara muchas idolatrias, y como para los destruir estuvo en nuestro favor el sol y la luna, esto es, Christo, Sol de Justicia, y su muy preciosa Madre y Señora nuestra.

Ya que pensaban que por estar quitada la idolatria de los templos del demonio y venir á la doctrina algunos y al bautismo, era todo hecho, hallaron lo más dificultoso y que más tiempo fué menester para vencer y destruir, y era que de noche se ayuntaban y llamaban y hacian fiestas al demonio con muchos y diversos ritos que tenian antiguos, en especial cuando sembraban sus maizales y cuando los cogian, y de veinte en veinte dias que tenian sus meses, y el postrer dia de estos veinte era fiesta general en toda la tierra, cada dia de estos dedicado á uno de los principales de sus dioses, los cuales celebraban con diversos sacrificios de muertes y otras ceremonias. Tenian por año diez y ocho meses de á veinte dias cada uno, como dicho es, con cinco dias más, los cuales decian que andaban en vano, sin año ; y acabados estos diez y ocho meses, estos cinco dias eran de muy gran fiesta y de muchas cerimonias, hasta que entraban en el año siguiente, como adelante se dirá. Demas de esto tenian otros dias de sus difuntos, de llanto, con comer y embriagarse y llamar al

demonio, y estos tenian de esta manera : que enterraban y
lloraban al difunto, y despues otro tanto á los veinte dias
tornaban á ofrecer comida en su sepultura, donde ponian
muchas rosas, y despues á los ochenta dias, de ochenta en
ochenta, é al cabo del año, y cada año en el dia que murió,
hasta el cuarto año. En el cuarto año cesaban totalmente, de
nunca mas acordarse del muerto, y á todos sus muertos nombraban *teutlh* fulano, que quiere decir dios ó santo, y cuando
algunos como mercaderes venian de lejos hacian fiesta, y al
cabo que acababan de hacer alguna casa, y otros trabajando
y otros años, y allegaban cuanto podian en este tiempo para
hacer una fiesta al demonio, y en ella no solo gastaban cuanto
tenian, pero adeudábanse, que tenian otro año ó dos que
trabajar para salir de deuda, y otros para hacer esta fiesta,
y no teniendo para acabar de hacer, para hacerla se vendian por esclavos. Gastaban en estas fiestas gallinas y perrillos y su pan y su vino, hasta que en todas ellas se embeodaban. Compraban muchas rosas y canutos de perfumes,
cacao é otras frutas é cosas de comida, y en muchas destas
fiestas daban mantas á los convidados, y demas de estas fiestas
se hacian otras muchas con diversas cerimonias, las cuales
se hacian de noche llamando al demonio, que no bastaban
saber humano para los destruir y destirpar, porque les era
muy duro dejar lo de tanto tiempo acostumbrado, y en lo que
habian envejecido, tanto que parecia ser esta batalla contra
los amorreos y cananeos, y contra todas aquellas siete generaciones que ocupaban la tierra de promision, contra los
cuales llamaban en su favor al sol y á la luna, esto es el resplandor y gracia de aquel Sol de Justicia, Cristo nuestro
Redentor, que para hacerse hombre tornó diez grados atrás,
y fué hecho un poco menor que los ángeles, estuvo quedo y
constante en la cruz †, no se moviendo á la voz del que decia
« baja de la cruz y veremos y creeremos » ; pero más cumplida
clemencia mostró en estar estante, y muy mayor potencia en
resucitar del monumento, *Sol qui fuerat in nubilo in morte*, 1 Mach. VI,
é puesto y ascondido en el sepulcro *refulsit in clypeos aureos* 39.
en aquella gran sala del limbo, y aquellos que estaban en
titieblas resplandecieron más que escudos dorados ; y

este sol en la mañana de Pascua tornó á salir glorioso y apareció á las mujeres, y á la tarde estuvo entre los discípulos *et vespere et mane* fué hecho un dia de mayor victoria y alegria que nunca fué antes ni despues, ni que el de Josué, y de este dicho *hec dies quam fecit Dominus* de gran victoria y alegria *exultemus et lœtemur in ea.* Pero qué gozo podian tener los que andaban en tinieblas y no habian visto lumbre del cielo, mas todo su camino y vida habia sido en tristeza y ceguedad, por lo cual orando al que alumbra é inflama los corazones decian, *mane nobiscum, Domine* etc. A este rogaban apareciese y se mostrase habia amanecido la luz de la gracia. A este sol suplicaban alumbrasen opstinados corazones y les abriese el entendimiento, y los ministros el sentido y entendimiento necesario de las Escrituras, para tantos géneros de enemigos. Ansimismo llamaban á la más hermosa que la luna, aquella en quien nunca hobo mácula de ningun pecado, y estuvo al pié de la cruz, á do los pecadores por singular abogada la recibieron, y ella por el ruego y mandamiento de su precioso Hijo nos recibieron en su amparo. A esta suplicaban no se moviese de su ayuda y favor fasta que oviesen vencido todos los géneros de enemigos ya dichos, que poseian esta fertil tierra como otra de promision ; y de esta Señora nuestra ayudados, y con la predicacion y palabra de Dios principalmente, y tambien algunas y aun muchas veces saliendo á estorbarlos, tovieron que hacer más de un año ó cerca de dos en vencer aquellas viejas y pésimas costumbres é idolatrias ó las mas principales de ellas.

Gen. I, 5.

Ps. CXVII, 24.

Luc. XXIV, 29.

CAPÍTULO 15

De cómo escondian los ídolos, y en qué lugares tenian su adoracion, y de la materia y forma que los hacian, los cuales eran innumerables.

Dende á poco tiempo vinieron á decir á los frailes cómo escondian los ídolos y los ponian en los piés de las cruces, para allí guarecer la vida de su idolatria, como otros cinco

reyes que se ascondieron en la cueva de Maceda, por miedo
de Josué, y á que ellos asi escondidos dieron primero tras los
pueblos, porque ᴀ los piés de las cruces no se podian ir,
teniendo tan buena guarda. Los públicos eran muy muchos
y en muchas partes, en especial en los templos de sus demo·
nios, y en sus patios y lugares eminentes, ansí como montes
y cerrejones é mogotes y puertos, á do los que subian cansados
echaban sangre por las orejas y encienso de la tierra y las
rosas que del camino cogian ofrecian allí, y si no habia rosas
echaban yerba y allí descansaban, en especial los que llevaban
buenas cargas, que eran los mas mercaderes, y ansimismo
tenian ídolos par de la agua, maxime cerca de las fuentes, á
do hacian sus altares con sus aguadas cubiertos, y en muchas
principales fuentes cuatro altares de estos, á manera de cruz,
unos en frente de otros, y allí y en el agua ponian mucho
copalli, que era mucho encienso, y papel, y cerca de los
grandes árboles hacian lo mismo ; y en los bosques y delante
sus ídolos trabajaban mucho de plantar cipreses y unas
palmas silvestres que hay en la tierra. Hacian de aquellos
altares ya dichos cubiertos y con gradas en muchas partes
del camino, y en los altos y en los barrios de sus pueblos y
en otras muchas partes como oratorios, á do tenian diversos
ídolos ; y estos públicos en muchos dias no los pudieron
acabar de destruir, ansí por ser muchos y en diversas partes,
como porque hacian otros de nuevo cada dia, que habiendo
quebrado en un patio muchos, dende á pocos dias que tornaban á hallar de nuevo otros tantos, ó pocos menos, porque
como no habian de buscar maestros canteros ó imagineros
que los hiciesen, ni escoda y quien se la afilase, sino que
muchos de ellos son maestros, é una piedra labran con otra,
no los podian agotar ó acabar, porque tenian ídolos de piedra
y de palo y de barro, y los hacian tambien de masa y
semillas, y de estos unos grandes y otros mayores y medianos
y pequeños y muy chiquitos : unos como figuras de obispos
con sus mitras, y otros con un mortero en la cabeza, y este
creo que era el dios del vino, y alli le echaban encima vino.
Unos tenian figuras de hombres, y otros de mujeres : otros
de bestias fieras, como leones y tigres y perros y venados :

3

otros como culebras, y de estos de muchas maneras, largas y
enroscadas, y con rostros de mujeres, como pintan la que
tentó á nuestra madre Eva : otros de águila y buho y de otras
aves, y del sol y la luna y las estrellas, otros de sapos y ranas
y peces, que decian ser los dioses del pescado. De un pueblo
de estos llevaron unos de estos, y despues pasando por allí
pidiéronles para comer algun pescado : respondieron que
habian llevado el dios de los peces, y por esto ya no lo tomaban. Tenian por dios al fuego y al aire y al agua y á la tierra ;
y de estas figuras pintadas, y de muchos de sus demonios
tenian rodelas y escudos, y en ellos pintadas las figuras y
armas de sus demonios y su blason, y de otras muchas cosas
tenian ídolos de bulto y de pincel, hasta de las mariposas y pul-
gas y langostas, y bien grandes y bien labradas. Acabados
estos ídolos que estaban públicos de destruir, dieron tras
los que estaban encerrados de los piés de las cruces como
en cárcel : ya podeis ver cómo le iria al demonio cuando le
pusiesen su imagen con la cruz ; qué compañia ternian

II. Cor. VI, 16.

tinieblas con la luz : *qui consensus templo Dei cum idolis* ; ni
la cruz le podria sufrir más que la mar á los cuerpos muertos,
ni el demonio estaria par de la cruz sin padecer gran tormento :
por otra parte viendo el demonio que ni aun la cruz no le
valia, y aún que debajo de ella, andaban tras de él á « sal acá,
traidor », y le tenian el pié sobre el pescuezo, como hizo Josué
á los cinco reyes, que sacándolos de la cueva mandó á los
capitanes que los pusiesen los piés sobre los pescuezos, pienso
que acordó de irse á las sierras y montes, y desde allá aun
habia miedo de la cruz de Cristo que iba tras él, y desde allí
á tiempos hacia sus saltos, como adelante diré : y ansí fué
destruyendo Dios el poderio del demonio y su idolatria, no
solo la pública mas tambien las que ponian en lugares ascon-
didos, so especie de alguna imagen ó cruz ; porque aunque
algunos Indios habia malos, que escondian los ídolos, no
faltaban otros de ellos ya convertidos que les parecia mal, y
avisaban de ello á los frailes, y no faltó quien aun de esto los
quiso arguir no ser bien hecho agora : que quizá ignoraban

Deutero-nomio, cap. 7 y 12.

lo que Dios manda á este propósito en el Deuteronomio,
capitulo 7 y 12, y en otras partes de la Escritura ; y esta cari-

tativa diligencia fué bien menester, ansí para estorbar que la gloria y honra que á Dios solo pertenece no se diese al demonio y á sus ídolos, como para guarecer á muchos del sacrificio cruel y homicidio, que muchos morian, ó en los montes ó de noche, ó por otras vias y maneras, porque en esta costumbre estaban muy encarnizados, que ya que no mataban y sacrificaban como solian, todavia instigándoles el demonio, buscaban tiempo y lugar de sacrificar, porque segun presto se dira, los sacrificios y crueldades de ésta gente y tierra sobrepujaron á todas las del mundo, segun que leemos, y las que aquí se explicarán.

CAPÍTULO 16

Del tiempo y movimiento de las cosas variables del año, mes, semana, &c. ; é cómo comienzan el año unas naciones diferentes de otras : de los nombres de la semana y de los nombres, meses y dias de los años, de en cuatro en cuatro y de trece en trece, y de cincuenta y dos en cincuenta y dos, y de la cerimonia y fiesta que hacian en fin de los cincuenta y dos años.

Diversas naciones diversos modos tuvieron en repartir el tiempo, y comenzaron el año, y asi fué en esta de *Andhuac ;* muy de otra manera que las otras naciones de Asia, Europa, Africa ; pero aunque en esta tierra hay muchas lenguas y generaciones, á lo que hasta agora he alcanzado en el contar, principiar, repartir el tiempo, años y meses, todos eran conformes.

Para mejor entender qué cosa sea tiempo, es de saber que tiempo es cantidad del año, esto es, la tardanza del movimiento de las cosas variables, y estas se reparten en diez, conviene á saber, año, mes, semana, dia, cuadrante, hora, punto, momento, onza é átomo.

El año contiene doce meses é cincuenta é dos semanas y un dia ; trescientos y sesenta y cinco dias é seis horas. El mes tiene cuatro semanas : algunos meses dos dias más, otros tino, salvo Hebrero. La semana tiene siete dias. El dia tiene quatro cuadrantes. El cuadrante tiene seis horas. La hora cuatro puntos. El punto tiene diez momentos. El momento doce onzas. La onza tiene cuarenta y siete átomos. El átomo es indivisible ; ca átomo en griego es dicho sin division.

Annus vel *anulus*, año, anillo ó círculo, que del principio á su fin hace círculo ó vuelta, é acaba do comenzó. Los egipcianos é los árabes comienzan el año dende Setiembre, porque dende aquel mes los árboles están en su fruta madura, y ellos tienen que en el principio del mundo los árboles fueron criados con fruta, y que Setiembre fué el primer mes del año.

Gen. I, 18. Pudiéronse mover á esto por aquella autoridad : *Ecce dedi vobis omnem herbam afferentem semen super terram et universa ligna que habent in semetipsis sementem generis sui, ut sint vobis in escam.* Los romanos comenzaron el año desde el mes de Enero, porque entonces ó poco antes el sol se encomenza á llegar á nosotros.

Los indios comienzan el año del mes de Marzo, porque tienen que entonces fué criado el mundo, fresco y muy gra-
Gen. I, 11. cioso, con flores y yerba verde, segun aquello : *Germinet terra herbam virentem.*

Los modernos cristianos por reverencia de nuestro Señor Jesucristo, comienza el año de su santa Natividad : otros de su sagrada Encarnacion.

Los indios naturales de la Nueva España, al tiempo que esta tierra se ganó é entraron en ella los españoles, comenzaban su año en principio de Marzo ; mas por no alcanzar bisiesto, irse hia variando su año por todos los meses.

Año usual y temporal é solar de Enero : año lunar legítimo ó ceremonial de Abril en Abril ; primero entre los hebreos Abril.

Los romanos tienen año indiccional, que era espacio de cinco años.

Los judíos año de jubileo y remision, que cumplidas siete hebdomadas de años, celebraban año de jubileo.

Los cristianos tienen año de benignidad y gracia, en el cual vino Jesucristo á nos redimir y salvar.

Los santos del cielo, moradores é comprehensores, tienen

año de eternidad y gloria, en la cual siempre gozarán. *Exul-tabunt Sancti in gloria* &c.

Indiccion fué manera de contar en Roma, ca pagaban los tributos por indiccion, que era de cinco en cinco años, ó hacian un tributo en quince años, ó lo acababan de pagar. El primer tributo era de oro, el segundo de metal, el tercero de hierro, é á esta causa se llamó indiccion, que es término y espacio de cinco años. Asimismo los romanos usaron de *lustrum*, que es el mismo término de cinco años ; y de este vocablo usa la Iglesia en aquel himno : *Lustris sex qui jam peractis* : pasados ya seis lustros de la vida de Cristo, esto es, treinta años ya pasados de la vida de nuestro Redentor &c.

En nuestra España se acostumbró contar por « era », desde el primer tributo de César Augusto ; y duró por muchos años, hasta que se mandó contar desde el nacimiento de Ntro Sr. Jesucristo. « Era » es dicho *a vere*, espacio de un año ; é hoy dia hay muchas escrituras que dicen de la era.

Los griegos contaron por *Olimpios*, de los juegos Olímpicos que Ércoles ordenó en honra de Júpiter Olimpio, en la ciudad de Elidia, los cuales se hacian de cuatro en cuatro años, y aquel tiempo se llamó *Olimpios*, esto es, espacio de cuatro años. Nació nuestro Redentor en la Olimpia de ciento y noventa y cinco, que son setecientos y ochenta años. *Mensis, a mensura* ; el mes se dice de medir ó contar, porque el año se cuenta por meses, y se divide y reparte en doce meses.

Los indios de *Anáhuac* tenian año de trescientos y sesenta y cinco dias : tenian mes de á veinte dias, é tenian diez y ocho meses y cinco dias en un año, como dicho es. El dia postrero del mes, solemne y muy festival entre ellos, é nombraban á los meses por la órden siguiente. Al primer mes decian *Tlacaxipehualiztli* : al segundo, *toxcoztli (toçoztli)* : al tercero, *hueitozcuztli (hueitoçuztli)* : al cuarto, *toxcatl* : al quinto, *ecalcoaliztli (etçalcoaliztli)* : al sexto, *tecuilhuizintli (tecuilhuitzintli)* : al séptimo, *hueitecuilhuitl* : al octavo, *miec-cailhuizintl (miccailhuitzintli)* : al nono, *hueimiccailhuitl* : al décimo, *uchpanictli (uchpaniçtli)* ; al onceno, *pachtli* : al doceno, *hueipachtli* ; al treceno, *quecholli* : al catorceno, *panquezaliztli (panquetzalitztli)* : al quinceno, *atemuztli* : al diezyseiseno, *titillh ;* al diezysieteno, *izcalli :* al diezyocheno, *coahuitleua.*

En algunas provincias diferian ó eran diferentes algunos de los nombres de estos meses, especialmente cinco. Al cuarto, *tepupochhuiliztli :* al décimo, *tenanatiliztli :* al undécimo, *hecoztli :* al duodécimo, *pachtli :* al décimo octavo, *ciuauhuitl (ciuailhuitl) :* trocaban estos cinco nombres.

Semana contiene siete dias naturales, por los cuales repartidos se cuentan los meses, años, y tiempos. Los hebreos llamaron á la semana *sabatum ;* los griegos *hebdomada.* Tambien ovo hebdomada ó semana de años segun parece Daniel, 9 ca. é Levítico 23 y 25. Una hebdomada siete años.

Las hebdomadas de los jubileos cada una contenia cincuenta años. Beda y Africano dicen que las hebdomadas de Daniel se deben contar por año lunar, porque los judíos contaban por años lunares; é porque dice en Daniel *abbreviatæ hebdomades,* hebdomadas abreviadas, contando por el año lunar tiene once dias menos que el año solar, por lo cual los hebreos cada tres años hacian bisiesto de mes, y hacianlo de trece lunas. Una hebdomada de años solares excede á los lunares setenta y siete dias. Mas segun Nicolao de Lira dice, los judíos contaban por años solares, y ansí parece por las pascuas, porque de otra manera la pascua la ovieran celebrado por todos los meses del año, pero ellos por mandamiento la celebraban á catorce dias de la luna del primer mes : é dice el mesmo Nicolao que ser las hebdomadas abreviadas no significa abreviacion de tiempo, mas determinacion, porque en lo hebreo está *precise id est determinatum et taxatum a Deo,* y ansí no suena abreviacion, sino determinacion de tiempo. Los indios de la Nueva España tuvieron semana de trece dias : al primero llamaron *cecipactli (ce cipactli),* que quiere decir « un espadarte » que es pece ó bestia marina : al segundo decian *ome ecatl,* que quiere decir « dos vientos ó aires » ; al tercero *ei calli,* que quiere decir « tres casas » : al cuarto *naui cuezpali,* que quiere decir « cuatro lagartos de agua » ; tambien esta es bestia marina : al quinto *macuil cohuatl,* que quiere decir « cinco culebras » : al sexto *chicoacen michiztli,* que quiere decir « seis muertos » : al se-

teno *chicome macatl* (*mazatl*), que quiere decir « siete ciervos » : al octavo *chicui* (*chicuei*) *tochtli*, que quiere decir
« ocho conejos » : al nono *chicunau atl*, que quiere decir
« nueve aguas » : al décimo *matlac icihuintli* (*itzcuintli*),
que quiere decir « diez perros » : al onceno *matlactli oce
ozomatl*, que quiere decir « once monas ó ximios » : al doceno *matlactli omome malinali*, que quiere decir « doce esco-
bas » : al treceno *matlactlomey acatl*, que quiere decir « trece
cañas ». De trece en trece dias iban las semanas ; pero los
nombres de los dias eran veinte, y aun tornaban segunda
semana á decir uno, que quiere decir *ce ocelotl* « un tigre » :
al segundo *ome coautli*, que quiere decir « dos águilas » : al
tercero *ei cozcaquahutli*, que quiere decir « tres águiluchos »
ó milanos, ó por mejor DECIR tres buharros. Al cuarto *naolin*,
que quiere decir « cuatro templamientos de tierra » : al quinto
macuil tecpatl, que quiere decir « cinco piedras de sacrificar » :
al sexto *chicoacen quiauitl*, quiere decir « seis pluvias » : al
seteno *chicome xuchitl*, que quiere decir « siete rosas ó flores» :
al octavo *chicui* (*chicuei*) *cipactli*, quiere decir « ocho espa-
dartes » : al nono *chicunahu ecatl*, quiere decir « nueve vientos » ó aires : al deceno *matlac calli*, quiere decir « diez casas » :
al onceno *matlactlioce cuezpali*, quiere decir « once lagartos
de agua » : al doceno *matlactlomome couatl*, quiere decir
« doce culebras » : al treceno *matlactlomey miquiztli*, quiere
decir « trece muertos ». Un venado dícese *ce mazatl*.

Contaban los indios su semana, mes y año por los nombres
de aquellos dias que aquí he nombrado. El nombre del primero dia, conviene á saber, « espadarte », que se dice *cipactli*
era primero en el primer mes, y en el segundo mes era octavo
dia. En el tercero mes era *cipactli* segundo dia, y en el cuarto
mes era noveno : en el quinto mes era tercero y en el sexto mes
era décimo &c. ; é lo mismo se iban variando todos los otros
dias por todas las semanas y meses, hasta trece meses, en el
cual tiempo todas las casas tenian nombre de aquellas figuras,
desde una hasta trece, y despues tomaban á cumplir el año :
y de esta cuenta, y de los meses y años y fiestas principales
habia maestros como entre nosotros, los que saben bien el
cómputo. Este calendario, de los indios tenia para cada dia su

ídolo ó demonio : de ellos tenian nombres de hombres, y de-llos nombres de diosas mujeres, y estaban todos los dias del año llenos de estos nombres y figuras, como algunos calen-darios romanos, que para cada dia tienen su santo ó santa.

Todos los niños que nacian tomaban nombre del dia en que nacian, ora fuese una flor, agora dos conejos, &c., ansí se nombraban ; y este nombre le daban al sétimo dia. Despues de nacido, si era varon poníanle una saeta en la mano, y si era hembra dábanle un huso é un palo de tejer : á esta porque fuese hacendosa y buena tejedera é hilandera, y al varon porque fuese valiente hombre para defenderse y á su patria, porque las guerras eran ordinarias cada año á darlas ó tomar-las ; y en aquel dia se regocijaban los parientes y vecinos con el padre y con la madre del recien nacido. En otras partes, luego que el infante nacia, venian los parientes ó amigos á saludar al niño ó niña, y decianle : « Venido eres á padecer ; sufre y padece » ; ciertamente y en esta salutacion parecian conformarse con el profeta que dice : *Homo nascitur ad labo-rem et avis ad volatum :* el ave nace para volar, y el hombre á trabajar ; y cada uno le ponia cal en las rodillas : y al septimo dia, como dicho es, le daban su nombre del dia en que habia nacido. Despues, dende á tres meses presentaban aquella cria-tura al templo del demonio, y dábanle sobrenombre, no de-jando el que tenia, y tambien comian de regocijo, y el ministro del cómputo decianle el nombre del demonio que caia en el dia de su nacimiento ; y de los nombres de estos demonios tenian mil hechicerias y agüeros de los hados que le habian de acontecer despues en el suceso de la vida falsamente.

A los hijos de señores y principales daban tercero nombre de dignidad ó de oficio : á algunos siendo mochachos, á otros jovenes, é otros cuando hombres, &c. No es de maravillar de los nombres que estos indios pusieron á sus dias de aquellas bestias y aves y otras criaturas ; que los nombres de nuestros dias los pusieron de los nombres de los dioses y planetas : ca cierto es que se dice « dia » *a diis* ; los romanos dedicaron los nombres de los dias á los planetas.

Los años contaban de cuatro en cuatro años, al cual nú-mero podiamos nombrar *olimpos ;* y este término de años

Job. V. 7.

contaban de esta manera : ponian cuatro casas con cuatro figuras : la primera ponianla al mediodia, y llamábanla *ce tochtli*, que quiere decir « un conejo » : la segunda ponian á oriente y llamábanla *ome acatl*, que quiere decir « dos cañas » : la tercera ponian al septentrion, y llamábanla *ei tecpatl*, que quiere decir « tres pedernales » ó tres cuchillos de sacrificar : la cuarta ponian á occidente y llamábanla *naui calli*, que quiere decir « cuatro casas ». Pues comenzando la cuenta del primer año ó de la primera casa, dicen ansí : *ce tochtli*, un año ; *ome acatl*, dos años ; *ei tecpatl*, tres años ; *naui calli*, cuatro años ; y procediendo adelante dicen *macuil tochtli*, cinco conejos, cinco años ; *chicoacen acatl*, seis años ; *chicome tecpatl* siete años : *chuicuei calli*, ocho años ; *chicunaui tochtli*, nueve años : *matlactli acatl*, diez años, &c., é ansí hasta trece años, acaban en la casa do está *tochtli*, que es una figura de un conejo, andando tres vueltas, que son tres olimpiadas. La postrera tiene cinco años, é las otras á cuatro, que son trece ; al cual término PODRIAMOS LLAMAR indiccion. Comienza en la segunda casa diciendo *ce acatl*, un año : *ome tecpatl*, dos años, &c, é dan otra vuelta hasta trece, é acaban en la mesma casa segunda. La tercera indiccion comienzan en la tercera casa diciendo *ce tecpatl*, un año, &c., hasta trece años, y ansimismo acaban en *tecpatl*. La cuarta indiccion comienzan en *ce calli*, un año, *ome tochtli*, dos años, *ei acatl* tres años, *nahui tecpatl*, cuatro años, &., hasta trece, que acaban en la misma casa de *calli* ; y de estas cuatro indicciones á trece años, hacen una hebdomada de cincuenta y dos años, y en este tiempo dan á cada casa trece vueltas en una hebdomada ; y el principio de cada hebdomada comienza siempre en *ce tochtli*, que quiere decir un conejo, como es dicho, que es la primera casa puesta al mediodia.

Es de notar la cerimonia ó fiesta que hacian en el fin ó postrero dia de aquellos cincuenta y dos años, y en el primero dia que comenzaba nuevo año é nueva olimpia de nueva indiccion é nueva hebdomada : ca el postrer dia del postrer año, á hora de vísperas en México y en toda su tierra y *Tezcuco* y sus provincias, por mandamiento de los ministros de los templos mataban todos los fuegos con agua, ansí de las casas de los vecinos como de los templos del demonio, á do habia algunos fuegos perpetuos, que nunca se mataba el fuego, sino en este dia. Salian ciertos ministros de los templos dos leguas á un lugar qué se dice *Iztapalapa*, y subian á un cerrejon llamado *Vixachtla*, sobre el cual estaba un templo del demonio. A esta sierra é templo tenian mucha devocion y reverencia el señor de México *Moteczuma* : alli á la media noche, que era principio del primer año de la siguiente hebdomada los dichos ministros sacaban nueva lumbre de un palo llamado *tlequahuitl*, que quiere decir palo de fuego, é luego encendian tea, é antes que nadie encendiese, con mucha priesa é brevedad llevábanla al principal templo de México ; y puesta la lumbre delante los ídolos, traian un captivo tomado en guerra, y delante el fuego sacrificado le sacaban el corazon, y con la sangre el ministro mayor rociaba el fuego, á manera de bendicion. Esto acabado, estaban allí esperando de muchos pueblos para llevar lumbre nueva á los templos de sus lugares, lo cual hacian de licencia del gran pontífice ; y esto hacian con mucho hervor y brevedad, aunque el lugar estuviese quince ó veinte leguas. En las provincias y pueblos lejos de México hacian la misma cerimonia, y esto en muchas partes se hacia con mucho regocijo y alegria. Y en comenzando el dia, así en toda la tierra como mas principalmente en México. hacian gran fiesta, y sacrificaban en México cuatrocientos hombres. § Pues tornando al propósito é concluyendo este capítulo digo, que *ciclus* tovieron estos naturales. *Ciclus*, casi *circulus*, *per duplicem sincopam :* ciclo, espacio de algunos años, que ansimesmo van volviendo ó dando vuelta, segun algunos números de años : llamarse han aquí primer ciclo las indicciones que van de trece en trece años : tercero ciclo diremos á las hebdomadas que van de cincuenta y dos años en cincuenta y dos años, é solamente es de advertir que en la tercera olimpia se causa embolismo, ó á aquel quinto año diremos año embolismal, porque embolismo es super aumento ó crecimiento, lo cual es aquel año de la tercera olimpiade.

— 43 —

*Aqui se deja el espacio de un renglon entre ambos párrafos,
por haber duda si lo que sigue será de los Memoriales.
Lo que sigue es de diversa letra, y muy mala.* (G. I.)

Es de notar que tienen veinte dias por semana ó mes, contando el primero y postrero por un nombre, como decimos nosotros ocho dias en la semana, contando el domingo primero y postrero. Yten tienen los tiempos de cuatro en cuatro años, porque no cuentan por más nombres los años. Ytem el primer año, que es *tecpatl*, es el primer dia de aquel año del mismo nombre, porque el año toma nombre de su primero dia ; y porque el año segundo se llama *calli*, es su primero dia *calli*, y asi pasan en medio cuatro dias que hay de *tecpatl* á *calli* ; y cuando han pasado cuatro años comenzados cada uno en su propio dia, vuelven al primer año ó primero dia, y este tienen por calendario y bisiesto. Ytem, es de notar que en cada mañana en saliendo el sol y cada tarde en poniéndose y á media noche tañian los papas (1) las bocinas ; y si se dormia y no las tañia, moria por ello el que estaba en el *Uchilobos*, porque fasta que este tañese los otros no tañian, y entonces en tañiendo *Tecpatl* los que lo oian se sacaban sangre de do querian sacrificándose.

La vestidura de los sacerdotes y del mayor sacerdote era una manta de maguey llena de pliegos de papel colgando de unas cuerdas que llegaban bajo de la rodilla, y tenia un pliego de papel por capilla, como las capas que nosotros tenemos, y tomaba unas cucharas largas con lumbre (2)   ó encienso en ella, y sahumaban los dioses alargando y alzando el brazo, y no como nosotros.

Ytem, es de saber que tenian en lo espiritual y para las almas como ellos dicen, uno que decian *totecl cacazqui* (*Totec tlamacazqui*), el cual era elegido y nombrado por *Mutezuma* con parecer de todos los sacerdotes y señores ; y este era obedecido y tenido en igual grado que *Mutizuma*, y á

(1) Es vocablo introducido del mexicano al castellano : les daban ese nombre por las cabelleras que usaban. Véase *popahua* en los vocabularios.

(2) Hueco en el original (G. I.).

él ocurrian todos por las dubdas y los sacerdotes á preguntalle lo que habian de hacer, y tenian otros que decian *pápahuaques*, y decianles *papahua*, porque no se cortaba los cabellos, y estos ponian los papas con parecer de *Mutizuma*, y en cada templo habia uno y no más ; y estos nunca se cortaban los cabellos ni uñas ni se lavaban, y traian las mantas de labores blancas randadas : y de los sacristanes se elegian con parecer de *Mutizuma* por *papaua* del templo. El *Tocl tamagazqui* traia las vestiduras como los otros. Ytem, tenian los muchachos, asi de los señores como de los maceguales, en cada templo habia una gran sala do los criaban, y el que de ellos era muy devoto y diligente en visitar por la mañana las ermitas y los templos y sacrificarse, á este nombraban por sacristan de algun templo : y si lo hacia bien, que se sacrificaba muchas veces, hacianle papa : y estos, desde el mayor hasta el menor, se sacrificaban sacándose sangre ; y ninguno de estos era casado ; y si se sabia que llegaba á mujer lo mataban á él y á sus parientes, y derribában la casa y robábanla.

I.   *Aualo* (*Atlcahualo*). En esta fiesta no se lavaba nadie cuatro dias, porque lloviese y hiciese buenos temporales para el maiz ; y en este dia mataban un niño y una niña á honra de *Tlaloc*, dios del agua, y haciase en el peñol del agua. En esta fiesta ofrecian tamales, que es pan, á los papas, y esto comian.

II.   *Tlacaxipeualistli*. En este dia desollaban á todos los que tenian tomados de los enemigos, y vestianse los cueros ; y hacian esta fiesta á *Tlatlanquitezcatlipuca* (*Tlatlauquitezcatlipuca*), y principalmente se compraba un esclavo por su honra. Duraba dos dias, y el primero mataban los muchachos, y el segundo en la piedra que está dicha, á los grandes, y la carne se repartia por todos : y esta fiesta hallaron los de México que hacian los de *Cuzcatan* y *Tula*, y ellos no la trujeron cuando vinieron. Esta fiesta caia estando el sol en medio del *Uchilobos*, que era equinoccio, y porque estaba un poco tuerto lo queria derrocar *Mutizuma* y enderezallo. Ofrecian tortillas de maiz con miel ; y estos veinte dias bailaban, y daba de comer *Mutizuma*, y daba libreas á los valientes hombres.

III.   *Tocuzcingle* (*Tozoztzintli*). En este dia daban rosas á los dioses y henchian el templo de ellas, y no mataban á nadie,

y era enderezada á la madre de *Uchilo*... que se decia *Tomacazgle* y por otro nombre *Cuaque* (1). El primero era nombre divino, y estotro el de la tierra : ofrecian tamales
daban á los papas y culebras ; porque el nombre de la diosa quiere decir nagúas de culebras.

Hueituchizque (Hueitozoztli). En esta fiesta tomaba cada uno dos ó tres puños de maiz, y lo ponia en las hermitas que tenian, y si habia algunos tomados en la guerra matábanlos y era   hijo de   En esta fiesta ofrecian en unos platos de cañas grandes, unos panes grandes de maiz, y en ellos muchas ranas y lagartijas asadas y   maiz tostado, y esto ponian ante el ídolo, y ofreciendo lo llevaban los papas.   IV.

Toscla (Toxcatl). En este dia bailaban todos, y tenian en medio hecha la figura de *Tezcaclipuca* de semilla que dice *guacl (huautli)* y despues la comian, y mataban á uno si le habia de guerra, y si no, esclavo. En esta fiesta ofrecian tamales y bollos de *guatl* y en ellos hincados palos emplumados.   V.

Ecalguilistle (Etzalcualiztli). En esta fiesta cuecen maiz, y los muchachos andan por las calles, y danles aquel maiz, y peleaban en el agua unos con otros ; y en esta fiesta mataban á diez ó veinte á honra de *Tlaloc*, dios del agua, y ofrecian maiz cocho, y cae esta fiesta cuando está granado ó comienza.   VI.

Tecuilmicingli (Tecuilhuitzintli). En esta fiesta hacian la fiesta de la sal, y mataban una moza, y pintábanse los papas las caras para esta fiesta, y no ofrecian nada, y comíanla los viejos que guardaban los templos.   VII.

Guastecuilhuitl (Hueitecuilhuitl). Esta fiesta se hacia á su madre de *Quezalcoatl*, que se decia *Chimalman*, que estaba   porque era la que hizo la guerra le ponen este nombre, porque *Chimal* quiere decir rodela ; mataban una india, y siete dias daba *Mutizuma* de comer á todos los macehuales, y ofrecian unos pájaros pequeños de agua, y de ellos comia *Mutizuma* estos dias.   VIII.

Tlaxuchimaco. Esta fiesta se hacia á todos los dioses, y   IX.

(1) El 1° de estos nombres puede ser *Tonacatzin* ó *Tonacacihua* : el 2° indudablemente, es *Coatlicue.*

porque el maiz ya estaba bien granado hacian de él guirnaldas y ponianlas en todos los dioses, y no mataban á nadie, y bailaban los mancebos.

x.	*Gueicalmiti (Hueimiccailhuitl)*. Hacian esta fiesta á *Yacatectli*, dios de los mercaderes, y porque lo trajeron ellos no se supo quién era, y *Mutizuma* procuró saber quién era, y no le supieron decir nada. Mataban un hombre y una mujer, y los mercaderes la comian. Los de *Tlacuba* y *Cuyoacan* ponian un palo como los que vuelan, y encima una rodela rica y una mata de semilla ; y el que subia por el palo arriba la ganaba y quedaba por honrado, y tenia cuatro cuerdas, y por ellas procuraban subir, y unos á otros se derribaban, y ofrecian maiz de lo tierno y perros cochos y fresolos, y comianlos todos los que bailaban despues.

xi.	*Ochepanistli (Ochpanistli)*. Esta fiesta se hacia á *Cintcul*, y en los cuatro barrios de México habia en cada uno un templo de él, y mataban en cada uno una mujer. Este dia salian los valientes hombres con las armas á cuchilladas ó flechazos, y dábanle otras *Mutizuma*, y el que no las tenia rotas no las osaba sacar, y duraba dos dias, y esta fiesta tenian por abogada del mal de los ojos, y por esto las mujeres hacian unos como·sayos de semillas, y ponianles granos de maiz por ojos, y los ofrecian, y los hombres traian dos cañas de maiz atadas, y un papel revueltas y con dos mazorcas de maiz, y esta ofrenda tomaba el papa para él.

xii.	*Pancingli (Pachtzintli)*. Esta fiesta hacian á *Uchilobus* y á *Tezcatlipuca*, y en ella molian mucho maiz, y la harina ponianla sobre unos cueros tendida en el templo, y esperaban que viniesen los dioses, y luego como vian una señal de pié, decian que habia venido, y tocaban luego las bocinas, y con grita acudian todos al templo, y ofrecian de las semillas, y aquella harina que los dioses habian pisado, comian los papas como pan bendito ; y luego mataban muchas codornices ; y en *Tezcuco* cocian aquella harina, y hacian pan, y enviabanlos á *Mutizuma*.

xiii.	*Guaypachil (Hueipachtli)*. Esta fiesta hacian al sol y mataban tres mujeres y un hombre, y comian la carne los y ofrecian tamales y unas culebras hechas de semilla ;

y los enfermos de las bubas las comian para sanar.

Chechuli (Quechuli). Esta fiesta era cuando se ordena la guerra, y en cuatro dias se apartaban de sus mujeres, y no olian suchil, ni se hacia sahumerio : y el que llegaba en estos cuatro dias á su mujer, decian que luego habia de morir, y en todos cuatro dias no se entendia sino en hacer fiestas y adere-zar las flechas, y despues se pintaban, y cada uno bailaba con las flechas que habia hecho, y otro dia iban á cantar. **xiv.**

Panquezalistle. Esta fiesta era el nacimiento de *Uchilobus* de la vírgen, y hacian á *Uchilobus* de semillas, y todos cuantos se habian habido en la guerra los mataban, y todos los comian, y á uno le vestian de color de azul y pintada la cara de azul con cada dos rayas de amarillo le mataban en la piedra de *Mutizuma,* y ofrecian unos bollos de semillas, y no comian dende que el sol salia hasta que estaba puesto, y duraba un dia. **xv.**

Atemuzcle (Atemuztli). Esta fiesta se hacia á *Tlaloc,* dios del agua, y hacianla cuando venian las golondrinas, y que no solia haber sino alguna por maravilla, y agora hay muchas : y este dia tomaban de lo que se hacen las pelotas, que se dice *ulli,* leche de un árbol, y goteaban en los papeles y ponianlos á los dioses en los pechos. **xvi.**

Tuicle (Tititl). Esta fiesta se hacia á todos los dioses, y en ella todos subian al *Uchilobus* y allí se pintaban, y abajaban á hacer un grande areito, y cada uno convidaba al dios que tenia devocion, y íbanse á comer muy bien, teniendo la figura del dios que convidaban ; y si habia alguno preso de guerra, lo mataban. **xvii.**

Izcali. Esta fiesta hacian al fuego, y en ella cazaban culebras, y quitadas las cabezas, las echaban en el fuego, y las co-mian los viejos : no mataban á ninguno : ofrecian bledos cocidos con masa y camarones y ají ; y puesto ante los ídolos, lo tomaban los papas para sí. **xviii.**

Faltan aquí veinte dias por pintar, que son los que tienen los nombres, y son los siguientes : *Tecpatl ; Quiautl (Quiauitl); Suchilt (Xuchitl) ; Ciguaitli (Cipactli) ; Cualt (Eecatl) ; Cali ; Guezpalin (Cuetzpallin) ; Ycuatl (Coatl) ; Miquizcli ; Macitl (Maçatl) ; Tochtli ; Cot (Atl) ; Yzcuencli (Itzcuintli) ; Uzumatl ;*

Malinali; Acalt (Acatl); Ucelut; Quautli; Cuzcumantli (Coz-cacuautli); Ulin.

Los años tienen por cuatro nombres con que nombran primero, segundo, tercero y cuarto, así : *Tecpatel* por primero, tomando todo el año de este nombre, que es el primero dia de él : *Cali* por el segundo, que asimismo es el primer dia, y *Tochtli* el tercero, y *Acal* el cuarto, y cumplido estos cuatro, vuelve el tiempo al primero, que es *Tecpatel*, y asi resultan cuatro dias de bisiesto, como está dicho en el primer capítulo (1).

Lo que sigue está en cuaderno separado, y es de otra letra. (G. I.)

CALENDARIO (2)

DE TODA LA ÝNDICA GENTE, POR DONDE HAN CONTADO SUS TIEMPOS HASTA HOY. AGORA NUEVAMENTE PUESTO EN FORMA DE RUEDA, PARA MEJOR SER ENTENDIDO.

Regla para entender las dos ruedas.

Es de notar que así como nosotros tenemos dos tablas ó

(1) Entendería yo aquí *párrafo* en vez de *capítulo*, porque justamente en el párrafo primero de esta pieza se trata del mismo. El sistema expuesto aqui concuerda con el del Códice Fuenleal (Anales II-87) y como allá se citan los capítulos que (adelante) hablan de las fiestas y celebración de ellas, tal vez deba buscarse la referencia en este lugar.

(2) D. Alfredo Chavero, en su obra intitulada « Pinturas jeroglíficas, Primera parte », publica una *Cuenta antigua de los indios naturales desta Nueva España*, formada con textos atribuidos á varios autores del siglo XVI; y la segunda pieza de la expresada *Cuenta* es un *Calendario yndico* ideado en forma de rueda y caracol, segun allí se dice, por Fr. Francisco de las Navas. Corre desde la página 33 hasta la 36 del opúsculo citado y concuerda sustancialmente (mas no en vocablos, ni en conceptos, ni en fechas) con el *Calendario de toda la yndica gente* que arriba se publica juntamente con los *Memoriales* del P. Motolinia por estar comprendido en ellos; pero que no sabemos de cierto si existiría entre los originales que dejó Motolinia, ó si habrá sido agregado en el manuscrito por alguno de los que lo poseyeron antes de ser comprado en Madrid por el Sr. D. José María Andrade.

ruedas, por donde nos regimos todos los tiempos : la una es del Aureo número, la otra es de la Letra dominical, así estos naturales tienen dos tablas, la una de veinte figuras, la cual sirve para contar dias y meses y semanas y años : la otra es de cincuenta y dos figuras, que sirve para saber qué año es el que corre, y cómo se llama, y de qué número es.

La tabla de las veinte figuras tenian ellos doscientas sesenta figuras, ó por mejor decir, casas, porque cada figura tenia trece de su mesma especie ; pero porque mejor se entendiese sin confusion, la reducen á una rueda de veinte figuras, haciéndola caracol, para que por él adelante, hacia arriba rueda, se hallan encima de cada figura trece números, que son por todos doscientos sesenta, como ellos tenian las figuras, de manera que *penitus* no se quitó nada de como ellos lo tenian, sino la prolijidad.

La otra tabla de las cincuenta y dos figuras ó casas la puse en otra rueda que tiene las cincuenta y dos figuras, de las cuales ni puse ni quité, aunque se pudieran reducir á solas cuatro, porque no son ellas mas, porque cada una de aquellas cuatro figuras hacen trece números, que son cincuenta y dos, que es el curso de la rueda.

Regla para entender la rueda de las veinte figuras.

Cuanto á la primera rueda de las veinte figuras, se ha de notar que estos naturales tienen dias, semanas, meses y años, y todo se cuenta por la dicha rueda de las veinte figuras. Los dias son las dichas figuras, que son los nombres de los dias : las semanas de trece dias, porque hasta allí llega el mayor número, el caracol arriba : los meses son de á veinte dias, porque acabada la rueda, en veinte dias torna luego á comenzar de nuevo, otros veinte dias, el caracol arriba, en caracol, porque el que mirare no se pierda. Tiene la rueda con su caracol todo, doscientos sesenta dias, en los cuales hace su curso menor, los cuales acabados, torna á comenzar de nuevo su curso. Comienza la dicha rueda en *1 cipactli*, acaba en *13 xochitl*, y luego torna de nuevo á primero *cipactli*, y ansí siempre derechamente corre sin excepcion ninguna. Tiene la dicha rueda dos-

4

cientos sesenta dias no mas, que son veinte semanas de á trece dias, y trece semanas de á veinte dias, y no ha de tener un punto mas ni menos. Comienza la dicha rueda ansí : *1 cipactli*, *2 ecatl*, *3 calli*, *4 cüezpalli*, &c., el caracol arriba, y aquel número que va dando en cada figura por el caracol arriba, aquel es nombre de aquel dia, v. gr. : *1 cipactli* es el nombre de aquel dia cuando le cupiere, y *sic de omnibus aliis.* Hace esta dicha rueda otro curso mayor en cincuenta y dos años : la causa es que dentro de cincuenta y dos años no se topa ó encuentra un dia con otro debajo de un número, dado caso que alguna vez se encuentran en la figura. Enjemplo : á 12 de Octubre teniamos ogaño tres venados ; no ternán otra vez venados á 12 de Octubre dentro de cincuenta y dos años, é es sin excepcion.

Regla de las semanas y meses.

Hase de notar que para saber cómo hacen los meses, que su año comienza generalmente en una de las cuatro figuras donde vieren (viénen) los brazos de la † que está en medio de la rueda de las veinte figuras, que son *acatl, tecpatl, calli, tochtli,* y esto sin ninguna excepcion, sucesivamente cada uno en la suya. No solamente comienzaN en las dichas cuatro figuras los años, pero tambien sin excepcion todos los meses, porque la figura que tieneN para el año que corre, la mesma tienen para todos los meses de aquel año, porque en ella comienzan todos los meses. Enjemplo : ogaño de 1549 años, tienen 5 de *calli, xihuitl* por año : todos los meses de este año comienzan en *calli,* con el número que le cabe á cada mes, el caracol arriba, de manera que cada vez que el caracol arriba va á dar sobre la figura *calli,* siempre allí es principio del mes. Enjemplo : el primer dia de este año presente y del primero mes, fué *5 calli ;* el primero dia del segundo mes fué *12 calli ;* el primero dia del tercero mes fué *6 calli,* &c., y ansí de todos los otros años : tienen en un año diez y ocho meses de á veinte dias, y más cinco dias, que son trescientos sesenta y cinco dias : del año diré abajo én otra regla : tienen veintiocho semanas de á trece dias, y más un dia, que es mesmo número trescientos sesenta y cinco dias.

1549

Regla de los años y de la rueda mayor.

Es de notar que todos los años de estos naturales están debajo de cuatro nombres, que son *acatl xihuitl, tecpatl xihuitl, calli xihuitl, tochtli xihuitl*, como parece en la rueda de las veinte figuras en la † que está en medio de ella, que hiere en las dichas cuatro figuras. La rueda mayor, que es de cincuenta y dos años, se compone de estas cuatro figuras, porque aunque tiene cincuenta y dos, no son más de estas cuatro, pero cada una de estas cuatro tiene en la dicha rueda mayor trece años, como allí parece, van corriendo estas cuatro figuras de cuatro en cuatro años. Ejemplo : 1°*acatl xihuitl*, 2° *tecpatl xihuitl*, 3° *calli xihuitl*, 4° *tochtli xihuitl :* luego tornan y dicen prosiguiendo, 5° *acatl xihuitl*, &c., como parece en la rueda. Cada casa ó figura en la dicha rueda sirve para un año, y ansí la dicha rueda hace su curso en cincuenta y dos años. Tiene la dicha rueda cuatro indicciones que hacen una hebdomada de á trece años, y cada una de aquellas indicciones comienzan y acaban en una de las cuatro figuras : la primera hebdomada comienza en *1 acatl xihuitl*, acaba en *13 acatl xihuitl :* la segunda hebdomada comienza en *1 tecpatl xihuitl*, acaba en *13 tecpatl xihuitl :* la tercera hebdomada &c., como allí parece. Sirve la dicha rueda para saber qué año es el que corre, y de qué número y figura, porque de aquí depende el todo, y no se sabiendo esto, no se puede entender la rueda de las veinte figuras. En el año de 1549 años estábamos en la 31 casa de la rueda y era *5 calli xihuitl*. El año de 1550 estarán en la 32 casa que será *6 tochtli xihuitl*. Y hase de notar que la razon porque sin excepcion comienzan todos los años en una de estas cuatro figuras, es esta y no puede faltar, y por esto pongo razon y ejemplo. Este año presente es *6 calli xihuitl*, comenzó á 1° de Enero, tiene su año, así como el año, trescientos sesenta y cinco dias ; pues al *5 calli xihuitl* en la rueda mayor se sigue *6 tochtli xihuitl*. Pues desde *5 calli*, que fué el primero dia del año, hasta *6 tochtli*, que será el dia primero del año siguiente, hay diez y ocho meses en el caracol arriba, y mas cinco dias, que son por todos trescientos sesenta y cinco dias, que se

1549.
1550.

concluyen último de Diciembre, y ansí de necesidad al siguiente dia dan la figura *6 tochtli*, que será el primero dia de aquel año, por el consiguiente de los otros años, como lo verá quien bien lo investigará.

Pues si se pregunta porqué sobraron aquellos cinco dias de los diez y ocho meses, puédese responder que los antiguos que las dichas ruedas ordenaron tuvieron intencion de poner todos los números perfectos de á veinte, y ansí sobraron aquellos cinco, los cuales pasaban ansí hasta comenzar otra vez el año siguiente ; y si ansí no lo hicieran, siempre anduvieran confusos. Pues si se pregunta, de dónde tomaban denominacion los años de la rueda de las cincuenta y dos figuras, respóndese que de los primeros dias del año, de ejemplo : el primero dia del año presente fué *5 calli ;* de allí se llama todo el año *5 calli xihuitl*, porque el primero dia fué *5 calli et sic de aliis.* Si se pregunta cómo se puede saber que los meses son de á veinte dias : á esto no hay otra respuesta, sino que siempre el primero dia de aquellos veinte hacian gran fiesta general, y siempre era en la misma figura que tenian por año, de veinte en veinte dias ; y de aquí se saca que aquellos eran sus meses, pues en todos sus principios hacian tanta solemnidad ; pero esto entiéndolo yo cuanto á los modernos idólatras, y á los antiguos sabios que las dichas tablas ordenaron, en el cual tiempo pienso yo aun no habia idolatrias, si se mira bien la sabiduria que hay en estas tablas.

Regla para hallar el año, mes y·dia en que estamos.

Para hallar el año en que estamos es de notar que el año de 1549 estaban en la 31 casa de la rueda mayor, que es *5 calli xihuitl* y de allí procediendo cada año su casa hasta el año en que andamos, irán á dar en el año que buscaren. Pues hallado el año, para buscar los meses, no hay mas que en 1° de Enero, segun está dicho, comienza el año y primer mes, y todas las veces que el caracol arriba vá á dar en la figura que tienen por año, que allí hace siempre los meses. Ejemplo : el dicho año tiene *5 calli xihuitl :* el primer dia del primero mes y año fué *5 calli :* el primer dia del segundo mes fué *12 calli*, &c. Junto á la rueda grande en los cantones están escritos en qué tiempo de nuestros meses comienzan los suyos. Pues hallando el año y mes y en qué tiempo del nuestro comienza, ligera cosa es hallar el dia, el caracol arriba. Ejemplo : á 8 de Octubre de este año de 49 fué el primer dia de su quinceno mes, que es *12 calli*. Hoy á 20 de Octubre buscando el caracol arriba dende *12 calli*, van á dar en 20 de Octubre en *11 quauhtli et sic de aliis*.

1549.
Octubre 20.

Regla general para el año del bissexto.

Siempre anduvieron confusos estos naturales por causa de no haber alcanzado el bisexto. La causa declararé en otras reglas que no pongo aquí por la brevedad de la tabla, que no lo sufre. Pues para que ellos hagan bisexto como nosotros y cuando nosotros, se ha de notar que siempre el año del bisexto cae en la rueda mayor sobre el año *tecpatl xihuitl*, y no sobre otro ninguno año, de manera que siempre jamas el año *tecpatl xihuitl* será año de bisexto, y siempre jamas será el 13° dia de su tercero mes sobre la figura *malinali*, que es á 24 de Enero, porque del 1° dia de Enero hasta 24 de Febrero hay cincuenta y cinco dias, que son dos meses de los suyos y quince dias : de manera que jamas en otra figura se hará el bisexto, sino sobre esta figura *malinalli*, de manera que sobre esta figura se harán dos dias con el número que le cupiere, como se hacen dos dias sobre la † segunda. Haciéndose así, nunca mas terná confusion, como hasta aqui han tenido por la falta del bisexto. Todas estas escribí muy largamente en otra parte, dando razon de todo.

Tiene la rueda de las veinte figuras muchos notables secretos en su caracol, si bien se investigan.

De aqui en adelante sigue la letra con que comenzó el manuscrito (G. I.).

CONTINÚASE LA MATERIA DEL CAPÍTULO PASADO, Y DECLÁRASE EL CA-LENDARIO Ó TABLA DE LA ESTRELLA *Esper*, Y EN LENGUA DE INDIOS *uEIcitlalin* ó *totonametl*.

Esta tabla que aquí se pone se puede llamar calendario de los indios de la Nueva España, el cual contaban por una

estrella que en el otoño comienza á aparecer á las tardes al
occidente, y con LUZ muy clara y resplandeciente, tanto que el
que tiene buena vista y la sabe buscar, la verá de medio dia
adelante. Llámase esta estrella *Lucifer*, y por otro nombre se
dice *Esper* ; y de este nombre y estrella, nuestra España en un
tiempo se llamó *Esperia*. Como el sol va abajando y haciendo
los dias pequeños, parece que ella va subiendo : á esta causa
cada dia va apareciendo un poco más alta, hasta tanto que
torna el sol á la alcanzar y pasar en el verano y estio, y se viene
á poner con el sol, en cuya claridad se deja de ver ; y este
tiempo y dias que aparece y sale la primera vez y sube en alto
y se torna á perder y encubrir en esta tierra son doscientos y
sesenta dias, los cuales están figurados y asentados EN EL calendario ó tabla : y para que mejor se entienda posimos esta
figura ó tabla en que hay doscientas y sesenta casas contadas
de trece en trece, y en veinte lineas que son veinte trece, como
si en una plana escribiésemos veinte renglones de trece letras,
serian doscientas y sesenta letras : bien así van estas casas
puestas y asentados los dias en ellas por órden, comenzando
el primero que es *cipactli* y dice *ce cipactli*, un espadarte ; dos
vientos *ome ecatl*, y ansí va discurriendo hasta acabar la primera linea en que está trece casas : luego en la segunda linea
se asienta en la primera en catorceno dia en el nombre propio ;
y ansi va procediendo ; y llegando al veinteno y último dia,
que es *xuchitl*, no se dice veinte rosas, mas de ocho rosas,
cempual xuchitl sino *chicome xuchitl*, porque es setena casa
en la segunda linea trecenaria, por cuyo respeto se dice siete
flores, y no por respeto del número veintenario de los nombres
propios de los dias, como algo está dicho. Y es de saber que
aquestos doscientos y sesenta dias están tasados ansí en este
número, porque tantos son los signos ó hados, disposiciones
de los planetas en que nacian los cuerpos humanos, segun los
filósofos ó astrólogos de *Anáhuac* ; y no es nueva opinion entre
estos de *Anáhuac*, pues sabemos que en nuestras naciones
hay filósofos ó sus escritos que la tienen ; pero segun nos, *si
veram fidem habemus*, sabemos que en nuestras naciones
que no hay hado *nisi voluntas Dei qui semel*, LICET *immovilis
sine variatione locutus est, vel factus est*. En cada un dia de

los veinte reinan trece planetas dentro de los doscientos y
sesenta dias, cuyos hados se conocen por el cómputo desde
uno hasta trece los otros, contando, como muchas veces digo
porque bien se entienda, de uno hasta trece planetas en cada
uno de los dias. Seria largo y sin fruto escribir aquí la filosofía
de *Anahuac*, que dice y declara todos los doscientos y sesenta
planetas y sus hados ; bástenos que entendamos la declaracion de esta cuenta, que sin ella estaba oscuro : si quisieres
ser curioso en esto, ve sus libros. No puedo dejar de replicar
que todas estas son muestras y señales de la habilidad natural de los naturales de esta tierra. Hay, empero, naciones entre
ellos de más y menor março (?) y mayor ó más bajo metal. No
hay duda sino que los de *culhua* son mas hábiles ; los *otomies*
y *cuextecas* (1) menos avisados. Ya estos habian visto y sentido cómo traian el año errado, y cuando los españoles entraron, se querian ayuntar los maestros del cómputo y filósofos
para enmendar la falta del bisiesto que no habian alcanzado.
Hasta trece, si bien miras de uno, y cuentas discurriendo
segun que en la tabla estarán señalados, hallarás todas las casas llenas de uno de estos números, de manera que donde
hallares *ce cipactli* reinan un sino y planeta, y dicen que es
malo ó bueno : onde el que en aquel dia naciere habrá tal hado
malo, ó que será pobre, ó que habrá mala muerte y mala ventura ; y lo mismo si en aquel dia se casare será mal casado, &c. :
en donde hallares *ome cipactli*, el que en aquel planeta ó cons-
telacion naciere, acontecelle ha esto, aquello ; y de esta manera habia buena ó mala ventura en otras casas y estas, segun
el dia en que naciere de los planetas que reinan, ansi *cipactli*
que es el primero dia do los doscientos y sesenta, como de
cualquiera de los otros.

Cumplidos estos doscientos y sesenta dias y los signos y
planetas de ellos, hemos de tornar á contar de principio, que
es *ce cipactli*, é ir discurriendo de la misma manera, hasta el
fin, y ansí acabada la tabla, como está dicho, no hemos por
respeto de esta cuenta de mirar en qué mes acaba y cumple,
para saber el cómputo del año y curso del sol, que no es su

(1) Así se escribe.

cuenta, ni por su respeto se nombra y son los signos, sino por
contemplacion de la estrella ; ni nos admiremos (1). A (á) esta
cuenta la llama (llamen ?) *tonalpualli*, que quiere decir, cuenta
del sol, porque la interpretacion é inteligencia de este vocablo,
largo modo, quiere decir cuenta de planetas ó criaturas del
cielo que alumbran y dan luz, y no se entiende de solo el planeta llamado sol, que cuando hace luna decimos *metztona*,
esto es, que da luz y alumbra la luna : de la estrella tambien
dicen *citlaltona*, la estrella da claridad : empero, porque dar
luz y alumbrar es mas propio del sol que de los otros planetas,
cuando lo haz (hay ?) dicen absolutamente *tona*.

Despues del sol, á esta estrella adoraban é hacian más sacrificios que á otra criatura ninguna, celestial ni terrenal. Despues que se perdia en occidente, los astrólogos sabian el dia
que primero habia de volver á aparecer el oriente, y para aquel
primer dia aparejaban gran fiesta y sacrificios, y el señor daba
un indio que sacrificaban luego por la mañana como salia y
aparecia la estrella, y tambien hacian otras muchas cerimonias, y desde allí adelante cada dia, en saliendo, le ofrecian
incienso los ministros de los ídolos, y estaban levantados esperando cuándo saldria para le hacer reverencia y sacrificio de
sangre, é otros muchos indios por su devocion hacian lo
mesmo. El más general sacrificio de todos era cuando habia
eclise de sol, ca entonces con gran temor todos, hombres
y mujeres, chicos y grandes, se sacrificaban de las orejas ó de
los brazos, y echaban la sangre con los dedos hácia el sol. Tornando á nuestra estrella, en esta tierra dicen tarda y se ve salir
el oriente otros tantos dias como el occidente, conviene á saber, otros doscientos y sesenta dias. Otros dicen que trece dias
más, que es una semana, que son por todos doscientos y setenta y tres dias. Tambien tenian contados los dias que no parecia,
como buenos estrólogos, y esto todo tenianlo en mucho los señores y la otra gente. La causa y razon porque contaban los
dias por esta estrella y le hacian reverencia y sacrificio, era
porque estos naturales engañados pensaban é creian que uno
de los principales de sus dioses, llamado *Topilzin* (*Topiltzin*),

y por otro nombre *Quetzalcohuatl*, cuando murió y de este mundo partió se tornó en aquella resplandeciente estrella.

Se deja el espacio de un renglón entre ambos párrafos, por coincidir lo que abajo se trata con el asunto del capítulo que sigue.

El aparejo que hacian para celebrar esta fiesta de *Panque-zaliztli* (*Panquetzaliztli*) en México, no era pequeño, porque cada año entraban de nuevo penitentes que ayunaban todo el año entero, y estos no eran pocos, mas sesenta ó ochenta, é muchas mujeres que por su devocion ayunaban todo el año y guisaban de comer para aquellos devotos penitentes. Todo el otro número de los ministros ayunaban ochenta dias antes de la fiesta, y en este tiempo se sacrificaban muchas veces de dia y de noche, é ofrecian oraciones é incienso á los dos principales ídolos de México, por cuya reverencia y servicio ayunaban. La otra multitud de los mexicanos, especial señores y principales ayunaban ocho dias antes de la fiesta. Allegado el dia de la fiesta antes que amaneciese, ayuntados los ministros de los templos y los señores y gran muchedumbre de gente, que aparecia innumerable, el sumo pontífice con sus cardenales, tenian aparejada y ataviada la imágen de *Vicilopuchtli*; vestido de pontifical aquel gran ministro del demonio, tomaba la imágen, é otros que iban delante con su incienso salian en procesion QUE era de largo trecho : iban al *Tlatelolco*, que es el segundo barrio de México, y de allí á un pueblo llamado *Azcapozalco*, é antes que entrasen dentro, en lugar llamado *Aculman* estaba un oratorio, y allí, hechas ciertas cerimonias, sacrificaban cuatro *mamaltin*, que son cuatro hombres presos en guerra. Hecho aquel sacrificio pasaban por *Azcapozalco*, é iban al pueblo llamado *Tlacoban*, y de allí procedian adelante é iban por *Chapultepec*, que es á do nace el agua que entra en México. Allí no paraban, mas iban adelante al pueblo llamado *Vicilopuchco*, onde un poco fuera ya del pueblo habia otro templo, en el cual parando sacrificaban otros cuatro, y de allí iban camino derecho para México, habiendo andado cinco leguas, poco más ó menos, allegaban á medio dia. Con los mismos ayunos, sacrificios y procesion celebraban esta mesma fiesta en *Tezcuco*.

CAPÍTULO 17

DE LA FIESTA LLAMADA PANQUEZALIZTLI (PANQUETZALIZTLI), Y DE LOS SACRIFICIOS Y HOMICIDIOS QUE EN ELLA SE HACIAN, Y COMO SACABAN LOS CORAZONES É LOS OFRECIAN, Y COMIAN LOS ANSÍ SACRIFICADOS.

En aquellos dias de los meses que arriba están dichos, en uno que se llamaba *Panquezaliztli (Panquetzaliztli)*, que es su catorceno mes de estos, el cual era dedicado á los dioses de México que se llaman *Tezcatlipuca* é *Vicilobuchtli (Uitcilobuchtli)*, (estos dos demonios decian ser hermanos é dioses de la guerra, poderosos para matar, destruir y subjetar, el primero dicho hermano mayor, el segundo hermano menor) : estos tenian por principales dioses en México y en todas las tierras y provincias sujetas á México : en aqueste dia *panquezaliztli (panquetzaliztli)*, como principal pascua se hacian muchos sacrificios de sangre, ansí de las orejas como de la lengua, que esto era muy comun, otros de los brazos y pechos, dándose punzadas de que salia sangre, y de los muslos y de otras diversas partes del cuerpo, y esto era muy comun en toda la tierra, y sacábanla en papeles, y con los dedos rociaban los ídolos, como el que esparce agua bendita ; pero de las partes del cuerpo en cada provincia habia su costumbre, uno de los brazos, otros de los pechos, &c., que aun en esto se conocian de qué provincia eran muchos, desta manera, que tenian una piedra larga de obra de una braza y casi palmo y medio de ancho y un palmo de grueso : lo más de esta piedra ó la mitad estaba hincada en tierra, arriba encima de las gradas DELANTE del altar de los ídolos. En esta tendian de espaldas al desventurado que habian de sacrificar, y el pecho muy teso, teniéndole ó atándole los piés y manos unos de los principales oficiales del demonio, que se llamaban *tlamacazque* ó *tlenama-*

cazque, y en esto estaban tan diestros, que de presto con una piedra de pedernal de aquellos con que sacan lumbre, hecho como un hierro de lanza, no agudo mucho ; porque como es piedra recia y salta, no se puede parar aguda : esto digo porque muchos piensan que eran de aquellas navajas de piedra negra que acá hay que tiene el filo tan delgado como una navaja de barbero y cortan muy dulce, sino que luego se mellan y saltan pedacitos, porque es muy vedriosa la piedra : con aquel cruel cuchillo de pedernal, como el pecho estaba tan teso, y con mucha fuerza abrian al desventurado y de presto sacábanle el corazon, y aquel oficial deste cruel oficio daba con él encima del umbral del altar, de parte de fuera, á do dejaba hecha una mancha de sangre y caía el corazon en tierra, á do estaba un poco bullendo, y delante el altar poníanlo en una escudilla, y á las veces estos corazones los comian los sacerdotes ó alfaquíes viejos : otras veces los enterraban y luego tormaban el cuerpo y echábanle por las gradas abajo á rodar, y allegado abajo, si era de los presos en la guerra, el que lo prendió, con sus amigos y parientes, llevábanlo y aparejaban aquella carne humana con otras comidas, y otro dia siguiente hacian fiesta, y repartido por aquellos lo comian ; y este mismo que hacian la fiesta, si tenia costilla, en aquella fiesta de su valentía, daba en esta comida mantas : y si era esclavo el sacrificado no le echaban á rodar, sino desde allí lo llevaban á brazos, y hacian la misma fiesta y convite que con el preso de guerra, aunque no tanto. En otras fiestas y dias tomaba el corazon aquel verdugo en la mano y levantábalo hácia el sol y hácia el ídolo, y poníalo delante en una *zical* de calabaza, que es como una escudilla llana pintada, y EN otra cogian la sangre, y daban de ella como de comer al ídolo PRINCIPAL, untándole los bezos, y á los otros ídolos y figuras del demonio : y en estas fiestas sacrificaban destos segun el pueblo : en unos veinte y en otros treinta, y en otros cuarenta, hasta ciento. En las grandes cabeceras de provincias y en México más de ciento.

CAPÍTULO 18

DE LA FIESTA LLAMADA TLAXIPEVALIZTLI (TLACAXIPEUALIZTLI), Y
CÓMO EN ELLA DESOLLABAN ALGUNOS DE LOS SACRIFICADOS, Y LOS
PELLEJOS DE ELLOS SE LOS VESTIAN OTROS PARA BAILAR.

En otro dia de aquellos meses, que se llamaba *tlacaxipehualiztli*, se sacrificaban muchos, no tantos como en la otra fiesta
ya dicha, y de aquellos sacrificados desollaban algunos, en
unas partes dos ó tres, y en otras cinco ó seis, y en otras diez
y en otras más, y en México desollaban hasta doce ó quince, y
vestianse aquellos cueros que por las espaldas y encima de los
hombros dejaban abiertos ; y vestidos lo mas justo que podian,
como quien viste jubon y calzas, bailaban con aquella cruel y
espantosa divisa. Y como todos ó los más sacrificados, eran
esclavos ó tomados en la guerra, en México para este dia guardaban alguno de los presos en la guerra, que fuese señor ó
principal, y aquel desollaban para *Moteczuma*, el gran señor
de México, en el cual cuero bailaba, y esto iban á ver como
cosa de maravilla, y en los otros pueblos no se lo vestian los
señores, sino otros principales. Esta fiesta se llamaba de *Tla-
caxipevaliztli*, que tornando en nuestra lengua lo que quiere
decir, se dirá « dia de desollamiento de hombre », aunque no
de S. Bartolomé.

Otro dia que se llamaba *Uchpaniztli* sacrificaban una mujer
en cada parte y desollábanla, y vestiase el cuero de ella uno, y
bailaba con todos los del pueblo dos dias, y los otros, con sus
plumajes.

Ezalcoaliztli (*Etzalcoaliztli*), dia dedicado á *Tlaluc*, dios del
agua : antes que este dia llegase, veinte ó treinta dias, compraban un esclavo é una esclava, y hacianlos morar juntos
como casados, y allegado el dia de *Etçalzoaliztli* vestian al
esclavo con las ropas é insignias del *Tlaluc*, y á la esclava de
las ropas é insignias de su mujer *Chalchihuauye* (*Chalchiuh-
cueye*) y bailaban asi todo aquel dia hasta la media noche que

los sacrificaban, y á estos no los comian, sino echábanlos en una hoya como un silo, que para esto tenian.

CAPÍTULO 19

En un otro dia llamado *xocotlhuezi*, en algunas partes, como *Tacuba*, *Cuyovacan*, *Azcapuzalco*, levantaban un gran palo rollizo de obra de diez brazas, é hacian un ídolo de semillas y envuelto y atado con papeles, y poníanlo encima de aquel palo, y en la vigilia de la fiesta levantaban allá este ídolo en el palo, y el dia todo bailaban á la redonda de él, y el dia de la fiesta por la mañana tomaban algunos esclavos y otros cautivos que tenian de guerra, y traianlos atados de piés y manos, y echábanlos en un gran fuego que para esta crueldad tenian aparejado; y no bien acabado de quemar, sacábanlo del fuego no por piedad que de él habian, mas por darle otros dos tormentos ó muertes, que luego se seguia la segunda, que era sacrificarlos, sacándoles los corazones, y á la tarde echaban el palo en tierra, y trabajaban mucho por haber parte de aquel ídolo, de las semillas que estaba masado con masa de la que en esta tierra hacen pan, por comer algun poquillo, que creian que los hacia valientes hombres.

Otro dia que se decia *Yzcalli (Izcalli)*, este era dedicado al dios del fuego, ó á ese mesmo fuego, que lo tenian por dios general por todas partes. En este dia tomaban uno de los cautivos en la guerra, y vestianle de las vestiduras y ropas del dios del fuego, y bailaban en reverencia de aquel dios, y sacrificábanle á él y á los que demas de él tenian presos de guerra; pero mucho más es de espantar de lo que particularmente se hacia aquí en un pueblo que se dice *Quauhtitlan*, cerca de México, donde esto escribo, adonde mas cruel y soberbio se mostraba el demonio, que en todas las otras partes donde generalmente se hacia.

Yzcalli (Izcalli). La vigilia de este dia en *Quahtitlan (Quauh-titlan)* levantaban seis árboles grandes como mástiles de navio, con sus escaleras, y en esta mesma vigilia cruel, y de mas cruel dia, tambien degollaban dos mujeres esclavas, en lo alto encima de las gradas, ante el altar de los demonios, y allá las desollaban enteramente con sus rostros, y sacábanles las canillas de los muslos ; y el dia de la fiesta por la mañana dos indios principales vestianse los cueros con los rostros cubiertos como máscaras, y despues de vestidos tomaban en las manos, en cada una su canilla, y muy paso á paso bajaban bramando por las gradas abajo que parecian bestias encarnizadas, y estaba abajo en los patios grande muchedumbre de gente, toda como espantada, y decian todos « ya vienen nuestros dioses, ya vienen nuestros dioses » ; y allegados abajo comenzaban á tañer sus atabales ; y á los ansí vestidos ponian á cada uno sobre las espaldas mucho papel cosido en ala, casi cuatrocientos pliegos ; y una codorniz sacrificada y degollada atábansela á cada uno al brazo que tenia horadado, y de esta manera bailaban estos dos, delante los cuales toda ó la más gente sacrificaban y ofrecian muchas codornices, y echábanselas delante, y eran tantas, que cobrian el suelo por do iban, porque pasaban de ocho mil las que aquel dia ofrecian, porque para esta fiesta las buscaban la gente que á ella venian, de mas de diez y doce leguas, y al medio dia cogianlas todas, las cuales comian aquellos alfaquies y señores y principales, y los vestidos bailaban ansí todo aquel dia, y hacianse aquel dia otra mayor y nunca oida crueldad, y era que en aquellos seis palos que en la vigilia de la fiesta habian levantado en alto, ataban aspados seis cautivos de guerra, y estaban debajo á la redonda mas de dos mil hombres y mochachos con flechas y arcos, y estos, en bajándose los que los habian ido á atar, disparaban en ellos muchas frechas, y así asaeteados medio muertos, dejábanlos caer de aquel altura, y del grande golpe que daban, se machucaban y quebrantaban los huesos, y luego les daban la tercera muerte sacrificándolos y sacándoles los corazones, y arrastrándolos y desviándolos de allí, la cuarta crueldad era degollarlos y cortarlos las cabezas, las daban á los alfaquies, y los cuerpos llevaban como carneros para los señores y prin-

cipales, y otro dia con aquel convite hacian tambien fiesta.
¿ No mirais cómo aquel soberbio que decia *in cœlum conscen-*
dam supra astra Dei : exaltabo solium meum, similis ero Altis-
simo, trabajó en esta tierra de levantar en alto sus crueles sacrificios, y aquel que del cielo fué derrocado, cómo trabaja por
derrocar y echar de alto á los hombres, y en cuanto puede llevar al profundo sus ánimas y cuerpos ? Y de seis en seis, con
aquella crueldad ya dicha, mataban todos los que para esta
fiesta tenian ; un año cuarenta, y otro cincuenta, y alguno habia de sesenta, y esta cruel fiesta hacian en este pueblo de
Quahotitlan de cuatro en cuatro años.

Is. XIV, 13, 14.

CAPÍTULO 20

DE CÓMO SACRIFICABAN NIÑOS AL DIOS DEL AGUA, CUANDO SUS SEMEN-TERAS DE SU PAN ESTABAN PEQUEÑAS, Y DE UNA GRANDE ESTERILI-DAD QUE DURÓ POR ESPACIO DE CUATRO AÑOS.

Una vez en el año, cuando ya estaban salidos de un palmo
sus panes en sus labranzas, en los pueblos que habia señores
y principales, que á la casa de cada uno de estos llaman *tecpan,*
que quiere decir palacio, sacrificaban un niño é una niña de
edad de tres ó cuatro años, que estos eran hijos de principales,
no esclavos, y esto hacian en el monte, á honra de un demonio
que se llamaba *Tlaluc,* que decian ser dios del agua y les daba
la pluvia, y á este la pedian en habiendo falta de agua : estos
niños inocentes no les sacaban el corazon, sino degollábanlos,
y envueltos en mantas ponianlos en una caja de piedra, á honra de aquel demonio *Tlaluc.* Este era tenido en toda la tierra
por muy principal dios, y su principal templo era en *Tezcuco,*
juntamente con los dioses de México, los cuales templos eran
más altos y mayores de toda la tierra, y más que los de México.

El dia de *Atemuzlli* ponian muchos papeles pintados y llevábanlos á los templos de los demonios, y ponian *ulli,* que es una
goma de un árbol que se halla en tierra caliente, al cual pun-
zándole salen unas gotas blancas, y ayuntando lo uno con lo

otro, tórnase negro, casi como pez blanda, y de esto hacen las
pelotas con que juegan, que saltan más que las pelotas
de viento de Castilla, aunque es más pesado ; que salta
tanto, que parece que tiene dentro azogue. De esto tambien
usaban mucho ofrecer á los demonios, ansí en papeles como
untando con de ello (sic) los carrillos de los ídolos, y algunos
ídolos tenian de este *ulli* la costra de dos dedos en alto, ó tres ;
y ayuntábanse los parientes y amigos en este dia á llevar comida que comian en las casas y patios del demonio, y entonces
tambien salian de México, y llevaban en una canoa, que es
como barco largo, un niño y una niña, y en medio de la laguna
de México, echándolos en el agua los ofrecian al demonio, su-
merjiéndolos con barco y todo.

Tozoztli. En este dia, cuando ya los panes estaban hasta la
rodilla de alto, repartian y echaban pecho de que compraban
quatro niños esclavos, de edad de cinco hasta siete años, y sa-
crificábanlos á *Tlalu* (*Tlaluc*) dios del agua, y ponianlos en una
cueva, y cerrábanla hasta otro año, que hacian lo mesmo. Este
sacrificio de inocentes tuvo principio de un tiempo que estuvo
cuatro años que no llovió ni apenas quedó cosa verde, y por
aplacar al demonio del agua, su dios *Tlaluc*, y porque lloviese,
le ofrecian aquellos cuatro niños ; y así el que no podia dar el
agua ni era suya, la vendia por sangre de inocentes. Estos ministros ó carniceros del demonio, que en su lengua, como está
dicho, se llama *tlenamacaque*, que eran los mayores sacerdotes de los ídolos, á manera de nazareos criaban unos cabellos
muy grandes, y muy feos y sucios, que nunca los cortaban, ni
lavaban ni peinaban, y así andaban engradejados, y ellos que
muchas veces se tiznaban de negro, que no solamente parecian ministros del demonio, mas ese mesmo demonio. Aquella
cabellera que criaban llamaban *nopapa*, que quiere decir, mis
cabellos, *mopapa*, tus cabellos, *ypapa* sus cabellos, *topapa*
nuestros cabellos, &c. é de este nombre de los cabellos tomaron
algunos españoles este vocablo de papa, y llamáronlos papas,
y en buen romance se podian llamar verdugos crueles del demonio.

CAPÍTULO 21

DE LAS OFRENDAS Y SACRIFICIOS QUE HACIAN AL DEMONIO CUANDO YA LOS PANES ESTABAN GRANDES, Y CÓMO LE BAILABAN PORQUE SE LOS GUARDASE.

Hueytozoztli. Este dia era cuando ya los panes estaban á la cinta, poco más ó menos ; entonces cada uno cogia de lo suyo algunas pocas cañas, y llevaban sus comidas con ellas y *atulli*, que es una bebida espesa que se hace de la masa que se hace el pan de esta tierra, y mucho *copalli*, que es como una resina blanca, que se cria en unos árboles en tierra caliente, á los cuales punzándolos para que destile esta goma ó resina, sale de ello en cantidad sobre unas pencas grandes, sobre las cuales se cuaja y quedan hecho como las xibias de que los plateros usan, y de esto con aceite se hace muy buena trementina, todo esto en lugar de incienso, como las cañas de los panes y aquella bebida que he dicho, tomaban á la tarde de este dia con mucha alegria y devocion y lo llevaban á los templos de los demonios que más poderio tenian para criar y guardar los panes, delante de los cuales bailaban toda aquella noche, porque se los guardasen y hiciesen mayores.

Tititlh. A reverencia de este demonio bailaba toda la gente dos dias con sus noches, y entonces sacrificaban los cabtivos en guerra tomados de muy lejos, que segun dicen los mexicanos, algunas provincias tenian cerca de sí de enemigos y de guerra, como era *Tlaxcala, Huexucinco* y *Cholollan*, que mas las tenian para ejercitarse en la guerra, y tener de do haber cabtivos para sacrificar, que no para pelear y acabarlos de sujetar. Las otras provincias tenian lejos, á do á tiempos ó una vez en el año hacian guerra, como era *Michuacan, Pánuco, Tocantepec (Tecoantepec)*, &c. De estas traian tambien muchos cabtivos, y en este dia sacrificaban de estos y no de otros, ni esclavos.

CAPÍTULO 22

Los mercaderes de la tierra hacian una flesta, no todos juntos sino cada uno por sí en las provincias, cuyo dia se llamaba *miecalhuitlh* (*miccailhuitl*), para la cual buscaban esclavos que sacriflcaban, los cuales valian bien barato, y en este dia murian muchos en los templos que á su parte tenian los mercaderes, y en estos hacian otros muchos sacrificios.

Tlaxuchimaco. En esta flesta todos cogian y buscaban rosas, porque entonces era principio de verano y de las aguas, y llevábanlas á casa del demonio, y ofrecíanselas y bailábanle aquel dia.

Tecuilhuitlh. Todos los señores y principales se ayuntaban de cada provincia á su cabecera á bailar. En este dia vestian una mujer de las insignias y ropas de la diosa de la sal, y despues de haber bailado toda la víspera de esta flesta en la noche, venida la mañana la sacriflcaban. En estos dias echaban en los braseros mucho de aquel incienso que en esta lengua se llama *copalli*.

Teutlheco. Algunos dias antes de esta flesta aparejaban muchas maneras de comida, cada uno segun podia, y fingian como dia de aviento ; y allegado el dia, llevaban la comida á casa del demonio, y decian « ya viene nuestro dios, ya viene nuestro dios ».

CAPÍTULO 23

Un dia en el año, llamado *quechulli*, salian los señores y principales, y los *tlanamacaque* ó verdugos del demonio al

campo para sacriflcar en los templos del demonio que habia
en los montes : en todas partes trabaja el demonio que oviese
su culto y servicio, y andaban por todas partes cazadores, y
ponian mucha diligencia por haber caza de todas maneras
para sacriflcar aquel dia, así leones como tigres, si los podian
haber, y otros que son como gatos grandes, y venados y liebres
y conejos, y otros que se llamaban *coyutles*, que son entre lobo
y raposo y tomaban culebras, hasta langostas y mariposas ; y
toda la caza que tomaban traian al señor ó principal de ellos, y
él daba á cada uno de los cazadores, segun lo que traia, de
toda la ropa que tenia vestida, y de otra que para dar tenia allí
aparejada, no pagando á los cazadores segun lo que traian,
por via de conciencia, que maldito el escrúpulo que dc esto
tenian, ni tampoco los vasallos esperaban de sus señores paga
de esto ni de otros servicios, sino esto les daban por via de liberalidad, y por el mucho amor y devocion que el señor tenia al
demonio á quien esta flesta se hacia con toda esta ofrenda, y
luego sacrifícanlo todo al demonio, y así el demonio trabajaba
de mostrarse señor de las criaturas y racionales animadas, y
teníales pintados ídolos de casi todas las cosas que vemos en
la tierra y en el cielo.

CAPÍTULO 24

DEL PRINCIPAL DIOS DE TLAXCALLA, HUEXUCINGO Y CHOLOLLA, Y DE
SUS NOMBRES, Y DE LAS GUERRAS QUE ENTRE SÍ TENIAN, Y CON LOS
MEXICANOS.

Sin las flestas ya dichas, habia otras muchas, en diversas
tierras, provincias y pueblos, en especial en *Taxcalla, Huexucinco, Chololla,* que eran señoríos por sí. En todas estas provincias adoraban un dios y lo tenian por principal, el cual
nombraban por tres nombres, conviene á saber, *Camaxtle,* y
de este usaban más en *Tlaxcalla,* y *Huexucinco* : llamábase
ansimismo *Quizalcovatlh,* y este nombre se usaba mucho
en *Chololla* : tambien le llamaban *Mixcovatlh.* Los antiguos que estas provincias poblaron fueron de una generacion,

y como eran parientes, tambien muy amigos ; pero despues
que se multiplicaron, hicieron provincias distintas. Habia
entre ellos muchas veces grandes guerras y defensiones. En
estas provincias se hacian muy grandes sacrificios y crueldades, porque como todos estaban cercados de provincias subjetas á México, sus enemigos, arrimábanse mas al sacrificio y
oblacion, y tambien entre sí mesmos eran las mayores guerras
y más continuas, y habia entre ellos hombres de buenas fuerzas, en especial en *Tlaxcalla*, que es la mayor provincia de
estas, y de gente harto guerrera, y es de las enteras y grandes
provincias y bien poblada de la Nueva España. Estos de la
provincia tenian por costumbre en sus guerras no solo defenderse y ofender y matar, pero cautivar para llevar á sacrificar
á los templos de sus ídolos, y por esto en la guerra arremetian
y abrazábanse con el que podian, y sacábanlo y atábanlo cruelmente para llevarle, y esta era costumbre general en toda la
tierra, en que se mostraban y señalaban entre ellos los valientes hombres. Estos tenian otras fiestas por sí en muchos dias
del año, y con muchas cerimonias y crueldades que no me recuerdo bien para escribir la verdad, aunque moré allí seis años
y oí muchas cosas, pero no me informaba para las escribir. En
Tlaxcalla habia muchos señores y principales y mucho ejercicio de guerra, y tenian siempre como gente de guarnicion, y
todos los que tomaban, demas de muchos esclavos, morian en
sacrificio, y lo mismo en *Huexucinco* y *Chololla*, y á esta *Chololla* tenian por·gran santuario, como otra Roma, á do habia
muchos templos del demonio, y dijéronme habia mas de trescientos y tantos, como dias hay en el año, é yo ví muchos, pero
nunca los conté, y ansí tenia muchas fiestas en el año, y algunas de ellas venian de muy lejos, como de *Cempualla*, que es
á la costa, cuarenta leguas de camino, y cada provincia tenia
sus salas y casas dentro en *Chololla*,, donde se aposentaban.

CAPÍTULO 25

Ademas de esto habia muy muchos y particulares sacrificios
que se hacian muy comunmente, en especial aquellos
tlamacazque ó *tlenamacaque* que los españoles llamaban
« papas », é yo los llamo verdugos de los otros y de sí mismos. Estos se sacrificaban muchas veces de muchas partes del
cuerpo, y en algunas fiestas hacian en lo alto de las orejas, con
una navaja de piedra negra, un agujero, y por allí sacaban una
caña tan gorda como el dedo de la mano y tan larga como EL
brazo, y por la lengua sacaban unas pajas largas, agujerán-
dola por medio y atravesándola, y otros unas puntas de maguey, que son como clavos, unos más y otros menos, y todo lo
que ansí se sacaban ensangrentado, ofrecian y poníanlo delante del demonio. § En *Teuacan* y en *Teutitlan* y en *Cuzcatlan*,
que eran provincias de frontera, que por muchas partes tenian.
guerra, tambien hacian muy crueles sacrificios de los cautivos
y esclavos, y en sí mesmos cortaban y hendian el miembro de
la generacion entre cuero y carne, y hacian tan grande abertura, que por allí pasaba una soga tan gruesa como el brazo, y
de largo segun la devocion del penitente, unas de diez brazas,
y otras de quince, y otras de veinte, é si alguno desmayaba de
aquel cruel desatino, decian que aquel poco ánimo era por haber pecado y allegado á mujer ; ca estos que hacian este desa-
tinado sacrificio eran mancebos por casar ; qué maravilla que
desmayasen y aun muriesen, cuando de una sangria, que es
una picadura de una sotil navaja, muchos desmayan, y de la
circuncision, que era menos, los hijos de Jacob solos mataron
y destruyeron los varones de una ciudad, por estar circunci-
dados con grandísimo dolor ; qué seria los que padecerian
estos desventurados por servir al demonio. La otra gente del
pueblo sacrificábanse de las orejas y brazos, y del pico de la

lengua, de que sacaban unas gotas de sangre para ofrecer, y los más devotos ansí hombres como mujeres, traian más harpadas las lenguas y las orejas, é hoy dia se parece en muchos.

En estas provincias que digo de *Tlaxcalla*, *Huexucinco*, *Chololla*, ayunaban los ministros del templo y todos los de sus casas, cada año ochenta dias, y tambien ayunaban sus cuaresmas y ayunos antes de las flestas del demonio, en especial aquellos *tlamacazque* ó *tlenamacaque*, y con solo pan de maiz y sal y agua, unas cuaresmas de diez dias, y otras de veinte, y otras de cuarenta, y alguna, como la de *Panquezaliztli* (*Panquetzaliztli*), en México, de ochenta dias, de que algunos enfermaban Y MORIAN porque el cruel de su dios, aunque estuviesen malos, ninguna piedad les dejaba hacer ; y al pueblo, y á las veces hasta los mochachos, mandaban ayunar, y á dos, y á cuatro, y á cinco dias, hasta diez, ayunaba el pueblo. Estos ayunos no eran generales, sino que cada provincia ayunaba á sus dioses, segun su devocion y costumbre. Tenia el demonio en ciertos pueblos y perroquias de la provincia de *Tehuacan*, capellanes perpetuos, que siempre velaban y se ocupaban en oraciones, ayunos é sacrificios, y este perpetuo servicio repartianlo de cuatro en cuatro años, y los capellanes ansimismo eran cuatro, á los cuales decian y llamaban *monaunxinuça-nuque* (*monauhxiuhzahuaque*), que es un vocablo compuesto de tres dicciones, conviene á saber, cuatro é año é ayunar, *monaunxiuzanuaque* (*monauhxiuhzahuaque*), ayunadores de cuatro años. Cuatro mancebos que habian de ayunar cuatro años entraban en la casa del demonio, como quien entra en treintanario cerrado y daban á cada uno una manta sola de algodon delgada, ó un *maxtil*, que es como toca dé camino, que es con que se cubren é tapan sus vergüenzas, y no tenian más ropa de noche ni de dia, aunque en invierno hace razonable frio. Las noches la cama era la tierra y suelo desnudo, é la cabecera una piedra. Ayunaban todos aquellos cuatro años, en los cuales se abstenian de carne y de pescado, de sal y de ají ó *chilli* : no comian cada dia mas de sola una vez, y á medio dia, y era su comida, una tortilla, que segun señalan seria de dos onzas, y bebian una escudilla de una bebida que se dice *atulli*, ni comian otra cosa ni fruta, ni miel, ni cosa

dulce, salvo de en veinte en veinte dias, que eran sus dias festivales, como nuestro domingo á nosotros, entonces podian comer de todo lo que tuviesen, y de año á año les daban una
vestidura. Este ayuno era comun á todos cuatro.

Su ocupacion y morada era estar siempre en la casa y presencia del demonio, y para velar toda la noche, repartianse de
en dos. Velaban una noche los dos, y dormian los otros dos ; y
la otra noche los que habian dormido, velaban toda la noche
en peso, sin dormir sueño ninguno. Ocupábanse cantando al
demonio muchos cantares, y á tiempos sacrificábanse sangre
de diversas partes del cuerpo, que ofrecian al demonio, y cuatro veces en la noche ofrecian incienso, y de veinte en veinte
dias hacian este sacrificio : que hecho un agujero en lo alto de
las orejas, sacaban por allí sesenta cañas, unas gruesas y otras
delgadas como los dedos, y unas como el brazo, y otras de braza, y otras como varas de tirar, y todas ensangrentadas ponían-
las en un monton ante los ídolos, las cuales quemaban acabados los cuatro años. Montábanse, si no me yerro, diez y siete
mil y doscientos y ochenta, porque cinco dias del año no los
contaban, sino diez y ocho meses á veinte dias. Si alguno de
aquellos ayunadores ó capellanes del demonio moria, luego
suplia otro en su lugar, y decian que habia de haber gran mortandad, y que habian de morir muchos señores y principales ;
por lo cual aquel año vivian muy atemorizados, ca miraban
mucho en agüeros.

A estos les parecia muchas veces el demonio, ó ellos lo fingian, y decian al pueblo lo que el demonio les decia, ó á ellos
se les antojaba, y lo que querian y mandaban los dioses, y lo
que mas veces decian que veian era una cabeza con largos cabellos. Del ejercicio de estos ayunadores y de su devocion y
aparaciones, holgaba mucho oir y saber *Moteczuma*, el gran
señor de México, ca le parecia servicio muy especial é acepto á
los dioses y que aquellos *monanuxinuzanuaque* (*monauhxiuhzahuaque*)... (*sic*).

Si alguno de aquestos ayunadores se hallaba que en aquellos
cuatro años tuviese acceso á mujer, ayuntábanse muchos ministros del demonio y muy mucha gente popular, y sentenciá-
banlo á muerte, la cual le daban de noche y no de dia, y delante

todos, y le achocaban y quebrantaban la cabeza con garrotes, y luego le quemaban y echaban los polvos por el aire, derramando la ceniza de manera que no oviese memoria de tal hombre, porque su hecho en tal tiempo lo tenian por inorme, y por cosa muy descomulgada.

CAPÍTULO 26

DE CÓMO GUARDABAN LAS CABEZAS DE LOS TOMADOS EN GUERRA, Y DE CÓMO SE PINTABAN PARA BAILAR Y PARA SALIR Á LA GUERRA ; Y DE LAS MUJERES PROMETIDAS Ó QUE HACIAN VOTO, Y DEL SERVICIO QUE HACIAN Á LOS ÍDOLOS EN LOS TEMPLOS.

Las cabezas de los que sacrificaban, en especial de los tomados en guerra, desollaban, y si eran señores ó principales los ansí tomados, desollábanlas con sus cabellos, y secábanlas para las guardar. De estas habia muchas al principio, y si no fuera porque tenian algunas barbas, nadie creyera sino que eran rostros de niños, y causábalo esto estar como estaban secas ; e las calabernas ponian en unos palos que tenian levantados cerca de los templos del demonio, de esta manera, que levantaban diez y seis ó veinte palos, ó mas ó menos, de cuatro ó cinco brazas en alto, apartado uno de otro obra de una braza, y todos llenos de agujeros, y tomaban las cabezas horadadas por las sienes, y hacian unos sartales de ellas en otros palos delgados, y ponianlos en los agujeros que estaban en los palos ó vigas levantados, y ansí tenian alli de quinientas y ochocientas y más de á mil calabernas y más ; y cayéndose algunas, ponian otras, porque valian muy barato é poco precio los muertos, y en tener sus templos tan adornados, mostraban ser grandes hombres de guerra y sacrificio. § Cuando habian de bailar, en especial dia del demonio, tiznábanse de mil maneras, y para esto, el dia por la mañana que habia baile, luego venian pintores ó pintoras al tianguez ó mercado con muchas colores y pinceles, pintaban los rostros y piernas y brazos á los que habian de bailar la fiesta, de la manera que ellos querian y la solemnidad lo demandaba, y ansí dibujados y pintados, íbanse á vestir diversas divisas, y algunas tan feas, que parecian demonios, y ansi servian al demonio con estas y otras mil maneras de servicios y sacrificios, y de la misma manera se pintaban para salir á la guerra. § A las espaldas de los principales templos habia una sala á su parte de mujeres, y no cerradas, porque no acostumbraban puertas, pero honestas y muy guardadas, estas por votos que hacian hecho de servir á los templos, unas por su devocion prometian de servir en aquel lugar un año, ó dos ó tres, otras hacian el mesmo voto en tiempo de algunas enfermedades, y estas todas eran doncellas vírgenes por la mayor parte, aunque tambien habia viejas que por su devocion querian allí morar siempre. Estas viejas eran guardas y maestras de las mozas ; y por estar en servicio de los ídolos eran muy miradas y guardadas, y en entrando, luego las tresquilaban. Dormian siempre vestidas por más honestidad, y para se hallar más presto al servicio de los ídolos. Dormian todas en una sala é comunidad. Su ocupacion era hilar y tejer mantas de labores y otras de colores para servicio de los templos. A la media noche se iban con su maestra y echaban incienso en los braseros que estaban delante los ídolos. En las fiestas principales, iban todas en procesion por una banda y los ministros por la otra, hasta llegar delante los ídolos en lo bajo de los templos, y los unos y las otras iban con tanto silencio y recogimiento, que ni alzaban los ojos ni hablaban palabra. Estas, aunque eran pobres, los parientes les daban de comer, y lo demas para hacer mantas y para llevar comida caliente por la mañana, que ofrecian ante los ídolos, así de pan como de gallina guisada, porque aquel calor ó vaho decian que recibian los ídolos, y lo demas los ministros. Tenian una como maestra ó madre que á tiempos las congregaba y tenia capítulo, y á las que hallaban negligentes penitenciaban, casi como hacen los religiosos, y si alguna se reia contra algun hombre, dábanle mayor penitencia ; y si se hallaba que alguna era conocida de varon, averiguada la verdad, entrambos mataban. Ayunaban todo el tiempo que allí estaban, comiendo á medio dia, y á la noche su colacion : las fiestas comian carne, que no ayunaban. Tenian su parte que barrian en los patios bajos delante los templos ; lo alto siempre lo barrian los ministros, y en algunas partes con plumajes, y al barrer siempre iban hácia atras, no volviendo las espaldas á los ídolos. Diversos fines tenian estas, durmiendo en las casas de los ídolos : unas por ser buenas, otras por alcanzar larga vida, otras por ser ricas. Si alguna cometia algun pecado de la carne secretamente, tenian que sus carnes se habian de podrecer, y hacian penitencia porque el demonio encubriese su pecado, y no fuese disfamada. En algunas fiestas bailaban por sí ante los ídolos. A estas llamaron los españoles « monjas ».

CAPÍTULO 27

DE UNA GRAN FIESTA QUE HACIAN EN TLAXCALLA, DE MUCHAS CERIMONIAS Y HOMICIDIOS.

Despues de lo arriba escrito vine á morar á esta casa de *Tlaxcalla*, y preguntándoles por sus fiestas, me dijeron de una notable en crueldad de homicidios y cerimonias que aquí diré. Hacíanse en esta ciudad de *Tlaxcalla*, entre otras muchas fiestas, una al principal demonio que aquí tenian, ó como ellos dicen, que aquí guardaban, que llamaban *Camaxtle*. Esta fiesta se hacia en principio del mes de Marzo, cada año ; pero de cuatro en cuatro años era la gran pascua de esta provincia, y el dia del dios ó demonio ya dicho, *Camaxtle*, y el dia se decia *Teuxiuitl*, que quiere decir, año de dios ; é allegado el año de la gran fiesta, levantábase el más viejo de los *tlamacazque*, que en estas provincias de *Tlaxcallan*, *Iluexucinco*, Y *Chololla*, se llamaban *Achcauhtin* ; uno se decia *Achcauhtli*, y este predicaba y exhortaba á todos los otros, y les decia : « Hijos mios, ya es llegado el año de nuestro dios y señor : esforzaos á le servir y hacer penitencia, y el que se hallare flaco y sin espíritu, sálgase de aquí en cinco dias, y si se saliere á los diez y dejare la penitencia, este tal será tenido por no digno de la casa de dios, y de la compañia de sus servidores, y será privado, y tomarle han cuanto en su

casa tiene. » Allegado al quinto dia, levantábase el mesmo viejo *Achcauhtli*, que en nuestra lengua quiere decir hermano
mayor, y decia : « ¿ Están aquí todos ? » Y respondian « sí »,
ó « falta uno ó dos », que pocas veces faltaban. Luego iban todos á una gran sierra, que está de aquí cuatro leguas de gran
subida de cuesta la mitad del camino, y un poco antes quedábanse todos orando un poco más abajo de lo alto de la cuesta, y
el principal *Achcauhtli* subia arriba do estaba un templo de la
diosa *Matlalcueye*, y ofrecia allí *chalchivitl*, que son piedras
de género de esmeraldas, y preciadas, y plumas verdes grandes, que se llaman *quezalli* (*quetzalli*), y mucho papel ó incienso de la tierra, rogando con aquella ofrenda al señor *Camaxtle* y á *Matlalcuye* (*Matlalcueye*), les diese esfuerzo para comenzar el tiempo de su ayuno y acabarlo con salud y fuerzas
para hacer penitencia. Hecho esto, y vueltos á la ciudad, luego
venian otros servidores menores de los templos del demonio,
que estaban repartidos por la tierra, y en otros templos, y
traian muchas cargas de palos tan largos como el brazo y tan
gruesos como la muñeca, y ponianlos en el principal templo de
Camaxtle ; y dábanles muy bien de comer, y venian muchos
carpinteros que habian ayunado y rezado cinco dias, y aderezaban y labraban aquellos palos, y acabados de labrar fuera
de los patios, dábanles de comer, y venian los maestros que
sacaban las navajas, tambien ayunados, y sacaban muchas
navajas, con que se habian de abrir las lenguas, y ponianlas
sobre una manta limpia ; y si alguna de ella se quebraba al
sacar, que salen muy delgadas, y hartas veces se quiebran,
echaban la culpa á los maestros, y decianles riñéndoles, que
no habian bien ayunado ; y puestas en la manta limpia, per-
fumábanlas, y puesto el sol, cuatro de aquellos *achcauhtin*
cantábanlas con cantares del demonio, y tañian unos atabales :
luego callaban los atabales, y cantaban otro cantar lúgubre, y
lloraban. Acabado aquel cantar, estaban todos los *achcauhtin*
aparejados, y un maestro bien diestro horadaba las lenguas
de todos por medio, hecho un buen agujero con aquellas navajas, y luego aquel principal y más viejo *achcauhtli* sacaba
por su lengua aquel dia cuatrocientos y cinco palos de aquellos ; los otros tambien viejos y de fuerte ánimo sacaban otros

cada cuatrocientos y cinco ; otros no tan antiguos sacaban trescientos de aquellos palos, que eran tan gruesos como el dedo
pulgar del pié, y otros de tanto gordor cuanto pueden abrazar
los dos dedos de la mano, el del pulgar y el del señalar : otros
más mozos sacaban doscientos. Esto se hacia la noche que comenzaban el ayuno de la gran fiesta, que era ciento y sesenta
dias antes de su pascua llamada *tevzihuitl*. Acabado esto, luego cantaba aquel viejo, que aun apenas no podia ni hablar,
pero esforzábase mucho á cantar al demonio, y luego ayunaban ochenta dias, y de veinte en veinte dias, cuatro veces sacaban otros tantos palos por las lenguas, hasta cumplir los
ochenta dias, en fin de los cuales tomaban un ramo pequeño y
ponianlo en el patio á do todos lo veian, y este ramo pequeño
ansí puesto era señal que todos habian de comenzar el ayuno
del año de su demonio *Camaxtle :* esto era otros ochenta dias
antes de la fiesta : entonces llevaban todos los palos que habian
sacado por las lenguas ensangrentados, y ofrecianlos ante el
ídolo, é hincaban diez ó doce varales de á cinco ó seis brazas
de largo, de manera que en el medio pudiesen poner aquellos
ensangrentados, que eran muchos ; y los ochenta dias que
quedaban, ayunaban todos, ansí señores como principales y
macehuales, hombres é mujeres, y en este ayuno no comian
ají ó *chilli*, que es uno de los principales mantenimientos
suyos, despues de pan, y que más se usa en toda esta tierra y
en las islas ; y en este tiempo no se bañaban, que es cosa entre
esta gente muy frecuentada, y aun se abstenian de se ayuntar
con sus mujeres ; pero los que tenian carne, en especial los
hombres, podíanla comer. El ayuno de todo el pueblo comenzaba sesenta y dos dias antes de la fiesta, y en todo este tiempo
no se habia de amatar el fuego, ni habia de faltar en casa de
los señores y principales, ni de dia ni de noche, y si habia descuido y se moria, mataba el señor de la casa donde faltó el fuego un esclavo, y echaba la sangre de él en un brasero, donde
murió la lumbre. En estotros ochenta dias, de veinte en veinte
dias, sacaban por las lenguas otros palillos, aunque no tan
grandes como los dichos arriba, sino de á jeme, y de grueso de
un cañon DE PATO, y cantaban todos aquellos *achcauhtin* ó sacerdotes del demonio cuando esto hacian ; y en estos cuatro

dias tornaban el viejo *achcauhtli* á la sierra, y ofrecian al demonio mucho papel y *copalli* y codornices, y no iban con él sino cuatro ó cinco, de noche, y todos los otros, que eran más de doscientos, quedaban en las salas y servicio del demonio y los que iban á ofrecer, iban de noche, como ya es dicho, y no descansaban hasta que volvian á casa. En este tiempo del ayuno salia tambien aquel principal *achcauhtli* ó *achcauh-tin* á los principales lugares de esta provincia y su cura á pedir su hornazo, con un ramo en la mano, é iba en casa de los señores y principales, y ofrecíanle mucha comida y mantas, y él dejaba la comida y tomaba las mantas, por no quebrantar el ayuno, como quien tenia para esto las veces del demonio.

Antes de la fiesta, cuatro ó cinco dias, aderezaban todos los templos y salas de sus dioses, y encalaban lo desollado de ellos, y el tercero dia antes, pintábanse los *achcauhtin* unos de negro, y otros de blanco, y otros colorado, ó azul, ó verde, &c., y luego á las espaldas de la casa ó templo principal del demonio bailaban un dia entero. Luego vestian la estatua de su dios *Camaxtle*, que era de tres estados de altura, como arriba está dicho, y tenian un ídolo pequeño que decian haber venido con los viejos primeros que poblaron esta tierra : este ídolo ponian junto de la gran estatua de *Camaxtle*, y teníanle tanta reverencia y temor, que no le osaban mirar ; aunque delante de él sacrificaban codornices, no usaban levantar los ojos á le ver. Aquí ofrecian al demonio despues de haber vestido las vestiduras é insignias del dios de *Chololla*, que llaman *Quezalcovatl (Quetzalcouatl)* : este decian ser hijo del mesmo *Camaxtle*, las cuales vestiduras traian los de *Chololla*, que está de aquí cinco leguas pequeñas, para esta fiesta ; y esto mesmo hacian los de *Tlaxcalla*, que llevaban las insignias de su demonio á *Chololla*, cuando allá se hacia su fiesta, las cuales eran muchas y se las vestian con muchas cerimonias, como hacen á nuestros obispos cuando se visten de pontifical. Entonces decian : « hoy sale *Camaxtle* como su hijo *Quezalcovatl (Quetzalco-uatl)* ». Tambien le ponian una máscara, que esta y el ídolo pequeño habian venido de *Tulla* ó *Puyahutla (Puyauhtla)*, de donde se dice que el mesmo *Camaxtle* fué natural, y tambien estos *tlaxcaltecas*; que hay de aquí alla cerca de veinte y ocho leguas.

En la vigilia comenzaba la ofrenda de la manera siguiente. Lo primero le ponian en el brazo izquierdo una rodela muy gentil de oro, y pluma, y en la mano derecha una muy gentil y larga saeta, y el casquillo era de piedra de pedernal, á la manera y grandor de un hierro de lanza : tambien le ofrecian mucha ropa de mantas é *xicoles* que es una ropa como capa sin capilla, y una ropa que se llama *tecuxiculli*, grande, á manera de una loba abierta por delante, y tiene un ruedo muy labrado de algodon y *tochomitl*, que es pelo de conejo hilado y teñido, como seda. Luego le ofrecian muchos conejos y codornices, culebras y langostas y mariposas, y muchas flores y rosas, y otras muchas cosas, y de toda la casa (caza) le ofrecian viva delante puesta del ídolo, y se lo sacrificaban allí.

Despues de esto, á la media noche venia uno de los que allí servian y vestido con las insignias del demonio, y sacábales lumbre nueva ; y esto hecho sacrificaban uno de los más principales que habia de morir. Este muerto decian ser hijo del sol.

Despues de este comenzaba el sacrificio de los tomados en guerra, á honra de *Camaxtle*, y tambien nombraban otros dioses, á los cuales ofrecian algunos de los que sacrificaban ; y porque ya está dicha la manera del sacrificar, no diré aquí sino el número, de los que solo en aquel templo de *Camaxtle*, que es un barrio que se dice *Oquetelulco (Ocotelulco)*, mataban cuatrocientos y cinco, y en otro barrio que está media legua, una cuesta arriba, que se llama *Tepeticpac*, mataban otros cincuenta ó sesenta ; y en otras partes que son veinte y ocho pueblos de esta provincia, en cada pueblo, segun era ; y allegaban á ochocientos los que en este cruel dia se sacrificaban ; y despues llevaba cada uno los muertos, segun los vivos que habia traido, dejando alguna parte de aquella carne humana á aquellos *achcauhtin* ó ministros, y entonces todos comenzaban á comer su chile ó ají con de aquella carne, é hacian de la manera que se dice se hacia en *Cuauhtitlan*, en el capítulo décimonono.

CAPÍTULO 28

En este mismo dia ó pascua, llamado *teuxiutl* (*teuxiuill*), ó
año de dios, morian sacrificados otros muchos en las provincias de *Huexucinco, Tepeyacac, Zacatlan* y *Zacotlan* (*Zocotlan*),
en la mayor más, y en la menor menos, ca honraban al demonio *Camaxtle* en estas provincias, y le tenian por principal dios
suyo, casi con las cerimonias y ritos que los *tlaxcaltecas*, salvo
que en ninguna sacrificaban tantos como en *Tlaxcalla*, ansí
por esta provincia ser mayor, como por haber en ella más
gente de guerra, y más esforzada, que me dicen que habia
hombre que los presos y muertos de su parte pasaban de
ochenta, é otros habia de noventa, y aun algunos habia de más
de ciento.

Pasando aquel tan cruel y nefando dia, no harta aquella in-
saciable bestia enemiga del humanal linaje, luego el dia siguiente tornaban á hacer conmemoracion, y le sacrificaban
otros doce ó quince que como aun duraba la fiesta, no le parecia al demonio que era nada, si no le ofrecian vidas de hombres y sangre humana.

Ansimismo tenian otras muchas fiestas en el año, en especial en fin de los meses, que era de veinte en veinte DIAS, de
muchos ritos y sacrificios y homicidios, semejables á los que
hacian en las otras provincias de México y en esta tambien
excedian en esta provincia á las otras, que mataban por año
más niños é niñas que en otra parte, en lo que hasta agora he
sabido ; y estos inocentes se sacrificaban á los dioses del agua,
que eran *Tlaluc* y *Matlalcuye* (*Matlalcueye*) y *Xuchiquiçal*
(*Xuchiquetçal*) : tambien quemaban en fuegos, en otras fiestas
del año algunos, como está dicho en el capítulo décimonono, y
en otra fiesta levantaban uno en una cruz atado, y allí le asaeteaban : á este le ponian muy alto ; y á otro dia, tambien de
fiesta, ataban á otro de la mesma manera, algo mas bajo, y con

unas varas de palo de encina de una braza, lo mataban muy cruelmente con aquellas varas, que estaban muy agudas, como acañaverado, y casi estas mismas ceremonias y ritos usaban y guardaban en las provincias ya dichas de *Huezucinco* (*Huezutcinco*), *Tepeyacac*, y *Zacatlan* y *Cazotlan* en la solemnidad de estas flestas.

Otro dia del principio de los meses, desollaban dos mujeres, despues de sacrificadas, y vestíanse los cueros de ellas dos mancebos de aquellos *achcauhtin*, buenos corredores, y ansí vestidos andaban por el patio y por el pueblo, tras los señores y principales, que en esta flesta se vestian mantas buenas y ricas y limpias, y corrian en pos de ellos, y al que alcanzaban tomábanle sus mantas, y ansí con este juego de tanta alegria se fenecia esta flesta.

CAPÍTULO 29

DE LA FIESTA PRINCIPAL QUE HACIAN LOS CHOLOLTECAS Á SU DEMONIO Y DEL GRAN TRABAJO CON QUE LE AYUNABAN.

Entre otras muchas flestas que en *Chololla* tenian por el año, cuasi semejantes á las ya dichas, hacian una de cuatro en cuatro años, que llamaban el año de su dios ó demonio *Quezalcohuatl* (*Quetzalcohuatl*), y comenzando ochenta dias antes de aquella gran flesta el ayuno, el principal *tlamacazqui* ó *achcauhtli* ayunaba cuatro dias, no comiendo ni bebiendo cada dia mas de una tortilla, y muy pequeña, que aun no pesaria una onza, y un poquillo de agua : y aquellos cuatro dias iba aquel solo á demandar la ayuda y favor de los dioses para poder ayunar y celebrar la flesta de su dios. El ayuno y lo demás que hacian en aquellos ochenta dias, era muy extremado, y diferente de los otros ya dichos. El dia que comenzaban el ayuno, íbanse todos los ministros y oficiales del demonio, que eran muchos, á las salas de su dios, que estaban delante los templos y en sus patios, y á cada uno daban un encensario de barro, é *copalli*, que es su incienso, y puntas de maguey, que

son como alesnas de palo, y tizne, y sentábanse todos por órden, arrimados á la pared, y no se levantaban sino á hacer sus
necesidades ; y allí sentados habian de velar ; y en los sesenta
dias primeros no dormian mas de á prima noche, obra de dos
horas, y despues de salido el sol obra de otra hora ; todo el otro
tiempo velaban y ofrecian incienso, echando brasas en aquellos incensarios todos juntos, y esto hacian muchas veces entre
dia y en la noche, y á la media noche todos se bañaban ó lavaban, y luego con aquel tizne se paraban negros, y en aquel
tiempo de los sesenta dias se sacrificaban de las orejas muy á
menudo con aquellas puntas de maguey : siempre les daban
que toviesen de ellas par de sí, ansí para el sacrificio general
y obligatorio, como para otros voluntarios, y para que si alguno se durmiese, despertarse ; porque si algunos ó alguno cabe-
ceaba, habia hartos de ellos muy solícitos que andaban desper-
tándoles y diciendo : « Veis ahí con que desperteis, y os saqueis
sangre de las orejas, y ansí no os dormireis », y hacianlo ansí ;
y si alguno se dormia fuera del tiempo señalado, venian otros
y sacrificábanle las orejas cruelmente, y echábanle la sangre
sobre la cabeza, y quebrábanle el incensario en pena de su ma-
leficio, como á muy culpado é indigno de ofrecer incienso en
el santuario, y tomábanle las mantas y echábanlas en la pri-
vada, y decíanle que porque habia mal ayunado y dormídose,
que aquel año se le habia de morir algun hijo ó hija, ó alguno
de su casa. En este ayuno ninguno iba á su casa, ni salia de
allí, ni se echaba ; abstenianse en este ayuno de las cosas que
los *tlaxcaltecas* ; y pasados los sesenta dias con aquel teson
y aspereza, los otros veinte dias no se sacrificaban tanto, y
dormian algo más. Dicien los ayunantes, que padecian muy
grandísimo trabajo en resistir el sueño, y no se echar, y que
era muy grandísimo quebrantamiento. Para la fiesta ataviaban
muy bien su ídolo ó estatua de *Quezalcovatl* (*Quetzalcouatl*),
segun sus divisas, poniéndole ricas piedras é joyas de oro, y
ofrecíanle muchas codornices y conejos y papel, y muchos
sartales de mazorcas de maiz.

Los que sacrificaban en esta fiesta eran muy poquitos, y el
dia por la mañana iban todos á sus casas, y teníanles hechas ó
pintadas mantas nuevas, con que todos volvian al templo de

6

Quezalcovatl (Quetzalcouatl), y allí se regocijaban como en pascua. Otras cerimonias tenian, que por causa de brevedad dejo de decir otras cosas : basta en este cruel modo de ayunar, el quebrantamiento y trabajo que el demonio les daba, en especial en tenerlos ansí sentados sin tomar la necesidad del sueño, tan necesaria á la vida humana.

CAPÍTULO 30

DE LA FORMA Y MANERA QUE EN ESTA TIERRA FUERON LOS TEMPLOS DEL DEMONIO.

La manera de estos templos nunca fué vista ni oida en la Escritura, si no es en el Libro de Josué, que hace mencion de un grande altar que hicieron los dos tribus y medio, conviene á saber, el tribu de Ruben y el de Gad y el medio de Manasé, cuando despues de conquistada la tierra de promision, á la vuelta que se volvian á sus casas é posesion, edificaron cerca de Jordan *altare infinitæ magnitudinis*. De esta manera eran los de esta tierra ; y si aquel solo es tan nombrado en la sagrada Escritura, bien será aquí hacer mencion de tantos y tan grandes como ovo en esta tierra, y fueron infinitos ; y tambien para memoria de los que á esta tierra vinieren de aquí adelante, que ya casi todo va pereciendo. El templo del demonio en esta lengua se llamaba *teucalli* : es palabra en esta lengua compuesta de *teutl*, que en esta lengua quiere decir « casa » (1) y ayuntada y compuesta, quiere decir « casa de dios ».

En toda esta tierra hallamos que en lo mejor del pueblo hacian un gran patio cuadrado, cerca de un tiro de ballesta de esquina á esquina, en los grandes pueblos y cabecera de provincia, y en los menores pueblos obrá de un tiro de arco, y en los menores, menor patio ; y este cercábanle de pa-

(1) Asi el original. Faltan evidentemente las palabras siguientes « quiere decir *dios*, y de *calli* que quiere decir *casa* (G. I.). »

red, guardando sus puertas á las calles y caminos principales, que todos los hacian que fuesen á dar al patio del demonio ; y por honrar más los templos, sacaban los caminos por
cordel, muy derecho, de una y de dos leguas, que era cosa de
ver desde lo alto cómo venian de todos los menores pueblos
y barrios todos los caminos derechos al patio porque nadie se
pasase sin hacer su acatamiento y reverencia al demonio, ó
algun desangradero de las orejas ó de otra parte. En lo mas
eminente de este patio hacian una cepa cuadrada, que escribiendo esto medí una de un pueblo mediano, que se dice
Tenanyucan, y hallé que tenia cuarenta brazas de esquina á
esquina ; y estas cuarenta brazas henchian todas de pared ma-
ciza, y subiendo la obra, íbanse metiendo adentro, de manera
que cuando iban arriba habian ensangostado y metídose adentro obra de siete ó ocho brazas de cada parte, por causa de los
relejos que iban haciendo al principio de la obra, de braza y
media ó de dos en alto cada relex, y á la parte de occidente dejaban las gradas por do subian ; y hacian arriba en lo alto dos
grandes altares, allegándolos hácia oriente, que no quedaba
más espacio de cuanto se podia andar por detrás : el uno de los
altares á la mano derecha, y el otro á la mano izquierda, y cada
uno por sí tenia sus paredes y casa cubierta como capilla. En
los grandes *teucales* habia dos altares, y en los otros uno, y cada uno de estos altares de los grandes y aun medianos pueblos
tenia tres sobrados, uno sobre otro, de mucha altura ; y cada
capilla de estas se andaba á la redonda. Delante de estas capillas, á la parte de poniente, donde estaban las gradas, habia
harto espacio, y allí se hacian los sacrificios, y sola aquella
cepa era tan alta como una gran torre, sin los otros tres sobrados que cobrian el altar. Tenia el de México, segun me
han dicho algunos que lo vieron, ciento y catorce gradas : yo
bien las ví y aun las conté más de una vez, pero no me recuerdo ; y el de *Tezcuco* tenia cinco ó seis gradas más que el de
México. La capilla de S. Francisco, que es de bóveda, y razonable de alta, subiendo encima y mirando á México, haciale en
altor mucha ventaja el templo del demonio, y era muy de ver
desde allí á México y á todos los pueblos de la redonda. En los
mesmos patios de los pueblos principales habia otros cada

doce ó quince *teucales* ó casas de dios, ó de demonios por mejor decir, harto grandes, unos mayores que otros ; pero no allegaban al principal con harto ; unos el rostro y gradas hácia
oriente, otros á poniente, otros á mediodia, y otros á setentrion, y en cada uno de estos no habia más de una capilla é un
altar, y para cada uno habia sus salas y aposentos do estaban
aquellos *tlamacazque*, y los que servian y guardaban, que era
mucha gente la que en esto se ocupaban, y en traer agua y
leña, que ante todos estos altares habia braseros que toda la
noche ardian, y en las salas habia sus lumbres. Tenian todos
aquellos *teucales* y salas y patios muy encalado y muy limpio,
y habia algunos huertecillos de árboles y flores. Habia en To-
Dos los más de estos grandes patios un otro templo, que despues de levantada aquella cepa, sacaban una pared redonda
alta y cubierta con su chapitel : este era del dios del aire que
llamaban *Quezalcovatl* (*Quetzalcouatl*), el que tenian por principal dios los de *Chololla*, y en aqueste pueblo y en *Tlaxcalla*
y *Huexucinco* (*Huexutcinco*) habia muchos de estos. Este *Quezalcovatl* (*Quetzalcouatl*) decian los indios que fué natural de
un pueblo que se dice *Tulla*, y salió á edificar las provincias de
Tlaxcalla, *Huexucinco*, *Chololla*, &c., y despues fué hácia la
costa de *Covazacualco* (*Couatzacualco*), adó desapareció, y
siempre le esperaban que habia de volver ; y cuando parecieron los navios de D. Hernando Cortes, y de los españoles que
esta tierra conquistaron, viéndolos venir á la vela, decian que
ya venia *Quezalcovatl* (*Quetzalcouatl*), y que traia por la mar
teucales ; pero cuando desembarcaron decian que eran muchos dios : en su lengua dicen *quiteteuh*.

CAPÍTULO 31

DE LA MUCHEDUMBRE Y DIVERSIDAD DE LOS TEUCALES Y EN ESPECIAL DE UNO DE CHOLOLLA.

No se contentaba el demonio de los *teucales* ya dichos en un
pueblo, sino que en el mesmo pueblo, á un cuarto ó media

legua, y en cada barrio ó perroquia tenian otros patios pequeños á do habia tres ó cuatro *teucales*, y en algunos cinco ó seis,
y en otros uno ; y en los mogotes y cerrejones y lugares eminentes, y por los caminos y entre los maizales habia otros muchos pequeños, y todos estaban blancos y encalados ; y en
desollándose tan mala vez, luego habia quien los encalaba, y
abultaban en los pueblos, en especial los de los patios principales, que eran muy de ver, y habia harto que mirar entrando
dentro de ellos, y sobre todos hicieron ventaja en toda la tierra
los de *Tezcuco* y México.

Los de *Chololla* comenzaron uno extremadísimo de grande,
que solo la cepa del *teucal* que agora aparece terná de esquina
á esquina un tiro de ballesta, desde esquina á esquina, y desde
el pié á lo alto, ha de de ser buena ballesta la que allá eche una
vira, y aun los indios naturales *chololtecas*, muy mucho más
señalan que tenia de cepa, y que era más alto mucho de lo
que agora está. Estos quisieron hacer otra locura semejante á
los edificadores de la torre de Babilonia, y encomenzaron aquel
teucal para lo levantar más alto que la más alta sierra de esta
tierra ; y no muy lejos, sino á ojo, tienen la más alta sierra que
creo hay en la Nueva España, que son el vulcan y la sierra
blanca, que siempre tiene nieve, que está entre *Huexucinco*
(*Huexutcinco*) y México, y la sierra de *Tlaxcalla*, que es asaz
de alta : y como estos quisiesen salir con su locura é edifi-
casen su sierra, confundióles Dios como á los que edificaban
la torre de Babel ; no multiplicando las lenguas, mas con una
tormenta de agua y nube de tempestad, de donde cayó una
gran piedra en figura de sapo, y desde allí cesaron. Es tan de
ver este edificio, que si no pareciese la obra ser de piedra y
adobe, ninguno creeria sino que era cerrejon ó sierra. Andan
en él conejos y hartas víboras : en lo alto de este edificio estaba
un *teucal* viejo pequeño, y desbaratáronle los frailes, y pusieron en su lugar una alta cruz, que un rayo quebró, y puesta
otra y otra tercera, acaeció lo mismo, que yo fui presente
á la tercera, que moraba en aquella casa, y fué el año
pasado de mil y quinientos y treinta y cinco, por lo cual desba- **1535.**
ratamos de lo alto y cavamos de tres estados, á do hallamos
algunos ídolos pequeños, y otras cosas ofrecidas allí al demo-

nio, y por ello confundimos á los indios, diciéndoles que por
aquellas idolatrías enviaba Dios sus rayos, &c. Mientras más
miro y me acuerdo la muchedumbre y grandeza de los templos
que el demonio en esta tierra tenia, y el señorío é idolatrías que
le hacian y gran servicio, me pone más y más espanto y admiracion ; porque bien mirado no se contentó de ser adorado como dios sobre la tierra, pero tambien se mostraba ser señor de
los elementos, porque en todos cuatro le ofrecian sacrificios,
como pareció en lo ya dicho arriba : en la tierra continuo y general : en el agua, en aquellos que le ofrecian y ahogaban en
ella, en la laguna de México : en el aire en los que aspaban y
asaeteaban en aquellos altos palos de á diez brazas, y en el fuego en los que en él echaban atados de piés y manos, y en muchas partes le tenian fuego perpetuo, que nunca se mataba, y
allí le ofrecian muchas veces *copalli* que es el incienso de esta
tierra ; no se olvidando de sacar alguna sangre de las orejas y
de otras partes, para que todo junto, les fuese más acepto su
sacrificio.

CAPÍTULO 32 (1)

DE CÓMO SE CONSUMIERON Y ACABARON LAS FIESTAS É ÍDOLOS PRIN-
CIPALES, Y CÓMO NO ACIERTAN LOS QUE AGORA LOS ANDAN Á BUSCAR,
DESASOSEGANDO LOS QUIETOS.

Las fiestas de los indios que en la primera parte son dichas,
con sus ceremonias y solemnidades, desde el principio que los
españoles dieron guerra, cesaron, porque los indios tuvieron
tanto en que entender en sus duelos y trabajos, que todo lo
principal cesó.

Tenian en cada pueblo un ídolo ó demonio al cual principalmente honraban y llamaban, y este ataviaban de muchas joyas
y ropas, é todo lo bueno que podian haber le ofrecian, cada

(1) Segun el Sr. Troncoso, en esté capítulo debe comenzar la *Segunda
parte*. (Véanse las Advertencias).

pueblo como era, y mucho más en las cabeceras de provincia.

Estos principales ídolos que digo, luego que la gran ciudad de México fué tomada de los españoles con sus joyas y riquezas, escondieron los indios en el más secreto lugar que pudieron ; mucha parte del oro que estaba con los ídolos, y en los templos, dieron en tributo á los españoles á quien estaban encomendados, ca no pudieron menos hacer, porque al principio los tributos fueron desaforados, y no bastaba cuanto los indios podian haber, ni lo que los señores y principales tenian, sino que compelidos con necesidad, tambien dieron el oro que tenian en los templos de los demonios, y aun esto acabado, dieron tributo de esclavos, y muchas veces para cumplir, daban libres por esclavos ; y estos principales ídolos, con las insignias é ornamentos y vestidos de los demonios escondieron, los unos so tierra, otros en cuevas, otros en montes. Despues, cuando se fueron ya los indios convirtiendo y batizando, descubrieron muchos y traianlos á los patios de las iglesias, para allí los quemar públicamente : otros se podrecieron debajo de tierra, porque despues que los indios recibieron la fé, habian vergüenza de sacar lo que habian escondido y ansí podreciase, y cuando los importunaban que dijesen de los principales ídolos y de sus vestiduras, sacábanlo todo podrido, é no poco desto ví yo, y decian : « Cuando los escondimos no conociamos á Dios, y pensábamos que los españoles se habian de volver presto á sus tierras, é ya que venimos en conocimiento, dejámoslo allí podrir, porque teniamos temor y vergüenza de lo sacar. »

En otros pueblos, estos principales ídolos con sus atavios estuvieron en poder de los señores ó principales ministros del demonio, y estos los tuvieron tan secretos, que apenas sabian de ellos sino dos ó tres personas que los guardaban, y de estos tambien trajeron á los monesterios para quemar, grandísima cantidad.

Otros muchos pueblos remotos y apartados de México, cuando los frailes iban predicando á la predicacion é antes que bautizasen, LES DECIAN que lo primero habian de traer toda la idolatria é insignias del demonio para quemar ; y de esta manera tambien dieron y trajeron mucha cantidad ; y ansí quemaron casi todas sus idolatrías públicas y secretas, que donde ha llegado la doctrina, casi nada que sea cosa de que se deba hacer cuenta ha quedado, porque si de aquí á cient años cavasen en los patios antiguos, hallarian muchos ídolos, ca eran tantos los que hacian, que acontecia por una criatura haber casa que hacia uno, y al otro año otro ídolo mayor, y á los cuatro años hacia otro, &c., y desto estan los cimientos y en las paredes llenas, y en los patios muchos.

1539.
1540.
En el año de mil y quinientos y treinta y nueve y en el de mil y quinientos y cuarenta, algunos españoles, de ellos con autoridad y otros sin ella, para HACER ver que tenian celo, pensando que hacian algo comenzaron á revolver la tierra y á desenterrar los defuntos, y á poner premia á los indios que les diesen ídolos ; y en algunas partes, ansí fueron apremiados y aflijidos, que buscaban todos los que estaban olvidados y podridos so tierra, y aquellos daban ; y aun algunos indios fueron ansí atormentados, que en realidad de verdad hicieron ídolos de nuevo, y los dieron, porque los cesasen de aflijir.

Mezclábase con el celo de buscar ídolos una cobdicia no pequeña, ca decian : en tal pueblo ó en tal perroquia habia ídolos de oro ó de *chachiuitl* (*chalchiuitl*), que es una piedra preciosa, y fantaseábaseles que habia ídolo de oro que pesaria una arroba, ó dos, ó un quintal : é cierto ellos acudieron tarde, que todo el oro y piedras preciosas se gastaron y pusieron en cobro, é oviéronlo mucho de ello los españoles que primero tovieron los indios é pueblos en su encomienda. Tambien pensaban hallar ídolo de piedra preciosa que valiese tanto como una ciudad; y cierto, aunque he visto muy muchos que fueron adorados y tenidos entre los indios por principales dioses, é muchos ídolos de *chalchiuitl*, y el que más me parece que podia valer, puesto en almoneda, no darán en España por él diez pesos, ni pienso que cinco.

Y para esto alteraban y revolvian y escandalizaban los pueblos con sus celos, en la verdad muy indiscretos, porque en la verdad ya que en algun pueblo haya algun ídolo, era podrido ó tan olvidado ó tan secreto, que en pueblo de diez mil ánimas no lo saben cinco, y tiénenlos en lo que ellos son, ó por piedras ó por palos, y los que andan escandalizando, á estos

parecen á Laban, el cual salió al camino á Jacob á bus-
carle el hato y á revolverle la casa por sus ídolos : ca esto que
aquí digo, yo tengo más expiriencia, y veo el engaño que traen
en desasosegar y defavorecer á estos pobres indios, que tienen
tan olvidados los ídolos, y andan por via recta como si oviera
cient años que pasaron. Bien podrían decir estos pobrecitos
indios á los que asi los quieren escandalizar, lo que Jacob dijo
á Laban : Si Dios no fuese por nosotros y en nuestra defension,
desnudos y sin honra nos queríades dejar. *Nisi Deus affuisset*
nobis forsitan modo nudos nos dimississent.

CAPÍTULO 33

De cuándo se puso el Santísimo Sacramento en esta tierra de
Anáhuac, y cómo los naturales de ella atavian mucho los
relicarios, y de la solenidad que hacen en los pueblos que de
nuevo se pone este Sacramento.

Destruido y acabado el reino tirano del demonio, comenzaré
á decir del reino de Jesucristo en el Santísimo Sacramento.

Los tres años primeros ó cuatro despues que se ganó México,
en solo San Francisco habia Sacramento, y despues el segundo
lugar que se puso fué *Tezcuco ;* y ansí como se iban haciendo
las iglesias de los monesterios, iban poniendo el Santísimo
Sacramento, y cesando las apariciones é ilusiones del demonio, que antes á muchos aparecia, engañaba, espantaba, y á
muchos los traia en mil maneras de engaños, diciendo á los
indios que porqué no le servian y adoraban como antes solian,
pues era su dios ; que los cristianos presto se habian de volver
para su tierra ; y á esta causa los primeros años siempre tuvieron creido y esperaban su ida, y de cierto pensaban que los
españoles no estaban de asiento sino para volverse. Otras veces
decia el demonio, que aquel año queria matar los cristianos :
otras veces les amonestaba que se levantasen contra los españoles, y que les matasen, y que él les ayudaria ; y á esta causa
se movieron algunos pueblos y provincias, y les costó caro,

que iban sobre ellos los cristianos, y mataban y hacian esclavos á muchos. Otras veces decian los demonios que no les habian de dar agua, ni llover, porque los tenian enojados ; y en esto más claramente decia falsedad, porque nunca tanto ni tan bien ha llovido, ni tan buenos años nunca tovieron, como despues que se puso el Santísimo Sacramento ; que de antes apenas se pasaban dos y tres años que no toviesen uno de gran sequedad é hambre, é agora, no sin grande admiracion é nota de los naturales, han tenido muy buenos años é abundantes de pluvia. E como por estas é por otras muchas maneras no ha salido buen adivino el demonio, antes por la presencia real del Santísimo Sacramento son ya derramados y destruidos sus engaños y poderios, está esta tierra en tanta serenidad y paz, como si nunca en ella se oviera invocado el demonio, los cuales espantados y temerosos de ver con qué solenidad y gozosa alegria se pone el Santísimo Sacramento, y las grandes fiestas que para esto se hacen, ayuntándose los más sacerdotes que se pueden haber y los mejores ornamentos ; y el pueblo á do se pone convida y hace mucha fiesta á los de los otros pueblos sus amigos y vecinos, y ansí unos á otros se animan y despiertan.

El gentil dice al gentil : dejemos nuestros errores y convertamos al verdadero Dios ; y el bautizado dice al cristiano : este es verdadero Dios, salvador de las gentes ; en él esperemos, que él solo puede salvar, y desta manera : DIES DIEI eructat *verbum et nox nocti indicat scientiam* lo cual visto por los demonios parece que dicen aquello que dijeron los filisteos cuando el arca del testamento entró en el real de los hijos de Israel : *quænam est vox clamoris magni in castris hebræorum ? venit Deus in castra et ingemuerunt dicentes : Væ nobis ! non enim fuit tanta exultatio heri et nudiustertius ; væ nobis !* ¿ Quién nos salvará de la mano poderosa de Dios, que hirió á Egipto con espantosas plagas, y mostró sus maravillas en el desierto, y destruyó á los amorreos y cananeos ? Nuestro poder ya va de caida : ¡ ay de nos ! » Y ansí les aconteció : que llevada el arca del Testamento á su profano templo, destruyó su idolatria, y cayeron sus ídolos delante de ella, y á los filisteos hirieron cruelmente de plagas mortales. Y si esto hizo la

Ps.XVIII,3.

I. Reg. IV, 6, 7, 8.

entrada del arca, que era sombra y figura, qué maravilla si acá
la presencia real de Dios Todopoderoso destierre los demonios,
remedie la esterilidad, destruya toda ilusion y engaño de
nuestro maligno adversario, alance las tempestades y dé tiempos serenos y abundantes, ponga paz, y tenga seguros y guarde
á los poquillos españoles entre tanta multitud

Pónese el Santísimo Sacramento reverente y devotamente
en sus custodias bien hechas de plata, y demás de esto los relicarios los atavian de dentro y de fuera muy graciosamente con
ricas labores y muy lucidas de oro y pluma, que de esta obra
en esta tierra hay muy primos maestros, que en España y en
Italia los ternian en mucho y los estarian mirando la boca
abierta, porque así lo hacen los que acá nuevamente vienen ; y
si alguna obra de esta ha ido á España imperfecta é las figuras
é imágenes feas, halo causado la imperficion de los pintores
que sacan primero la muestra y debujo, y despues el *amante-
catl*, que ansí se llamaba el maestro que asienta la pluma, y de
este nombre tomaron los españoles de llamar á todos los oficiales amantecas, y no es de más de estos este nombre, que los
otros oficiales cada uno tiene su nombre : si á estos amanteca
les dan buena muestra de pincel, tal sacan otra de pluma ; y
como ya los pintores se han mucho perficionado é dan buenos
debujos, hácense ya muy preciosas imágenes y MOSAICOS romanos de plumas y oro, é ya cada dia se van esmerando en ataviar las iglesias y templos, y los que primero hicieron pequeños y no bien hechos, van enmendando y haciendo grandes ;
y sobre todo el relicario del Santísimo Sacramento, que harto
excede y sobrepuja á los de Castilla, porque los indios casi son
pobres, é lo que los señores tienen, liberal lo dan para ataviar
do se ha de poner el Corpus Christi, y si no, entre todos lo reparten, y de sus trabajos lo buscan.

Cuando acontece llevar el Santísimo Sacramento á algun enfermo, agora sea español que acontece enfermar entre los indios, (1) demás de llevar su paño con sus varas como en España, &c., primero barren el camino por do ha de pasar, y de
presto lo hinchen de juncia ó de espadaña ó de hoja de árboles

(1) Probablemente faltan aquí las palabras : *agora sea indio* (G. P.).

ó yerba, é van echando sus ropas delante, y en algunas partes con su cruz alta delante, y á las veces cantando, y mucha gente que siempre le va acompañando va rezando por el enfermo. Lo que el dia de Corpus Christi hacen, está en el siguiente capítulo treinta y ocho.

CAPÍTULO 34

DE CÓMO CELEBRAN LAS PASCUAS Y FIESTAS DEL AÑO, Y DE DIVERSAS CERIMONIAS CON QUE LAS SOLEMNIZAN.

Celebran las pascuas del Señor y de nuestra Señora y de las advocaciones principales de sus pueblos con mucho regocijo y solemnidad, adornando para estas fiestas sus iglesias muy graciosamente con los paramentos que pueden haber, ó lo que les falta de tapiceria suplen con muchos ramos y flores que echan por el suelo, y yerbabuena, que acá se ha multiplicado cosa increible, y mucha juncia y espadañas, y por donde ha de pasar la procesion hacen muchos arcos triunfales, los cuales adornan con diversidad de rosas, de que hacen escudos grandes y chicos de labores de las mesmas rosas, y ansimismo piñas muy de ver ; y por esto en esta tierra hacen mucho por las rosas, y las tienen la mayor parte del año ; y aun no contentos con las que tienen en sus pueblos, envian por otras á otros pueblos que están á diez y doce y quince leguas, en la tierra caliente, que es donde pocas veces en todo el año faltan, ó las hay siempre, y muy buenas ; y salen los indios señores y principales ataviados con sus camisas limpias y mantas blancas y labradas, con plumajes y piñas de rosas en las manos, bailan y dicen cantares en su lengua de las historias de las fiestas que celebran, que las han traducido los frailes en su lenguaje, y los maestros de sus cantares las han puesto á su modo en metro que cuadre y se cante al son de sus cantares antiguos ; y estos en muchas partes comienzan á media noche en la vigilia, ó cuando se acaban los maitines de la fiesta, y tienen muchas lumbres en sus patios, que en esta tierra los patios son muy grandes y muy gentiles, porque la gente no cabe en las iglesias, y en los patios tiene su capilla para que todos óyan misa los domingos y fiestas, y las iglesias sirven para entre semana ; y despues tambien cantan mucha parte del dia, sin se les hacer mucho trabajo ni pesadumbre.

Todo este camino que ha de andar la procesion tienen enramado de la una parte y de la otra, aunque á las veces va un tiro de ballesta y dos, y el suelo cubierto de juncia y espadañas y hojas de árboles, y entre esto tambien rosas de muchas maneras, y á trechos sus altares para descansar.

La noche de la Natividad del Señor ponen muchas lumbres en los patios de las iglesias, y en los terrados de sus casas encienden candela, y como son muchas las casas de azotea en que hacen los fuegos, é van las lumbres en algunas partes una legua y dos, parecen como un cielo estrellado, y en aquella santa noche muy general es el canto, y sus atabales y campanas, que acá han hecho muchas, ponen mucha devocion y alegria, en considerar una gente pocos dias tan metida en idolatria, y en tan poco tiempo tan acristianada, que casi no hay memoria de todo lo pasado. Oyen sus tres misas, y los que no caben en la iglesia, mas por eso no se van, mas delante la puerta y en el patio rezan y hacen sus cerimonias en levantarse á su tiempo y hincarse de rodillas, y en adorar cuando los otros que están dentro, y es de creer (1) á oir misa con el deseo y voluntad, cuando están malos y andan camino. Y a este propósito contaré una cosa que cuando la ví, por una parte me hizo reir y por otra admirar, y es que estando yo un dia en una iglesia, algo lejos de nuestra casa, hallé aquel barrio ó pueblo que se habian ayuntado, que poco antes habian tañido á misa, y dijeron su doctrina cristiana, y despues cantaron su Pater noster y Ave Maria, y tañendo como á la ofrenda, rezó cada uno por sí bajo : luego tañeron como al santo, é hirieron todos, como cuando alzan, sus pechos, y tañen á la plegaria : esto hay ya más de seis años.

La fiesta de los Reyes tambien la regocijan mucho, que parece propia suya, en la cual las provincias de los gentiles salieron á buscar y á adorar al Señor y Salvador del mundo ; y algunos años representaban el auto del ofrecimiento, y traen la

(1; Probablemente faltan las palabras : *que van* (G. P.).

estrella de bien lejos ; porque para hacer cordelas ; y en la iglesia tienen á Ntra. Sra. con su precioso hijo en el pesebre, delante del cual ofrecen cera é incienso y palomas y codornices y otras avecitas que para aquel dia buscan, y de cada dia tienen más y más devocion á esta flesta.

En la flesta de LA Puriflcacion y Candelaria traen sus candelas á bendecir, y despues que con ellas han andado la procesion, tienen en mucho lo que les sobra, y guárdanlo para las grandes enfermedades, truenos y rayos, y para otras necesidades.

El Domingo de Ramos adornan y enraman todas sus iglesias, en especial adonde se han de bendecir los ramos é á do se ha de decir la misa, y por la muchedumbre que viene de la gente, apenas bastarian muchas cargas de ramos, aunque á cada uno no se le diesen sino un poquito, y tambien porque seria mucho peligro al dar de los ramos y tomarlos, en especial en las grandes provincias, que morian algunos, aunque se los diesen por muchas partes. El mejor remedio ha sido bendecir los ramos en las manos, y es muy de ver las diferencias de las divisas que traen en sus ramos enjiridas ó atadas unos : otros traen en sus ramos encima sus cruces hechas de flores y rosas blancas y coloradas y de otras muchas colores y géneros, y enrosados levantados en las manos, parece un gracioso jardin ó floresta, y por el camino tienen puestos árboles grandes, y en algunas partes que ellos mesmos se están nacidos, en los cuales suben los niños : unos cortan ramos, y echan en·los caminos al tiempo que pasan las cruces, é otros encima de los árboles cantan *Benedictus qui venit in nomine*, &c., é otros muchos echan sus mantas ó capas en el camino, y estas son tantas, que casi van las cruces y ministros sobre ellas ; é aquellos ramos guárdanlos mucho, é dos ó tres dias antes del miércoles de la Ceniza lleva cada uno su ramo á la puerta de la iglesia, y como son tantos, hácese un gran monton, que hay asaz para hacer ceniza para bendecir ; y esta ceniza en el primer dia de cuaresma reciben muchos de ellos, y hartos con mucha devocion para comenzar la penitencia é ayuno de la cuaresma, é para abstenerse de sus propias mujeres, é ansí lo guardan, y en algunas partes aquel dia se visten los hombres y mujeres de negro.

El juéves santo, con los otros dias siguientes, vienen á los oficios divinos como en dias principales, y á la noche en el hacer de la disciplina, ansí hombres como mujeres son cofrades de la cruz de Cristo, é no solo esta noche, mas todos los viérnes del año y en cuaresma hacen la disciplina tres veces en la semana en sus iglesias, los hombres á una parte, y las mujeres á otra, antes del Ave Maria.; y algunos viérnes, aun despues de anochecido, con sus lumbres y cruces se van de una iglesia en otra disciplinando más : son más de cinco mil los disciplinantes, y en otra siete ó ocho mil, y en parte diez ó doce mil, y en esta de *Tlaxcalla* me parece que habia en este año quince ó veinte mil hombres, é mujeres, é mochachos, cojos y mancos ; y entre los cojos ví uno que cierto era notable cosa de mirar, porque él tenia secas ambas piernas, de las rodillas abajo, y con las rodillas y la mano derecha siempre ayudándose, y con la otra mano se iba disciplinando, que en solo andar tenia (harto ?) trabajo. De ellos se disciplinan con disciplinas de sangre, y los que no alcanzan ni pueden haber aquellas estrellitas, azótanse con disciplinas de cordel, que no escuecen menos. Llevan en la procesion muchas hachas y muy bien atadas de tea de pino, que dan mucha lumbre. Acabadas las tinieblas y predicada la pasion andan su procesion : en otras partes despues de la disciplina en la pasion. Su procesion é disciplina es de mucho enjemplo y edificacion á los españoles que se hallan presentes, tanto que se disciplinan con ellos, ó toman la cruz ó lumbre para los alumbrar, é hartos de los españoles compunjidos van llorando ; é aunque llevan quien les cante la letania é otros cantos conformes al tiempo, como es tanta la gente é larga la procesion, que á las veces van en siete é ocho órdenes, é á las veces en diez é doce, van ellos tambien cantando el Pater noster y el Ave Maria, Credo y Salve, que muy muchos de ellos por muchas partes lo saben cantar. El refrigerio que tienen y colacion es lavarse con un poco de agua de ají ó chile caliente, que es ó se puede decir la pimienta de esta tierra.

El dia del glorioso Bautista, con la FIESTA ? de los principales de la tierra, S. Pedro y S. Pablo, y todos los de los otros apóstoles, están impuestos á los celebrar con mucha solemnidad, y ansimismo el dia de todos los Santos, é conmemoracion DE LOS DIFUNTOS. En aquel casi por todos los pueblos de los indios dan muchas ofrendas por sus difuntos, de diversas cosas : unos dan mantas, otros dan maiz, gallinas, pan ó comida, y en lugar de vino dan cacao, y su cera, cada uno como puede y tiene, porque aunque son pobres, liberalmente toman de su pobreza para buscar su candelilla. Es la gente del mundo que menos se mata por dejar ni adquirir para sus hijos ; pocos irán al infierno por los hijos ó por los testamentos, porque las tierras ó casas que ellos heredaron aquello dejan á sus hijos, y son contentos con muy chica morada y menos hacienda, como el caracol puede ligeramente llevar á cuestas su hacienda. No sé de quién tomaron acá nuestros españoles, que vienen muy pobres de Castilla, con una espada en la mano, y dende en un año más petacas y hato tienen que podrian arrancar muchas carretas ; pues las casas han de ser todas de caballeros.

CAPÍTULO 35

DE LA OFRENDA QUE SE HACE EN TLAXCALLA LA VIGILIA DE PASCUA DE FLORES, Y TODA LA NOCHE.

En esta casa de *Tlaxcalla* ví en este año un ofrecimiento devoto, que en ninguna parte de la Nueva España he visto, ni creo que se hace semejante, el cual para escribir y notar era menester otra mejor nota que la mia, y mayor sentimiento que el mio para estimar y encarecer lo que creo Dios estima en mucho.

Desde el juéves santo comienzan á ofrecer en esta iglesia delante las gradas donde está encerrado el Santísimo Sacramento, y este dia y el viérnes santo siempre vienen ofreciendo poco á poco ; pero desde el sábado santo á vísperas y toda la noche en peso, es tanta la gente que viene, que parece que en toda la provincia no queda nadie por ofrecer, y lo que ofrecen es algunas mantas de las con que andan cubiertos : otros pobres traen mantillas de cuatro ó cinco palmos en largo, ó poco menos de ancho, que valerán un maravedi : otros paupérrimos ofrecen otras aun menores : otras mujeres ofrecen unos

paños como de portapaz, é de eso sirven despues, que son de
obra de tres ó cuatro palmos, tejidos de labores de algodon é
de pelo de conejo, y estos son muchos é de muchas maneras :
los mas tienen una cruz en el medio, y estas cruces muy diferentes unas de otras : otros de aquellos paños traen en medio
un escudo de plagas tejido de colores : otros el nombre de
Jesus ó de Maria, con sus caireles ó labores alrededor : otros
son de flores y rosas tejidas y bien asentadas, y aun en este
año ofreció una mujer en un paño de estos un Crucifijo tejido
á dos haces, aunque la una parte se parecia ser mas la haz que
la otra, harto bien hecho, que todos los que lo vieron, ansí frailes como seglares españoles, lo tovieron en mucho, diciendo
que quien aquel hizo, mejor haria y tejeria tapiceria. Estas
mantas y paños tráenlas cogidas, y allegados cerca las gradas
del altar, hincan las rodillas, y hecho su acatamiento, sacan
y descogen su manta ó paño, y tómanlas por los cabos con
ambas las manos, tendida, y levántanla hácia la frente una ó
dos ó tres veces é luego asiéntanla en las gradas, y retráense
un poco, tornando á hincar las rodillas, oran un poco, y muchos de ellos traen consigo niños, por quien tambien traen
ofrenda, y dánselas en las manos, y avézanlos allí á ofrecer y
hincar las rodillas, que ver con el recogimiento y devocion que
lo hacen, es para poner espíritu á los muertos. Otros ofrecen
copalli, que es incienso de esta tierra, y con sus candelas, y
con las mismas ceremonias, unos ofrecen una vela razonable,
otros mas pequeña, otros su candela delgada de dos ó tres palmos, otros menor y mayor, y algunos, y hartos, como un dedo,
que vérselas ofrecer y allí rezar, me parecian ofrendas como
la de la viuda, que delante de Dios fué muy acepta, porque todas son quitadas de su sustancia, y las dan con tanta simplicidad y encogimiento, como si allí estuviese visible el Señor de
la majestad. Otros traen cruces pequeñas de á palmo ó palmo y
medio ó dos palmos, cubiertas de oro y pluma, y ciriales bien
labrados y vistosos, y algunos tambien cubiertos de oro y pluma, y con su argenteria colgando, y algunas plumas verdes de
precio, que llamaban *quezalli* (*quetzalli*). Traen tambien su comida guisada de muchas maneras, puesta en sus platos y escu-
dillas, y ofrécenlas tambien allí entre las ofrendas ; y este año

7

trajeron un cordero y dos puercos grandes vivos : traian cada uno de los que ofrecian puerco, atado en sus palos como traen ellos las otras cargas, y ansí entraron en la iglesia; despues allegados cerca del altar, verlos tomar los puercos y ponerlos entre los brazos y ofrecerlos, parecia esta iglesia el Arca de Noé, á do traian tantos géneros y diversidad de ofrendas, y tambien ofrecen gallinas y otras aves. Los frailes y españoles estaban espantados, é yo iba muchas veces me iba á mirar, y cada vez me admiraba de cosa tan nueva ; y eran tantos los que entraban y salian, que muchas VECES apenas cabian por la puerta. Parecióme que Salomon con toda la gloria de su templo, ni con todos sus sacrificios y millares de bueyes no ser mas acebtos á Dios que la ofrenda de estos pobrecitos.

Hay entre ellos algunos diputados que guardan todo cuanto se ofrece, y lo llevan para los pobres del espital que de nuevo han hecho al modo de los de Castilla, y lo tienen ya razonablemente dotado, y hay aparejo para consolar y curar á muchos pobres : solamente dejan la cera, y es tanta, que hay para gastar todo el año, aunque se gasta harta.

Luego este dia de Pascua por la mañana, un poco antes que amanezca, hacen su procesion muy solene, y esto es muy general en todas las provincias do hay frailes, y regocíjanse como en Pascua de Resurreccion con bailes y danzas ; y este dia salieron unos niños con una nueva danza, sin ningun español les decir nada, y ellos eran tan pequeños, que ya yo he visto otros mayores mamar, y hacian tantas vueltas, que los frailes y los españoles estábamos admirados, y no nos podíamos valer de risa. Luego acabada se les pedrica y se les dice misa.

CAPÍTULO 36

DE LA GRACIA Y LUMBRE QUE NUESTRO SEÑOR DIOS COMUNICA Á ESTOS NATURALES EN LA CONFESION, Y CÓMO SE COMENZÓ EN ESTA TIERRA EL SACRAMENTO DE LA PENITENCIA, Y CUÁNDO.

De los que reciben el sacramento de la penitencia ha habido y cada dia y cada hora pasan cosas notables, que la mano de Dios no abreviada, mas muy liberal, distribuye y da mercedes á estos indios que á su imagen crió, y las más ó casi todas son notorias á solos los confesores, por las cuales ellos ven é imaginan la gran bondad de Dios que así trae los pecadores á penitencia y levanta de la tierra al menguado, y del estiercol lleva á estos pobres *ut collocet eos cum principibus populi sui*, y creo que de muchos de ellos se podrá bien decir lo del profeta : *stabunt justi in magna constantia adversus eos qui se angustiaverunt, &c.* ; delante de Dios están con gran constancia justificados contra los que los afligieron y pusieron en angustia y trabajo ; é plega á Nuestro Señor que ninguno de los que agora les son contrarios se diga lo que se sigue, á saber : *hi sunt quos aliquando habuimus in derisum et in similitudinem improperii, &c.* : estos que improperábamos con vituperios y los teníamos por bestias, los cuenta Dios entre los justos, ó nos por burlar de ellos, nos quedamos detras y en muy bajo lugar. Para ver la fe y devocion con que muchos de estos naturales vienen á la confesion, diré aquí muchas cosas, más en general que en particular.

Comenzóse este sacramento de la penitencia entre los naturales de esta Nueva España en el año de mil y quinientos y veintiseis, y fué principiada en la provincia de *Tezcuco* (*Tetzcuco*) al principio y algunos imperfectamente y poco á poco iban despertando, y Dios alumbrando y los quitando las imperfecciones y alzando las tinieblas, alzábales su gracia, y así andando el tiempo confiesan distinta y enteramente sus pecados, y muchos de ellos con lágrimas íntimas de corazon : otros confiesan por los mandamientos, diciendo en cada uno de ellos lo que ha ofendido, en lo cual parece que van haciendo hábito de fe, y que traen delante sus ojos los mandamientos de Dios, pues por cada uno de ellos que quebrantó se acusa y pide perdon delante del vicario de Dios. Otros de los que han aprendido á leer traen sus pecados escritos, y con mucha particularidad de circunstancias se acusan, los cuales más claramente muestran comenzar de escribir la ley de Dios en sus corazones, mostrándola tambien de fuera, y alimpiando sus conciencias, aparejan morada á Dios en sus ánimas. No se contentan con se confesar una vez en el año ; pero en las fiestas y pascuas principales, segun á los fieles lo

Ps. CXII. 8.

Sap. V. 1

Sap. V. 3.

1526.

aconseja nuestra Madre la santa Iglesia, y aun muchos hay que no esperan á esto, sino que si se sienten agraviados de algunas culpas, muy presto trabajan de alimpiarse de ellas por el sacramento de la penitencia, é otros no esperan á que se les ponga el sol con pecado mortal, si puede haber copia de confesores.

CAPÍTULO 37

DEL FERVOR QUE LOS INDIOS TIENEN EN BUSCAR LA CONFESION; Y CÓMO LOS DEL PUEBLO DE TEAUACAN (TEOUACAN) IBAN LEJOS Á SE CONFESAR, Y DESPUES QUE TOVIERON FRAILES, OTROS PUEBLOS DE MAS LEJOS VIENEN Á SU MONESTERIO DE TEOVACAN Á RECIBIR LOS SACRAMENTOS.

Los que buscan la confesion son muchos, y los confesores son pocos, y como los menos se pueden confesar, son muchos los que andan de un confesor en otro, y de un monesterio en otro, que parecen canes hambrientos que andan buscando y rastreando la comida, tanto que cualquiera que los viere, creerá y dirá que de estos se entiende la letra DE lo escrito en el Salmo : *convertentur ad vesperam et famem patientur ut canes, et circuibunt civitatem*. No hay nadie que ve á estos convertidos á la tarde y fin de los tiempos, que no confiese en ellos ser cumplida la dicha profecia.

Ps. LVIII, 7 15.

No tienen en mucho irse á confesar quince y veinte leguas, y si en alguna parte hallan quien los consuele, luego hacen hilo como hormigas, ca unos pueblos son mayores que otros á do hay monesterio, y la gente más convertida en unas partes que en otras, y en los tales monesterios los confesores á pocos de los de fuera pueden confesar, y de los vecinos son los menos que se pueden confesar, y á tiempos no se pueden haber con solos los enfermos, y por eso en la parte que hallan puerta abierta de confesion vanse como convidados á preciosos manjares ; y es tan comun cosa esta, especial en la cuaresma, poner grandísima solicitud para se confesar, que el que ansí no lo hace, no le parece que es cristiano.

De los primeros pueblos, y que de muy lejos salieron á buscar el sacramento de la penitencia fueron los de *Teovacan*, que fueron muchos hasta *Huexutzinco*, que hay veinticinco leguas, á se confesar. Estos pusieron mucha diligencia por llevar frailes, y perseveraron tanto que los alcanzaron, y demas de ellos haber mucho aprovechado en toda cristiandad y bondad, ha sido aquel monesterio una candela de mucho resplandor, é ha sido muy provecheso é ha hecho grandísimo fruto en todos los pueblos á él comarcanos é á otros muchos ; porque este pueblo *Teovacan* está de México cuarenta leguas, y está en fronttera de muchos pueblos, y al pié de unas sierras, y de allí se visitan muchos pueblos y provincias, y esta gente es bien docible, sincera et *bonæ indolis*, más que no la mexicana, bien así como Castilla la Vieja, y más hacia Burgos son *bonæ indolis*, y parece otra masa de gente que de esta ciudad.　　　los puertos abajo á Estremadura y al Andalucia, que parece y es gente más recatada y más resabida ; bien ansí podemos acá decir que los mexicanos y sus comarcas son como estremeños é andaluces ; é los *mixtecas, tzaputecas, pinomes, mazatecas, teotlillecas, mijes,* estos digo que son muy docibles, obedientes, mansos y dispuestos para todo lo que de ellos hacer quisieren en cosa de virtud, por lo cual aquel monesterio de *Teovacan* ha causado gran bien. Habria mucho que decir de los pueblos y provincias que han venido á él cargados con grandísima cantidad de ídolos, á se enseñar y á demandar el bautismo : ha sido esto una cosa de gran admiracion. Entre muchos otros que allí fueron, vino una señora de un pueblo llamado *Tecistepec (Tecciztepec)*, con muchas cargas de ídolos para que los quemasen, y la enseñasen, y le mandasen lo que habia de hacer para conocer y servir á Dios. Esta, despues de enseñada y aparejada, bautizóse, y por ser á Dios grata dijo que no se queria ir á su casa hasta que diese gracias á Dios por el gran beneficio y mercedes que le habia hecho, mas que queria estar algun tiempo oyendo la palabra de Dios y fortificando su espíritu. Habia esta señora traido consigo dos hijos á lo mesmo que ella vino, y al que heredaba el señorio mandó que se enseñase no solo por lo que á él le convenia, mas para tambien enseñar y dar enjemplo á sus vasallos ; y estando esta sierva de Dios en tan buena obra y con vivos deseos de servir á Dios, adoleció, de la cual enfermedad en breve tiempo murió, llamando á Dios y á Santa Maria : de creer es que la que no quiso volver á su pobre morada y señorio de la tierra, por más amar y conocer á Dios, que ese mesmo señor la llevó al señorio del cielo, para reinar siempre con sus ángeles.

1540. Despues, en el año de mil y quinientes y cuarenta, el dia de pascua de la Resurreccion del Señor, ví en este pueblo de *Teovacan* una cosa muy de notar, y es que vinieron á oir los oficios divinos de la semana santa y á celebrar la pascua, indios señores y principales de cuarenta provincias y pueblos : algunos de ellos venian de cincuenta leguas, y algunos de sesenta, que ni fueron compelidos ni llamados ; y entre estos habia doce naciones é doce lenguas distintas. Todas estas generaciones, despues de confesar y adorar á Dios, bendecian á su gloriosísima Madre y Señora nuestra Santa Maria, que asi se llama aquel monesterio, la Concepcion de Nuestra Señora. De advertir es, qué bien se cumple aquí aquel verso del *Magnificat : Beatam me dicent omnes generationes :* bienaventurada me dirán todas las generaciones. Mucho se edificaron ó admiraron de esto los españoles que se hallaron presentes á esta flesta, que tambien habia muchos.

Estos que ansí vienen á las flestas, siempre traen consigo otros á se bautizar y á casar, y muchos á se confesar : é agora estos de *Teovacan*, que otro tiempo parecia ir lejos á buscar la confesion, otros de muy más lejos vienen á su pueblo á se confesar.

CAPÍTULO 38

COMO LOS INDIOS RESTITUYEN LO QUE SON Á CARGO, PORQUE NO SE LES NIEGUE LA ABSOLUCION ; É UN ENJEMPLO Á ESTE PROPÓSITO.

Restituyen muchos de los indios lo que son á cargo, antes que reciban la absolucion, é antes que vengan á los piés del confesor, teniendo por mejor pagar aquí, aunque queden pobres, que no en la muerte, ó que se les niegue la absolucion ;

y de esta materia cada cuaresma hay muchas nuevas y notables. Diré, empero, una porque aconteció en los primeros años, y es que yéndose un indio á confesar y era cargo de restitucion de cantidad, y puesto á los piés del confesor, díjole que no podia ser absuelto, sino que restituyese lo ageno, porque ansí lo mandaba la ley de Dios, y lo requiere la caridad del prójimo, finalmente luego aquel dia trajo diez tejuelos de oro, que pesaria cada uno cinco ó seis pesos, que era la cantidad de lo que él debia y era á cargo, y dada órden como lo oviese su dueño, y él quiso más quedar pobre que no con cargo y que se le negase la absolucion, y para esto no fué menester muy largas amonestaciones, ni muchas idas y venidas, aunque la hacienda que le quedaba no pienso seria la quinta parte de lo que restituyó, y ansí quiso pasar con lo que le quedaba, y que (1) con su trabajo por ser absuelto. Parecióme y crei que el Hijo de la Virgen vino en la salud de aquel ánima, y que él hacia en su manera como otro Zaqueo, por no esperar en purgatorio á sus hijos y albaceas que restituyesen por él, pues lo podia hacer él mismo en vida. No es mal ejemplo este para muchos perezosos.

CAPÍTULO 39

Cómo perseveran buscando la confesion, y del buen enjemplo de un buen viejo principal, natural de Quaviquechulla.

Vienen á se confesar, como dicho es, de lejos, mayormente en la cuaresma, y están esperando el dia todo sin comer, por se confesar ayunos ; y por alcanzar la confesion están un dia y otro y muchos, por no irse sin confesar, esperando y perseverando ; y aunque los confesores son pocos, viendo la perseveranza que tienen, alcanzan lo que desean con su justa importunacion ; y entre los muchos que de lejos han venido á buscar la confesion, diré aquí de uno que creo que fué el primero de los adultos que en esta tierra salieron de sus pueblos

(1) Probablemente sobra la palabra : *que* (G. P.).

á buscar la confesion, y Dios le llevó de la confesion de sus pecados, á la confesion y alabanza de los ángeles al cielo, entre
sus escogidos.

Fué un principal, del pueblo llamado *Quauviquechulla* natural, por nombre llamado Juan : este con su mujer y hijos,
por espacio de tres años, venian las pascuas y fiestas principales al monesterio de *Huexucinco* (*Huexutcinco*), que son
ocho leguas : estaban en cada fiesta de estas ocho ó diez dias,
en los cuales se aparejaban y confesaban él y su mujer y algunos de los que consigo traia ; que como era el más principal,
despues del señor, y casado con una señora del linaje de *Moteczuma*, el gran señor de México, seguíanle muchos, ansí de
su casa como otros que con su buen enjemplo lo atraían ; y algunas veces tambien venia el mesmo señor principal de *Quauviquechulla* con otros muchos : unos se bautizaban, otros se
desposaban é muchos se confesaban, porque en su pueblo no
tenian monesterio ni lo ovo dende en cuatro años ; y como en
aquel tiempo pocos despertasen de aquel sueño de sus errores,
edificábanse mucho, así los naturales como los españoles que
le veian, y aun maravillábanse tanto de aquel, que decian que
les daba gran enjemplo, ansí en la iglesia como en su posada.

Este vino una pascua de Navidad ó de los Reyes y traia
hecha una camisa, que entonces no se las vestian más de los
que se criaban en la casa de Dios, y mostrándola á su confesor, díjole : « Ves aqui trayo esta camisa, que me la bendigas
y me la vistas ; y pues las veces que aquí he venido, solamente
he confesado, é son ya muchas, ruégote que agora me quieras
confesar y comulgar, que cierto mi ánima desea mucho recibir el cuerpo de mi señor Jesucristo » ; y esto decia con eficacia
y el confesor, viendo tan buena confesion y tan buena enmienda y aprovechamiento en su vida, y que no solamente se despojaba de las viejas vestiduras corporales y vestia el cuerpo de
camisa blanca y limpia, pero que tambien despojaba el viejo
hombre, y se queria vestir del nuevo cristiano, concedióle lo
que justamente demandaba y religiosamente pedia ; y despues
conoci que Aquel que lo queria llevar luenga jornada, le movia á pedir el viático y provision para el camino ; y cuando se
confesó y comulgó estaba sano y bueno, y dende en tres ó

cuatro dias adoleció y murió llamando y confesando á Dios
y dándole gracias por las mercedes que le habia hecho. Quién
dubda sino que Aquel al cual él venia á buscar á casa y tierra
agena sino que le llevó á la propia del cielo ; y de las fiestas
terrenales, á las eternas y celestiales. Creo que este fué el primero que recibió el Corpus Christi en esta tierra de *Anahuac*,
de los naturales.

La devocion de este buen viejo que ya era hombre de dias,
y sus compañeros que él habia animado y despertado, era
mucha parte que los frailes fuesen á visitar su pueblo, y mostraban bien su fe y devocion en ver cómo salian á recibir los
frailes, y en se juntar á la doctrina más en este pueblo que
en otros ; ca primero salia este Juan con sus amigos y criados,
y traia muchas rosas, que las hay en aquel pueblo muy buenas, y dende á poco venia el señor con los otros principales y.
más rosas, y cacao, que es un brevaje el más estimado que
ellos tienen, y refresca mucho á los que traen calor y vienen
de camino : despues venia la madre del señor y la mujer de este
Juan, acompañadas de muchas mujeres ; y muchos de ellos
con rosas ; y con otros muchos que se allegaban, antes que
viniesen á la iglesia ó capilla, iba ya un pueblo de gente.

El señor de este pueblo de *Quauquechulla*, que se dice
D. Martin, procuraron con mucha instancia de llevar frailes á
su pueblo, y despues que los ovieron hicieron un devoto monesterio pequeño. Han mucho aprovechado en sus vidas, y
la gente es buena masa de gente : hase hecho buena cristiandad, y no solo allí, pero en los lugares é comarcanos, su enjemplo ha convertido á muchos, y aquella casa es como un
espejo á do vienen de muchas partes á se bautizar, doctrinar
y confesar.

CAPÍTULO 40

DEL BUEN ENJEMPLO QUE DAN LOS VIEJOS, É COMO CON SUS FLACAS FUERZAS HACEN PENITENCIA, É DEL ENJEMPLO DE UN BUEN VIEJO.

Alumbra la bondad divina la ceguedad y dureza que en los
viejos suele causar la luenga é mala costumbre, y trae Dios en

esta tierra muchos viejos é viejas á penitencia, los cuales sacan fuerza de flaqueza para ayunar é disciplinarse, en especial en esta tierra y provincia de *Tlaxcalla*, que á cualquiera que lo viese le.ponia mucha admiracion y compuncion, por incrédulo que fuese, y mucho más en verlos venir á la confesion, en la cual les da Dios mucho sentimiento de sus pecados, y lo sienten y conflesan con muchas lágrimas y dolor. Ayunan muchos viejos la cuaresma, y frecuentan las iglesias : levántanse cuando oyen la campana de maitines á orar y á llorar sus pecados, y muchas veces á hacer la disciplina, sin nadie los poner en ello. ¡ Oh buen Jesus ! y cómo te preguntan estos simples callando, y con silencio dicen : Maestro bueno, ¿ qué harémos para alcanzar la vida eterna ? y tú, mi Dios, les respondes y enseñas sin ruido de palabras el camino del cielo, y á ellos veo ir via recta, é yo pobre que esto escribo quédome tan frio como el agua y más seco que un palo, que no soy por mis pecados y muy grande ingratitud sino para el fuego.

Estos viejos, los que de ellos tienen para hacer limosna, buscan los pobres para los vestir y dar de comer, en especial en las fiestas, lo cual en los tiempos pasados no se acostumbraba, ni apenas habia quien mendigase, sino que el pobre y el enfermo allegábanse á algun pariente, ó á la casa del principal señor, y allí, pasaban mucha miseria, y otros de mengua se morian ; pero agora como ya los viejos despiertan del sueño de la vieja vida pasada, dan enjemplo á los otros. Y aunque estos, por la bondad de Dios, son muchos, de uno diré aquí, vecino de la villa de *Quauhnavac*, que cuando aquel comenzó habia pocos alumbrados ; mas este fué de los primeros de toda la tierra.

En *Quauhnavac* moraba un viejo, y era de los principales del pueblo, por nombre llamado Pablo, y en un tiempo que yo en aquella casa moré, todo el pueblo le tenia por enjemplo, y en la verdad ponia freno á los vicios y espuelas á la virtud, entre los frios ferviente y entre los dormidos despierto. Este continuaba mucho la iglesia, y siempre le veia las rodillas desnudas en tierra ; y aunque era muy viejo y todo cano, estaba tan derecho como pudiera estar un mancebo ; y con esto animaban y reprendian á los otros principales y moradores de aquel pue-

blo. Y este Pablo, perseverando en su buena cristiandad, vínose á confesar generalmente, que entonces pocos se confesaban, y él, bien confesado, luego enfermó de su postrera enfermedad, en la cual otras dos veces purificando su ánima con
el sacramento de la penitencia, hizo testamento, en que distri-
buyó á pobres algunas cosas de las que él poseia, el cual testamento no se acostumbraba en esta tierra, sino que dejaban las
casas y heredades á sus hijos, y el mayor, si era hombre, lo
poseia, y tenia cuidado de sus hermanos y hermanas, como
lo tenia el padre en su vida. Yendo los hermanos creciendo
y casándose, el hermano mayor partia con ellos, segun
tenia ; y si los hijos eran por casar, entraban en las heredades
los mismos hermanos, y hacian con sus sobrinos, como he
dicho que hacia el hermano mayor de la otra hacienda. Todas
las mantas y ropas los señores y principales, despues de traidas algunos dias, que como son blancas y delgadas, presto se
paran viejas ó se ensucian, guardábanlas, y cuando morian
enterrábanle con ellas. Algunos habia que llevaban muy gran
número de ellas, y otros pocas, segun costumbre de la tierra.
En algunas partes tambien enterraban con los señores las
joyas y oro que tenian, y piedras de precio ; en otras partes
dejábanlas á sus hijos, y si era señor, ya sabian segun sus costumbres, que el hermano mayor ó el hijo habia de heredar :
señalaban, empero, algunas veces el padre á la muerte algun
hijo muy amado y hijo de señora y que quedase en el señorio,
y era obedecido. Estos eran sus testamentos é últimas volun-
tades. Al entierro de este buen viejo Pablo lloraban su muerte,
y más la falta de su buen enjemplo, que no fué poca, porque ha
estado muy dormida aquella gente, y aun parece de menos ley
ó de menos quilates de buen sentimiento que otra ; y el que lo
enterró predicó á su entierro tomando motivo de aquellas palabras : *Ecce quomodo moritur justus, et nemo percipit
corda*, &c.

CAPÍTULO 41

CÓMO DAN LIBERTAD Á SUS ESCLAVÓS, É RESTITUYEN LO QUE NO
POSEEN CON BUEN TÍTULO.

Cada dia va creciendo la fe en estos naturales, y la muestran
cerca del amor de Dios. Restituyen los esclavos que poseian y
pónenlos en libertad y los favorecen y los ponen en estado de
matrimonio, y aun les ayudan dándoles con que vivan ; y
aquellos no son hechos esclavos lo mejor del mundo, como se
4ª parte. dirá en la cuarta parte, si se escribiere ; pero tampoco se sírven
estos indios de sus esclavos con la servidumbre y trabajos
que los españoles, mas antes los tienen comò medio libres en
sus estancias y heredades, y allí labran cierta parte para sus
amos, y cierta para sí mismos, y los que no tienen esta parte
tienen otros conciertos y modos como servir á sus amos. Los
esclavos tienen sus casas y mujer y hijos, y la servidumbre no
es tan penosa que por ella se vayan é huyan si es muy ralo no
dejan sus tierras, como hace y compele el áspero y duro acatamiento de otras generaciones. Vendíanse y comprábanse
estos esclavos, y era muy frecuentada costumbre entre ellos,
y por la bondad de Dios apenas se vende indio, antes muchos
de los convertidos tornan á buscar y á rescatar los que vendie-
ron, si los pueden haber, y cuando no, aflígense y duélense
de corazon, ya que saben que no eran esclavos con buen título
y con justa causa, y restituyeron por ellos el precio que por
ellos recibieron, rescatando y libertando á otros donde pueden
haber. Estando escribiendo esto, vino á mi un indio pobre y
díjome con afliccion de espíritu : Yo soy á cargo tales cosas ;
ves aqui traigo un tejuelo de oro que será la cantidad : dime
cómo y á quién le tengo de restituir ; y tambien vendí un esclavo, y helo buscado, no lo puedo descubrir : ¿ á quién tengo
de dar el precio ? ¿ si basta darlo á los pobres ? » y el precio era
una piedra de *chalchihuitl ;* ya queda dicho qué piedra es esta.
Y los ya dichos que ansí libertan sus esclavos, ya parece que
por la vida eterna dejan y se despojan de lo que tienen y po-

seen, y quieren ser pobres por no ir contra la ley de Dios y del prójimo. Restituyen ansimesmo las heredades que poseian, sabiendo que no las pueden tener con buena conciencia, por no les pertenecer con buen título, agora las habian heredado, agora adquirido segun sus costumbres antiguas forcibles. Y las que son propias suyas, y pueden poseer con buen título, á los *macevales* ó vasallos que en ellas tienen no piden tanto cuanto antes solian rentar, é otras cosas que les solian dar, y servicios extraordinarios no los quieren recibir. Tienen tanto que hacer en pagar los tributos, que no les basta lo que tienen los señores ni los vasallos ; mas adébdanse y toman cambios de los mercaderes naturales.

En lo que muchos señores y principales tienen mucha solicitud en hacer muy buen tratamiento á sus *macevales*, y velan cómo sean buenos cristianos, enseñándoles las cosas de nuestra sancta fe, lo cual bien considerado, ya van estos cumpliendo la ley y los profetas, pues por Dios aman al prójimo y tienen cuidado de mandar á su gente, que se bauticen los niños luego en naciendo, y á los adultos que se confiesen, á lo menos una vez en el año, pudiendo haber confesor.

CAPÍTULO 42

CÓMO LOS INDIOS CUMPLEN LAS PENITENCIAS, Y TODO LO Á ELLOS MANDADO EN SALUD DE SUS ÁNIMAS, Y AUN DEMANDAN SERLES PUESTAS OTRAS COSAS MÁS GRAVES .

El ejercicio é ocupacion de muchos de estos naturales, más parece de religiosos que de gentiles recien convertidos, porque tienen mucho cuidado de Dios, y cumplir y hacer cuanto el confesor les manda, agora sea dificultoso, agora áspero y penoso, agora en detrimento de su hacienda ; y si les dicen que no vienen bien aparejados, y que vuelvan á recordarse bien sus pecados, segun deben hacer los que se han de confesar, y que hecha esta diligencia vuelvan tal dia, tornan al término señalado, y traen sus pecados y vidas escritas, los que saben escribir, y los que no, por figuras demostrativas, por las cuales se confiesan clara y distintamente; y señores y principales de los viejos, y algunas señoras, han deprendido á leer y escribir, é yo he confesado á muchos hombres y mujeres por escrito y por caracteres, y en la verdad, las primeras veces yo me maravillaba, y mucho más de las mujeres, cuando ví que sabian escribir y traian de su mano escritos sus pecados.

Si alguno, por probarle su propósito ó que le conviene, se le suspende la absolucion por tantos dias, en que haga algunas diligencias antes de la absolucion, son tan ciertos al término, que no faltan dia, aunque sean de pueblos lejos, ca no parece que sienten el çamino ni el trabajo que en ir y venir pasan, por se ver absueltos.

Cuando el confesor ve que no conviene mandar ayunar á muchos que por sus culpas no se les debe imponer, dicen : « ¿ Pues no me mandas ayunar, que bien lo podré hacer ? Aunque sea flaco ó pobre y tenga poco de comer, Dios me esforzará. »

Muchas preñadas que crian, aunque se les predica y saben no ser obligadas á ayunar y tomar tanto trabajo, no por eso dejan de hacer sus ayunos.

Ansimismo muchos, cuando no les mandan que se azoten, preguntan que cuántas veces se han de disciplinar. En muchas partes se disciplinan ordinariamente todos los viérnes, y en la cuaresma todos los lúnes, miércoles y viérnes. Demás de estos en la cuaresma se van en sus pueblos y barrios disciplinando de iglesia en iglesia ; y creo que en este ejercicio excede *Tlaxcalla* á todos los pueblos de la Nueva España, y lo mesmo hacen en tiempo de necesidad de agua y de salud.

Otros preguntan despues de absueltos, ¿ á cuántos pobres tengo de dar mantas ? ó ¿ á cuántos pobres tengo de dar de comer en tal fiesta ó pascua ? Cuando yo veo estos que agora comienzan á conocer á Dios estar tan dispuestos é aparejados como cera blanda para imprimir en ellos toda virtud, y viéndome yo tan pesado y tan sordo á las inspiraciones divinas, el Señor sabe la confusion que recibo y cuántas veces me compujen oyéndolos, y no menos viendo la necesidad de sus vidas, y cuán pobre y trabajosamente pasan la vida. Sabe el

Señor, que son muchas las veces que humillan mi soberbia, y confundido me hacen llorar : esto digo á mi confusion, y para quebrantar la dureza de algunos, que aun no pueden creer sino que estos naturales todavia sacrifican al demonio ; y si ellos no ponen más diligencia en enmendar sus vidas de lo que al presente parece, bien podrá ser que estos de quien hacen burla y tienen en poco, burlando de sus vidas y obras, se hallen burlados, y ellos les procederán en el reino del cielo: estos que digo, son algunos que poco saben y poco ven los indios están muy edificados de ellos y se compungen y lloran bien de los y dan muchas gracias á Dios que ansí los ha convertido.

CAPÍTULO 43

DE CÓMO SE CONFIESAN POR FIGURAS, Y DE UNA CONSIDERACION PIA-
DOSA SOBRE LOS CONFESADOS.

Una cuaresma, estando yo en *Chololla*, que es un gran pueblo cerca de la cibdad de los Ángeles, eran tantos los que del mesmo pueblo y de fuera venian á se confesar, que yo no me podia valer á mí ni consolar á ellos ; y por consolar á más, y tambien porque mejor se aparejasen, dije : No tengo de confesar sino á los que trajesen sus pecados escriptos por figuras ; que esto es cosa que ellos bien saben hacer y entender, ca esta era su escritura ; é no lo dije á sordos, porque en diciéndoselo y para comenzar, diles unas cartas viejas, y encomenzaron tantos á traer sus pecados escriptos, que tampoco me podia valer ; y traian sus escripturas, y ellos con una paja apuntando, é yo con otra tambien ayudándoles, confesábanse mejor y más breve, y muchos generalmente, que por aquella via en poco espacio satisfacian bien sus conciencias, y poco más era menester preguntarles, porque lo más lo traian escrito, unos con tinta, otros con carbon, con diversas figuras y caracteres que solos ellos lo entienden, y confesándose por aquella via lo dan bien á entender. Estuvieron muchos españoles vecinos de los Ángeles, porque como yo fuese allí á confesar mujeres de las naturales, que allí hay muchas casadas con españoles, allá iban tambien tras mí con sus papeles, é importunado, decian que muy brevemente dirian sus pecados, porque todos los traian escriptos, y luego decian, « esto es esto, y esto es lo otro, &c. ; dime las palabras de Dios, absuélveme, y mándame lo que tengo de hacer, que no hay más de lo que aquí te he dicho. »

En esta cibdad de los Angeles hay muchas mujeres de las naturales casadas con españoles, y en México y en toda la tierra ; pero en las de esta ciudad sé decir, porque há dias que tengo noticia de muchas de ellas, las cuales están bien cristianadas y viven muy honestamente, frecuentando las iglesias y obras de caridad y los sacramentos, no solo las pascuas, pero en otras festividades y tiempo buscan muchas la confesion y la sancta comunion, y toda la gente de esta ciudad es de ejemplo de buena vida y de mucha caridad, y despues de México es el mejor pueblo de la Nueva España ; y porque en la tercera parte diré algo en su loor, aquí no diré más.

3ª parte.

Cuanto á lo de las confesiones, paréceme que basta lo dicho, por lo cual quien quiera podrá claramente ver lo que en ellas para (parece) ser obra del Espíritu Sancto ; y quién hay que considerando estas cosas no ve que el buen pastor y solícito Jesucristo lleva estas ovejas al corral, pues entran por las puertas de la confesion, segun aquello : *Populus ejus et oves pascuæ ejus, introite portas ejus in confessione.* Ansí son hecho pueblo suyo y ovejas de su pacentamiento, las cuales antes descarriadas y perdidas todas parecian, hasta agora que aquel verdadero pastor y leon del tribu Judá abrió el libro sellado, *propter nimiam charitatem suam,* que por tantos millares de años estuvo cerrado en la ejecucion de su justicia que Dios en esta tierra ejecutaba, por lo cual llorando en la vida y en la muerte descendian á los infiernos, hasta agora que los ha venido á buscar y ha tenido por bien de darles el pasto de su divina palabra y sanctos sacramentos, y con el cayado de su bendita ✝ cruz y méritos de su sagrada pasion, llevadas á cuestas y salvas, y á muchas de ellas en el cielo, convoca y llama á todos sus amigos y vecinos, ángeles y sanctos, y díceles : « Gozaos conmigo y alegraos, que hallé la oveja que habia per-

Ps. XCIX, 3, 4.

Ad Eph. II, 4.

dido »; é quién viese aquel nuevo gozo accidental que con los
ángeles se alegran y vienen á esta fiesta y cantan al cordero
que abrió los sellos del libro cerrado alabanzas, diciendo : Digno es el Cordero que fué muerto, de recibir virtud y divinidad, sabiduria y fortaleza, honra y gloria y bendicion : ó quien
viese al Redentor y Señor nuestro Jesucristo, ceñido como
maestresala, ir delante y apacentar á su divina mesa estas ovejas que lleva de occidente, y junta con las de oriente y las
asienta con Abraham, Isaac y Jacob en el reino de los cielos ;
por ventura no dirán esas mesmas ánimas, adorando al Cordero, digno es el Cordero que abrió el libro y rompió sus ataduras é nos redimió con su sangre, é libró de toda pena, é nos
hizo pueblo suyo, de recibir bendicion y claridad y hacimiento
de gracias, honra, virtud y fortaleza en los siglos de los siglos. Amen.

CAPÍTULO 44

De dos mancebos que estando en sus últimas enfermedades
fueron llevados en espíritu á las penas y á la gloria.

Esto este mesmo dia que acababa de escribir lo arriba dicho,
que era viernes de Ramos del presente año de 1537, falleció
aquí en *Tlaxcalla* un mancebo natural de *Chololla*, llamado
por nombre Benito, el cual estando sano y bueno se vino á confesar, y dende á dos dias enfermó, y estaba enfermo en una
casa lejos del monesterio, y dos dias antes que falleciese, estando muy malo, ya mortal, vino á esta casa, que cuando yo le
ví me puso espanto ; porque más parecia del otro mundo que
de este, é dijo que se venia á reconciliar porque se queria morir ; é despues de confesado, descansado un poco, díjome que
habia sido llevado su espíritu á las penas del inflerno, á do del
gran espanto habia padecido mucho tormento y grandísimo
miedo ; y cuando esto me decia, de la memoria de lo que con-
taba, temblaba y estaba como despavorido, y dijo que en aquel
lugar espantoso levantó su ánima á llamar á Dios y pedir misericordia, y luego fué llevado á un lugar de mucho placer y ale-

1537.

8

gría, y de gran deleite, y le habia dicho el ángel que lo llevaba :
« Benito, Dios quiere haber misericordia de tí ; ve y conflésate
muy bien, y aparéjate, que aquí has de venir por la clemencia
de Dios. » De lo que yo más me espanté, y me puso admiracion,
y no pequeña, fué verle venir tan flaco y mortal, y poder andar
el camino que anduvo, por lo cual me hizo creer lo que ya HE
dicho, y tambien porque le habia conocido mucho, y se habia
criado en la casa de Dios.

Semejante enjemplo que el ya dicho aconteció á un otro
mancebo natural de un pueblo llamado *Chiauhtempan*, que es
una legua de esta ciudad de *Tlaxcalla*, el cual se llamaba Juan :
este tenia cargo de saber de los niños, que nacian en aquel pueblo, y el domingo recogerlos y llevarlos á bautizar ; y como enfermase gravemente de la enfermedad que murió, antes de su
muerte fué en espíritu arrebatado y llevado por unos negros,
y lleváronle por un camino muy triste y penoso, por el cual
camino fué llevado á un lugar muy escuro y de grandísimos
tormentos, y queriéndole echar en ellos los que lo llevaban, el
mancebo á grandes voces llamaba y decia, « Sancta Mariae,
Sancta Mariae, » (que aquesta *e* añaden más en el vocativo), decia, como alegando de su derecho : « Señora, ¿ porqué me echan aquí ? ¿ Yo no recogia los niños y los llevaba á
baptizar ? ¿ Yo no recogia los niños y los llevaba á la casa de
Dios ? ¿ Qué es esto ? ¿ No servia yo á Dios é á vos, Señora ?
Sancta Mariae, valedme é libertadme de estas penas y tormentos, que de mis pecados yo me enmendaré Sancta Mariae, li-
bradme de estos negros. » E librado é sacado de aquel peligro
é conhortado en el favor que la Reina de misericordia le envió,
tornó al cuerpo de su espíritu ; que á esto dice la madre que
lo tenia por muerto, y por tal tuvo su cuerpo todo aquel tiempo, y cuando despertó dijo estas y otras muchas cosas de gran
admiracion y espanto, y proponia grande enmienda en su
vida, y luego procuró la confesion, y en aquel buen estado y
propósito firme de bien vivir, murió de la mesma enfermedad.

Muchos de estos naturales y convertidos (tuvieron) diversas
y muchas revelaciones y visiones ; y algunos de ellos por el
buen testimonio de su vida, y por la manera y simplicidad con

que cuentan la vision, parece llevar camino de ser verdad; pero porque otras serán ilusiones, no hago mucho caso de las creer ni de las escribir en particular, y porque pienso que de muchos no seré creido. Si las cosas terrenales no creen, ¿ cómo creerán las cosas sobrenaturales ? No es de maravillar si algunos que no creen la ley ni los profetas en lo que á sí mesmos toca para salvarse y les conviene como la vida, cuándo darán crédito á las visiones y revelaciones, aunque resucitase y se lo viniese á decir uno de los muertos ; pero si estos incrédulos saliesen á tocar y palpar las obras que la mano y potencia de Dios obra, y viesen que los que estaban en los hediondos monumentos de muchos vicios y pecados ha venido la hora de oir é obedecer la voz del Hijo de Dios, é los ha resucitado é viven en Cristo, por duros que fuesen dirian como Sancto Tomás : *Dominus meus et Deus meus*. El Señor que hizo á estos indios é los redimió por su muerte y pasion, Dios Todopoderoso es porque   la misericordia, tales obras en ellos hace, las cuales demuestran y dan testimonio de Dios y de sus maravillas ; é ya que algunos no quieran creer las palabras de esta obra y de esta gente que aquí digo, vengan y verán las obras en ellos, por los cuales creerán lo que digo, como han hecho otros muchos españoles, que si no vieran no creyeran, é ya que las han visto, compungidos se maravillan de los que en tan poco tenian, é llorando dicen que están espantados de ver sus vidas y grande enjemplo ; y la cristiandad, de estos naturales ha convertido á bien vivir á muchos, é á otros que los aborrecian é los estimaban en menos que á sus caballos, despues que los han visto ser cristianos de veras, los aman é defienden é vuelven por ellos ; é otros que los maltrataban é no les decian otro nombre sino perros, los llaman hermanos, é confiesan é dicen que llevan mejor camino para el cielo que ellos ; y su buena cristiandad, adelante parece más claramente en los capítulos del aprovechamiento.

Joan. XX. 28.

CAPÍTULO 45

DE DOS PARECERES CERCA DEL ADMINISTRAR EL SACRAMENTO DE LA
EUCARISTIA Á ESTOS NATURALES, É DE UN ENJEMPLO.

El Santísimo Sacramento de la Eucaristia se da en esta tierra
á muy pocos de los naturales y pocas veces ; y en lo administrar hay dos opiniones y pareceres. El parecer de los unos es
que aun no se diese el sacramento á estos nuevos convertidos,
porque no tienen de ellos tanta confianza cuanta les parece ser
menester, y porque no acontezca ir alguno en pecado á recibir
tan alto sacramento, é porque aun les parece temprano, celan-
do en esto la honra é gloria de Dios, y queriendo toda reverencia y acatamiento en los que lo han de recibir ; cuyo celo é intencion se debe tener por santa. A otros parece que seria razon
de dar el Santísimo Sacramento á los que haya cuatro ó cinco
años ó más que se confiesan, y en este tiempo se han confesado
muchas veces, y van bien aprovechando en la virtud y cristiandad, y saben discernir entre el pan material y sacramental, y
entender cuándo la hostia está por consagrar, y cuándo es ya
consagrada, y pasan de edad de discrecion, y piden con devocion y reverencia serles dado el Santísimo Sacramento, y el
confesor está bien satisfecho de su confesion, fe, cristiandad
y buena vida ; paréceles que á estos tales no hay razon por do
se les niegue tan gran bien y remedio, el cual ese mesmo Señor manda á todos sus miembros le reciban, para que tengan
vida y vivan espiritual, temporal y eternalmente, y lo manda
con pena y amenaza, diciendo : Si no comiéredes mi Carne y
bebiéredes mi Sangre, no terneis vida en vosotros ; y el que
come este pan vivirá para siempre, &c. La Yglesia, conforme á
esto, tambien manda á hombres y mujeres cuando allegaren
á los años de discrecion, que comunmente al varon señalan á
los catorce y á la mujer á los doce, pues la Yglesia no hace diferencia del rico al pobre, ni del esclavo al libre, mas antes
canta y dice : *Manducat Dominum pauper, servus et humilis ;*
por lo cual á mí no me pueden persuadir á que no se dé este

santo sacramento á los ya dichos, máxime que muchos de la
primera opinion ni saben la lengua de ellos, ni nunca la deprendieron, ni pueden ser buenos jueces, ni saber las conciencias y vidas por las confesiones ; y el que esto no sabe,
hablando en esta materia, bien le pueden decir : mal juzga el
ciego de las colores ; y en este caso quién hay que no desee
celar la honra de Dios y su gloria, pues no hay otro interese
más de ser los ministros conformes á nuestro Maestro y Redentor Jesucristo, y pues el Señor lo manda y lo quiere, no
debe el siervo cerrar las puertas de la caridad en cosa tan necesaria á la salud espiritual y á la salvacion, y creo que á los
que trajesen las condiciones ya dichas, demandando el sacramento de las vidas, si los sacerdotes se lo negasen, ese Sumo
Pontífice Jesucristo se lo daria, é enviaria quien se lo adminis-
trase, segun parece por el siguiente enjemplo.

En *Huexucinco* (*Huexutcinco*), en el año de 1528, estando
un mancebo casado, de los criados en la casa de Dios, por
nombre llamado Diego, hijo de Miguel, hermano del señor :
estando aquel hijo suyo enfermo, despues de confesado, pidió
el Santísimo Sacramento una y muchas veces, con mucha instancia : como disimulasen con él no se lo queriendo dar, y él
no aflojando en su deseo, mas demandándolo, vinieron á él dos
frailes en hábitos de Sant Francisco, y comulgáronle, y luego
desaparecieron, y luego el enfermo quedó muy consolado
y satisfecho, y entrando luego su padre á darle de comer, y diciéndole que comiese, respondióle el hijo y díjole que ya habia
comido lo que el deseaba y habia menester, y que no habia de
comer el más, ca estaba muy satisfecho ; que no habia menester de comer. El padre, maravillado, preguntóle que quién le
habia dado de comer, ó quién le habia traido comida. Respondió el hijo : « ¿ No vistes aquellos dos padres que salieron de
aquí agora ? Aquellos me dieron lo que yo deseaba, y tantas
veces lo habia pedido ; » y luego desde á poco falleció, *bonum
viaticum ferens.*

1528.

CAPÍTULO 46

Una doctrina de muy gran ejemplo del Sacramento comunicado á los pecadores y gentiles se ofrecen en el Evangelio á propósito de nuestra materia, y es la parábola del Hijo pródigo, que pedida la parte de su herencia, gastada y disipada, viviendo lujuriosamente, se allegó á un cibdadano para morar con él y servirle, el cual le envió á una estancia para que apacentase sus puercos : allí aun deseaba henchir el vientre de los salvados que los puercos comian, y el desventurado vuelto en sí y conociendo su perdimiento, dijo : « ¡ Ah ! cuántos mercenarios en la casa de mi padre abundan de pan y mantenimiento, y yo aquí triste perezco de hambre apacentando puercos. » Y venido á su padre, recibiólo como padre, los brazos abiertos, y dándole nuevas vestiduras é anillo en su mano, mató el becerro para su convite, y aplacó el hermano mayor que murmuraba del convite y recibimiento paternal, &c. Cierto está que todos los pecadores que por el pecado mortal se apartan de Dios, especialmente estos naturales gentiles, son bien figurados por el Hijo pródigo, y toda su parábola les arma muy bien, porque ellos, apartados de Dios, han perdido sus bienes, ansí naturales como gratuitos, por sus muchos y grandes pecados, en el cual estado padecieron gran necesidad y hambre, porque no hacian obra meritoria, mas antes sirvieron y se sujetaron al demonio cibdadano en la religion (region) de la muerte, y este los tenia en su estancia apacentando puercos, que es todo género de vicios y pecados, y ya no deseaban sino hartarse del manjar de los puercos, que es del deleite del pecado, y como este no dé hartura, vueltos en sí, venido y conocido su pecado pasado, acordándose del tirano señor á quien sirvieron, vuelven al benigno padre, diciendo : « ¡ Oh cuántos son abastados y hartos de mantenimiento en la casa de mi padre, é yo aquí perezco de hambre : levantarme he é

iré á mi padre, decirle he : Padre, pequé en el cielo y delante
de tí, y por la muchedumbre de mis pecados, no soy digno de
llamarme tu hijo, ni aun siervo, ni aun de levantar los ojos
al cielo ; pero tú eres padre y padre de misericordias, haz conmigo como con uno de tus siervos y esclavos. » Dígoos de
verdad, que ya que el Hijo pecador por sus pecados no merez-
ca sino el infierno, que el Padre Eterno le dará todo lo á él
necesario, y le vestirá de nuevas vestiduras, y le porná á la
mesa y convite y manjar del altar, que es el becerro, Cristo
inmolado en la cruz ✝ por los pecadores ; ca con esto convida
el Padre Eterno al pecador convertido, y porque pueda entrar
sin fealdad á las bodas, le viste con su fe, bautismo y gracia,
y comen con él sus familiares, gozándose el padre, porque el
hijo perdido se halló, y el que era muerto resucitó. Ninguno
de los frailes habia de haber que no se gozase y con amor em-
briagase con salud y vida de este perdido, y en tantos pecados
muerto. Los sanos no tienen necesidad de médico ni de melecinas ; los enfermos sí. Pues estos no padecen hambre como
canes ¿ quién les dará carnes que los harten ? No Moysen, ni
tampoco Job, sino Jesucristo, que dice : *Accipite et comedite :
hoc est enim Corpus meum.* Tambien dice : comed, amigos, y
embriagaos, carísimos, de mi sangre: venid á mí los que traba- *Matth. XXVI, 26.*
jábades y érades cargados de pecados é yugo del demonio, y
dejadlo : venid á mí, *et ego reficiam vos,* y como es cosa comun *Matth. XI, 28.*
los ayunos juzgarán los que comen. De aquí procede que el
hermano mayor oyendo esto se indigna, y piensa que cela la
constante fe que siempre ha tenido, y que tal convite á él solo
pertenece, como aquel que no ha traspasado los mandamientos del Padre celestial ; pero nuestro ojo es malo y puede errar,
que Dios muy bueno es, y puede dar su sagrado Cuerpo, y su
paraiso, y gracia y gloria á quien Él quisiere y por bien to-
viere, así al chico como al grande, al justo como al pecador
convertido, ansí al que poco trabajó en la viña como al que
mucho sudó ; que no hace á nadie injuria. No quiera ninguno
celar más que Dios ; recibamos lo que quiere y manda, y tome-
mos lo que su liberalísima mano nos diere, é loemos é bendi-
gamos la profundísima sabiduria de Dios, que si justamente lo
ordenó, hemos de obedecer á Dios que lo manda, y la Yglesia

asimismo, y á los doctores que ansí lo sienten. Más es de creer esto que nuestros propios pareceres y sentimientos : bien sabe Dios lo que hace, que *ab æterno* lo tiene visto y examinado, y quiere el Eterno Padre dar á su preciosísimo Hijo, y este es el suave convite que aparejó á los convidados, del cual dice : *Ecce*

Matth.
XXII, 4.

prandium meum paravi, tauri mei et altilia occisa sunt. Estos son los faisanes y el becerro ya dicho, inmolado en la cruz ✝, y á este convite manda que entren y sean compelidos los pobres y débiles, como lo son estos pecadores, y el Hijo quiere mostrar su divina caridad, y no se contenta sino que lo reciban los hombres, y porque sabe la necesidad que de El tiene, lo manda, que bien sabia cuánto se excusan, ó por temor, ó por reverencia, á llegar á tan alta mesa ; por eso lo quiere y manda, so pena que si no lo recibiéremos, no nos recibirá en el cielo el Espíritu Santo que rige y alumbra la santa Yglesia : ansimismo lo manda, so pena de pecado gravísimo, que á lo menos una vez en el año, lo reciban por páscua de flores.

Muchos de nuestros españoles que cumplen este mandamiento y piensan que aciertan en no comulgar con decir que no son dignos y aquesto daban por reverencia y acatamiento de tan alto misterio, y que no se hallan dignos, yerran. Si por dignidad oviese de ser, ni los ángeles ni los santos bastarian ; mas quiere Dios que baste que te tengas por indigno, confesándote y haciendo lo que es en tí, y ansí lo dice el Apóstol :

I, Cor; XI,
28.

Probet autem seipsum homo, et sic de pane illo edat et de calice bibat ; y el cura que al tal niega el Sacramento, peca mortalmente. *Gabriel, in 4 quæst. prima. di. iz.* ¶ Padre de misericordias es Dios, y su mano liberalísima, abierta está para dar y abrir al que llamare, y hallarle al que fielmente le buscare : no es aceptador de personas, y pues el judío, el griego, el español y el gentil, todos pecamos y tenemos necesidad de su gracia, vamos á la fuente, ó por mejor decir, á la mar de las riquequezas de Dios, que sin hacer mengua en sus tesoros, todos volveremos ricos. Muy reprensible es la negligencia del necesitado en no pedir cuando en el dador no hay escaseza, mas mucha liberalidad para todos.

Despues de lo arriba escrito, fué consultado con nuestro muy sancto padre Paulo III, y dado relacion, por un religioso de la capacidad, habilidad y cristiandad de estos naturales, y cómo demandaban el Sacramento, y deseo con que lo buscaban, &c. Remitido á ciertos cardenales y doctores, é visto por ellos, fué determinado que no se les negase el Santísimo Sacramento, mas que fuesen admitidos entre los otros fieles á la sancta comunion; y de esto yo ví carta del mesmo religioso que dió la informacion á Su Santidad, y despues acá de lo que aquel religioso vió y supo, hay muy gran diferencia, y han aprovechado mucho en cristiandad.

CAPÍTULO 47

Dónde y cómo el sacramento del Matrimonio tuvo principio, y con qué solemnidad se comenzó.

El sacramento del matrimonio en esta tierra de *Anáhuac* tuvo principio en *Tezcuco* (*Tetzcuco*), dejando un mancebo de *Huexucinco* (*Huexutcinco*), llamado Calixto, que estuvo unos dias en la casa de Dios, y porque era ya grande para deprender, casáronle simplemente; pero solemnemente el matrimonio comenzó en *Tezcuco* (*Tetzcuco*), año de 1526. Domingo 14 de Octubre del dicho año, se desposó pública y solemnemente D. Hernando, hermano del señor de *Tezcuco* (*Tetzcuco*), con otros siete compañeros suyos, en la casa de Dios criados; y el domingo siguiente, dia de las once mil vírgenes se velaron con sus legítimas mujeres; y porque Dios por sí mismo instituyó este santo sacramento en el estado de la inocencia, y despues este mismo Señor Redentor nuestro lo confirmó con su presencia é honró con primer milagro, volviendo el agua en vino, á cuya intercesion y para edificacion de estos naturales procuraron llamar de México, que son cinco leguas de traviesa por agua, y por tierra ocho, y vinieron personas devotas y honrosas para ser padrinos, que fueron Alonso de Avila y Pero Sanchez Farfan y sus mujeres, y consigo trajeron otras personas, y donas que ofrecer y dar á sus ahijados, por dar buen enjemplo é honrar el matrimonio. Tambien trujeron con que les

Torquemada. Monarquia Indiana, tomo III, página 190 (2ª edición).

1526.

Orozco, Historia, II, 203.

Residencia de Cortés, I, 160. Ibid. II, 368, 250. — Documentos de Indias, 27 327.

hacer convite, y porque no se atrevieron á tornar el agua en vino, trujeron el vino sin agua, que no valia poco entonces, mas muy caro.

Porque habian de ser principio, y enjemplo, no solo en *Tezcuco (Tetzcuco)* y México, mas á toda la Nueva España, veláronse muy solemnemente, segun que la madre santa Yglesia lo acostumbra, con las bendiciones y con la pompa de las arras y anillos. Acabada la misa, los padrinos, con todos los señores y principales del pueblo de *Tezcuco (Tetzcuco)*, que fué muy grandísima cosa en la Nueva España, llevaron sus ahijados al palacio y casas del señor principal, é iban delante cantando y burlando mucha gente, y con gran regocijo.

Despues que comieron hicieron muy grande *netotiliztli* ó baile. En aquel tiempo ayuntábanse á un baile de estos mil y dos mil principales. Dichas vísperas y saliendo al patio á do bailaban estaba en él un tálamo bien ataviado, y allí delante de los novios ofrecieron al uso de Castilla los señores y principales y parientes y amigos de los novios ajuar de casa y atavios para sus personas ; y el marques del Valle, que entonces se servia de *Tezcuco (Tetzcuco)*, mandó á un su criado que allí tenia, que ofreciese en su nombre, el cual ofreció largamente.

Y de esta manera, allí en *Tezcuco (Tetzcuco)* y en todas las otras partes á do habia monesterios do se enseñaban y criaban los hijos de los señores y principales, los que eran de edad íbanse casando, y de los primeros hoy dia hay muchos de ellos buenos casados y buenos cristianos con fruto de bendicion que Dios les ha dado ; en cuyo ayuntamiento y matrimonio, no es de dudar sino que fué llamado y vino Jesus y Maria, su benditísima Madre con sus discípulos, y con su gracia han perseverado.

Vida de Zumárraga. II, 3, 13.

Documentos de Indias 27, 237, 268, 85, 28, 410; XII, 279, 330.

Véase Zurita, Manuscrito, página 219. Breve y sumaria Relación de los Señores de la Nueva España (1).

(1) Cuando el Sr. Troncoso arreglaba los *Memoriales* de Motolinia, hácia 1890-91, aun no se había publicado la *Breve Relacion* del oidor Zurita, de manera que trabajó con la copia manuscrita que estaba en el mismo volúmen que los *Memoriales* (véase la *Introducción*) y que ya no existe; asi pues, á la susodicha copia, y no al impreso, se refiere esta cita, y las demas que siguen de Zurita. No se ha establecido la correspondencia ó concordancia entre las páginas de la copia y las del impreso, por no detener la publicación de los *Memoriales* con la tardanza que ocasionaría tarea tan

CAPÍTULO 48

DE LA GRAN DIFICULTAD QUE OVO EN EL DEJAR DE LAS MUCHAS MU-
JERES QUE ESTOS NATURALES TENIAN, Y DESPUES CÓMO VOLVIERON
AL MATRIMONIO.

Pasaron tres ó cuatro años que casi no se velaban, sino los
que se criaban en la casa de Dios, ni señores, ni principales, ni
macevales, mas estábanse unos con cinco, otros con diez,
otros con quince, otros con veinte, otros con treinta mujeres,
y desde arriba ; porque los principales señores de esta tierra
ovo algunos que tovieron á ciento, ciento cincuenta y hasta
doscientas mujeres, y para esto se robaban cuasi todas las hijas de las principales, y las otras procurában las otras menos
principales, y ansí lo que á unos abundaba á otros faltaba.
Muchos pobres apenas hallaban con quien casar ; y estando
los religiosos en gran perplejidad para dar medio ó poner remedio en que principiase el matrimonio entre los viejos y reci-
biesen el sacramento del matrimonio con una, y muchas
veces pensando é unos con otros en esto hablando, parecíales
no bastar remedio humano, ni fuerza ó poder del Papa, ni
mandamiento del Emperador, que ni bastaban predicaciones
ni ejemplos ni ruegos ni amenazas para acabar con los señores que dejada la muchedumbre de las mujeres é mancebas se
casasen con una á ley de bendicion, segun lo manda la santa
madre Yglesia.

Navegaba la nave de nuestra Yglesia con estos poquillos casados en el diluvio de las muchas aguas de pecados carnales
que en esta tierra abundaban ; y estando en esta confusion y
ceguedad, que nos parecia que el demonio Asmodeo mataba
á las mujeres que pertenecian á nuestros convertidos, repar-
tiéndolas é poseyéndolas los señores y principales y allegados
suyos, y muchas de las mujeres puestas al rincon, que no ser-

laboriosa ; pero tampoco se ha creido conveniente suprimir la designación
de las páginas de la copia, que acaso podrá servir de algo ; por lo menos,
no estará de sobra y ocupa muy poco espacio (G. P.) .

vian sino de hacer mantas, como cosa de hacienda ó granjeria,
que tambien esta era harta causa de las allegar, algunos se
excusaban y decian que tambien los españoles tenian muchas mujeres ; y si les deciamos que las tenian para su
servicio y hacer pan, tambien ellos decian que para lo mesmo
las querian. Habia en aquella sazon muy poquillos españoles
casados : ahora por la bondad de Dios hay muy muchos. No
les faltaban excusas á los señores y principales para estar con
muchas mujeres, y los pobres carecian de mujeres, y muchas
de ellas servian de hacer pan ó mantas, y ansí padecian esterilidad é oprobio, hasta que el Espíritu Santo vino á la nave trayendo un ramo de oliva de su divina clemencia, y lo que á los
hombres parecia imposible, su poderosa sabiduria le hizo posible, enviando imposiblemente á su arcangel Rafael para que
atase á Asmodeo, quitándole el poder que en este vicio ejerci-
taba, y procurase mujeres á nuestros convertidos, inspirando
á los señores que se contentasen con una, y ansí oviese tambien para los otros, y sanase nuestra ceguedad é gran confusion en que nos veiamos, y poco á poco, de cinco ó seis años á
esta parte, comenzaron algunos á dejar la muchedumbre de
mujeres, y repartir con sus criados y con otros, y quedarse
con una, casándose con ella á ley y bendicion ; y otros que tenian tres y cuatro, tomaban la primera, y los *macevales*, que
sola una tenian, con aquella se desposaban y velaban, y con
los jóvenes, que de nuevo se casasen ya por la bondad de Dios
tantos que se hinchen las iglesias. Dias hay de desposar cien
pares y dias de doscientos y trescientos, y de quinientos y
más ; y no se tardan mucho en buscar confltes ni atavios ni
joyas, que si no están cerradas las velaciones, luego se vienen
á velar, y de cada dia es tanta la frecuencia de este sacramento,
que pone admiracion. Claramente se ve haber venido el Hijo
de la Virgen á desatar las obras del demonio, y á plantar el
huerto de su Yglesia, y á destruir y quemar las mieses y bosques que el demonio tenia en esta tierra, porque qué otra cosa
era cada casa de señor de los naturales, sino un bosque de abo-
minables pecados.

CAPÍTULO 49

DE MUCHAS HECHICERIAS Y CERIMONIAS SUPERSTICIOSAS QUE ESTOS
TENIAN EN SU INFIDELIDAD, Y CÓMO YA DIOS SE LAS HA MUDADO EN
OTRAS OBRAS DE CRISTIANDAD Y SANTIDAD.

No se contentaba el demonio, enemigo antiguo, con el servicio que estos le hacian en los ídolos, adorándole cuasi en
todas las criaturas visibles y haciéndole de ellas ídolos, ansí
de bulto como pintados ; pero demas de esto los tenia ciegos
de mil maneras de hechicerias ó cerimonias supersticiosas.
Creian en mil agüeros y señales, ansí como en aves noturnas,
é prencipalmente tenian mucho agüero en el buho, al cual
llaman *tecolutcatl* (*tlecolutlcatl*), que quiere decir « hombre »,
y en la composicion pierde las dos letras postreras el primer
nombre, y llámalo *tlacatecolutl*, que segun su propia etimologia quiere decir « hombre que anda de noche gimiendo ó
espantando, hombre nocturno espantoso, » y si á este
oyen, y tambien á los mochuelos ó lechuzas, &c., sobre
la casa que se asentaba y cantaba decian que era señal
que luego habia de morir ó presto, alguno de aquella casa.
Tambien si oian gañir un animalejo, que se dice *cuzatli*,
decian que alguno queria morir. Ansimesmo tenian agüeros
en encuentros de culebras y de alacranes *et alia multa reptilia*,
y decian que era señal de morir el que estaba enfermo que
tales encuentros le acontecia, y si era sano, que habia de morir su enfermo. Tenian tambien que la mujer que paria dos, lo
cual en esta tierra es muy comun, que habia de morir el padre
ó la madre, y el remedio que el cruel demonio les daba era
matar el uno de los mielgos, y que no moriria el padre ni la
madre. A los que ansí nacen dos de un vientre en esta tierra
llámanlos *cocoua*, que quiere decir « culebras », porque dicen
que la primera mujer que parió dos se llamaba *couatl*, que
quiere decir « culebra », y de aquí es que dicen culebras á los
mielgos, y que han de comer á su padre ó á su madre, si no
matasen uno de los mielgos.

Cuando temblaba la tierra á do habia mujer preñada, cubrian de presto las ollas, é quebrábanlas porque no amoviese, y decian que el temblar de la tierra era señal que se habia presto de acabar el maiz de las trojes.

Si alguna persona enfermaba de calenturas recias, tomaban por remedio hacer un perrillo de masa de maiz, y ponianlo en una penca de maguey, y sacábanlo por la mañana al camino, y decian que el primero que por allí pasase llevaria la enfermedad del paciente en los zancajos, é otras muchas cerimonias supersticiosas guardaban é agüeros, en especial de los sueños, de los cuales tenian libro y lo que significaban, esto por figuras, y maestros que lo interpretacion cual sea su salud, y lo mesmo tenian de los casamientos, y qué fin habian de haber, y cada dia tenia su signo, unos buenos, otros malos, ó diferentes.

Si alguno se perdia, ó animal ó ave, hacian ciertas hechicerias con unos maizes, y miraban en un lebrillo de agua, y dizque allí veian el que lo tenia, y la casa á do estaba, y si era cosa viva, allí les hacian entender si era muerta ó viva Para saber si los enfermos habian de morir ó sanar de la enfermedad en que estaban, echaban un puñado de maiz, de lo más grueso que podian haber, é lanzábanlo siete ó ocho veces como lanzan los dados, y si algun grano quedaba enhiesto, decian que era señal de muerte. Tambien tenian aquellos hechiceros unos cordeles como llavero de donde las mujeres traen colgando las llaves, é lanzábanlos, é si quedaban revueltos decian que era señal de muerte, é si salia alguno ó algunos extendidos, era señal de vida, porque ya comenzaba á levantar los piés ó las manos ; é otros muchos agüeros, como gente ciega y que cada viento los movia.

Despues que plugo al Eterno Padre, y por su divina gracia quiso que esta gente conociese y creyese Jesucristo ser verdadero Hijo de Dios y Salvador del mundo, y que por él habian de alcanzar la vida eterna y salud corporal, ya en sus necesidades y enfermedades á él solo buscan y llaman, y traen sus enfermos, en especial los niños luego los llevan á la iglesia para que les digan algun Evangelio, é para que los sacerdotes les pongan las manos, como si todos supiesen que Cristo á sus siervos manda poner las manos sobre los enfermos, y esta es una de las gracias que los sacerdotes reciben cuando los ordenan de misa, y ansí por todas partes traen tantos niños, que me acuerdo haber visto vez de más de ciento juntos.

Ansimismo tienen mucha devocion en el agua que los domingos se bendice, y son tantos los que la buscan, ansí para la tener en su casa, como para los enfermos, que cada dia es menester especial cuidado de henchir la pila de agua bendita ; y las vigilias de Pascua de Flores y del Espíritu Santo, cuando el agua se bendice solemnemente, hay tantos jarrillos y vasijas, que aunque á cada uno den una poca, son mesnester muchas cargas de agua, ó que la pila manase ; é las pilas tambien son bien grandes, y porque en cada pueblo hay buenos maestros, que no esperan á canteros vizcainos que se las labren, y en entrando en la Yglesia, luego van á tomar agua bendita, y si acá se diese pan bendito, como en Castilla, creo que muchos enfermos sanarian con ello por su buena fe y devocion, como de hecho sanan á muchos con las palabras del Evangelio y con el agua bendita, que cierto lo buscan con fe y devocion, la cual fe, á los que la tienen, aunque sea como un grano de mostaza, basta para resucitar los muertos y pasar los montes de una parte á otra, porque no hay cosa imposible al creyente.

Las cuentas de rezar luego las traen á que se las bendigan y buscan algunas de personas que si las pueden haber las tienen en mucho : y no parece que es cristiano el que no tiene cuentas é disciplina ; é ármales muy bien las disciplinas, ansí por ser gentes que no popan las carnes, como porque el traje no les embaraza ni pone estorbo ninguno, y porque por la penitencia se acerca el reino de los cielos.

En sus pobres casillas buscan un lugar para orar, y allí tienen una cruz †, delante la cual oran reverentemente, y los señores y principales en sus casas hacen luego su capilla, y adórnanla con imágenes, todos los demas atavios que pueden, y ansí Dios les haciendo muchas mercedes y dándoles su gracia, con la cual van mucho aprovechando de dia en dia, en lo cual claramente se ve el Hijo de Dios haber venido á desatar y á

romper los lazos y cadenas con que el demonio á estos tenia
atados : *et illuminare his qui in tenebris et in umbra mortis*
Luc, I. 79. sedebant et ad dirigendos pedes eorum in viam pacis.

Tienen mucha reverencia á los templos, y los que saben qué
cosa es descomunion, han mucho temor á ella. Si riñen ó se
enojan en la iglesia   mala vez, viénese luego á absol-
ver, y vienen ya hechos amigos, que es gente que poco les dura
la ira, y cierto, naturalmente es gente mansa como ovejas, y
ansí perdidas andaban y derramadas, como salvajes, bien
derramadas por las carreras y setos, en muchos y peligrosos
errores, é ya el pastor solícito Christo en brazos abiertos recibe
á los pecadores é hijos pródigos, y les da nuevas vestiduras de
gracia para que sin fealdad puedan entrar á las bodas, y quiere
que su casa (se llene) de convidados y sean compelidos á la
cena y gloria que no sabian, de la cual se excusan con diversos
vicios los convidados.

Como han visto á los españoles devotos besar la mano al sacerdote, esto procuran ellos mucho, en especial cuando acaban de misa y de predicar, tanto que dan trabajo á los sacerdotes, y ansí los acatan y reverencian como á aquellos que
solo ellos tractan con sus manos, y reciben los santísimos misterios del Cuerpo y Sangre de nuestro Señor Jesucristo, y lo
administran á los otros, y estos por reverencia á Aquel que
dice : *Qui vos audit, me audit ; qui vos spernunt, me sper-*
Luc, X, 16. nunt.

Pero lo que es mucho de notar, cuando se mudan los frailes
de una casa para otra, ó cuando se van á los capítulos para no
volver, han mucho sentimiento y lloran de corazon, mostrán-
dose agradecidos con aquellos que los han administrado el
espíritu y la palabra de salud y vida, y vanlos á despedir y tomar su bendicion, y por no se impedir los unos á los otros, y
porque no se contentan muchos de ellos sino darles gracias
por lo que con ellos han trabajado en particular, están en paradas dos y tres leguas y más, despidiéndose con lágrimas de
sus maestros y padres, como hacian los de Éfeso con el glorioso apóstol S. Pablo, besando sus manos, abrazados de su
cuello, se despedian de su santísimo maestro y padre, iban
con él llorando hasta embarcarlo en la nao ; y ansí estos que se

ven libres de la cautividad babilónica del demonio, dan gracias á Dios y á sus ministros.

¡ Oh mutanza de la diestra del muy Alto, como alumbrando á los ciegos, (has) libertado á los encarcelados y resucitado los muertos! Testigos son de esta verdad los ministros de esta nueva Yglesia, cómo Cristo vino á este desierto, do no habia sino espinas y cardos de muchos vicios y pecados, esterilidad y falta de toda virtud é gracia, é agora decimos lo que oimos é vimos, *et manus nostræ contrectaverunt quia cæci vident, claudi ambulant, leprosi mundantur, surdi audiunt, mortui resurgunt, pauperes evangelizantur.*

1. Ep. Joan. 1, 1. Luc, VII, 22.

CAPÍTULO 50

PROSIGUE LA MATERIA DEL APROVECHAMIENTO DE ESTA GENTE, EL CUAL PARECE EN FRECUENTAR LAS IGLESIAS Y BUSCAR CON GRAN DESEO LOS SACRAMENTOS.

Los que al principio fueron compelidos á venir á la doctrina á ser enseñados, es agora cosa de verlos venir cada dia á buscar misa, é los domingos é fiestas madrugan tanto, porque no se detienen en afeitar, que cuando amanece ya están esperando que les abran á la puerta de la iglesia, y muchos vienen de media legua é de una legua á oir misa, y en el invierno con harto frio y bien poca ropa. Están hasta que se acaba el sermon y la misa mayor, y por no parecer vacios delante del señor de la majestad, traen que ofrecer, unos rosas, otros mazorcas de maiz, otros ají, otros *copalli* ó alguna candelilla, &c., y despues vuelven á sus casas con mucha paciencia y alegria, y el manjar que los mantienen para comer es cuasi como el de los padres del yermo, que vivian en austencia inocencial, que es no comer cosa muerta, ni que salga de cosa viva.

Las fiestas en que hay procesion es cosa muy de ver cómo vienen los caminos llenos, cada perrochia por sí con su cruz y bandera, cantando unos *Te Deum laudamus*, otros himnos de Nuestra Señora, otros el himno de Espíritu Santo, otros Pater

9

noster y el Ave María, otros vienen cantando los mandamientos en su lengua, &c.

A primera y á vísperas, van muchos, y aun entre semana, no solo do hay monesterio, más allá lejos en sus perroquias, á do hay algunos muchachos de los que se han enseñado en los monesterios, que saben decir las horas de Nuestra Señora, y en otras más pobres perroquias á do no hay de los que saben leer, otros mochachos pobrecitos van enseñando prima de Nuestra Señora y vísperas, cómo se deprende el Pater Noster y el Ave Maria, y han deprendido no solo los salmos, pero el canto con sus antífonas, &c., que es cosa para alabar á Dios verlos en las iglesias y ermitas que están por las estaciones y hácia los montes, entrar en ellas al tiempo de prima ó vísperas, pone admiracion y devocion á los muertos, que parece que ya por toda esta tierra *omnis spiritus et omnis lingua laudat Dominum.*

Oido he que en el reino de Granada, que ha tantos años que es de cristianos, é tanto tiempo ha que son baptizados, si al cura ó al capellan se le va ó adolece el monacillo, no halla quien le ayude misa : acá hay muchos muchachos y casados que la saben ayudar é oficiarla, é aun en canto de órgano, y muchos por su cobdicia más los querrian para servirse de ellos ó para esclavos, que no para cristianos, y van á decir á Castilla, que es gente inhábil y sin razon.

Su salutacion solia ser « sufre » ó « sufrido has », conviene á saber, trabajo : tambien decian « padece » ó « padecido has é ya has allegado », conviene á saber, á do deseabas, por eso agora descansa. Su salutacion es agora *Deo gratias*, la cual salutacion tuvo principio en la Reina del cielo, nuestra muy gran Señora Santa Maria, que cuando estaba en el templo, por respuesta y salutacion decia *Deo gratias*, y de ella la tomaron los religiosos é los cristianos. Otros dicen : « Loado sea Jesu cristo » : ansimismo saludando anuncian paz, diciendo : « Dios te dé paz », que es salutacion dada por Jesucristo á sus discípulos.

No es pequeña señal de aprovechamiento la gran hambre que esta gente tiene á los sacramentos del baptismo, como parece en los capítulos que tratan de los impedimentos del baptismo (1) ; de la confesion, que ansimesmo está dicho atrás en este *tratado ;* pero cada dia se ofrecen cosas nuevas, y vienen con más fe y fervor á la confesion, é muchos de ellos, cuando se vienen á confesar ya han restituido lo que eran á cargo, que no esperan á que el confesor ge lo mande, y algunos ha habido tan pobres, que por poco que restituyan se quedan sin nada, aunque ningun confesor es tan indiscreto, que quite á nadie los alimentos, sino ellos, por la contricion que tienen, y como oyen que se ha de restituir lo ajeno. No ha mucho que confesándose uno que tenia sola una manta, y él era en cargo de otra, y probándole el confesor para ver qué contricion traia, díjole que lo ageno se habia de restituir : entonces él con fervor quitóse la manta que traia, y púsola acullá para que la diesen á los pobres, y quedando desnudo, y puesto de rodillas, dijo en su lengua : « *Axan* (2) *atley nic pia* (*nicpia*), *atley nic nequi* (*nicnequi*) »*,* que quiere decir : agora ni tengo nada, ni debo nada, ni quiero nada. Son tantos los que piden confesion, que si oviese ministros, todo el año ternian cuaresma los confesores, que agora hay pocos más que pueden confesar de los enfermos, y aun estos se los traen al monasterio, porque si oviese de ir á sus casas, como están apartadas, aunque todo el dia anduviese fuera, las más veces no acabaria la metad.

Muchos desean recibir el santísimo sacramento del Cuerpo y Sangre de nuestro Redentor y Maestro Jesucristo, pero aun como son nuevos, no se da sino á los primeros convertidos, y que ya se han confesado muchas veces, y estos lo reciben con harto aparejo, ansí de oraciones como de limosnas, los que tienen de qué, y de ayuno, que cuando lo reciben fuera de la cuaresma, primero ayunan una semana ó dos, por mejor se aparejar ; é paréceme que no es de callar la preparacion que hicie-

(1) Lo del bautismo falta en estos *Memoriales* ; pero en los que vió el P. Bautista, se encontraba en las fojas 229-30 y en la tabla de la primera parte, artículo *Baptisterio,* formando allí los capítulos 11 à 16 de la segunda, por lo menos, como puede verse en la obra del P. Fr. Juan Bautista, *Advertencias para los confesores.*

(2) Lo común es decir *axcan* en mexicano como equivalente del adv. ahora ; pero en la región de Puebla y Tlaxcalla pronuncian *axan*, como aquí está escrito.

ron unos casados, marido y mujer, que habiéndose de comulgar la Pascua de Flores, ayunaron toda la cuaresma, comiendo
á tercero dia una vez, y el otro dia no comian nada : el lúnes y
el miércoles y el viérnes ninguna cosa comian ; el mártes y
el juéves y el sábado una vez. Si algun enfermo ha de recibir
el Santísimo Sacramento, por más reverencia los más de ellos
se hacen llevar á la iglesia, y muchos lo reciben con muchas
lágrimas.

Al sacramento del matrimonio fué tantos los que vienen como fué al principio los que vinieron al baptismo, que ni caben
en las capillas al tiempo del velar, ni en las iglesias, y cierto
es muy de ver con qué devocion vienen, que muchos se confiesan, y muchos mas confesarian si oviese confesores : é los que
al principio habian contraido *clandestine* ó en grados prohi-
bidos despues del bautismo, ahora vienen compungidos ellos
mesmos á denunciar de sí, porque el fuego del Espíritu Santo
que obra dentro, alanza fuera el temor de toda vergüenza ó
penitencia que les pueden dar, y como es gente pobre y enco-
gida, mansa é humilde, y viviendo ya casi todos en ley de matrimonio, y de contino llamando á Dios, como muchos de
ellos traen en la boca *Jesucristo noteuh, notlatocauh*, que
quiere decir, « Jesucristo es mi Dios y mi Señor », parece que
heredaron esta fe de Santo Tomé, predicador y apóstol de los
indios, que como los otros apóstoles le dijesen « vimos al Señor
resucitado » confesando no más de la humanidad, y él diciendo
do que si no lo via y palpaba no lo creeria, despues que vió y
palpó al Señor, como el que quiere dar mayor salto que todos,
se retrae é salta mucho, ansí Santo Tomás excedió á todos los
Joan. XX.
28. apóstoles é dijo : *Dominus meus et Deus meus*, confesando la
divinidad y humanidad, é de esta manera estos que tan retraidos é alongados estaban de la fe, ahora vienen tarde é dan gran
salto, y el procurador de la viña hácelos iguales á los que llevaron el sudor y el trabajo, y á todos da el galardon, porque
ninguno puede atar las manos á Dios, que no haga lo que quisiere de lo suyo ; y ansí confesando y llamando á Dios y á la
idolatria, que está ya tan olvidada como si nunca fuera en esta
tierra, está de la gente más dispuesta del mundo todo para se
salvar, y parece á la letra ser estos los pobres y débiles, los

cuales quiere Dios que se hincha su casa : á estos parece que llama el Señor y dice : *Venite ad me omnes qui laboratis et onerati estis, et ego reficiam vos.* El trabajo de estos, demas de trabajar como hombres, tambien tenian el de las bestias, de llevar cargas, muriendo por los caminos, ó ya por una parte ha multiplicado Dios é multiplica todo género de ganados y animales, y por otra son favorecidos de la justicia, que no sean cargados como solian, y ansí les quita Dios la carga pesada corporal y la muy más grave servidumbre que al demonio hacian, y les pone su yugo suave y muy ligero, con el cual hallarán holganza para sus ánimas. *Matth. XI,8.*

CAPÍTULO 51

PROSIGUE LA MATERIA DEL APROVECHAMIENTO EN EL HACER MONESTERIOS Y ESPITALES, Y SERVIRLOS, Y EJERCITARSE EN LAS OBRAS DE MISERICORDIA, Y EN LA GUARDA DE LOS MANDAMIENTOS, DÁNDOSE Á LA ORACION ; Y LO QUE MÁS ES, HACEN VOTOS DE PERFECCION.

Los que en otro tiempo eran crueles como fieras bestias en comer carne humana y en sacrificar á los demonios, en más abundancia que aquellos que impropera el salmista, diciendo : *Immolaverunt filios suos et filias suas dæmoniis, et effuderunt sanguinem innocentem ; sanguinem filiorum suorum et filiarum suarum, quas sacrificaverunt sculptilibus Chanaan ;* y tambien excedieron en comer carne humana, con más error que los que reprende el profeta : *Illos (nempe) antiquos inhabitatores terræ sanctæ suæ et filiorum suorum necatores sine misericordia et comestores viscerum hominum et devoratores sanguinis :* aunque si esto se entiende á la letra, que comian carne humana y bebian sangre, ó si no se entiende hablar aquí metafóricamente, porque no se halla en el Viejo Testamento que los cananeos moradores de Judea antes de los hijos de Israel comiesen carne humana, ni bebiesen sangre por eso parece hablar *metaphorice,* como se dice del robador ó del *Ps, CV. 37. 38.* *Sap. XII. 3, 5.*

usurario, que comen carne y beben sangre de pobres *ut in Ps. : Comederunt Jacob et locum ejus desolaverunt ;* pero si á la letra se toma, en el beber de la sangre excedieron á estos naturales, de los cuales no hallamos que en ningun tiempo ó de algun género de personas fuese bebida sangre humana ; mas de la sangre de los que sacrificaban untaban los labios de los ídolos, como que se la daban á beber por sacrificio.

Despues que por la gracia de Dios y por su palabra fueron estos naturales alumbrados, lloraron sus inormes pecados, y en muchas partes ellos mesmos destruyeron los templos del demonio, y quebraron y quemaron los ídolos, edificaron á Dios y edifican muchas iglesias y hacen monesterios, rogando con ellos á los religiosos, y los van á buscar con muchos ruegos é importunaciones ; en especial cuando los frailes hacen capítulos, entonces van de muchas y longincas provincias á buscar frailes, y cuasi lo mesmo hacen cuando vienen algunos nuevamente de Castilla, ruegan que les den de aquellos para que moren en sus tierras, y allá de ellos reciban doctrina y ejemplo.

Y como Dios les va cada dia haciendo nuevas mercedes, y ellos van conociendo la ley de Dios, y ese mesmo Dios ser caridad y amor, los que solian sacrificar los hombres, agora por muchas partes han hecho y hacen hospitales, adonde consuelan y curan los enfermos y pobres. Aunque dan poco, de muchos pocos se hace mucho, porque es continuo, de manera que los espitales están bien proveidos, y ellos que saben bien servir, que parece que para eso nacieron, no les falta nada y de cuando en cuando van á buscar los enfermos por toda la provincia.

1536 En esta cibdad de *Tlaxcala* hicieron en el año de 1536 un hospital con su cofradia para sustentar y servir al hospital, y enterrar los difuntos é celebrar las fiestas, el cual se llama la Encarnacion, para el cual dia estaba acabado y ataviado, é yendo á él con procesion solemne, en el mismo dia metieron mas de ciento y treinta enfermos y pobres, y el dia de Pascua de Flores adelante, fué muy grande la ofrenda que el pueblo hizo para los pobres, ansí de maiz y frijoles, é ají, ovejas y puercos, como de gallinas de la tierra, que son grandes, y dan

dos ó tres de Castilla por una de estas : ovo ciento y cuarenta,
y de Castilla fueron muchas sin número, que aunque eran
numerables, por ser muchas y menudas no las podien contar,
é otras muchas cosas que ofrecieron é ofrecen cada dia los pobres para el hospital, tanto que no há mas de siete meses que
el hospital está poblado y vale lo que tiene en tierra y ganado
cerca de mil pesos. Los hijos de Israel ofrecieron dones preciosos y grandes ofrendas para el tabernáculo del Señor, material
ut facerent opera quæ jusserat Dominus : estotros ofrecieron
dones para los pobres que son templos vivos de Dios, haciendo
las obras que demandara Dios : *obtulerunt mente promptissi-*
ma atque devota primitias Domino.

Octubre 1536.

Ex. 35, 11.

No solo con los enfermos del espital pero con los demas pobres se van mucho ejercitando con las obras de misericordia,
dando de comer al hambriento y de vestir al desnudo. En especial las flestas buscan pobres que vestir, visitan y consuelan
los enfermos y desconsolados, van muchos á los entierros de
los difuntos, redimen los cautivos y esclavos, que en esta tierra habia muchos. En el año pasado ahorraron en muchas provincias todos sus esclavos, y en esta de *Tlaxcala*, que segun
algunos decian habia veinte mil esclavos é dende arriba, demás de libertarlos todos, pusieron grandes penas que ninguno
hiciese esclavo, ni lo comprase ni vendiese, porque antes algunos eran hechos tiranamente en tiempo de su infidelidad,
y que de otra manera habian de vivir en la cristiandad.

Nunca en esta tierra se habia celebrado año de jubileo, porque los moradores de ella siempre estuvieron en las tinieblas
y cautividad de Egipto, pero en viéndose libres de Faraon no
esperaron al año quintagésimo, mas luego ó muy presto dieron libertad á los cautivos, porque dice Dios : *Mei enim servi*
sunt et ego eduxi eos de terra Ægipti.

Levit. XXV, 42.

Porque la ley de Dios siempre fuese en la boca y corazon de
estos naturales, desde los principios fueron enseñados en los
mandamientos del Señor, y cada tercero dia se dice la doctrina
cristiana despues de dicha misa, y los domingos y flestas la
dicen muchas veces, de manera que cuasi todos, chicos y
grandes, saben no solo los mandamientos, pero todo lo que
debe creer y guardar y recibir, &c. el buen cristiano, y no con-

tentos mas trabajan en la guarda de la ley de Dios que justifica los pecadores, y de enemigos hace amigos y amados de Dios, *Matth. XII, 50.* tanto, que de ellos diga el Señor : *Quicumque fecerit voluntatem Patris mei, qui in cœlis est, ipse meus frater et soror et mater est, &c.* Hay muchos que si la quebrantan con algun pecado mortal, trabajan que no se les ponga el sol, sin que primero se reconcilien con Dios por la confesion, si pueden, ó si no con la contricion, porque temen dormir con pecado mortal.

Muchos de estos naturales tienen sus devociones ordinarias, pero lo que más es, cada dia tienen su tiempo señalado para una vez ó dos al dia darse á la oracion mental, y tienen repartidos sus ejercicios para cada un dia : un dia piensan sus pecados y trabajan de tener intenso dolor por ellos ; otro dia meditan la muerte ; otro el juicio, ansí particular como general ; otro las penas de purgatorio y del infierno ; otro la Pasion del Señor y en otro la Resurreccion y la gloria de paraiso, &c. Ansimesmo ejercitan en contemplar la vida de nuestro Señor Jesucristo, por sus pasos y misterios.

El Señor, que no es escaso en retribuir y hacer mercedes, mas muy liberal dador de bienes celestiales, á los que aquí por su amor aborrecen los bienes temporales, aconseja y dice *Marc, X, 21.* que si quieres ser perfecto, *vade, quæcumque habes vende et da pauperibus, et habebis thesaurum in cœlo ; et veni, sequere me.* Muchos, traidos por el Espiritu Santo, han cumplido este consejo é han hecho votos, unos de guardar castidad, otros de entrar en religion, aunque en esto les van mucho á la mano sus confesores, por ser aun nuevos, y tampoco les quieren dar el hábito, y harto creo que lo causa, que los quisieron probar antes de tiempo, que ahora há diez años (1), estando aun muy en leche, dieron el hábito de la probacion á tres ó cuatro mancebos, y aunque parecia que comenzaban

_____

(1) El año 1527, según el impreso (página 132) : asi es que esto se escribió en 1537.

Con el nombre de *impreso* designa el Sr. Troncoso, en algunas notas, la *Historia de los Indios de Nueva España* por el P. Motolinia, mencionada en la *Introduccion*, donde se le llama así ; y *manuscrito*, á los *Memoriales* del mismo padre. Téngase esto presente, siempre que se vea citado el *impreso* (G. P.).

un poco á crecer, como la simiente que cayó entre las piedras, *natum aruit quia non habebat humorem*, no tuvieron *Luc. VIII, 6.* entonces fortaleza, porque dieron cibo sólido á los que habian de dar tierno manjar : é agora son vivos estos que digo, y casados, y viven como buenos cristianos ; y como ya es otro el sentimiento de agora que el de entonces, dicen que en aquel tiempo estaban como niños, pero que si agora fuera, que antes murieran que dejaran el hábito, de manera que,si lo que se probó entonces sin tiempo, si se viniera á experimentar ahora, que no volvieran atrás, mas ayudándoles la gracia de Dios, salieran con ello ; pero lo que de Dios está ordenado, cuando viniere la obra no habrá impedimento, porque cierto otro es agora su sentimiento, y mucha diferencia hay de aquel tiempo á este, que agora con lágrimas se ofrecen á Dios y hacen votos ; y aunque estos son muchos, del uno diré aquí que el año pasado hizo voto de ser fraile de San Francisco.

Un mancebo llamado D. Juan, señor principal y natural de un pueblo de la provincia de *Mechuacan*, que en aquella lengua se llama *Tarecoato*, y en la lengua de México se dice *Tepehuacan* : este mancebo, leyendo en la vida del glorioso padre nuestro S. Francisco, que en aquella lengua estaba traducida, vino en él tanta devocion y tanto espíritu, que con muchas lágrimas y con muchas voces hizo voto de vivir en el hábito y vida que el glorioso padre S. Francisco instituyó, y porque no se reputase á liviandad su mudanza, perseverando en su propósito dejó el hábito que traia, y buscó sayal bien vil y vistióse de él bien pobremente : luego hizo libres muchos esclavos que tenia, y predicóles y enseñóles la ley de Dios, y rogóles que como buenos cristianos se amasen unos á otros, y díjoles que si él oviera tenido conocimiento verdadero de Dios é de sí mesmo, que antes los oviera libertado, é que se dolia, siendo él pecador, por haberlos tenido por esclavos, siendo todos comprados y libertados por la sangre de Jesucristo, y que de allí adelante supiesen que eran libres, y que les rogaba mucho que fuesen buenos cristianos. Entonces renunció tambien el señorio, y las joyas y muebles que tenia, repartiólo por los pobres, y demandó el hábito muchas veces en *Mechoacan*, é como allá no se lo dieron, vínose á México, y en S. Fran cisco tornó á pedir el hábito, y como no se lo diesen, fuése al Sr. obispo de México con la mesma demanda, y viendo su señoria su devocion é instante perseverancia, queríale y amábale, y si él pudiera, bien le quisiera consolar ; y en todo este tiempo, perseverando con su capotillo de sayal, dando siempre muy buen enjemplo ; é venida la cuaresma tornóse á *Michuacan* para oir en su lengua los sermones de la cuaresma y confesarse, y despues de Pascua tornó al capítulo que se celebró en México, perseverando en su demanda, y lo que se condescendió en él fué que con el mesmo hábito que traia anduviese entre los frailes, é qué si les pareciese tal su perseverancia y vida, le darian el hábito de la probacion. Este mancebo, como era señor é muy conocido, ha sido gran ejemplo en toda la provincia de *Michuacan*, y aun me dicen que están tan buenos cristianos, que exceden á los *nahuales*.

Lo que ahora diré no es señal de poco aprovechamiento, ni sé la causa cuál sea, ca Dios revela y muestra á estos chiquillos lo que muchos grandes no quiere que vean. Han visto al tiempo del alzar la hostia consagrada, algunos de estos naturales un niño muy resplandeciente, y otros á nuestro Redentor crucificado, con gran resplandor, y cuando esto ven no pueden estar sin caer sobre su faz, y quedan los que esto ven muy consolados y llenos de admiracion. Ansimesmo han visto sobre un fraile cuando les predica, estar encima de su cabeza una corona muy hermosa ; ya parecia como de oro, ya como de fuego. Otras personas han visto en la misa, sobre el Santísimo Sacramento, un globo como llamas de fuego ; y una persona que venia muy de mañana á la iglesia los domingos, y hallando la puerta cerrada, mirando al cielo vió que se abria, y en aquella abertura le parecia que allá dentro estaba muy hermoso el cielo ; y esto vió dos veces. Parece que el que de mañana buscaba á Dios y venia á su casa, por estar cerrada la iglesia hallaba el cielo abierto.

Todas estas cosas supe de personas dignas de fe, y los que las vieron son de muy buen enjemplo, y que frecuentan los sacramentos : no sé á qué lo atribuya, sino que Dios por su infinita misericordia, se manifiesta á estos pobrecitos que le buscan con simplicidad y pureza de corazon, y en ellos se

Torquemada
3-241.

cumple lo del Evangelio : *Beati mundo corde, quoniam ipsi* _{Matth. V, 8.}
Deum videbunt.

CAPÍTULO 52

DEL ASIENTO Y DE LA NOBLEZA GRANDE DE LA GRAN CIBDAD DE MÉXICO
Y TENUCHTITLAN : DE LAS MUCHAS IGLESIAS QUE EN SÍ Y EN SUS
DERREDORES TIENE, Y DE UN RIO QUE SALIÓ CERCA DE LA CIBDAD,
QUE LA HIZO REEDIFICAR UN ESTADO MÁS ALTO DE LO QUE AL PRIN-
CIPIO ESTABA.

En lo material está México *Tenuchtitlan* muy bien trazada
y mejor edificada, de muy buenas y grandes y fuertes casas, y
muy gentiles calles. Es muy proveida y bastecida de todo lo
necesario, ansí de lo que está en la tierra, como de las cosas
de España. Andan ordinariamente cient arrieros desde el puer-
to que se llama la Vera Cruz de San Francisco proveyendo esta _{Véase páginas}
ciudad, y muchas carretas que hacen lo mesmo, y cada dia en- _{189, 199.}
tran gran multitud de indios cargados de bastimentos y tribu- _{Véase}
tos, ansí por tierra como por agua (ansí) en acales ó barcas, _{Documentos}
que en lengua de las islas llaman canoas. Todo esto se gasta y _{de Indias,}
consume en México, que pone admiracion : más se gasta en la _{29ª,página 83.}
cibdad de México que en dos ni tres cibdades de España de su
tamaño : cáusalo que todas las casas están muy llenas de
gente, y tambien que gastan largo.

Hay en ella muy hermosos y muchos caballos, ca el maiz lo
hace y el continuo verde que todo el año comen, ansí de caña
de maiz, que es muy mejor que arcacer (alcacer), y tura mucho tiempo este pienso, y despues entra un junquillo muy
bueno, que siempre lo hay verde en el agua de que está cercada. Hállase en esta ciudad más de ochocientos de caballo, muy
buenos ginetes, y sus personas muy bien armadas, y de tan
buenos caballos, que ninguna cibdad por grande que sea les
hará ventaja. En el postrer alarde que poco há se tuvo se hallaron (603 ?) de caballo (1). Tiene muchos ganados de vacas, ye-

(1) Si se trata en este lugar del alarde que hizo hacer el virrey Mendoza
con motivo de la rebelión intentada por los negros (Documentos inéditos

guas y ovejas y cabras y puercos. Entra en ella por una calzada
un grueso caño de muy gentil agua que se reparte por muchas
calles, y por esta mesma calzada tiene una hermosa salida de
una parte y otra, llena de huertas, que tura una legua. Ciertamente de la tierra y comarca de México, digo las aguas vertientes de aquella corona de sierras que tiene á vista en derredor, no hay poco que decir. Todos los derredores y la de las
sierras están muy pobladas, en el cual término hay más de
cuarenta pueblos grandes, sin otros muchos medianos y pequeños, á estos subjetos. Están en este solo circuito que digo,
en estos pueblos, doce monesterios bien edificados y poblados
de religiosos, y todos TIENEN bien en que entender en la conversion y aprovechamiento de los naturales. En los pueblos
hay muchas iglesias é muy adornadas; pueblo hay, fuera de los
que tienen monesterio de más de diez iglesias, y en cada una
su campana no pequeña, ó campanas. Habrá en este circuito
que digo, quinientas iglesias, entre chicas y grandes, y si no
les ovieran ido á la mano á los indios, y tuvieran libertad de
edificar, no es mucho que oviera hoy dia mil iglesias, porque
cada perroquia y cada barrio y cada principal queria su iglesia
para edificar. Es gente rica, porque todos trabajan : ellos allegan la piedra á cuestas ; ellos hacen la cal, los adobes y ladrillos ; ellos se hacen las paredes, ellos acarrean las vigas y traen
la tabla, ellos labran la madera, albañis y encaladores y canteros entre ellos hay quien las atavia y las ponen en perfeccion : ninguna clavazon gastaban los indios en sus edificios, é
no dejaban de ser fuertes por eso. A México y á *Tlacopan* y
Cuyoacan han hecho cien iglesias : á *Tezcuco* con tres leguas
á la redonda, otras más de cien : á *Culhuacan* con todos los
pueblos de la laguna dulce, y *Tlalmanalco* con su provincia de
Chalco, otras cien iglesias : á *Azcapuzalco*, que otro tiempo fué
cabeza del señorio y á quien estuvieron sujetos y tributarios
México y *Tezcuco*, &c., y con *Azcapuzalco, Tenanyucan,
Coauhtitlan* y sus comarcas otras cien, *Otompa, Tepepulco,*

del Archivo de Indias, II-199) la fecha que aquí se menciona será la de
1537 y el número de ginetes el de 620.
Después de la palabra *hallaron,* se encuentran unos signos indescifra-
bles y en seguida (603?) escrito por mi padre (G. P.).

Cempoallan otras ciento. Están estas iglesias de dentro hermosas, limpias y devotas, y de fuera lucidas é almenadas, y la tierra en sí que es alegre y muy vistosa, ca lo causa la frescura de las montañas, en lo alto de todas partes parecen muy bien las iglesias, y adornan y dan muy linda vista á México.

Parte de las laderas é lo alto de los montes son de las buenas montañas del mundo, á do hay cedros y muchos cipreses y muy grandes, tantos que muchas iglesias y casas son de madera de ciprés. Hay muy gran número de pinos y en extremo grandes y derechos, y otros que tambien los españoles llaman pinos ó hayas, muchas y muy grandes encinas y madroños, y á partes robles. De estas montañas bajan arroyos y rios, y en las laderas y bajos salen muchas y muy grandes fuentes. Toda esta agua, y más la llovediza, hace una gran laguna, y México está situado parte dentro de ella, y parte á la orilla á la parte de Occidente. Por la metad del agua va una calzada que la divide : la una parte es de muy pestífera agua é la otra es de agua dulce, y esta dulce entra en la salada, ca está más alta, y aquella calzada tiene cuatro ó cinco ojos con sus puentes, por do sale dé la agua dulce á la salada.

México estuvo al principio fundada más baja que ahora, é toda la mayor parte la cercaba agua dulce, y tenia muy frescas arboledas dentro de sí, de cedros y cipreses y sauces, y de árboles de flores, ca los indios señores no hacen por árboles de fruta, porque esta sus vasallos ge la traen, sino árboles de floresta á do cojan rosas y se crien aves, ansí para gozar del canto, como para tirar á los pájaros con cerbatana, con la cual son grandes tiradores. E como México estoviese ansí fundada, obra de dos leguas adelante hácia la parte de mediodia se abrió una gran boca por do salió tanta agua, que en pocos dias que duró hizo crecer á toda LA laguna, é subió sobre los edeficios bajos é sobre el primer suelo un estado ó poco menos. Entonces los más de los vecinos se retrajeron hácia la parte de occidente, que es tierra firme. Dicen los indios, que salian por aquella boca muchos peces y muy grandes, tan gruesos como el muslo de un hombre, y esto les causaba grande admiracion, porque EN aquella agua salada no se crian peces, y en la dulce son tan pequeños, que los mayores son de á palmo ó menos.

Torquemada, 1, 293.

1500. Abrióse este rio en el año de mill y quinientos, y veinte años antes que los españoles entrasen en la tierra.

Esta agua debe ser algun rio que anda por aquellos montes, ca ya otras dos veces ha salido entre dos tierras nevadas que México tiene á vista delante de sí, hácia la parte de Oriente y mediodia ; la una vez fué despues que los cristianos están en la tierra, y la otra pocos años antes, é fué tanta el agua la primera vez, que señalan los indios ser dos tantos que el rio grande de la cibdad de los Ángeles, el cual rio por las más partes siempre se pasa por puente ; y tambien salian aquellos grandes pescados como cuando se abrió cerca de México. En-

Torquemada, 2-607. Lugar donde estuvo el autor. tonces el agua vertió de la otra parte de la sierra hácia *Huexu-cinco*, é yo he estado cerca por do salió esta agua que digo, que me han certificado, ca esto es muy notorio entre los indios de *Huexucinco*.

Entre estas dos sierras nevadas está el puerto que solian pasar al principio, yendo de la cibdad de los Ángeles para México, aunque ya no se sigue, porque se han descubierto otros muy mejores caminos. A la una de estas sierras llaman los indios « sierra blanca », porque siempre tiene nieve ; á la otra llaman « sierra que echa de sí humo, » y aunque ambas son bien altas, la del humo parece ser más alta. Es redonda desde lo bajo, aunque el pié boja muchas leguas, y es muy hermosa, y muy templada la tierra que de todas partes tiene, en especial la que tiene al mediodia. Esta sierra ó volcan tiene en la corona arriba una gran boca por do solia salir un grandísimo golpe de humo, é algunos dias salia tres y cuatro veces. Habrá de México á lo alto de este volcan doce leguas, y cuando aquel humo salia pareciase tan claro como si estuviera muy cerca, ca salia con grande ímpetu y muy espeso, y despues que subia en tanta altura é gordor como la torre mayor de Sevilla, cesaba y declinaba á la parte que el viento lo llevaba.

1528. Este salir de humo cesó desde el año de 1528, no sin grande nota de los españoles y naturales. Algunos querian decir que Véase página 211. era boca de infierno : ya torna á salir humo, como se dirá.

CAPÍTULO 53

POR QUÉ CAUSA MÉXICO SE NOMBRÓ POR DOS NOMBRES, Y DEL NOMBRE
DE SUS FUNDADORES, Y COMO SON DOS BARRIOS Ó DOS CIBDADES, Y
DE LAS GRANDES POBLACIONES QUE TIENE AL REDEDOR DE SÍ, POR LO
CUAL ES UNA DE LAS NOBLES DE TODO LO DESCUBIERTO ; Y DEL
ESTADO Y GRANDEZA DEL SEÑOR QUE EN ELLA RESIDIA, LLAMADO
MOTECZUMA.

México, segun la etimologia de esta lengua, algunos la querian interpretar « fuente ó manadero » ; y en la verdad, en ella
y alrededor de ella hay muchos manantiales, por lo cual parece esta interpretacion no ir muy fuera de propósito ; pero
los naturales dicen que aquel nombre de México trajeron sus
primeros fundadores, y se llamaban *Mexiti* ; y aun despues DE
algun tiempo los moradores de ella se llamaron *mexiti*. Este
nombre tomaron ellos de su principal dios ó ídolo, el cual
tenia dos nombres, conviene á saber, *Vitzilipuchtli* y el otro
Mexiti, y de este *Mexiti* se llamaron *mexiti*, ca al sitio é pueblo pusieron nombre *Tenuchtitlan*, porque allí hallaron que
salia de una piedra un árbol con su fruta *nuchtli*, y á la piedra
llaman *tetl*, ansí que se dirá « fruta que sale de piedra ». Despues, andado el tiempo y multiplicados los vecinos, hízose esta
ciudad dos barrios ó dos cibdades : al más principal barrio
llamaron México, y á los moradores *mexica*, en plural. Estos
mexicanos fueron en esta tierra como los romanos otro tiempo. En el barrio llamado México residia el gran señor de esta
tierra, que se decia *Moteczuma*, y nombrado con más cortesia
y mejor crianza dicen *Moteczuma* (*Moteczumatzin*) que quiere
decir hombre que está enojado ó grave. Aquí en esta parte,
como más principal, fundaron los españoles su cibdad, y este
solo barrio es muy grande, é tambien hay en él muchas casas
de indios, aunque fuera de la traza de los españoles.

Al otro barrio llaman *Tlatilulco*, que quiere decir « isleta »,
porque allí estaba un pedazo de tierra más alto y más seco que
los otros, ca eran manantiales y carrizales. Todo este barrio

está poblado de indios : son muchas las casas, y muchos más los moradores. En cada cibdad de estas ó barrio HAY una muy grande plaza donde se hace mercado é feria cada dia, y se ayuntan muy gran número de gente á comprar y vender, y en estos mercados, que los indios llaman *tiánquiztli*, se venden todas cuantas cosas hay en la tierra, desde oro y plata hasta cañas y hornija. Ahora los indios dicen y nombran S. Francisco, al barrio de México, porque fué la primera iglesia de esta ciudad y de toda la Nueva España, y porque DE allí les salió la doctrina y enseñanza de la fe : al otro barrio llaman Santiago de *Tlatilulco*, y aunque hay muchas iglesias, en esta parte Santiago ES el principal y la mayor, ca es una iglesia de tres naves, y la misa que le dice á los indios de la mañana cada dia se hinche de gente, y por de mañana que abran la puerta, ya los indios están esperando, porque como no tienen mucho que ataviarse ni que afeitarse, en esclareciendo tiran para la iglesia. Aquí en Santiago está el colegio de los indios, y frailes menores con ellos enseñándoles cristiandad y ciencia : llámase Santa Cruz. En toda esta tierra han tomado los indios costumbre de nombrar primero el santo que tienen en su principal iglesia, y despues el pueblo ; y ansí nombran Santa Maria de *Tlaxcalla*, San Miguel de *Huexucinco*, San Antonio de *Tezcuco*, &c.

Véase pasaje textual en Torquemada, I, 307. No piense nadie que me HE alargado en contar el blason de México, porque en la verdad muy brevemente he tocado una pequeña parte de lo mucho que se podia de ello decir y blasonar, porque creo que en toda nuestra Europa hay pocas cibdades que tengan tal asiento y tal comarca, tantos pueblos alrededor de sí y tan bien situados, y aun dudo si hay alguna tan buena y tan opulenta cosa como *Tenuchtitlan*, ó tan llena de gente. Ca tiene esta gran cibdad *Tenuchtitlan* de fronte de sí, á la parte de occidente (1), la laguna en medio, el pueblo de *Tezcuco* : habrá cuatro ó cinco leguas de atraviese, que la laguna tiene de ancho : de largo tiene ocho : esta es la salada : de bojo quince, ansí (casi) otro tanto torna (terná) la laguna

---

(1) Léase oriente. Debe ser del copista el error puesto que adelante habla el autor de la parte de occidente.

dulce. Esta cibdad de *Tezcuco* era la segunda cosa principal
de la tierra, y ansimismo el señor de ella era el segundo señor
de la tierra. Subjetaba quince provincias, hasta la provincia de
Tuzapan, que está á la costa del mar del norte, y ansi habia
en *Tezcuco* muy grandes edificios de templos del demonio é
muy gentiles casas é aposentos de señores insignes. Cosa fué
de ver las casas del señor principal, ansí la vieja con su huerta
cercada de más de mil cedros muy grandes y muy hermosos,
y estos hoy dia están los más en pié, aunque la casa mucho há
que está asolada : otra casa tiene que se podia aposentar en ella
un ejército, con muchos jardines é un muy grande estanque
por bajo de tierra solian entrar á él con acales ó barcas. Es tan
grande poblazon la de *Tezcuco*, que llega más de una legua y
media ó de dos en ancho, y mas de seis en largo, donde hay
muchas perroquias é innumerables moradores.

Véase pasaje textual en Torquemada I, 175 : difiere de éste mucho.

A la parte de occidente tiene México *Tenuchtitlan* una legua
la ciudad ó pueblo de *Tlacupan*, á do residia y moraba el tercero señor de la tierra. A este señor y pueblo estaban sujetas
diez provincias. Bien se podian llamar estos dos señores ya
dichos reyes, porque no les faltaba nada para lo ser.

A la parte de setentrion, ó del norte, á cuatro leguas de
Tenuchtitlan está el pueblo de *Quauhtitlan*, do residia el cuarto señor de la tierra, señor de muchos pueblos. Entre este
pueblo de *Caulitlitan* y México hay otros grandes pueblos,
que por causa de brevedad, por ser nombres extraños no los
nombro.

Tiene México á la parte de mediodia, á dos leguas, el pueblo
de *Coyouacan* : el señor de él era el quinto señor : esta sujetaba
muchos (1) que ganaron la cibdad de *Tenuchtitlan*, hasta que
tovieron edificado en México á do pudiesen habitar ; ca de la
conquista quedó todo lo más y mejor de México destruido.
Dos leguas más adelante, tambien hácia el mediodia,
que son cuatro de México, *la gracia* y (2) poblacion de *Xuchi-*

(1) Para completar el sentido se deben añadir aquí las siguientes palabras:
Vasallos : es pueblo muy fresco. Aquí estuvieron los Españoles después, etc.
Véase el Tratado III, capítulo vii de la *Historia de los Indios*, página 182.
(2) Debe decir : *está la gran*, etc. Véase la *Historia de los Indios*, en el
lugar citado.

milco, y de allí hácia do sale el sol están los pueblos que llaman de la laguna dulce y *Tlalmanalco* con su provincia de *Chalco*, do hay infinidad de gente. De la otra parte de *Tezcuco*, hácia el norte, está lo muy poblado de *Otumban*, é *Tepepulco* y *Cempuallan*.

El señor de *Azcapuzalco*, una legua ó poco más de México, fué gran señorío y sujetó muchos vasallos, y era de los principales señores. Estos pueblos ya dichos é otros muchos tiene *Tenuchtitlan* al derredor de sí, dentro de aquella corona de sierras, é otros muy muchos que están pasados los montes, ca por la parte más ancha de lo poblado hácia México á los de las aguas vertientes afuera hay seis leguas, y á todas las partes del rededor va muy poblada y muy hermosa tierra. Los señores de las provincias y principales pueblos eran como señores de salva ó de dictado, é sobre todos eran aquellos dos, conviene á saber, el de *Tezcuco* y el de *Tlacuban*, y estos, con todos los otros todo lo más del tiempo residian (1) y era muy tenido y en extremo obedecido. Celebraba sus fiestas con tanta solemnidad y triunfo, que estaban espantados los españoles de ver la cibdad y los templos, los pueblos de la redonda, el servicio del señor, y las fiestas que hacia, las casas de *Moteczuma* y de los otros señores, la solicitud y multitud de los servidores é la muchedumbre de la gente, que era como yerbas en los campos : como la reina de Saba maravillados, *non habebant ultra* spiritum ; estaban fuera de sí, é unos é otros decian : « ¿ Qué es aquesto que vemos ? ¿ Esta es ilusion ó encantamento ? ¿ Tan grandes cosas y tan admirables han estado tanto tiempo encubiertas á los hombres que pensaban tener noticia del mundo ? »

III. Reg, 10.
5.

Tenia *Moteczumatzin* en esta cibdad de todos los géneros de animales, ansí brutos y reptiles, como de aves, hasta las aves de agua que se mantienen de pescado y de las que se ceban de moscas, y para todas sus raciones y mantenimientos ; ca si este señor veia volando una ave que le agradase, mandábala tomar, é aquella mesma le traian ; é un español digno de fé vié

(1) También faltan aquí, para formar buen sentido, las palabras siguientes : *en México, y tenian corte á Moteuczoma, el cual se servia como rey,* etc. Véase la obra citada, página 183.

que le pareció bien un gavilan, ó para delante los españoles mostrar su grandeza, mandó que se le trajesen, y fué tanta la diligencia y los que tras él salieron, que el mesmo gavilan bravo le trajeron á las manos.

Ansimismo tenia muchos jardines y vergeles, y en estos sus aposentos. Tenia peñoles cercados de agua, y allí mucha caza é bosques y montañas cercadas, y con ellas muy frescos aposentos, muy barridos y limpios, ca de gente de servicio era como el mayor señor del mundo. Estaban tan limpias y tan barridas todas las calles y calzadas de esta gran cibdad, que no habia cosa en que tropezar, y por do quiera que salia *Moteczuma*, ansí en esta como por do habia de pasar, era tan barrido, y el suelo tan asentado y liso, que aunque la planta del pié fuera tan delicada como la de la mano, no recibiera detrimento el pié ninguno en andar descalzo. ¿ Pues qué diré de la limpieza de los templos del demonio, é sus grandes salas y patios? Las casas de *Moteczuma* y de los otros señores no solo estaban muy ensalzados y blancos (1), mas muy bruñidas y lucidas, y cada fiesta las renovaban.

Para entrar en su palacio, que ellos llaman *tecpan*, todos se descalzaban, y los que entraban á negociar con él habian de llevar mantas groseras ; y si eran grandes señores *en otro* (2) tiempo de frio, sobre las mantas buenas ponian una pobre encima y para hablarle, muy humillados sin levantar los ojos, y si él respondia *muy sumisa voz* (3), que apenas parecia mover los labios, y esto era pocas veces, ca las mas veces tenia cabe si quien respondiese, que eran algunos de sus continuos, que eran como secretarios ; y esto no solo en *Moteczuma*, pero en otros de los señores principales lo ví usar al principio, y esta gravedad tenian más los mayores señores. Lo que los señores hablaban al fin de las pláticas é principales razones era decir *con muy baja voz tlaa* (4) quiere decir « sí, bien ».

Torquemada
I, 205.

(1) Debe leerse *no solo estaban muy encaladas y blancas*, etc. Véase *Historia de los Indios*, página 184.

(2) Léase *ó en*, etc. *op. cit.*, pág. 184.

(3) Debe decir : *era con tan baja voz*, etc. *Op. et loc. cit.*

(4) Repongo el vocablo mexicano, que falta en estos *Memoriales* tomándolo de la *Historia de los Indios* (*loc. cit.*).

Cuando *Moteczuma* salia fuera de su palacio, salian muchos
señores y principales con él, y toda la gente que estaba en las
calles ó caminos le hacian profunda reverencia y acatamiento,
humillándose á él sin levantar los ojos á le mirar ; mas estaban
hasta que pasaba como frailes en Gloria Patri. Teníanle todos
sus vasallos, así grandes como chicos, gran reverencia y temor, que casi le adoraban, ca era severo y cruel en castigar.
Cuando el marques del Valle entró en la tierra, y preguntó á
un señor de una provincia lejos de México, y díjole que si reconocia algun señorio á *Moteczuma*, y él respondió : « ¿ Quién
hay que no sea vasallo y esclavo de *Moteczumatzin* ? ¿ Quién
tan grande señor señor (*sic*) como *Moteczumatzin* ? » Cuasi
quiso consentir que en toda la tierra no habia par suyo, ni aun
igual.

Tenia en su palacio enanos é corcobadillos, *ex industria*
siendo niños los hacian gibosos y quebrados, ca de estos se
servian los señores en esta tierra, como otro tiempo de eunu-
cos. Tenia *Moteczuma* águilas reales, que las de esta Nueva
España se pueden bien decir reales, ca son caudales y muy
grandes. Las jaulas en que estaban eran grandes, de unos
palos rollizos, gruesos como el muslo. Cuando el águila se allegaba á la red, ansí se desviaban de ella los que cerca estaban,
como DE una bestia fiera. Tiene muy fuertes presas : la mano
y los dedos tan grandes como de un hombre, y lo mesmo el
brazo : tiene muy gran cuerpo y el pico fiero : de sola una
comida come un gran gallo de papada, que tiene tanta carne
por dos pavones, y el mesmo gallo que digo, tiené más de pa-
von que de otra ave.

En esta tierra he tenido cierta noticia de grifos, en unas
sierras grandes que están cuatro ó cinco leguas de un pueblo
que se dice *Teoacan*, hácia el norte, y de allí bajaban á un valle
llamado *Ahuacatlan*, que es un valle entre dos sierras de muchos árboles que llaman *ahuacatl*. Aquí bajaban y llevábanse
los hombres á las altas sierras, y allá se los comian, hasta
que el valle se despobló de temor de tan fieras aves, que dicen
los indios que tenian las uñas como de hierro fortísimas. Lla-
mábanlos *quezalcuitlachtli* : este nombre viene de un animal
como leon y es lanudo, que el vello tira á pluma : son fieros :

tienen tan fuertes dientes, que los venados que toman comen hasta los huesos. Este se dice *cuitlachtli*, y la sierra do los grifos andaban, hoy dia se llama *cuitlachtepetl* : más há de ochenta años que de ellos no hay noticia. Despues que supe de estos grifos, entendí la divisa y pintura que he visto en algunos escudos y armas de algunos señores de esta tierra, que tienen en sus escudos una ave grande que lleva en las uñas volando un ciervo, por la cual figura y pintura podriamos sospechar que tambien en aquella tierra ovo grifos, y que los señores antecesores de estos pelearon y mataron algunos y los tomaron por armas, ó los ovo en sus tierras, y los vian llevar los ciervos volando.

Tornemos al propósito de *Tenuchtitlán* y de sus fundadores é fundamento. Los fundadores fueron extranjeros, ca los que estaban en la tierra llámanse *chichimecas é otomís*, y estos no tenian ídolos, ni casa de piedra ni de adobes, sino chozas pajizas : manteníanse de caza, no todas veces asada, sino cruda ó seca al sol. Comian alguna poca de fruta y raices y yerbas : carecian de muchas cosas, é vivian brutalmente.

Fueron los mexicanos en esta tierra como agora son é han sido todos los españoles, ca se aseñorearon de la tierra, no de la manera de los españoles ni tan en breve tiempo sino poco á poco ; é como los españoles han traido tras sí muchas cosas de las de España, ansí como caballos, vacas, ganados, vestidos, aves, trigo, plantas é muchos generos de semillas, ansí de flores como de hortalezas, &c., bien ansí en su manera los mexicanos é los de *Culhua* trajeron muchas cosas que antes no las habia, y enriquecieron esta tierra con su industria y diligencia, desmontáronla y cultiváronla, que antes estaba hecha montaña, y los que antes la habitaban vivian como salvajes.

Los mexicanos trajeron los ídolos, los trajes de vestir y calzar, el maiz y algunas aves : comenzaron los edificios, ansí de adobes como de piedra, é hoy dia casí todos los canteros son de *Tenuchtitlan* ó de *Tezcuco*, y estos salen á edificar por toda la tierra, como en Castilla todos los más son vizcainos é montañeses. Hay entre los indios cuasi todos los oficios, é de todos inventores los mexicanos, los de *Culhua*.

CAPÍTULO 54

CUÁNDO SE FUNDÓ MÉXICO, Y EN EL SENTIDO ALEGÓRICO QUIÉN LA
FUNDÓ, Y MUY GRANDES MALES QUE EN ELLA HABIA EN TIEMPO DE
SU INFIDELIDAD, Y AGORA CONVERTIDO EN BIENES ; Y CÓMO FUÉ LA
MAS FUERTE COSA DE LA TIERRA.

Entraron en esta tierra los mexicanos, segun se halla por
sus libros ó memoriales que de figuras tenian : eran libros
muy de ver, muy bien pintados, de figuras é caractéres, en
los cuales tenian memoria de sus antiguallas, asi como linajes, guerras, vencimientos é otras muchas memorias ; por los
cuales libros se halla que los mexicanos vinieron á esta Nueva
España, contando hasta este presente año de mil y quinientos
y cuarenta, cuatrocientos é cuarenta é ocho años, é há que se
edificó *Tenuchtitlan* doscientos y cuarenta años.

1540.
1092.
1300.

A do fundaron esta gran cibdad de *Tenuchtitlan* hallaron
que de una piedra salia un árbol que se dice *nopal*, y su fruta
llaman *nuchtli*, y en la composicion piérdonse algunas letras,
de cada nombre, y el vocablo queda en *Tenuchtitlan*, que
quiere decir.« fruta que nace de piedra ». Ya dije arriba cómo
esta fruta está colorada como sangre, y que en este árbol se
hace la grana fina y muy colorada, de manera que esta cibdad
la podriamos llamar cibdad de piedra y sangre, y ansí fué que
aquí se levantaron los mayores edificios y de más arte que en
toda esta tierra ; é aquí se derramó más sangre, sacada y ver-
tida, que en toda la tierra, no á hierro ni cuchillo, sino con piedra y sobre piedra, ca encima de una gran piedra ponian los
que habian de sacrificar, y con otro cuchillo de piedra le abrian
el pecho y le sacaban el corazon ; y tambien los que se sacrificaban de la lengua, orejas é de otras diversas partes del cuerpo, eran con navajuelas de piedra. Aquí comenzaron los ídolos, y de aquí salieron para las otras partes. Aquí comenzaron
á llamar al demonio pública y solemnemente.

Hasta hoy no se ha podido averiguar, ni de cierto saber de
dónde vinieron ó trajeron origen estos mexicanos. Lo que por

más cierto se tuvo algun tiempo fué que habian venido de un pueblo que se dice *Teoculhuacan*, y los españoles nombran *Culiacan*, y por eso los quisieron llamar mexicanos de *Culhua*. Hay de México á esta cibdad ó pueblo doscientas y veinte leguas. Despues que este pueblo de *Teoculhuacan* se descubrió é conquistó, hallóse ser de otra lengua muy extraña de la de los mexicanos ; y demas de la lengua ser otra, tampoco en ella ovo memoria por do se creyese haber salido los mexicanos de *Teoculhuacan*. La lengua de los mexicanos es de *nahuales*, y la mesma es la de los de *Culhua*.

México, en el tiempo de *Moteczuma* y cuando los españoles vinieron, estaba muy cercada de agua ; y desde el año, de mil é quinientos é veinte y cuatro siempre ha ido menguando. Entonces por solas tres calzadas podian entrar á México : por la una, que es al poniente, salian á tierra firme á media legua, ca de esta parte está México cercana á tierra ; por las otras dos calzadas, que son al mediodia y al norte, por la que está al mediodia habrá de ir cerca de dos leguas, y por la otra del norte una legua hasta salir á tierra firme : de la parte de oriente no hay calzada, mas está cercada de agua. Estaba México bien ordenada y muy fuerte, ca tenia unas calles de agua anchas y otras calles de casas : una calle de casas y otra de agua. En la acera de casas pasaba ó iba por medio un callejon ó calle angosta, á la cual salian las puertas de las casas ; por las calles de agua iban muchas puentes que atravesaban de una parte á otra. Demás de esto tenia sus plazas y patios delante los templos del demonio y de las casas del señor. Habia en México muy muchos acales ó barcas para servicio de las casas, é otras muchas de tratantes que venian con bastimentos á la ciudad ; y todos los pueblos de la redonda están llenos de barcas, que nunca cesan de entrar y salir á la cibdad, que eran innumerables. En las calzadas habia puentes que fácilmente se podian alzar, y para guardarse de la parte del agua eran los acales que digo, que eran sin cuento, ca hervian por el agua y por las calles. Los moradores y gente eran innumerables. Tenian por fortaleza los templos del demonio y las casas de *Moteczuma*, señor principal, con las de los otros : ca todos los señores sujetos á México tenian casa en ella, en la cual resi-

1524.

dian mucho tiempo ; por gran señor que fuese, holgaba de tener palacio á *Moteczuma* : y si de esto algun señor tenia exencion, era solo el de *Tezcuco*. Para indios no era poca ni mala su monicion, porque tenian llenas muchas casas de varas con sus puntas de pedernal ó de hueso, y muchos arcos y frechas, y sus espadas largas de palo recio enjeridas de pedernales acutísimos, que de una cuchillada, llevaban á cércen el pescuezo de un caballo, y de estos mesmos pedernales tenian unos como lanzones, y hondas ; que cuando comenzaban á disparar las hondas y frechas y varas parecia lluvia ; tan espesas venian. Y ansí fuerte esta cibdad, parecia no bastar poder humano para tomarla. Era cabeza y señora de toda la tierra, y el señor de ella *Moteczuma* gloriábase en su silla y en la muchedumbre de sus vasallos y en la fortaleza de su cibdad, como otro *Arphazad* en el poderio de su gente y en la fortaleza de su cibdad Ecbatanis : *Gloriabatur quasi potens in potentia exercitus sui et in gloria civitatis suæ.* Desde aquí enviaba sus mensajeros por toda la tierra, y eran muy obedecidos y servidos : otros de lejos, oida su potencia y fama, venian presentes á darle su obediencia ; mas contra los que se revelaban ó no obedecian á sus capitanes, que por muchas partes enviaba, como otro Nabucodonosor rey de los asirios, mostrábase muy severo vengador.

Jud. I, 4.

Nunca se habia conocido en esta tierra señor tan tenido y obedecido como *Moteczuma*, ni nadie ansí habia ennoblecido é fortalecido á México como esto señor, ca la tenia tan fuerte, que de ella se podia decir lo que de Jerusalen : *Non crediderunt reges terræ et universi habitatores orbis, quoniam ingrederetur hostis et inimicus per portas Jerusalem.* Nunca pensó *Moteczuma*, ni ningun otro señor de los naturales pudieron creer que oviera bastante poderio para tomar á México, y con esta confianza recibieron en México á los españoles y los dejaron entrar de paz, diciendo : « Cuando los quisiéremos echar de la ciudad y de nuestra tierra, los echarémos ; y cuando los quisiéremos matar los matarémos : que en nuestra mano y querer será. » Pero Dios entregó la gran cibdad por los muy grandes pecados que en ella habia y se hacian ; y tambien es de notar la industria y ardid inaudito que el marqués del Valle

Thren. IV, 12.

tuvo en hacer los bergantines para tomar á México, ca sin ellos
parecia cosa imposible tomarse, segun estaba fortalecida.
Ciertamente esto que digo, y la determinacion é animo que
tuvo en echar los navios al traves cuando desembarcó en esta
tierra, y despues cuando le echaron de México y salió desba-
rato (1), y esos pocos compañeros que le quedaron todos heridos, no tornar ni arrostrar á la costa por mucho que se lo
requerian, y como se ovo sagaz y esforzadamente en toda la
conquista de esta Nueva España : cosas son para poner en el
paño de la fama.

CAPÍTULO 55 (2).

DE LAS SEÑALES PRENÓSTICOS QUE EL SEÑOR DE MÉXICO Y LOS
NATURALES TOVIERON ANTES DE LA DESTRUICION DE MÉXICO.

Véase Sua-
rez Peralta,
Noticias his-
tóricas de
Nueva Espa-
ña, página 92.

La experiencia nos enseña, y la Escritura sagrada lo aprue-
ba, que cuando alguna gran tribulacion ha de venir, ó Dios
quiere mostrar alguna cosa notable, primero muestra Dios
algunas señales en el cielo ó en la tierra, demostrativas de la
tribulacion venidera : y estas cosas quiere Dios mostrar en su
misericordia para que las gentes se aparejen, y con buenas
obras y enmienda de las vidas revoquen la sentencia que la
justicia de Dios contra ellos quiere ejecutar. Y de aquí es que
comunmente, antes de las mortandades y pestilencias suelen
aparecer cometas, é antes de las grandes hambres anteceden
terremotos ó tempestades, é antes de las destruiciones de los
reinos y provincias, aparecen terribles visiones ; y ansí leemos
que en tiempo de Antioco, antes de la destruicion de Jerusalen y del templo, por espacio de cuarenta dias fueron vistos
por el aire caballos que discurrian y gentes armadas con lan-
zas, y reales y escuadrones de gentes, é otras muchas cosas,
como en el dicho capítulo parece.

(1) *Desbaratado*, dice la *Historia de los Indios*, página 188, línea última.
(2) El Sr. Troncoso da principio aquí á la *Tercera parte* (véanse las *Advertencias*).

Bien ansí aconteció que antes de la destruicion de México, de la conquista de esta Nueva España, antes que los cristianos entrasen en esta tierra fueron vistas en el aire gentes que parecian pelear unas contra otras, y de esta señal, nunca vista en esta tierra, los indios quedaron muy maravillados.

Véase página 155.

*Cuando ya los españoles venian por la mar para entrar en esta tierra de *Andhuac*, entre otros que tenian presos para sacrificar en el barrio de *Tenuchtitlan* que se llama *Tlatelulco* estaba un indio, el cual debia de ser hombre de simplicidad y que vivia en ley de naturaleza sin ofensa, ca de estos hay algunos que no saben sino obedecer lo que les mandan, y estarse al rincon y vivir sin ningun perjuicio. Este indio que digo, sabiendo que le habian de sacrificar presto, llamaba en su corazon á Dios, y vino á el un mensajero del cielo, que los indios llamaron ave del cielo, porque traia diadema, y despues que han visto los indios como pintamos los ángeles, dicen que era de aquella manera. Este ángel dijo á aquel indio : « Ten esfuerzo y confianza : no temas, que Dios del cielo habrá de tí misericordia ; y dí á estos que agora sacrifican y derraman sangre, que muy presto cesará el sacrificar y el derramamiento de sangre humana, y que ya vienen los que han de mandar y enseñorearse en la tierra.&c»; y este dijo estas cosas á los indios del *Tlatelulco*, y las notaron, y este indio murió llamando á Dios del cielo, y fué sacrificado á do agora está la horca en el *Tlatelulco*, en medio del mercado.

Véase página 155.

*En este mesmo tiempo dicen los indios de México y de *Tezcuco*, que hácia el oriente vieron muchos dias, dos horas antes que amaneciese, que se levantaba una claridad de sobre la mar, por do los cristianos, despues vinieron, y aquel resplandor claro subia un buen rato en alto y desaparecia, y desde á una hora ó dos amanecia, y que aquella claridad no era la del alba, sino antes. Hácia esta mesma parte de Oriente vieron unas como llamas de fuego : otros vieron un gran humo que subia de la mar al cielo, y de tanta cantidad y calidad, que los ponia grande admiracion y espanto.

No se pasaban estas cosas sin mucho miramiento de los indios, en especial de los señores, y principalmente de *Moteczuma*, señor de México, ca se decia y platicaba entre los indios, que *Moteczuma* tenia prenósticos y señales de la venida de otras gentes que se habian de enseñorear de esta tierra, y que su venida seria del oriente, y la gente habia de ser, como lo fué de hecho, blanca y barbuda. Tambien se platicaba que *Moteczuma* TENIA del oráculo de los dioses respuestas, que en él se acababan los señores mexicanos, y que no le sucediera (sucederia) hijo señor natural en señorio de la Nueva España, mas que en él se acababa ; y aunque ya pasaba el término y tiempo que los dioses le habian dicho que habia de reinar, porque él habia entendido que á los ocho AÑOS de su reinado habia de haber fin su señorio y reino, diez y siete años é andaba en diez y ocho cuando murió.

En este medio tiempo trujeron á *Moteczumatzin* una caja de ropa de españoles, que debió ser de algun navio que dió al través en la mar del norte, en la cual hallaron una espada é ciertos anillos, y otras joyas y ropa de vestir ; é *Moteczuma* dió ciertas joyas de estas á los señores de *Tezcuco* y de *Tlacuba*, é porque no se alterasen, díjoles, que sus antepasados las habian dejado encubiertas é muy guardadas, y que ellos las toviesen en mucha reverencia.

(1) *Pocos años antes que los españoles entrasen en esta tierra, viniendo *Moteczuma* de una batalla con victoria, muy ufano y favorecido, dijo al señor de *Coyuacan*, llamado N., que era uno de los principales señores de su tierra : « Pues que agora habemos sujetado la provincia de *Xocomulco*, y vencido tales y tales provincias y pueblos, y los señores de ellas puéstolos so la obediencia de México, bien puedo decir que tiene agora México cimientos y cerca de hierro ; » como quien dice, ya no basta poderio ni fortaleza para ofender y para se defender de México. Respondióle aquel señor N. : « Señor mio, un hierro con otro SE quebranta y vence ». Esta respuesta más pareció profecia que no respuesta de indio vasallo de *Moteczuma*, ca los suyos le tenian mucha reverencia y muy gran temor, y tambien porque bien mirado, bien veia aquel, que por todas estas tierras y comarcas no habia poder que bastase

(1) Los tres asuntos marcados con asterisco vienen tratados por Suarez de Peralta en el capítulo XI de su obra. Allí mismo (página 92) habla del libro de Motolinia, con referencia à su 3ª parte aunque sin mencionar capítulo.

Á ofender á México, sino que realmente pareció respuesta sobre su juicio y sobre todo sentimiento natural, y ansí se cumplió, ca dende á poco tiempo vinieron los españoles, y con el poco fuerte hierro de las armas que trajeron, vencieron á México y la pusieron por tierra, los cuales si de algun metal usaban era oro ó cobre y estaño. Enojado *Moteczuma* de la tal respuesta, no le miraba como antes ; y como el marqués del Valle desde á poco tiempo toviese á *Cuyoacan* (1), platicando sobre las palabras de la respuesta, maravillados veian cómo se habian cumplido las palabras que parecian ser dichas contra toda razon, y con sobrado atrevimiento.

CAPÍTULO 56

EN QUE DELARA ALGUNAS COSAS PRECIOSAS QUE HAY EN ESTOS MONTES, COMO ORO Y PLATA Y TODOS LOS OTROS METALES, CACAO, ALGODON, PIMIENTA, LIQUIDÁMBAR, BÁLSAMO, PALMAS, CAÑAS DE AZÚCAR, CAÑAFÍSTOLA, RUIPONCE, GRANA, COLORES, MORALES, SEDA, MIEL, &c.

Algunas veces tuve pensamiento de escribir y decir algo de las cosas que hay en esta Nueva España, naturales, y de las que han venido de Castilla cómo se han hecho en esta tierra, é veo que aun por falta de tiempo estaba remendado, y no puedo bien salir con mi intento en lo encomenzado, que muchas veces me cortan el hilo la necesidad y caridad del prójimo, con quien soy compelido condescender y consolar cada hora ; mas ya que comencé, razon hay de tornar á decir algo de estos montes, que dije ser grandes y ricos. De la grandeza ya está dicho. De su riqueza, en ellos y en los rios que de ellos salen hay mucho oro y plata, é todos los otros metales, y piedras de

(1) Aquí falta algo para el perfecto sentido. Guiándome por la edición de la « Cronica » de Gomara que hizo González Barcia (donde está el mismo pasaje con variantes), me veo inclinado á restablecer el texto así : « como el marqués del Valle desde á poco tiempo toviese PRESOS Á MOTEZUMA Y AL SEÑOR DE Cuyoacan, etc. ».

muchas maneras, en especial turquesas, y otras que se dicen
chalchihuitl, las finas de estas son esmeraldas. En la costa de
estos montes está la isla de las Perlas, aunque lejos. Y pastel,
que la semilla se trajo de Europa, y entre estos montes se hace
en extremo muy bueno, y se coge más veces y de más paños
que en ninguna parte de Europa. Hay mucho brasil, y bueno.

La tierra que alcanzan estas montañas, en especial lo que
llaman Nueva España, ó hasta el Golfo Dulce, cierto es precio-
sísima, y MAS si la ovieran plantado de plantas, que en ella se
harian y las producieran muy bien : ansimismo olivares, viñas, que estos montes hacen muchos valles, laderas ó quebradas, en que harian extremadas viñas ó olivares. En esta tierra
hay muchas zarzamoras : la fruta de ellas es más gruesa que
las de Castilla. Hay en muchas partes de estos montes parras
de las bravas, que sin las labrar ni cultivar se hacen muy gruesas, y de largas bástigas y sarmientos, cargando muchos ra-
cimos, y vienen hasta se hacer razonables, y   de las
cuales, demas de las comer verdes, hacen los españoles vino
y vinagre : vino poco ha sido. Dase en esta tierra mucho algodon y muy bueno : hay mucho cacao ; que la tierra á do se da
el cacao ha de ser muy buena : é porque este cacao es comida
y bebida y moneda de esta tierra, quiero decir qué cosa es y
cómo se cría.

El cacao es una fruta de un árbol mediano, el cual lo plantan
de su fruto, que son unas almendras casi como las de Castilla,
sino que lo bien granado es más grueso. En sembrándolo, ponen par de él otro árbol que crecen en alto y van haciendo
sombra, y este árbol es como madre del cacao : da su fruta en
unas mazorcas, señaladas sus tajadas como pequeños melones. Comunmente tiene cada mazorca de estas treinta granos ó almendras de cacao, poco más ó menos. Cómese verde,
DESDE que comienzan á cuajar las almendras, que es sabroso,
y tambien lo comen seco, y esto pocos granos y pocas veces ;
mas lo que generalmente de él se usa es para moneda, y corre
por toda esta tierra. Una carga tiene tres números, que los indios llaman *xiquipilli* : vale é suma este número ocho mil, ó
una carga son veinte y cuatro mil almendras cacaos. A do se
coge vale la carga cuatro ó cinco pesos : llevándolo la tierra

adentro va creciendo el precio, y tambien sube y abaja segun el año : ca en buen año multiplica mucho, y con grandes frios es causa de haber poco, que es muy delicado. Ansimesmo es general potu ó brevaje, ca molido y mezclado con maiz ó con otras semillas tambien molidas, sabe bien. En toda la tierra se usa, y en esto se gasta. En algunas partes lo hacen bien hecho : es bueno : tiénese por muy nuevo potu.

Torquemada,
2, 621. Aquí en estos montes se hallan árboles de pimienta : difieren de la de Malabar, que no requema tanto ni es tan fina, pero es pimienta natural más doncel que la otra. Tambien hay canela : la canela es más blanca y más gordilla. Hay muchas montañas de árboles de liquedámbar : son hermosos árboles y muchos de ellos muy altos : tiene la hoja como hoja de yedra : el licor que de ellos sacan se llama liquedambar : los indios lo llaman *xuchi* ó *cozotlh* (*xuchiocozotlh*) : es suave en olor y medicinable : es virtud y precioso entre los indios (1). Los indios de la Nueva España mézclanlo con su mesma corteza para lo cuajar, que no lo quieren líquido, y hacen unos panes envueltos en unas hojas grandes : usan de ello para olores, y tambien curan con ello algunas enfermedades.

Hay dos géneros de árboles de que sale y se hace el bálsamo : de ambos géneros mucha cantidad. Del un género de estos árboles, que se llama *xiloxochis* hacen el bálsamo los indios, y lo hacian antes que los españoles viniesen. Este de los indios es algo más odorífero, y no torna prieto como el que hacen los españoles ; y estos árboles se dan en las riberas de los rios que salen de estos montes hácia la mar. En esta tierra hay los mejores y mayor cantidad de alumbres que hasta hoy se ha oido ni visto, del norte y no á la otra banda, y lo mesmo es de los árboles que sacan el liquedambar y del que los españoles sacan el bálsamo, todos se dan á la parte del norte, aunque los árboles del liquedambar y del bálsamo de los españoles tambien se da en lo alto por los montes. Este bálsamo es precioso y curan y sanan con él muchas enfermedades. En pocas partes se hace : creo que porque aun no han conocido

(1) La *Historia de los Indios* dice (página 190) : « medicinable en virtud, y de precio entre los Indios ».

los árboles, en especial AQUEL *xiloxuchitl*, que creo es el mejor, porque ya lo han experimentado.

De género de palmas hay diez ó doce especies : yo las he visto todas. Estas que digo, algunas de ellas llevan dátiles : creo que si las curasen y adobasen serian buenos. Los indios, como son pobres, los comen, no se curan mucho de los curar : hállanlos buenos porque los comen con salsa de hambre. Hay cañafístolos bravos ; si los enjertasen serian buenos, pero como acá se hacen bien (1) los otros árboles de la cañafístola : este árbol plantaron en la Española los frailes menores primero que otra persona alguna, y acá en la Nueva España los mesmos frailes plantaron cuasi todos los frutales, é impusieron á los españoles á que plantasen, y les dieron planta, y enseñaron á muchos españoles á enjertar, é hay hoy dia é ha de haber muy hermosas huertas y heredades. Tambien se han hecho palmas de los dátiles que vienen de Castilla, y en muy breve tiempo han venido con fruta. Yo las puse en el monesterio de *Cuauhnauac*, y dentro de once años vinieron con fruta : no cuajaron los dátiles : creese que cuajarán el año que viene.

Hállase en estas montañas ruiponce, y algunos tienen que hay ruibarbo : esto aun no está averiguado : hay otras muchas raices é yerbas medicinables, con que los indios se curan de diversas enfermedades, y tienen experimentada su virtud.

Hay unos árboles medianos, y echan muchos erizos como los de las castañas, aunque no tan grandes ni tan ásperos, y dentro de grana colorada. Son los granos tan grandes como semilla de culantro. Esta grana mezclan los pintores con la otra que dije que es muy buena, que se llama *nocheztli ;* tambien hay esta buena de *nocheztli.*

Hay muchos morales y moreras : las moras que dan son más menudas que las de Castilla. Poco tiempo ha que se dan á criar seda : dase muy bien y en menos tiempo que en Europa se hace. Hay mucho aparejo para criar mucha cantidad an-

(1) La *Historia de los Indios* trae la variante que sigue: « porque acá se hacen bien, etc. » (página 191).

dano el tiempo : aunque comienzan agora, personas hay
que hacen (1)   libras de seda ; y aun me dicen que hay
persona que en este año de mil y quinientos y cuarenta saca-
rá mil libras de seda : acá se ha teñido alguna y sube en fineza,
y metida en colorada (2) no desdice por la fineza de las colores.
Las mejores colores de esta tierra son colorado y azul y amarillo : el amarillo que es de peña digo que es el bueno. Muchas colores hacen los indios de flores, y cuando los pintores
quieren mudar el pincel de una color en otra, con la boca lim-
pian el pincel, por ser las colores de flores.

Hay en estas montañas mucha cera y miel, en especial en
Campech dicen que hay tanta miel y cera y tan buena como
en Zafi, que es en África. A este *Campech* llamaron los españoles al principio, cuando esta tierra se descubrió, *Yucatan*, y
de este nombre se llamó esta Nueva España, y más delante
otras tierras *Yucatan*, y tal nombre no se hallará en toda esta
tierra, sino que los españoles se engañaron cuando allí allegaron, y hablaron con los indios de aquella costa : á lo que los
españoles preguntaban, los indios respondian *tretetan*, que
quiere decir « no te entiendo » : los cristianos, corrompiendo
el vocablo y la significacion, dijeron : « *Yucatan* se llama ; »
y lo mismo fué al cabo que allí hace la tierra : llamáronle cabo
de *Cotoch*, *ex cotoch* en aquella lengua, que quiere decir
« casa ».

Tienen estos montes en sí tres calidades y diferencias de
tierra : en el medio es templada : en las cumbres es fria, pero
no tanto que se cubra de nieve, si no es en unas sierras altas
que se hacen cerca del camino que va de la Veracruz para
México : en algunas otras partes de sierras algun poquillo en
años muy frios. En esto alto hay pinales, y la madera en extremo buena y hermosa, que cuando LA labran parece madera
de naranjo ó de boj. De lo alto bajando hácia la costa del norte
es muy fresca é muy fertil, é lo mas del año ó llueve ó
mollina, y en lo alto de las sierras hay nieblas muy continuas. Hay muchos géneros de árboles : su virtud aun muy

(1) El manuscrito tiene aquí un hueco. En la *Historia de los Indios*, página 192,
se lee : « hay personas que sacan trescientas y cuatrocientas libras, etc.»,
(2) Dice la *Historia de los Indios* (página 192) : « metida en la colada, etc. ».

incógnita, y como son de diversos géneros, hacen las más
hermosas y frescas montañas del mundo. Es muy propia tierra para ermitaños é contemplativos, y aun creo que los vivi-
ENTES (1) antes de mucho tiempo han de ver que como esta
tierra fué otra Egipto en idolatrias é tinieblas de pecados, é
despues floreció en gran santidad, bien ansí estas montañas
y tierra ha de florecer y haber ermitaños é penitentes y contemplativos ; y aun de esto que digo agora, no falta muestra
de ello, á los hombres ocultada, y á Dios manifiesta. Y noten
los que vivieren, y miremos cómo la fe y cristiandad ha venido
desde Asia, que es en oriente, á parar en los fines de Europa,
que es nuestra España, y de allí se viene á más andar á esta
tierra de occidente. ¿ Por aventura, estórbarlo ha la mar ? No
por cierto, que la mar no hace division ni apartamiento á la
voluntad y querer del que hizo la mar. ¿ No allegará la fe y gracia de Dios á do llegan las naos ? Sí, y muy más adelante. ¿ De-
jarán por aventura los siervos de Dios de anunciar y predicar
su palabra á todas las gentes y en toda la grande Yglesia de
Dios ? No, ca escrito está : *Annuntiavi justitiam tuam in eccle-* Ps. XXXIX,
sia magna. Preguntarás qué tan grande es su Yglesia : dígote 10.
que *a solis ortu usque ad occasum*, desde oriente hasta occi- Ps. XLIX, 1;
dente ; y en toda esta grande Yglesia de Dios es y ha de ser el CXII, 3.
nombre de Dios loado y glorificado ; y como floreció en el
principio la Yglesia EN oriente, que es principio del mundo,
bien ansí agora en el fin de los siglos ha de florecer en occidente, que es fin del mundo.

Por aliviar el fastidio de lo historial, algunas veces conver-
ná salir á lo moral ó espiritual ó figurativo. Pues tornando á
nuestra materia, lo ya dicho é otras muchas cosas se hallan
aguas vertientes de estas montañas á la costa del norte. Yo Torquemada
he notado y visto por experiencia que las montañas y tierra 2, 611.
que está hácia el norte y goza de este viento aquilon, está más
fresca y más fructífera. La tierra adentro, hácia la parte del
sur y poniente en estos mismos montes es tierra seca, y no
llueve sino cuando es el tiempo de las aguas, y aun muy menos
que en las otras partes de esta Nueva España ; y ansí es muy

(1) En el manuscrito hay aquí un hueco. La *Historia de los Indios*
(página 193), dice así: « y aun creo que los que vinieren, etc. ».

11

grande la diferencia que hay de la una parte á la otra : ca puesto uno en la cumbre de estos montes de la parte del norte, como ya está dicho que lo más del año llueve ó mullina ó niebla tiene cubiertas las sierras, y de la otra parte, un tiro de ballesta, poco más, está lo más del tiempo seco, onde en muy poco espacio hay dos muy grandes extremos.

En esta parte seca se hallan árboles diferentes de los de la otra parte, como es el *aguayacan*, que es un árbol con que se curan los que tienen mal de bubas ó dolores ; é agora, de poco tiempo acá, han hallado una zarzaparilla, y con la agua de esta se han curado muchos y sanado de la mesma enfermedad : de esta tambien hay mucha. Hay otros árboles que se dice *copalquahuitl*, el cual punzado da de sí un licor, y en saliendo se cuaja, y queda hecho unos panes como jibias blancas y trasparentes : de este se ofrecia al demonio, y era muy comun ofrenda, y tratábase mucho : parece género de incienso : algunos le llaman mirra probatísima : mezclada con aceite se hace muy buena trementina. Hay árboles que llevan goma arábiga : llámanla los indios *mizquicopalli*.

Hállase tambien otro *copalli* que á juicio de los que lo ven lo tienen por natural encienso. Muy poco diflere de lo que viene de Castilla : es algo más duro lo que viene de Castilla. Si este que digo estuviese al hielo ó al frio, pienso que no habria diferencia, ca él se da en tierra caliente, y como antes los indios lo tenian en poco, y de poeos españoles es conocido, creo que desque sea conocido, que han de hacer por él : llámase *xotochcopalli* (1), que quiere decir *copalli* ó incienso en grano arrugado. Tornando al propósito, entre otras frutas que hay en estos montes y en toda la Nueva España, es una que llaman *auacatl* : en el árbol parece y ansí están colgando como grandes brevas, aunque en el sabor tiran á piñones : á estos *aucatles* hay cuatro ó cinco diferencias : los comunes y generales por toda esta tierra, y que los hay todo el año, son los ya dichos como brevas : otros hay grandes como muy grandes peras, y son tan buenos, que creo es la mejor fruta de la Nueva España en sabor y en virtud : otros hay aun mayores, como

(1) Debe ser el *xolochcopalli* ó copal rugoso.

calabazas pequeñas, y estos son de dos maneras ; los unos tienen más carne y son buenos. Todos estos géneros de grandes
se dan en tierra bien caliente. Otros hay bien pequeñitos, poco
mas que aceitunas cordobesas ; y de este nombre pusieron los
indios á las aceitunas. De esta fruta se abstenian los indios en
sus ayunos, por ser fruta de sustancia : digo de todos estos
géneros comen los perros y los gatos mejor que gallina guisada : ca yo he visto que despues de harto de gallina dar al
perro *auacatles* y comerlos, y á la gallina no querian arrostrar. El árbol es grande como grandes perales ; la hoja ancha
y muy verde : huele muy bien, es buena para agua de piernas,
y mejor para afeitar : en ningun tiempo pierde la hoja. De
esta fruta se ha hecho aceite y sale muy bueno, ansí para comer como para arder. Esta es fruta tan sana, que se da á los
enfermos.

De esta parte que digo hay un género de árboles que llaman
tepemizqui quahuitl (*tepemizquiquahuitl*), y á la fruta llaman
tepemizquitl. Son árboles grandes, ni mas ni menos que
de bien dulces, aunque tiene una poca de leche que se apega
á las encias, y comiendo muchas da un poco de pena : hacen
pasa de ellas, y es como pasa de ciruelas. La flor que echa un
año viene fruta al otro año, que es un año entero y más tarda
en formar y madurar la fruta : cargan mucho los árboles, y
no los hay en muchas partes de la Nueva España : á do son
los más es en el valle de *Touocan*. Todo el año tiene hoja el
árbol, y en este valle hay muchos : es fruta y árbol de tierra
más caliente que fria. Hay un otro árbol en toda la tierra caliente de esta Nueva España, que se llama *tezonzapó quahuitl*
(*tezonzapoquahuitl*), y á la fruta llaman *tezonzapotl* : los
españoles los llaman mameyes, que es nombre de las islas :
estos tardan en formar y madurar la fruta dos años, y algunas
los árboles son mayores que nogales : la fruta es grande como
una mazorca, y de dentro colorada : córtanla á la larga como
tajada de melones : los buenos parece y sabe como una conserva : en tierra caliente hay muchos, porque los árboles son
grandes y llevan mucha fruta, y por todas partes corre esta
fruta.

Hay sierras de yeso muy bueno, en especial en un pueblo

que se dice *Cozcatlan*. En toda la tierra lo hay, pero es piedra
blanca, que los indios llaman *tizatl*, ó ya se ha hecho, ó sale
bueno ; pero esto que digo es de los despojos (lo de espejos)
muy mucho y muy bueno. Hay tambien fuentes de sal viva,
que es muy de ver los manantiales blancos, y están siempre
haciendo unas venas muy blancas, que sacada el agua y echada en unas eras pequeñas encaladas, y dándoles el sol, en
breve se vuelven en sal.

Porque seria nunca acabar si oviese de explicar é patentizar
las cosas que en estos montes hay, digo que en la costa, que
es tierra caliente conforme á las islas, aquí se hallan todas las
cosas que hay en la Española y en las otras islas, é otras muchas que allá no hay, ansí de las naturales como de las traidas
de Castilla : que aunque es verdad que no se han acá criado
tantos cañafístolos ni caña de azúcar, pero podrianse criar y
mucho más que allá, porque demás de algunos ingenios que
hay hechos, los indios son tan amigos de cañas de azúcar para
las comer en caña, que han plantado muchas y se dan muy
bien, y los indios mejor á ellas, y las venden en sus mercados
como fruta de todo el año. En la tierra adentro, lo que ella en
sí tenia y en lo que se ha traido de España, y ella en sí es ca-
paz de producir y criar, tiene aparejo para fructificar todo lo
que hay en Asia, Europa é Africa, para lo cual se puede llamar
otro nuevo mundo. Lo que esta tierra ruega á Dios es que dé
mucha vida á su rey, y muchos hijos para que le dé un infante
que la ennoblezca y prospere, ansí en lo espiritual como en lo
temporal, ca en esto la vanidad (1), porque una tierra tan
grande y tan remota no se puede bien gobernar de tan lejos, ni
una cosa tan divisa de Castilla ni tan apartada no puede perseverar sin padecer gran desolacion é ir cada dia de caida por no
tener consigo á su rey y cabeza ; é pues Alejandro Magno divi-
dió é repartió su imperio con sus amigos, no es mucho que
nuestro rey parta con hijos, haciendo en ello merced, á sus
hijos y vasallos.

(1) La *Historia de los Indios* (página 196) dice aquí : « porque en esto le
va la vida, etc. »

CAPÍTULO 57

D<small>E LA ABUNDANCIA DEL AGUA, ANSÍ FUENTES COMO RIOS, QUE HAY EN
ESTOS MONTES, ESPECIAL DOS MUY NOTABLES FUENTES ; É DE OTRAS
PARTICULARIDADES É CALIDADES DE ESTOS MONTES ; É COMO LOS
TIGRES É LEONES HAN MUERTO MUCHA GENTE ; Y DE LOS PELIGROS
Y TRABAJOS QUE EN ELLOS SE PADECEN.</small>

La mayor necesidad que la tierra tiene, y lo que la hace ser
buena, es tener agua : ca está tan amiga la tierra del agua, é
cáusale tanto provecho, que de la mala tierra hace buena, y de
la buena muy mejor ; porque la tierra, si es barrial ó tierra
gruesa, sin agua hácese muy seca y ábrese toda en grietas ;
y si es tierra delgada y flaca, sin agua vuélvese en polvo ó co-
mo ceniza : y ansi lo sentia el profeta cuando decia : *Anima* <small>P*s*. CXLII.</small>
mea sicut terra sine aqua tibi. Ansí es nuestra ánima cuando <small>6.</small>
estos indios como la tierra sin agua, lo cual no es esta de estos
montes (1), ansí de la que llueve del cielo, de la cual muy á
menudo es regada, como de fuentes y manantiales, ca de todo
es muy abundantísima, digo á la parte del norte y mediodia,
ca son tantos los arroyos é rios que por todas partes corren
de estos montes, que en la verdad me aconteció en espacio
de dos leguas contar veinticinco rios y arroyos ; y esto no fué <small>Torquemada,</small>
contado la tierra que más aguas tenia, mas yendo por ella <small>2-612.</small>
andando dije : quiero contar las aguas que hay en estas dos
leguas que se siguen, para dar testimonio de la verdad, é hallé
como digo veinticinco arroyos é rios ; ó por otras muchas partes de estos montes se hallará esto que digo ó más ; ca es tierra
muy doblada.

Hay en toda esta Nueva España muy grandes é muy hermosas fuentes tan grandes como luego nacen (2), de una fuen-

(1) No hay sentido en lo que corre desde el principio de la cláusula: con
la *Historia de los Indios* (página 196) puede restablecerse el pasaje desde la
primera coma, así : « de la cual (agua) hay mucha en estos montes, etc. »

(2) Dice así la *Historia de los Indios* (página 197): « tan grandes, que luego
como nacen, etc. »

te se hacen un rio, y esto que digo en muchas partes lo he vis-

Torquemada, 2, 612 (textual).
to. E dejadas muchas aparte, dos me parecen dignas de memoria, á gloria del Señor que las crió, porque todos los españoles que las han visto, les ha sido mucha materia de alabar y bendecir á Dios que tal crió, y dicen y confiesan no haber visto semejante cosa en todas las partidas que han andado : ambas nacen al pié de estos montes, y son de muy gentil agua y muy clara.

La una llaman los españoles fuente de *Auicilapan* (1), porque nace en un pueblo ansí llamado *Auicilapan*, aunque su propio nombre es *Atlizcat* (2), que en nuestra lengua quiere decir « agua blanca », y con grande y buena propiedad se llama agua blanca, y ansí lo es muy clara, y sale con mucho ímpetu, semejable á la fuente que el Esposo dice en los Can-

IV. 15.
tares que sale del monte Líbano con ímpetu.

La otra fuente está en un pueblo que se llama *Aticpac* : esta es una grande fuente redonda, que terná que hacer una persona con un arco echar una piedra de la una parte á la otra. En el medio es muy hondable, á las veras tiene siete ó ocho palmos, y está el agua tan clara, que se ve el suelo, ó por mejor decir las piedras, ca de entre unas grandes peñas nace, como en otras claras aguas se verá el suelo á medio estado. Luego desde la fuente sale tanta agua, que hace un grande rio, ancho y lleno de pescado, y en el mesmo nacimiento hay muchos peces y buenos. Esta fuente que digo, nace al pié de dos

Torquemada, 2, 612.
sierras, y tiene encima de sí un muy notable y hermosísimo peñol de muy graciosa arboleda, que ni pintado ni, como dicen, hecho de cera, no podia ser más lindo ni mas entallado é proporcionado : debajo muy redondo, é sube en alto acopándose y acábase delgado : terná de altura obra de cient estados ; y ansí en el peñol como en la fuente habia antiguamente grandes sacrificios, como en lugares notables.

Ps. CIII, 10.
Bien se verifica aquí aquello del salmo : *Qui emittis fontes in convallibus : inter medium montium pertransibunt aquæ :* hace Dios nacer las fuentes en los valles, y entre los montes y

(1) La *Historia de los Indios* (loc. cit.) dice: *Auilizapan*.
(2) Por el significado debe ser *Atliztac*,

sierras da lugar á las aguas é rios de las fuentes. Ya está dicho
cuántas y tan grandes ha Dios criado en esta tierra y montañas, de las cuales se hacen muchos y muy grandes rios, y de
esto parece que se admira el profeta, del camino que Dios da á
los rios entre los montes y muy altas sierras : parece que va
su angel delante los rios, cortando y apartando sierras y
montes á una parte y á otra para que pasen las aguas y rios ;
y cierto cosa de grande admiracion es ver algo des posible
(de imposible ?) que por allí pueda pasar rio, y allá en lo
profundo da Dios á los rios sus canales, ya anchas, ya llanas,
ya angostas, apartadas y muy corrientes, ya entre muy gentiles arboledas, ya de una parte y otra peña tajada : á las veces
compele entrar grande rio por muy estrecha canal, y otras
veces hace caer los rios de tan grande altura, que apenas se
vea lo profundo, ni se ósen acercar á lo mirar ; y si algun monte se pone delante, presto lo mina ó barrena, y en él hace puerta y calle por do pasar á la otra parte, y encima puente más
fuerte y segura que no de bóveda, por do puedan pasar sin
peligro.

En lo alto de estos montes, y en lo bajo en las riberas de los
rios y laderas toda esta tierra está poblada, en la cual gente
otra fuente de agua viva mana ya, que es la fe y gracia del
Espíritu Santo morar y descansar sobre los humildes, quietos
y quebrantados, como á la letra lo es esta generacion de indios, y estos son los convalles, y en ellos salen las fuentes :
están en el medio porque ya tienen un Dios, una fe é un baptismo ; los que tenian mil errores y mil dioses, de mil extremos librados, están en el medio y remedio verdadero, ya son
valles, ya son montes : et *inter medium montium pertransi-*
bunt aquæ : en medio de ellos pasan las aguas de la divina
PALABRA, la cual gustada, no han más sed del agua cenosa, vi-
ciosa de los errores, idolatrias que antes estaban : ca por todos
los misterios (ministros) de esta obra es notado, que despues
que estos indios recibieron la fe, no vuelven al gemido (gremio) de la idolatria.

Cuando los frailes salen y van á predicar y á bautizar por
estos montes, ca están desviados de los monesterios, luego
salen al camino y vienen á ellos de muchos pueblos los se-

ñores, ó envian sus mensajeros de veinte y treinta leguas á rogarles que vayan á sus pueblos, é andan tras ellos rogando y emportunándoles vayan á baptizar sus niños é adultos á les enseñar las palabras de Dios. Los unos pueblos están en lo alto y otros en lo profundo : conviene que hagan lo que dice *Ps.CVI, 26.* el salmo : *Ascendunt usque ad cœlos, descendunt usque ad abyssos ;* han de subir á las nubes, por ser tan altos los montes, lo más del tiempo están cubiertos de nieve, é han de descender á los abismos, y á la subida y descendida, como es doblada la tierra, y sea cosa la tierra muy deleznable, do hay mucho barro y lodo, de fuerza han de dar muchas caidas : *Ib. 27.* *turbati sunt et moti sunt,* por mucho que quieran ir con gran liento, iban tropezando y cayendo y levantando *sicut ebrios.* Yo estoy cierto que los que esta tierra anduvieren se les acuerde y digan que bien á la letra pasa esto que digo. Con todo este trabajo y dificultad los van á buscar los frailes, y á les llevar la palabra de Dios y sacramentos. Si los baptizan y casan y dicen misa, qué maravilla que los indios los salgan á buscar y á recibir.

Viendo la fe y necesidad de estas gentes, á qué trabajo no se pornán los frailes por Dios y por las ánimas que El crió á su imajen y redimió con su preciosa sangre, por las cuales El dice haber pasado dias de dolor y noches de mucho trabajo : *noctes Job. VII, 3. laboriosas enumeravi mihi.* Los pueblos de más bajo á la costa no se duermen en las pajas cuando saben que frailes ANDAN VISITANDO (1) mas luego van á recibir á los padres, y á llevar los acales ó barcas en que vengan á sus pueblos, ca la tierra hácia la costa en muchas partes se mandan por los rios por Torquemada. estar perdidos los caminos por falta de la gente, ca está muy 2, 612. despoblada, segun lo que solia ser bien poblada é abundante de gente, que por una parte los grandes tributos y servicios que hacian, y casas á los españoles lejos de sus pueblos, y esclavos que sacaron y se hicieron sin lo ser, y en otras partes guerras y entradas que los cristianos hicieron, han quedado pocos indios : é por otra parte los tigres y leones tambien han comido mucha gente, lo cual no solian hacer en tiempo de su

(1) Véase *Historia de los Indios,* página 199.

infidelidad, antes que los españoles viniesen : quizá lo hacia que cuando la gente era mucha, los leones y tigres no salian ni bajaban de las montañas altas á lo bajo, y despues encarnizáronse en los indios que morian por los caminos, ó por aventura lo permitió Dios, que cuando los otros pueblos de la tierra recibian la fe y el baptismo y hacian iglesias, entonces tambien fuera razon que despertáran buscáran al verdadero Dios, y no lo hicieron. Acontecióles como á los gentiles advenedizos que poblaron á Samaria, porque no temieron á Dios, é ignoraban *legitima terræ*, porque no supieron el rito é latria de adorar á un solo Dios, mandó Dios á los leones que descendiesen y saliesen de las montañas y los matasen y comiesen. Ansí acá tambien en este tiempo que digo los leones y tigres salian á los pueblos de las costas, y mataron y comieron muchos indios, y algunos españoles á las vueltas, tanto que cuasi despoblaron muchos pueblos, é fueron compelidos los indios á se retraer, é los que quedaban morar juntos é hacer cerros é palenques, y aun allí, si no se velaban, no estaban muy seguros.

IV *Reg.* XVII, 26.

Otros pueblos ví que los moradores de ellos cada noche se acogian á dormir en alto, ca ellos tienen sus casillas de paja fundadas sobre cuatro pilares de palo, y en aquella concavidad que cubre la paja se hace un desvan ó barbacoa cerrado por todas partes : cada noche se suben allí á dormir, y allí acogen sus gallinas y perrillos y gatos, y si algo se olvida, son tan ciertos los tigres y leones, que comen todo cuanto abajo se olvida : todos se ponen en cobro : allí no es menester tañer á queda para que la gente se recoja, porque todos lo tienen en cuidado. Despues que los han enseñado y predicado ó algunos se han baptizado é han hecho algunas iglesias, mucho ha cesado la crueldad de aquellas fieras, y aun me dicen que cada dia hay más.

Torquemada, 2, 613.

Los españoles, para remediar é defender á sus indios, buscaron buenos perros de Castilla, y con ellos han muerto muchos leones y tigres. En un pueblo que se dice *Chocaman* han muerto ciento y diez, y en otro pueblo que se dice *Amatlán*, el señor de este pueblo, indio, ovo un par de perros, el uno de ellos era muy singular, con los cuales ha muerto ciento y

veinte leones y tigres : yo ví algunos de los pellejos. Es menester ayudar á los perros, porque en estas partes los tigres
y leones en viéndose acosados, luego encaraman por los árboles, y para echarlos abajo es menester flecharlos, ca todas
veces no alcanza una larga lanza para los echar abajo, porque
suben por un árbol como un gato. Cuando los frailes van visitando por esta tierra y duermen en el campo en despoblado,
trabajan de hacer buenas lumbres, porque los leones y los
tigres tienen temor al fuego y huyen de él. Por estas causas
dichas, lo más del trato y camino de los indios por aquella
tierra es por agua en *acales* ó barcas : *acale* en esta lengua,
segun su etimologia, quiere decir « casa de agua » ó «casa sobre el agua ». Con estas navegan por los ríos grandes, como
lo son los de la costa, y para sus pesquerias y contrataciones,
y con estas salen á la mar, y con las grandes de estas *acales*
navegan de una isla á otra y atraviesan algun golfo pequeño.
Estas *acales* ó barcas cada una es de una sola pieza, de un
árbol tan grande y tan grueso como lo demanda la longitud é
la latitud (1) del árbol, y para estas hay sus maestros, como en
Castilla de naos ; y como los rios se van haciendo mayores
cuanto más se allegan á la costa, tanto son mayores estos
acales. En aquestas barcas ó *acales* salen á recibir y llevar á
los frailes de un pueblo á otro. En todos los rios grandes de
la costa, é muchas leguas la tierra adentro hay tigurones y
lagartos, que son bestias marinas. Algunos quieren decir que
estos lagartos son de los cucudrillos de los cuales se lee en el
Vita Patruum. Son algunos de tres brazas, y aun me dicen que
en algunas partes los hay más largos, y cuasi de gordor de un
caballo : otros hay harto menores. A do estos y los tigurones
andan encarnizados, nadie ósa sacar la mano fuera de la barca, porque estas bestias son muy prestas en el agua, y cuanto
alcanzan tanto cortan, é llévanse un hombre atravesado en la
boca. Tambien estos han muerto muchos indios, y algunos
poquillos españoles : los lagartos salen fuera del agua y están

(1) En el manuscrito hay aquí un hueco. El pasaje puede restablecerse
tomándolo de la *Historia de los Indios* (página 200) donde dice : « tan grueso
como lo demanda la longitud,y conforme al ancho que le pueden dar, que es
de lo grueso del árbol de que se hacen, y para esto hay sus maestros; etc. »

muy armados, y no les es más darles una lanzada, ó con una saeta, que dar en una peña : las noches que duermen en el agua en aquellos *acales*, ni se han de descuidar por temor de las bestias marinas, ni osan salir á tierra por temor de los tigres y leones. Tambien hacen los rios, antes que entren en la mar, muy grandes esteros y lagunas muy anchas, que de una parte á la otra y á los rededores, cuasi pierden vista de tierra : con temporal hace en ellas olas como en la mar : en aquellos *acales* pierden (tienen ?) riesgo y peligro no poco, de manera que todo este mundo está lleno de barrancos y peligros : *periculis in itineribus, periculis fluminum, periculis in mari, periculis in solitudine :* peligros en los rios, peligros en la mar, peligros en el campo : todo está cercado y lleno de peligros y lazos, y de todos libra Dios á los que entienden en la conversion de estos indios naturales, que ningun fraile han muerto bestias bravas, aunque se han visto entre ellas, ni han muerto en agua en ninguna nao de las que de España han traido frailes se ha perdido hasta hoy despues que esta Nueva España se ha descubierto, ca Dios las ha guardado maravillosamente. Allegados los frailes á los puertos, sálenlos á recibir como á padres que les llevan la fe, palabra de Dios y los sacramentos : los niños delante y despues la otra gente : ya todos los indios del pueblo á do allegan, y comarcanos, están á recibirlos, y luego se ayuntan y traen los niños á baptizar y los padres á se enseñar, ca les predican despues de misa y á vísperas, y todo el otro tiempo les están enseñando el Pater noster é Ave Maria é la doctrina cristiana, hechos montañas en el patio de la iglesia, y cada lengua por su parte, que á las veces se ayuntan en un pueblo ó de una provincia cuatro ó cinco lenguas distintas unas de otras, lo cual es mucho trabajo y catetizar (catequizar) á los adultos, ca de todas las lenguas ha menester intérpretes expertos, hábiles y fieles ; y entre todas las lenguas de la Nueva España, la de los *nahuales* ó de *nahutl* es como latin para entender las otras. Despues que los frailes han baptizado y predicado y casado é confesado en cada pueblo segun conviene, es de ver cómo los salen á despedir, que parece que se querian ir tras ellos, ca Dios ansí lo ha ordenado, que como ellos los aman y crian como á hijos, los indios los tengan

II Cor. X. 16.

amor de padres, y siempre salen algunos con los frailes hasta
los dejar al pueblo más cercano, y ansí de pueblo en pueblo
los van acompañando.

CAPÍTULO 58

PROSIGUE LA MATERIA : RELATA Y NOMBRA ALGUNOS GRANDES RIOS
QUE BAJAN DE LOS MONTES, Y COMO DE TODOS SE HACE UN GRAN RIO,
Y DE SU RIQUEZA : EN FIN HACE UN LLANTO SOBRE LOS MORADORES
DE AQUELLAS TIERRAS, Y SOBRE LA TIERRA DEL PERÚ, APLICANDO
ALGUNOS VERSOS DEL SALMO *Super flumina Babylonis* (1).

*Ps.
CXXXVI.*

Habiendo dicho algo de los montes, aunque sumariamente,
no será fuera de propósito decir algo de los rios que de ellos
salen, los cuales son muchos y muy grandes, segun parece
en la carta de navegar, á do claramente se ve cómo en la costa
de la Nueva España é tierra firme son tan grandes estos rios
que digo, que de algunos se coje agua dulce dentro en la mar
alta : ansimesmo se navegan la tierra adentro y suben por
ellos muchas leguas, en especial por el rio Marañon y por el
rio de la Plata, que tiene treinta leguas de boca, y dentro
hay más de treinta leguas de anchor, é van por él nave-
gando la tierra desde cuatrocientas leguas. Hay indios
bravos guerreros que se defienden y ofenden cruelmente. En
esta tierra hay muy altísimas sierras, y en ellas se hallan grifos : á do habitan está tan blanco de los huesos de los hombres y bestias que comen, que parece de lejos una sierra nevada : los indios de aquellas comarcas tienen guaridas entre
arboles y palenques, que es cepejos, para se defender de tan
crueles y espantosas bestias, y en oyendo el ruido del vuelo,
ca es muy vehemente, ascóndense. Es tan grande y espantoso
el ruido que hacen con las alas cuando vuelan, que se puede
Ezech. I, 24. de él bien decir aquello del profeta : *Audiebam sonum alarum*

(1) Suprimió el copista el asunto con que terminaba este capítulo, según
el sumario ; pero puede verse ese asunto en el impreso, páginas 205 á 208.

quasi sonum aquarum multarum. Todos estos rios que digo, solian ser muy poblados de indios, é agora en muchas partes las entradas é conquistas que han hecho las armadas, hase despoblado mucho la tierra, y los indios han quedado escandalizados, y se han escondido y metido la tierra adentro, á los montes.

De estos rios que digo, algunos he visto, pero de solo uno quiero aquí decir, que ni es de los mayores ni de los menores, y por este se podrá sentir y ver qué tales son los otros.

Este rio de quien quiero hablar, llámase en la lengua de los indios *Papaloapam*, y ansí es, ca él pápa y bebe muchos rios. La tierra que este rio riega, es de la buena y rica que hay en la Nueva España, y á do los españoles echaron el ojo como á tierra rica, y los que en ella tovieron repartimientos llevaron y sacaron de ella grandes tributos, y tanto la chuparon para (hasta) la dejar más pobre y más disipada que otras ; y como estaba lejos de México no tuvo valedores. A este rio pusieron los españoles nombre del rio de Alvarado, porque cuando vinieron á conquistar esta tierra, el adelantado D. Pedro de Alvarado se adelantó y entró por este rio la tierra adentro con el navio que traia, del cual era capitan. El principio de este rio y su nacimiento es de las montañas de *Çoncoluihcan* y de los pueblos que tenia en su jurisdiccion, aunque la principal y mayor fuente que tiene es aquella que dije de *Aticpac*.

Torquemada, 2, 614.

En este rio de *Papaloapan* entran otros grandes rios, como lo es el rio de *Quiyotepec*, y el de *Vicilla*, y el de *Chinantlan*, y el de *Quauhlcuezpaltepec*, y el de *Tuxtlan*, y el rio de *Teyuciyocan*. En todos estos rios hay oro y no poco ; pero el más rico es el de *Vicilla* : cada uno de estos rios, por ser grandes, se navegan y pasan con acales, ca muy poco tiempo del año se vadean. En todos estos rios hay mucho pescado y bueno : despues que todos entran en la madre, hácese muy grande y muy hermoso rio : lleva hermosa ribera, llena de grandes arboledas : cuando va de avenida, arranca de aquellos árboles, que cierto es cosa de ver su braveza y lo que sube y hinche : antes de la boca, ó antes que éntre en la mar arrevienta y hinche grandes esteros y lagunas, y con todo esto, cuando va más baja lleva dos estados y medio de altura, y hace tres canales : la una de peña, y la otra de la mar (lama), y la otra de arena.

Es tanto el pescado que este rio tiene, que todos aquellos esteros y lagunas están cuajados de pescado, que parece hervir los peces por todas partes. Mucho habrá que decir de este rio y su riqueza ; y para que algo se vea, quiero contar de un solo estero de muchos que tiene, el cual dos que por él entre siete ó ocho leguas (1) : llámanle el Estanque de Dios. Este estero que digo, párte términos entre dos pueblos : al uno llaman *Quauhcuezpaltepec*, y al otro *Otlatitlan* ; ambos fueron bien ricos y gruesos, ansí de gente, como en todo lo demás. Va tan ancho este estero como un buen rio, y es bien hondable, y aunque lleva harta agua, como va por tierra muy llana, parece que no corre á una parte ni á otra ; al mucho pescado que en él HAY suben por él tigurones, lagartos, bufeos : hay en este rio y estero sábalos tan grandes como toñinas, y ansí andan en manadas y sobreaguadas como toninas : hay tambien de los sábalos de España, y de aquel tamaño, y los unos y los otros son de escama : hay la manera y nombre, ansí de los unos como de los otros. Por este estero suben y en él andan y se crian *malatís ó manatí*.

Torquemada, 2, 615.

Ansimismo se ceban en los peces de este estero muchas aves y de muchos géneros : andan muchas garzas reales, é otras tan grandes como ellas, sino que son más pardas ó más escuras, y no tan gran cuello. Andan otras aves como cigüeñas, y el pico es mayor, ca cierto es una cruel bisarma. Hay otras muchas aves de ribera, especial garzotas blancas, que crian unas plumas de que se hacen galanes penachos : estas son innumerables : alcatraces, cuervos marinos ; algunas de estas y otras sumurgándose (somorgujándose), en el agua sacan muy buenos peces. Las otras menores aves, que no saben entrar en bajo del agua á pescar, están esperando la pelea que los pescados grandes hacen á los chicos, y los medianos á los pequeños, y en este tiempo, como los mayores dan en los menores

(1) Para restablecer el sentido de este pasaje, lo tomo de la *Hist. de los Indios*, página 203, donde dice : « quiero contar de un solo estero, que dura siete ú ocho leguas, que se llama el Estanque de Dios. »

en este tiempo como se desbarata el cardúmen del pescado y van saltando de los unos y de los otros guareciéndose
ᴀ las veras, entonces se ceban las aves de los peces que faltan
y de los que se van á la vera del agua, y al mejor tiempo, *ait
latro ad latronem*, vienen de arriba los gavilanes y halcones,
y se ceban tambien en aquellas aves, y no les faltan aves en
que escoger y cebarse ; y lo uno y lo otro es tan de ver, que
pone admiracion cómo hay tantas batallas, é los unos se
ceban de los otros, y los otros en los otros, y cada uno tiene
su matador.

Torquemada, 2, 615.

    Pues mirando á la ribera ó prado, nⁿ falta caza de venados y
liebres y conejos, y porque esta caza es mucha, en especial de
venados, vienen los tigres y leones á comer y cebarse en ellas.
Demas de esto, de una parte y de otra va muy gentil arboleda,
que demas de las aves ya dichas hay unas como sierpes, los
indios llaman *quaulicuzpalli*, que quiere decir (1) « sierpe de
agua » : en las islas llaman á las primeras « iguanas » : estas
andan en tierra, y entre tierra y agua parecen espantosas á
quien no las conoce : son pintadas de muchos colores, de largo
de seis palmos, unas más, otras menos : otras hay en las montañas ó arboledas, aun más pardas y menores : unas y otras
comen en dia de pescado, y su carne y sabor de ellas es como
de conejo : estas se salen al sol y se ponen encima de los árboles, en especial cuando hace dia claro.

    En este estero y en el rio hay otros muchos géneros de aves,
en especial unas aves muy hermosas que los indios llaman
teoquechul, que quiere decir « dios *quechul* ». Estas, ansí por
su hermosura como por loar su preciosidad, los indios los
tenian por dioses. Es muy preciosa toda la pluma que estas
aves tienen y muy fina para las obras que los indios labran de
oro y pluma : son mayores que gallos de Castilla. Entre otras
muchas especies de patos é ánades hay tambien unos negros ;
y en las alas un poco blancas : ni son bien ansares ni bien
lavancos, sino en medio : estos tambien son de precio, y de

(1) En este lugar faltan algunos vocablos, que repongo tomándolos de la
Historia de los Indios (página 204). El pasaje completo dice así : « hay unas
como sierpes ǫᴜᴇ los indios llaman *quaulitizpal* (*cuauhcuexpallin*) que quiere
decir sɪᴇʀᴘᴇ ᴅᴇ ᴍᴏɴᴛᴇ ; á ʟᴏs ʟᴀɢᴀʀᴛᴏs ɢʀᴀɴᴅᴇs ʟʟᴀᴍᴀɴ sierpe de agua ; etc. ».

estos sacan las plumas de que tejen las mantas ricas de pluma : solia valer una en la tierra adentro un esclavo : ahora de los patos que han venido de Castilla ó lavancos, los más de los indios los tienen para pelar y sacar pluma, y otros los crian para multiplicar y vender : la pluma de los de Castilla no es tan buena como la de los de esta tierra.

En este rio y sus lagunas y esteros se toman *manatis*, que creo es el más precioso pescado de todos cuantos en estas partes se crian. Algunos de estos tienen tanta carne ó más que un buey, y en la boca se parecen mucho á un buey : tiene algo más escondida la cara que no el buey, y la barba más gruesa y más carnuda. Sale á pacer á la ribera y sabe buscar un pasto como los hay aquí do digo, ca yerba es su manjar. No sale fuera del agua, sino á la vera : descubre medio cuerpo, y levántase sobre dos manicas ó tocones que tiene, no redondos, mas anchecillos, é allí señala cuatro uñas como de elefante. Lo demas de su manera y propiedades pone bien un libro que trata de la historia natural de las cosas de las Indias. En este estero que dije los hay, y aquí los arponan los indios y toman con redes.

CAPITULO 59

Zurita, Manuscrito. página 107.

DEL INGENIO É HABILIDAD DE ESTOS INDIOS NATURALES EN LAS CIENCIAS DE LEER, ESCRIBIR, CONTAR, Y TAÑER, Y LATIN, &C.

El que enseña al hombre la ciencia, ese mesmo proveyó y dió á estos naturales grande ingenio é habilidad, la cual habilidad parece por todas las ciencias, artes é oficios que les han enseñado, porque con todos han salido, y en muy más breve tiempo que no otras naciones, en tanta manera, que en viendo los oficios que en Castilla están muchos años en los deprender, acá en solo mirarlos y verlos hacer, han muchos quedado maestros ; y de esto espantados los españoles, dicen que los indios en solo mirar los oficios los contrahacen. Tienen el entendimiento vivo recogido y asosegado, no orgulloso, ni quieto ni derramado, como otras naciones.

Deprendieron á leer brevemente, ansí nuestro romance castellano como el latin, y DE tirado y letra de mano : apenas hay
carta en su lengua, de muchas que unos á otros se escriben,
que como los mensajeros son baratos andan bien espesas ;
todos las saben leer, aun los que ha poco que comenzaron á
se enseñar.

El escribir se enseñaron en muy breve tiempo, porque en
pocos dias que escriben, luego contrahacen la materia que les
dan, y la letra de su maestro ; y si les mudan el maestro, que
tiene otra forma de escribir, como es cosa muy comun que diversos hombres hacen diversas formas de letras, luego ellos
tambien mudan la letra en la forma de su maestro, hasta hacer
letra formada.

En el segundo año que les comenzaron á enseñar, dieron á
un muchacho de *Tezcuco* por muestra una bula, y sacóla tan
al natural, que la letra que hizo parecia el mesmo molde, porque el primer ringlon era de letra grande, y bajo sacó la
firma, ni más ni menos, y un Jesus con una imágen de Ntra.
Sra : todo lo sacó tan al propio, que parecia no haber diferencia del molde á la otra, y por cosa notable y prima la llevó un
español á Castilla para la mostrar.

Letras grandes quebradas y griegas de grandes maestros, é
ansimismo á veces de molde de letra grande, como las pongan
en cualquier escuela, luego hay muchachos que las sacan tan
contrahechas, que no hay quien juzgue haber diferencia entre
la muestra ó en las que DE nuevo sacan.

Pautaban y apuntaban muy liberalmente ansí canto llano
como canto de órgano, y de estos que apuntan hay hartos en
cada casa, y han hecho muy grandes libros de canto llano y de
canto de órgano, con sus letras grandes en los principios, y
no van á buscar quien se los encuadernen, que tambien han
deprendido á encuadernar.

A algunos que han impuesto en iluminar ó lo han visto, luego salen con ello, y lo que más es muy de notar, que han sacado imágenes de planchas, bien perfectas figuras, que se espantan cuantos las ven, porque de la primera vez la hacen ni
más ni menos que la plancha, de las cuales yo tengo bien
primas muestras.

12

El tercero año les pusieron en el canto, é algunos se reian y burlaban, y otros lo estorbaban á los que los comenzaron á enseñar, porque decian que no saldrian con el canto, ansí porque parecian desentonados, como porque mostraban tener flacas voces ; y en la verdad no tienen tan recias voces ni tan suaves como los españoles, y creo la principal causa es andar descalzos y mal arropados los pechos, y las camisas (comidas) tan pobres y flacas ; pero como hay muchos en que escoger, siempre hay buenas capillas. Fué muy de ver el primero que les comenzó á enseñar el canto : era un padre viejo, que pienso no tiene pequeña corona delante de Dios, y *penitus* ninguna cosa sabia de la lengua de los indios, sino la nuestra castellana, y hablaba tan en forma y en seso con los muchachos, como si fuera con cuerdos españoles. Los que le oiamos no nos podiamos valer de risa, y los muchachos la boca abierta, oyéndole muy atentos, por ver lo que queria decir. Fué cosa de maravilla, que aunque al principio ninguna cosa entendian, ni el viejo tenia intérprete, en poco tiempo le entendieron de tal manera, que no solo deprendieron y salieron con el canto llano, mas tambien con el canto de órgano, é agora hay muchas capillas é muchos cantores, de ellos diestros, que las rijen y entonan ; y como son de vivo ingenio y gran memoria, lo más de lo que cantan saben de coro, tanto, que si estando cantando vuelven dos ó tres hojas, como acontece muchas veces, ó se les cae el libro, no dejan por eso el canto, mas van diciendo de coro con su compás hasta que levantan el libro ; y ponen el libro en una mesa ó con las manos, y tan bien cantan los que están al revés del libro ó á los lados, como los que están derechos del libro.

Algunos mancebos de estos que digo han ya puesto en canto de órgano villancicos á cuatro voces, y los villancicos en su lengua, y ésto parece señal de grande habilidad, porque aun no los han enseñado á componer, ni contrapunto ; y lo que ha puesto en admiracion á los españoles cantores, es que un indio de estos cantores, vecino de esta ciudad de *Tlaxcallan* ha compuesto una misa entera por puro ingenio, y la han oido hartos españoles cantores, buenos cantantes, y dicen que no le falta nada, aunque no es muy prima.

Hay muchos niños de hasta once ó doce años que saben leer
y escribir, cantar canto llano y canto de órgano, y aun apuntar
para sí algunos cantos. E hay otros de menos edad, que verlos
servir al altar é ayudar á misa con tanta diligencia y cuidado,
que los españoles están espantados, y mucho más los frailes
que nuevamente vienen de Castilla; que no parecen sino ange-
litos del cielo.

En lugar de órganos tienen música de flautas concertadas,
que parecen propiamente órganos de palo, porque son muchas
flautas. Esta música enseñaron á los indios menestriles de
Castilla que pasaron á esta tierra, y como no oviese quien juntos les diesen de comer, rogáronles se repartiesen por los pueblos de los indios á los enseñar, pagándogelo, y ansí los enseñaron ; é yo ví afirmar á estos menestriles españoles, que lo
que estos indios naturales deprendieron en dos meses, no lo
deprendian en España españoles en dos años ; porque en dos
meses cantaban muchas misas, *Magnificat* y motetes,&c.Aquí
en *Tlaxcallan* un mancebo cantor antes de esto tenia (tañia)
una flauta, que sin maestro él mesmo se enseñó unos puntos
pocos, y desque vió los que se habian enseñado, juntóse con
ellos, y en una semana tañó todo lo que la capilla de flautas
tenia (tañia), que decia su maestro que él no supo tanto en dos
años.

Aquí en *Tlaxcala* estaba un español que tenia (tañia), rabel,
é un indio hizo hacer otro rabel, y rogó al español que le enseñase, y él dióle dos ó tres liciones, en las cuales deprendió todo
lo que el español sabia, é antes que pasasen diez dias sin haberlo visto, toma con el rabel entre las flautas tiple, y
discantaba entre las flautas ó sobre las flautas. E ahora he
sabido que en México hay maestro que sabe tañer vihuela de
arco, é ya tienen hechas todas cuatro voces, y encomenzaron
de tañer. Bien creo yo que antes del año sepan tanto ó mas
los indios que su maestro, ó ellos podrán poco, y que luego
haya otros que los contrahagan.

Tañen ansimesmo sacabuches y chirimias, aunque en pocas
partes, á mengua de instrumentos, porque aunque los hacen
los indios, tardan mucho en hacer las chirimias entonadas ;
pero ya que la música está en la tierra y la comienzan á tañer

por todas partes, ha de andar presto, porque esta gente son como monas, que lo que unos hacen, luego lo cantrahacen los otros. Tambien hay indio ó indios que tañen órganos : de uno dias ha que lo conozco.

Hasta comenzarles á enseñar latin ó gramática ovo muchos pareceres, ansí entre los frailes como de otras personas, y antes que se lo enseñasen ovo muchas contradicciones, y cierto con harto trabajo se le ha enseñado, que dado que los frailes sus maestros sabian la lengua, no alcanzaban los términos de la gramática, ni les podian dar bien á entender las reglas gramaticaLES, ni los discípulos entenderlos, tanto que los dos ó tres años primeros aprovechaban muy poco, que ya desmayaban y desconfiaban muchos. Despues que plugo al Espíritu Santo, el cual es verdadero maestro de todas las artes y ciencias, *omnium est enim artifex, quem habens virtutem, omnia* *Sap. VII,* *prospiciens*, de darles entendimiento y de abrirles las puertas para que puedan entrar al pasto de la Sagrada Escritura, han aprovechado mucho, tanto que á la sazon que esto escribo, que ha poco más de cinco años que los comenzaron á leer gramática, hay muchos de ellos muy gentiles dramáticos (gramáticos), que entienden habla, muy bien hacen oraciones y razonamientos en latin, componen versos exámetros y pentámetros buenos, hacen una buena colacion en latin muy congruo y elegante, de media hora y de más tiempo, autorizando lo que dicen y moralizándolo, tanto, que los que los oyen, y aun su maestro, se espantan ; y lo que más es, los más de los estudiantes están recogidos como novicios razonables religiosos, en cuanto á la pureza de sus conciencias, y frecuencia de la oracion, y esto con poco trabajo de su maestro, porque estos estudiantes ó colegiales tienen su colegio bien ordenado, á do solos ellos se enseñan, porque despues que vieron que aprovechaba y que saldrian con la gramática y con lo demas (que ya otra cosa oyen más que gramática) pasáronlos de San Francisco de México, que así llaman los indios al barrio ó parte *Tenochtitlan*, San Francisco, y la otra media parte de la ciudad llaman *Tlatilulco*, y á esta llaman Santiago ; aquí junto á Santiago les hicieron su colegio, que están mas quietos, y con ellos dos frailes que los enseñan : llámase el colegio Santa Cruz.

Sap. VII, 11, 13.

Paréceme que no es de callar una gracia que aconteció en México. Un padre clérigo no podia creer que los indios sabian doctrina cristiana, ni Pater noster, ni Credo bien dicho ; y como otros españoles le dijesen que sí, él todavia incrédulo. A la sazon habian salido dos colegiales, y el clérigo, pensando que eran de los otros indios, preguntó al uno si sabia el Pater noster, y dijo que sí, y hizoselo decir, é díjolo bien ; y no contento con esto, hizo que dijese el Credo, y decialo bien, y el clérigo acusóle una palabra que el indio bien decia, y como el indio se afirmase diciéndola, y el clérigo que no, tuvo el estudiante necesidad de probar como decia bien, y preguntole hablando en latin : *Reverende pater, cujus casus est ?* Entonces, como el clérigo no supiese gramática, quedó confuso el que pensaba confundir al prójimo.

CAPÍTULO 60

DE LOS OFICIOS MECÁNICOS QUE LOS INDIOS SABIAN, ANTES QUE LOS ESPAÑOLES VINIERON, Y LOS QUE HAN DEPRENDIDO DESPUES QUE LOS CRISTIANOS ESTÁN EN LA TIERRA : EN LOS CUALES PARECE LA GRANDE HABILIDAD DE LOS INDIOS NATURALES DE ESTA NUEVA ESPAÑA.

En los oficios mecánicos, ansí los que de antes los indios tenian como los que de nuevo han venido de España, en todos se han mucho perfeccionado. Despues que los cristianos vinieron han salido grandes pintores ; despues que vinieron las muestras é imágenes de Flandes é de Ytalia que los españoles han traido, porque adonde hay oro y plata todo lo perfecto y bueno viene en busca del oro, no hay retablo ni imágen POR prima que sea, que no saquen y contrahagan, en especial los pintores de México, porque allí va á parar todo lo bueno que de Castilla viene ; y de antes no sabian pintar sino una flor ó un pájaro ó una labor como romano, é si pintaban un hombre ó un caballo, hacianlo tan feo, que parecia un monstruo : agora hacen tan buenas imágenes como en Flan-

des, y asientan el oro como primos maestros, é los mesmos
indios lo saben batir, que un batihoja ó bastidor de oro que
pasó á esta Nueva España, aunque quiso esconder el oficio y
decia que era menester estar un hombre para aprentiz suyo
ocho años para saber el oficio, pero los indios no esperaron
á eso, sino miraron todas las particularidades del oficio, y contaron los golpes que daba con el martillo, y adonde heria, y
cómo volvia y revolvia el molde, é antes que pasase el año
sacaron oro batido, é para esto tomaron al maestro un librillo
prestado, que no lo vió. Tambien hacen guadameciles (1), á
este mesmo maestro batidor de oro que hace guadameciles, y
por mucho que se ascondió de los indios, especial que no supiesen dar el color de dorado y plateado, los indios, viendo
que se escondia, acordaron mirar los materiales que echaba
y tomaron de cada cosa un poquito, é dijeron á un fraile :
« ¿ Adónde venden esto ? que si nosotros lo habemos, por más
que el español se esconda, nosotros haremos guadameciles, y
les darémos color de dorado y plateado como los maestros de
Castilla ; » é traidos los materiales, luego hicieron guadameciles y los hacen.

Sacan muy buenas campanas, que fué uno de los oficios primeros que perfectamente sacaron, ansí en las medidas é gordor que la campana requiere en las asas y en el medio, como
en el borde, y en la mezcla del metal, segun que el oficio lo demanda. Funden muchas campanas, chicas y grandes, y salen
muy limpias y de buena voz y sonido.

Los plateros de esta tierra fáltanles los instrumentos y herramientas para labrar de martillo ; pero una piedra sobre
otra hacen una taza llana é un plato ; mas para fundir una
pieza ó una joya de vacio hacen ventaja á los plateros de España, porque funden un pájaro que se le anda la lengua y la cabeza y las alas, é vacian un mono, ó otro mostruo que se le
anda la cabeza, lengua, piés y manos, y en las manos pónenle
unos trebejuelos que parece que bailan con ellos ; y lo que
más es, sacan una pieza la metad de oro y la metad de plata,

(1) Aqui faltan, para el sentido perfecto, los vocablos HURTANDO EL OFICIO,
que pueden verse en la *Historia de los Indios*, página 212.

y hacian un pece, las escamas la metad de oro y la metad
de plata, una escama de plata y otra de oro, que de esto se es-
pantaron mucho los plateros españoles.

Han deprendido los indios á curtir corambre, como en Castilla, y hacen fuelles, de lo cual no poco le pesó al maestro que
los hacia, que estaba seguro de vender como queria, por no
haber otro de Castilla, y lo que no tenia le vino, que otro deprendió su oficio ; y de los indios, como recatando todo lo que
fué su posibilidad, se escondió á hacer los secretos de su oficio ; pero como el oficio venga á esta tierra y no se suba al cielo, estando en la tierra hanlo de saber los indios, por mucho
que se esconda. Todo lo que se labra de cuero saben hacer :
zapatos, servillas, borceguies, alcorques, chapines, y todo lo
demas que hacen los zapateros, chapineros, &c. Este oficio comenzó en *Mechuacan*, y allí se curten buenos cueros de venado.

Hacen estos naturales todo lo que es menester para una
silla de la gineta, con su coraza, sobrecoraza, bastos y el
fuste : verdad es que el fuste no acertaban bien á lo hacer, y
como un sillero tuviese un fuste, como es de costumbre, á la
puerta, un indio esperó que el sillero se entrase á comer, y
llevó el fuste para sacar otro ; y sacado otro, otro dia, á la mesma hora que el sillero comia, tornó á poner el fuste en su lugar. Cuando el sillero vió que faltaba el fuste, bien temió que
su oficio habia de andar por las calles en manos de indios, como los otros oficios, y ansí fué hecho, que desde á seis ó siete
dias vino el indio vendiendo fustes por las calles, y fué á su
casa y díjole que si le queria comprar aquellos fustes é otros ;
de lo cual bien y verdaderamente le pesó, porque el oficio
en los indios, luego abajan los precios, los cuales los oficiales
de Castilla acá en esta Nueva España han puesto muy
caros.

Habia en esta tierra canteros ó pedreros, buenos maestros,
no que supiesen ynmetría (geometría), mas hacer una casa ;
que aunque las casas de los indios son en extremo paupérri-
mas, las de los señores y principales son grandes y buenas, y
labraban muchos edeficios de cal y piedra, antes que los españoles viniesen : labraban tambien muchos ídolos de piedra.

Despues que los canteros de España vinieron, labran los indios todas cuantas cosas han visto labrar á los canteros nuestros, ansí arcos redondos, escarzanos y terciados, como portadas y ventanas de mucha obra, y cuantos romanos y bestiones han visto, todo lo hacen, y muy gentiles iglesias y casas á los españoles.

1525. El año de mill y quinientos y veinte y cinco se hizo la iglesia de San Francisco de México. Es iglesia pequeña : la capilla es de bóveda, que la hizo un cantero de Castilla. Maravilláronse mucho los indios en ver cosa de bóveda, y no podian creer sino que al quitar de las cimbrias toda habia de venir abajo. Despues acá los indios han hecho en la provincia de *Tlexcala* dos capillas de bóveda pequeñas. No creo hay otras en esta tierra.

Tejen estos naturales con telares de Castilla sayal y mantas frazadas, paños y reposteros : en solo *Tezcuco* hay tantas y muchos telares de paños, que es una hacienda gruesa. Téjense muchas maneras de paños hasta resimos, y de esto los maestros son españoles, pero en todo entienden é ayudan los indios, y luego ponen la mano en cualquier oficio, y en pocos dias salen maestros ; ya este oficio de paños está en otras partes.

Un señor de un pueblo llamado *Aquauhquechula*, en los años primeros que comenzaron los telares, como él toviese ovejas y lana, deseaba tejerla en telares de Castilla y hacer sayal para vestir á los frailes que en su pueblo tiene, é mandó á dos indios suyos que fuesen á México, á una casa que habia telares, para que buscasen si pudiesen hallar algun indio de los ya enseñados, para que asentase en su pueblo un telar y enseñase á otros, y si no, que mirasen si ellos podian deprenderlo por alguna via ; y como no hallaron quien con ellos quisiese venir, ni tampoco cómo se enseñar poniendo la mano en la obra, ca de otra manera muy mal se deprenden los oficios, sino metiendo las manos en ellos : estos indios estuvieron mirando en aquella casa todo cuanto es menester, desde que la lana se lava hasta que sale labrada y tejida en el telar, y cuando los otros indios maestros iban á comer y en las fiestas, los dos tomaban las medidas de todos los instrumentos y

herramientas, ansí de peynes, tornos, urdidero, como del telar, peines y todo lo demás, que hasta sacar el paño son muchos oficios, y en veinte y tantos dias, que no llegaron á treinta
dias, llevaron los oficios en el entendimiento, y sacadas las
medidas y vueltos á su señor, asentaron en *Quauhquechulla* y
pusieron los oficios, hicieron y asentaron los telaron (telares),
y tejieron su sayal. Lo que más dificultoso se les hizo fué el
urdir.

Hay indios herreros, cerrajeros, freneros, cuchilleros ; que
todos estos oficios saben los indios para si : aun no han asentado fragua, porque requiere mucha costa. Saben guarnecer
una espada, limpiar armas, afeitar y sangrar.

Funden los indios plata, y hacen una acendrada tan bien
como cuantos maestros de Castilla han pasado á esta tierra.
Puños de espada hacen muy buenos, de vaciadizo, ansí de oro
como de plata y cuentas y joyas lo mesmo.

El oficio que primero hurtaron, y el que ansí parece comun
á todos, ansí por ser á todos necesario, como por no ser muy
dificultoso, que es el de los sastres, este luego lo deprendieron.
Hacen sayos, calzas y jubones, y otras muchas ropas, que estas
entre los españoles no tienen número ni medida, porque nunca hacen sino mudar trajes y buscar invenciones. Tambien
hacen guantes y medias calzas y caperuzas, y lo que más es,
han salido buenos brosladores, y han hecho muy gentiles atavios é ornamentos para las iglesias. Carpinteros y entalla-
dores, ellos lo eran de antes, aunque no tenian más de una
hacha : esta hacha es algo más larga que el hierro de una azuela, y enhástanla ó encájanla entre unos palos atados, ca por
la parte que no corta es cuadrada para que sirva de hacha, y
dada media vuelta sirve de azuela. Tenian escoplos, y en lugar
de barrenos ó taladros, usaban de unos punzones cuadrados ;
y estas herramientas todas las fundian de cobre, mezclándole
algun estaño ; que hierro, aunque hay más y mejor que en Viz-
caya, no hay herrerias hechas. Despues que vinieron los carpinteros de España, y trujeron herramientas, tambien los indios labran y hacen todo cuanto los españoles.

Ansimismo labran bandurrias, vihuelas y arpas, y en ellas
mil labores y lazos. Sillas de caderas han hecho tantas, que las

casas de los españoles están llenas. Hacen flautas bien entonadas, de todas voces, segun se requiere para oficiar y cantar
con ellas canto de órgano. Tambien han hecho chirimias, y
han fundido sacabuches buenos.

En México estaba un reconciliado, y como traia su sanbe-
nito, viendo los indios que era nuevo traje, pensó un indio que
los españoles usaban de aquella ropa por devocion en la cuaresma, y como era ropa, ellos no han menester mas de verlt
media vez, fué á su casa é hizo sus sanbenitos muy bien hechos y muy bien pintados, y sale por México á vender sus ropas entre los españoles, y decia en lengua de indios *ticohuaz-
nequi benito?* que quiere decir « ¿ quieres comprar benito ? »
Fué la cosa tan reida por toda la tierra, que creo allegó á España, y en México quedó como proverbio : ¿ *ticnequi benito ?*
« ¿ quieres benito ? »

Oviedo. His-
toria general
de las Indias,
III, 301-2.

Zurita, Ma-
nuscrito, pági-
nas 107, 108.

En cualquier parte hallan estos indios con que cortar, con
que atar, con que coser, con que sacar lumbre : no es menester sino decirlos « saca lumbre acá, aquí cose esto, corta aquello », porque ellos se dan tan buena maña, que luego lo ponen
en obra. Sacan lumbre de un palo con otro ; á falta de instru-
mento de metal, cortan con una piedra, ó con los dientes, ó
con las manos ; cosen con una pluma, ó con una paja, ó con
una pua de *metl* : buscan cordel gordo ó delgado de mil raices, yerbas, ó del cardon llamado *mitl*, que casi en toda la
tierra los hay : si la noche los toma en el camino, luego hacen
sus ranchos é chozas de paja, especial cuando van con españoles ó con señores naturales.

Casi todos, hasta los muchachos, saben los nombres de todas las aves, de todos los animales, de todos los árboles, de
todas las yerbas ; y en el tiempo que el campo está verde, que
es la mayor parte del año, conocen mil géneros de yerbas é raices, que comen. Todos saben labrar una piedra, hacer una
casa simple, torcer un cordel é una soga, é los otros oficios
que no demandan sotiles instrumentos ó mucha arte.

CAPÍTULO 61

QUÉ COSA ES PROVINCIA, Y EL GRANDOR Y TÉRMINO DE TLAXCALLAN :
DE UN RIO QUE EN ELLA NACE, DE SUS PASTOS Y MONTES, Y DE LA
SIERRA DE TLAXCALLAN. CUENTA LOS CUATRO SEÑORIOS QUE HAY
EN TLAXCALLAN DE LAS IGLESIAS QHE HAY EN TLAXCALLAN, Y LAS
LENGUAS QUE EN ELLA SE HABLAN.

Tlaxcallan es una cibdad en la Nueva España, y el mesmo nombre de *Tlaxcallan* tiene toda su tierra junta, aunque en ella hay muchos particulares nombres de pueblos. Esta provincia, como en otro tiempo al señor de un pueblo ó cibdad llamaban rey, como parece Génesis, 4° capítulo, y de estos reyecitos venció Abraham cuatro, y salió á ellos con trescientos y diez y ocho criados, por LO QUE parece en el mesmo capítulo, bien así acá en esta Nueva España llaman provincias los pueblos grandes, y muchas de ellas tienen poco término y no muchos vecinos.

Tlaxcallan, que es la más entera provincia y de más gente, y de las que más término tienen en esta tierra, en lo más largo, que es viniendo de la Veracruz á México, esto es de oriente á poniente, tiene quince leguas de término, y de ancho, que es de mediodia al norte, tiene diez leguas.

Nace en *Tlaxcallan* una fuente grande á la parte del norte, cinco leguas de la cabeza ó de la cibdad, en un pueblo que se llama *Ozompan*, que quiere decir, segun su propia etimologia « cabeza ó principio », y ansí es, que aquella fuente es principio y cabeza del mayor rio de los de la mar del sur, el cual entra en la mar por *Zacatollan*. Este rio nace encima de la venta de *Atlancatepec*, y viene rodeando por cima de *Tlaxcallan*, y despues torna á dar vuelta, y viene por un valle abajo, y pasa por medio de la cibdad de *Tlaxcallan*, y aquí viene hecho rio, y pasa regando mucha parte de LA provincia. Este se ajunta con otro brazo mayor que baja de las sierras de *Vexocinco* y pasa cerca de la cibdad de los Ángeles, y va como el dicho á *Zacatollan*. Sin este, tiene otras muchas fuentes é arroyos é lagunas grandes que todo el año tienen agua y peces pequeños.

Tiene muy buenos pastos y muchos, á do ya los españoles é naturales apacientan muchos ganados. Ansimismo tiene grandes montes, en especial á la parte del norte tiene una muy grande sierra que comienza á dos leguas de la cibdad, y tiene otras dos de subida hasta lo alto. Toda esta montaña es de pinos y encinas : en lo alto los más de los años tenia nieve, la cual nieve en pocas sierras de esta Nueva España se cuaja, porque es muy templada tierra. Esta sierra redonda tiene de cepa más de quince leguas, y cuasi el término de *Tlaxcallan*. En esta sierra arman los ñublados, y de aquí salen las nubes cargadas que riegan á *Tlaxcallan* y á los pueblos comarcanos ; y ansí tienen por cierta señal que ha de llover cuando sobre esta Sierra ven nubes. Comiénzanse las nubes á ayuntar comunmente desde las diez hasta medio dia, y de allí á vísperas salen unas nubes y van hácia *Tlaxcallan*, otras hácia la cibdad de los Angeles, otras á *Huexocinco*, y así reparte desde allí Dios agua por toda aquella tierra, que es cosa muy notable de ver. A esta causa, antes que los españoles viniesen, los indios tenian en esta sierra gran adoracion de idolotria, que toda la tierra en rededor venian aquí á demandar agua, y en faltando el agua, eran muchos los sacrificios que en ella se hacian. Aquí en esta tierra adoraban la diosa llamada *Matlalcueye*, y á la mesma sierra llamaban la sierra de la diosa *Matlalcueye*, que quiere decir « camisa azul », porque esta era la principal vestidura de aquella diosa, una camisa azul, y la diosa tomó nombre de su vestidura azul, porque á la agua píntanla azul, y á esta y al dios *Tlaloc* decian señores del agua. A *Tlaloc* llamaban y honraban en *Tezcuco* y en México y sus comarcas, y a *Matlalcueye* en *Tlaxcallan* y sus comarcas : esto se entiende que el uno era honrado principal en *Tezcuco* y la otra en esta sierra, y ambos llamaban por toda la tierra. Para desarraigar y destruir esta idolatria de esta tierra, el siervo de Dios Fr. Martin de Valencia subió allá arriba á lo alto, quemó toda la idolatria, y levantó la cruz † de nuestro Salvador Jesucristo, hizo una ermita que llamó S. Bartolomé, el cual glorioso apóstol, demas de haber predicado á indios, dióle Dios poderio sobre los demonios, para los atar, desterrar y confundir su poder. En aquella hermita puso quien la guardase, y para evitar que nadie allí (incaba) se humillase al demonio, dando á entender á los indios como solo Dios da el agua y á él se debe pedir, &c.

Véase Impreso, página 220.
Sobre (Incaba) que está en el original (G. P.).

La tierra de *Tlaxcallan* es fértil : cójese en ella mucho maiz ó *centli*, ají y frijoles. La gente es bien dispuesta y la que en toda la tierra más ejercicio tenian de guerra. La gente es mucha y muy pobre, ca de ese *centli* ó maiz que cojen han de comer, vestir, tributar y sacar para todas las otras necesidades.

Está situada *Tlaxcallan* en buena comarca, ca tiene á la parte de occidente quince leguas á México : al mediodia tiene la cibdad de los Ángeles á cinco leguas : el puerto de la Veracruz de S. Francisco está al oriente cuarenta leguas.

Véase páginas 139, 199.

Tlaxcallan está partida en cuatro cabeceras ó señorios. El SEÑOR más antiguo y QUE primero fundó á *Tlaxcallan*, edificó en un cerrejon alto, que se llama *Tepeticpac*, que quiere decir « encima de sierra », ca desde lo bajo do va el rio y agora está la ciudad edificada, á lo alto que digo de TEPETicpac hay cerca de una legua, toda de una subida. La causa de edificar en alto era las muchas guerras, por lo cual buscaban riscos y lugares fuertes á do pudiesen dormir seguros, pues no tenian muros ni puertas en sus casas : tenian empero en muchos pueblos albarradas, porque las guerras eran tan ciertas cada año, ó darlas ó tomarlas, que siempre buscaban lugares á do pudiesen hacerse fuertes. Este señor que digo tiene su gente y señorio á la parte del norte.

Despues que se fué multiplicando la gente, el segundo señor edificó más bajo en una recuesta ó ladera acerca del rio, el cual lugar se llama *Ocotelolco* que quiere decir « pinal en tierra seca », y aquí estaba aquel principal capitan de toda *Tlaxcallan*, hombre valeroso y esforzado, que se llamó *Maxiscacin* : este recibió á los españoles y les tomó mucho amor, y les dió gran favor en la tierra que conquistaron por toda esta Nueva España. Aquí en este barrio era la mayor frecuencia de *Tlaxcalla* cuando los españoles vinieron, y aquí estaba una plaza á do cada dia se hacia un gran mercado : de poco acá se bajó más bajo, cerca del rio. Este capitan tenia grandes casas y de muchos aposentos, y aquí en una sala baja tuvieron los frailes menores su iglesia tres años, despues que pasados á su monesterio (1) tomó allí posesion el primer obispo de *Tlaxcallan* D. Julian Garcés para iglesia catedral, y llamóla Santa Maria de la Concepcion. Este señor tiene su señorio y vasallos hácia la cibdad de los Angeles, que es al mediodia.

El tercero señor ediflcó más bajo, el rio arriba, en un barrio que se dice *Tizatlan*, que quiere decir « lugar á do hay yeso » ó « yesera », y ansí es verdad, que allí hay mucha piedra de yeso. Aquí estaba aquel gran señor anciano, que de muy viejo era ya ciego, llamado *Xicotencatl*. Este dió muchos presentes y bastimentos al grand capitan D. Hernando Cortés, y ansí ciego se hizo llevar y salió lejos de su casa á recibir al dicho capitan, y despues le proveyó de mucha gente para la guerra y conquista de México, que es el señor de más gente y vasallos, que otro ninguno. Tiene su señorio al oriente.

El cuarto señor de *Tlaxcallan* ediflcó el rio abajo, en una ladera que se llama *Quiyahuiztlan*, que quiere decir « lluvia » ó « agua ». Este tambien tiene gran señorio, ca es el de más vasallos despues del de *Xicotencatl* é *Tizatlan*, que el un nombre es del señor y el otro de la cabecera y barrio : estiéndese su señorio al poniente. Tambien este ayudó con mucha gente á los cristianos contra México. Siempre estos *tlaxcaltecas* han sido fleles amigos y compañeros de los españoles en toda la conquista, y ansí todos los españoles conquistadores dicen que *Tlaxcallan* es digna de muchas mercedes, y que si no fuera por *Tlaxcallan*, que todos murieran cuando los mexicanos echaron fuera de México á los cristianos, si no los recibieran los *tlaxcaltecas*.

En *Tlaxcallan* hay un monesterio de frailes menores razonable : la iglesia grande y buena. Con los monesterios que hay en la Nueva España, para los frailes que en ellos moran al presente son suflcientes, aunque á los españoles parecen muy chicos, y en la verdad, aunque son menores casas que las de España, son harto suflcientes, y cada dia van haciendo las

(1) La *Historia de los Indios*, página 230, dice : « y despues de pasados á su monesterio ; etc. ».

casas más pequeñas y más pobres, porque al principio edificaban segun la provincia ó pueblo era, más ó menos, esperando frailes de Castilla, y los que aca socorrian españoles, y
aun tambien pensaban que de los naturales ; pero como han
visto que vienen pocos frailes, y las provincias y pueblos que
los buscan son muchos, é hay mucha tierra á do se puedan
repartir, una casa de siete ó de ocho celdas se les hace grande ·
casa, porque fuera de los pueblos de españoles, en las otras
casas no hay más de cuatro ó cinco frailes. Tornando á *Tlaxcallan*, hay en ella un buen hospital, demas de   sesenta
iglesias pequeñas y medianas, bien ataviadas.

Desde el año de mill y quinientos y treinta y siete, hasta el de
mill y quinientos y cuarenta han mucho noblecido su cibdad,
porque para hacer edificios son ricos de gente, y tiene *Tlaxcallan* muy gentiles canteras de piedra muy buena. Ha de ser
presto esta cibdad muy populosa y de buenos edificios, ca
ellos se van bajando á edificar en lo llano, par del rio, y lleva
su traza como de noble cibdad ; y como en *Tlaxcallan* hay
otros muchos señores, despues de los cuatro, y que todos tienen vasallos, edifican por muchas calles y muchos, ha de ser
en breve muy grandiosa. Cógese en *Tlaxcallan* muy buena
grana, y las otras colores son más perfectas que en otras provincias.

1537.
1537-40

En la cibdad de *Tlaxcallan* y dos ó tres leguas alrededor casi
todos son *nabuhales*, y hablan la lengua principal de la Nueva
España, que es de *nahuatl*. Los otros indios, desde cuatro leguas hasta siete, que esto tiene de poblado y (aun no) por
todas partes son *otomís*, que es la segunda lengua principal
de esta tierra : solo un barrio ó perroquia hay de *pinomes*.

Sobra (aun
no) en el ori-
ginal (G. P.).

CAPÍTULO 62

DE CÓMO LAS NIÑAS SE RECOGIERON Y ENSEÑARON, Y ELLAS TAMBIEN
ENSEÑARON Á LAS MUJERES, Y DE DOS EJEMPLOS NOTABLES, Y Á LA
POSTRE DICE LA PURA CONFESION QUE HACEN ESTOS NATURALES.

Adjutorio semejable (1) fué el de las niñas en su manera á
esta conversion, que no era bueno de solo los hombres tener
cuidado, pues ambos sexos hizo Dios en el principio, y despues de caidos á ambos vino á buscar, curar y salvar, por lo
cual tambien se recogieron y enseñaron las hijas de los señores
y principales en muchas provincias de esta Nueva España, so
la disciplina y enseñanza de mujeres devotas, espirituales, que
por esta santa obra envió la emperatriz, y trajeron favores para
que les hiciesen casas honestas y competentes, a do pudiesen
ser enseñadas las niñas honestamente. Duró esta doctrina
obra de diez años, y no más, porque como estas niñas no se
enseñaban mas de para ser casadas, y para que supiesen coser
y labrar, que tejer muy bien lo saben las naturales, y hacer
telas de mil labores, y en las telas, ahora sea por mantas de
hombres, ahora para camisas de mugeres, que llaman *hui-
piles*, que aunque los españoles llaman camisas las que echan
encima, llámanlas camisas por ser ropa delgada : mucha de
esta ropa va tejida de colores de algodon teñido, ó de pelo de
conejo, que es como sirgo ó seda de Castilla ; tambien hacen
camisas graciosas y vistosas, más que costosas. La obra que es
de pelo de conejo, que acá llaman *tochomitl*, esta aunque se
lave no recibe detrimento, antes cada vez queda bien blanca,
porque es teñida en lana : é ya en esta tierra se hace seda, y
teñida con las colores de acá sube mucho más y tiene mejor
color que la de Castilla, y aunque la echen en colada fuerte no
desdice. Las labores que son de algodon no se sufre lavar, que
todo cuanto hay mancha, porque el algodon es teñido en hilo.
De lana merina de las ovejas hacen muy buenas obras, tan

(1) Aquí parece que faltan los vocablos AL DE LOS NIÑOS.

buenas y mejores que de pelo de conejo, por lo cual los indios hacen mucho por ella. De toda esta obra labraban aquellas niñas. Despues, como los padres vinieron al baptismo, no ovo necesidad de más ser enseñadas de cuanto supiesen bien ser cristianas, y vivir en ley de matrimonio. En estos diez años que se enseñaron, muchas que entraron algo mugercillas se casaban y enseñaban á las otras. En el tiempo que estuvieron recogidas deprendieron la doctrina cristiana y el oficio de Ntra Sra, romano, el cual decian devotamente en sus monesterios á su tiempo é horas : é aun algunas, despues de casadas, antes que cargase el cuidado de los hijos, proseguian sus santos ejercicios y devociones ; y fué cosa muy de ver en *Vejocinco* un tiempo en que habia copia de casadas nuevas, y cerca de sus casas tenian una devota ermita de Ntra Sra. hasta nona, y cierto era muy devota verlas decir sus vísperas cada dia é cantar las antífonas y salmos y himno, con *Magnificat :* tenian su hebdomadaria y cantoras que comenzaban los salmos y antífonas, y por esta órden de coro, sin saber leer.

Muchas de estas niñas, á las veces con sus maestras, otras veces acompañadas de algunas indias viejas, que tambien ovo algunas viejas devotas para porteras é guardas de las otras ; con estas salian á enseñar, ansí en los patios de las iglesias como á las casas de las señoras, y á muchas convertian, á se baptizar y ser devotas cristianas y limosneras, y siempre han ayuntado á la doctrina á las mujeres, aunque no discurriendo.

Si alguna cosa nueva hay doctrina ó enseñanza siempre hay entre ellas buenas cristianas deseosas de saber todo lo que esperamos servir á Dios, y estas luego lo trabajan de aprender, y por ser cosa más honesta, las mujeres más enseñadas, aquellas enseñan á las otras, ansí como cosa de doctrina ó el Pater noster é Ave Maria, Credo, Salve, Mandamientos, é los otros rudimentos que los muchachos enseñan á los señores, las mujeres unas á otras se enseñan.

Una cosa maravillosa aconteció en México á una india doncella *ichpuchtli,* que quiere decir « vírgen » : esta era molestada y requerida de un mancebo soltero, que en esta lengua se dice *telpuchtli,* y como se defendiese de él, despertó el demonio á otro para que intentase la mesma maldad con la india

13

ichpuchtli, y como ella tan bien se defendiese del segundo como del primero, ayuntáronse ambos mancebos para hacer violencia á la vírgen, y cumplir por fuerza su enorme voluntad, para lo cual anduviéronla aguardando un dia é otro é saliendo ella de la puerta de su casa á prima noche, tomáronla y llévanla á una casa yerma, y ella defendiéndose varonilmente, llamando á Dios y á Sta Maria, ninguno de ellos pudo haber acceso á ella, y como cada uno por sí no pudiese, ayuntáronse ambos juntos contra la doncella, y como por ruegos no pudiesen nada acabar con ella, comenzaron de maltratarla, dándola de bofetadas y puñadas, y mesábanla cruelmente, y á todo esto ella perseveraba con más fortaleza en la defension de su honra, y aunque ellos no cesasen toda la noche de la impugnar, dióle Dios, á quién ella llamaba, tanta fuerza, y á ellos los embarazó y desmayó, que como la tuviesen toda la noche, nunca contra ella pudieron prevalecer, mas quedó la doncella ilesa, y guardada su integridad. Entonces ella, por guardarse con seguridad, fuése luego por la mañana á la casa de las niñas, y contó á la madre lo que le aconteciera con los que la querian robar el tesoro de su virginidad, y fué recibida en la compañia de las hijas de los señores, aunque era pobre, por el buen enjemplo que habia dado, y porque la llevaba Dios guardada de su mano.

En otra parte aconteció que como una casada enviudase siendo moza, requeríala y aquejábala un casado, y como no se pudiese defender de él, un dia vídose sola con ella, y él, encendido en su torpe deseo, entonces ella con fervor de espíritu reprendiéndole, dijo : « ¿ Cómo intentas y procuras de mí tal cosa ? ¿ Piensas que porque no tengo marido que me guarde has de ofender conmigo á Dios ? Ya que otra cosa no mirases sino que ambos somos cofrades de la hermandad de Nuestra Señora, y seríamos indignos de nos llamar cofrades de Santa Maria y de no tomar sus candelas benditas en nuestras manos : por esto era mucha razon que tú me dejases, é ya que tú no quieras dejarme por amor de Nuestra Señora, cuyos cofrades somos, sábete que yo estoy determinada de antes morir, que cometer tal maldad. » Fueron estas palabras de tanta eficacia é tan impresas en el corazon del casado y ansí le compungieron, que luego respondió : « Tú has ganado mi alma, que estaba ciega y perdida : tú has hecho como buena cristiana y sierva de Sancta Maria : yo te prometo de me apartar de este pecado, y de me confesar y hacer penitencia de él. »

En muchos pueblos de esta Nueva España, en especial en *Tezcuco, Cuauhtitlan, Xochimilco*, hay algunas mujeres viudas, que parece no apartarse del templo de Dios, viviendo en oraciones, ayunos y vigilias, á ejemplo de aquella Santa Ana, viuda, que adoró, confesó y predicó al infante Jesucristo en el templo. Por la buena vida y ejemplo de estas, muchas han despertado del sueño de los pecados. Estas visitan y consuelan los enfermos, curándolos primero de la espiritual enfermedad, atrayéndolos con sus palabras á que luego se confiesen y curen primero del ánima, segun lo manda la santa Madre Yglesia, y ansí muchos enfermos y sanos vienen aparejados al sacramento de la penitencia, contritos y satisfechos.

Nadie podrá creer cuán por entéro y escrupulosamente se confiesan estos naturales. Muchos no se satisfacen si á lo menos una vez no se confiésan generalmente, aunque les dicen los confesores que basta acusarse de lo que hicieron despues del baptismo, ó ya que en una confesion no los quieren algunos oir sino lo que cometieron despues del baptismo, no asosiegan hasta que se confiesan de toda su vida, algunos porque no saben si recibieron el baptismo con tanta contricion y aparejo como era menester, y muchos de ellos no se contentan con lo que ellos saben y se les acuerda, sino que preguntan á sus padres si los llevaron siendo niños á la casa del demonio, y cuántas veces, y si los sacrificaban de las orejas, y si les dieron á comer carne humana é otros manjares dedicados al demonio de idolatricis.

Muchos hay que se acusan y dicen « desde el vientre de mi madre pequé » ; y es verdad que al primero que esto oí le respondí : « Anda allá, dí tus pecados, y deja á tu madre » ; y díjome : « No te enojes, que te digo la verdad, porque estando yo en el vientre de mi madre, me ofreció y prometió al demonio » ; y otros dicen, « demás de me ofrecer mis padres al demonio, cuando mi madre me tenia en el vientre, embeodándose ella y comiendo carne humana, me traia á mi parte del manjar y del pecado, é ya yo pecaba allí tambien » ; é otros se acusaban del trabajo que dieron á sus madres en el vientre, y esto dicen tan en seso, que los confesores huelgan que digan su confesion por la órden que la traen pensada, y no les van á la mano. Sant Agustin, en el libro *de Confessionibus*, del trabajo y pena que á su madre dió en el vientre comienza Sant Agustin, y ansí parece que uno mesmo es el maestro de entonces y el de agora.

Cuando considerares cómo sea este maestro y señor con estos pecadores humildes, y como se ha con los justos soberbios, á los pecadores humildes que se vienen acusando no los quiere confundir, acusar ni reprender, porque *si nosmetipsos dijudicaremus, non utique judicaremur* : á los justos soberbios ascóndeles Dios los bienes, y descúbreles y maniféstales las faltas y defectos que tienen, como hizo á Simon Fariseo, que no le trajo á la memoria el bien que habia hecho en le hospedar y convidar en su casa, y mostróle las faltas, diciendo : « Aunque me llamaste á tu casa, no me diste beso de paz, ni tampoco untaste con olio mi cabeza, ni menos me diste agua para lavar mis piés. » No hizo cuenta de los mensajeros que el justo soberbio le habia dado, y relátale lo que habia faltado ; y á la humilde pecadora Madalena encúbrele sus pecados y defectos, y manifiesta sus buenas obras y servicios, diciendo : « Esta, despues que aquí entró, no cesa ni ha cesado de besar mis piés, y los ha ungido con olio, por lo cual *remittuntur ei peccata multa, quoniam dilexit multum* ». Oyan esto los pecadores humillados, y gócense que nunca tal se les dé rey ni señor que ansí magnifique y muestre su misericordia con los pecadores, pues la multitud de sus pecados son encubiertos é olvidados, é sus pequeños servicios son estimados y renumerados.

I. Cor. XI
31

Luc. VII.
47.

CAPÍTULO 63

Cibdad de los Ángeles no hay quien crea haber otra sino
la del cielo. Aquella está edificada como ciudad en las alturas,
que es madre nuestra, á la cual deseamos ir, y puestos en
este valle de lágrimas, la buscamos con gemidos innumerables, porque hasta vernos en ella, siempre está nuestro corazon inquieto y desasosegado. Qué tal sea esta ciudad, ya está
escrito, porque la vió y la contempló S. Juan Evangelista en
los capítulos 21 ó 22 del Apocalipsi.

Otra nuevamente fundada, ó por nombre llamada Cibdad
de los Ángeles, es en la Nueva España, tierra de *Anahuac*.
Á do en otro tiempo era morada de los demonios, cibdad de
Satanás, habitacion de enemigos, ya hay en ella cibdad de
los Ángeles Esta edificó el audiencia é chancilleria real que
en la cibdad de México y en esta Nueva España reside por
S. M., siendo presidente el señor obispo D. Sebastian Ramirez de Fuenleal, ó oidores el Lic. Juan de Salmeron, y el Lic.
Alonso Maldonado, y el Lic. Francisco Ceynos, y el Lic. Vasco
Quiroga. Edificóse este pueblo á instancia y ruegos de frailes
menores, que suplicaron á estos señores quisiesen hacer un
pueblo de españoles que se diesen á cultivar la tierra y hacer
labranzas y heredades al modo de España, pues en la tierra
habia muy gran dispusicion y aparejo, y no que todos estuviesen esperando repartimientos de indios, y que se comen-
zarian pueblos en los cuales se recogerian muchos cristianos
que al presente andaban ociosos é vagabundos, é darian ejemplo á los naturales de cristiandad y de trabajar al modo de
España, é que teniendo heredades tomarian amor á la patria,
y ternian voluntad de permanecer en ella los que antes anda-

ban por desfrutarla y volverse á España, y que de este principio sucederia muchos bienes, &c.

Determinado que el pueblo se hiciese, fueron buscados y
mirados muchos sitios, y el que más partes de bondad tuvo,
como adelante parecerá, es á do la cibdad agora está ediflcada,
Is. LXII, 12. por lo cual le podrán decir : *Tu autem vocaberis quæsita civi-*
tas ; esta es cibdad escogida é sitio señalado entre muchos
por el mejor.

1530. Fué ediflcada la cibdad de los Ángeles en el año de mil
y quinientos y treinta, en las ochavas de Pascua de Flores,
á diez y seis dias del mes de Abril, y dia del bienaventurado
Santo Torribio, uno de los gloriosos santos de nuestra España, obispo que fué de la cibdad de Astorga, el cual ediflcó la
iglesia de San Salvador de Oviedo, en la cual puso muchas
reliquias que él mesmo trajo de Jerusalem. Este dia vinieron
los que habian de ser nuevos habitadores de aquel nuevo
pueblo, ca todos estaban cerca, porque la pascua habian tenido por los monesterios cercanos al sitio, ó por mandado de
la audiencia real fueron aquel dia y su vigilia ayuntados muchos indios de las provincias y pueblos comarcanos, y ellos
venian bien de Pascua de Flores. Cada pueblo trabajaba de lo
hacer mejor y dar ayuda á los cristianos : los de un pueblo
venian juntos por su camino con toda su gente cargada de los
materiales que eran menester para luego hacer sus casas de
paja ; vinieron de *Tlaxcallan* sobre siete ó ocho mill indios, y
pocos menos de *Vejocinco* y *Calpan,* y lo mesmo de *Tepeya-*
cac é *Cholola :* traian algunas latas ó ataduras ó cordeles, y
mucha paja de casas, y el monte que no está muy lejos para
toda la otra madera. Entraban los indios cantando en(con) sus
banderas, y tañendo campanas y atabales, y otros con danzas
de muchachos y con muchos bailes, que ya parecia que deste-
rrando á los demonios, llamaban á los ángeles, cuyo pueblo
iban á principiar.

Este dia que dije, dicha misa, que fué la primera que allí se
dijo, ya traian sacada y hecha la traza del pueblo por un cantero vecino que allí se halló. No tardaron mucho los indios en
limpiar el sitio, y echados los cordeles, repartieron luego al
presente paréceme que cerca de cuarenta solares á cuarenta

Véase Im-
preso, pági-
na 232.

Torquemada,
I-133.

pobladores : que en la verdad, aunque me hallé presente, no me recuerdo si fueron más ó menos los que este pueblo principiaron.

Luego aquel dia levantaron los indios é hicieron casas para todos los moradores, y acabáronlas en aquella semana, y no eran tan pobres casas, que no tenian competentes aposentos. Era esto en principio de las aguas, y llovia mucho aquel año, y como aun no estaba el pueblo trillado ni hechas acequias para las aguas, andaba el agua por todas las casas, tanto que burlaban algunos del sitio y de la poblacion, como sea un arenal seco, y ha poco de cima, y á poco más de un palmo tiene un barro fuerte, y luego la tosca, y desque por sus calles dieron pasada al agua, aunque llueva el mayor aguacero del mundo, dende á dos Credos queda toda la ciudad tan limpia como una taza, en toda ella no hay un palmo de lodo entonces y aun ha estado esta cibdad desfavorecida y estuvo para se despoblar, y agora es la mejor cosa de toda la Nueva España, despues de México, y desque S. M. fué informado y supo qué cosa era, hízola cibdad y diole previlegios reales.

El asiento de la cibdad de los Ángeles es muy bueno, y la comarca la mejor de la Nueva España, porque tiene á la parte del norte á la cibdad de *Tlaxcallan* á cinco leguas : tiene al poniente á *Huexocinco* otras cinco leguas : al oriente tiene á *Tepeyacac* á cinco leguas : al mediodia, tierra caliente, están *Yzcolan* y *Quauhquecholla*, á siete leguas : tiene dos leguas de si á *Cholollan; Totomihuacan* legua y media : *Calpan* está cinco leguas : todos están muy grandes pueblos y provincias. Tiene el puerto de la Veracruz de San Francisco al oriente á Véase páginas 130, 189. cuarenta leguas : México al occidente á veinte leguas : va el camino del puerto á México por medio de esta cibdad. Cuando los arrieros van cargados á México, los vecinos de esta cibdad compran lo que han menester, y cuando los arrieros vuelven, cargan de harina, bizcocho y tocinos, &c., para llevar al puerto, que no es poco vender y comprar en su casa, porque adelante ha de ser de mucho trato.

Tiene esta cibdad de los Ángeles una de las buenas montañas que cibdad de todo el mundo puede tener, porque comienza á una legua del pueblo y va por partes cinco y seis leguas

de muy excelentes pinares y encinales, y entra esta montaña
por una parte á tres leguas aquella sierra de S. Bartolomé,
que dicen sierra de *Tlaxcallan.* Todas estas montañas son de
muy gentiles pastos, ca en esta tierra los pinales, aunque sean
arenales, están poblados de buena yerba, la cual no es en otras
partes de Europa. Demas de esta montaña tiene otros muy hermosos pastos y dehesas á do sus vecinos apacientan mucho
ganado ovejuno é yeguas.

Hay en esta cibdad de los Ángeles y en todo su término
mucha abundancia de agua, ansí de rios, arroyos, como de
fuentes. Junto á las casas va un arroyo, que ya en él están
cinco paradas de molino de á cada dos ruedas : llevan agua de
pié que anda por toda la cibdad. A media legua pasa un gran
rio que siempre se pasa por puentes : este se hace de dos brazos ; el uno viene de *Tlaxcallan,* y el otro desciende las sierras
de *Vexocinco.* Dejo de decir de otras aguas de fuentes y arroyos que esta cibdad tiene en su término, por decir de muchas fuentes que están junto ó cuasi dentro de la cibdad, y
estas son de dos calidades : las unas fuentes y más propíncas
á las casas, de agua algo gruesa y salobre, y á esta causa los
indios llaman á este sitio *Cuetlaxcoapan :* este nombre y término abraza tambien la cibdad, que los indios no saben nuestros nombres ni mudan los suyos, y dícenla *Cuetlaxcoapan,*
que quiere decir « cuero colorado » y « culebra en agua » : el
agua colorada y que cria culebras, no es buena, y ansí es que
aquellas fuentes las tenian por de mala agua y sucias en comparacion de las otras fuentes que están de la otra parte del rio
de los molinos á do está el monesterio de S. Francisco : estas
son de muy excelentes fuentes y de muy delgada y sana agua :
creo que son ocho ó nueve : algunas tienen dos y tres azadas
de agua : una de estas nace en la huerta de S. Francisco : de
esta bebe toda la ciudad : aquí llaman los indios *Vicilapan,* que
quiere decir « pájaros sobre agua » ó « aves sobre la frescura
del agua », y á esta causa se engañan muchos ó cuasi todos los
españoles que no saben la razon por que los indios nombran á
esta ciudad por dos nombres, unas veces diciendo *Cuetlaxcoa-*
pan : entonces quieren decir el sitio de la cibdad, y otras veces
dicen *Vicilapan :* hase de entender aquella parte del arroyo á

S. Francisco. La causa porque las fuentes que están en la cibdad son salobres, es porque todo aquello es mineros de piedra
de sal, y destotra parte son mineros de piedra de grano blanca
de sillares, como luego diré.

Tiene esta cibdad muy ricas pedreras ó canteras, y tan cerca
que menos de un tiro de ballesta sacan cuanta piedra quieren,
ansí para labrar paredes como para hacer cal ; y es tan buena
de quebrar, por ser blanda y por llevar sus vetas, que aunque
los más de los vecinos la sacaban con barras de hierro y alma-
dana, los pobres con palo la sacan, y una piedra con otra la
quiebran toda la que han menester. Están estas pedreras debajo de tierra, á la rodilla y á medio estado, y por estar debajo de tierra es blanda, y puesta al aire y al sol, párase muy
dura. En algunas partes está de esta piedra de fuera de tierra,
sobre la tierra, pero es tan recia, que no curan de ella. Esta
piedra que los españoles sacan es extremada de buena para
hacer paredes, porque la sacan del tamaño que quieren, y es
algo delgada y ancha para trabar la obra, y es llena de ojos
para recibir la mezcla, y en esta Nueva España es tierra fria y
cálida, hácese más recia argamasa, y sácase más en un año
que en cinco en España. Lo que sale piedra menuda y todo el
ripio de lo que se labra guardan para hacer cal, que tambien
cuecen mucha, y es muy gentil cal. Tienen sus hornos junto
á las pedreras, par de sus casas, y el monte no muy lejos, y
el agua que no falta, que parece que todos los materiales tenian los ángeles aparejados al pié de la obra para edificar su
cibdad ; y lo que más es, tiene esta cibdad una pedrera de pie-
bra blanca de buen grano, y mientras más van descopetando á
estado y medio y á dos estados, es muy mejor. De esta labran
pilares y por todas (portadas) las ventanas, &c. para toda obra
de silleria. Esta cantera está de la otra parte del arroyo en un
cerrejo, á un tiro de ballesta del monesterio de S. Francisco, y
de la cibdad á dos tiros de ballesta.En el mesmo cerro hay otro
venero de piedra más recia, donde sacan piedras para moler
los indios su maiz ó *centli*, ca estos quieren ser de piedra de
más recio grano, y aquí sacan para piedras de molino tambien.

Y porque de esta materia en esta cibdad no hay defecto ninguno ni falta, tiene muy buena tierra para hacer adobes, la-

drillo y teja, aunque teja muy poca se ha hecho en la Nueva
España, porque los techados de las casas hácenlos de terrado.
Ansimismo tiene muy buena tierra para tapias, y muchos han
cercado y cercan sus huertas de tapia ; y aunque en esta cibdad no ha habido muchos repartimientos de indios, como
otros pueblos de la Nueva España han tenido, por el gran aparejo que en ella hay, están repartidos cerca de doscientos solares bien cumplidos, que hay para hacer dos casas buenas en
cada solar ; é ya están muchas casas hechas, y calles muy largas, todas de hermosas casas, é hay dispusicion y suelo para
hacer una cibdad mejor que Sevilla, y ansí lo será por tiempo,
y decirse ha *civitas erat lata nimis et grandis*, porque esta cibdad con disfavores y contradicciones no ha hecho sino crecer,
y otras con grandes favores se despoblan ; pero como creo que
tiene el favor de los ángeles, no basta disfavor ninguno para
dejar de crecer, y sea la que ha de ser.

II. Esdr. 7, 4.

CAPÍTULO 64

QUE DECLARA LA DIFERENCIA QUE HAY DE LAS HELADAS DE ESTA TIER-
RA Á LAS DE ESPAÑA ; Y DE LA FERTILIDAD DEL VALLE VAL DE
CRISTO, CON TODA LA VEGA ; Y CÓMO POR SU GRAN RIQUEZA Y BON-
DAD ES COMO OTRO PARAISO EN ESTA TIERRA : DE LOS MORALES Y
SEDA QUE EN ÉL SE CRIARÁN : DE LA IGLESIA CATEDRAL, MONESTE-
RIOS Y EDEFICIOS, É OTRAS COSAS NOTABLES.

El invierno que hace en esta Nueva España é las heladas y
frio, ni dura 'tanto ni es tan bravo como en España, antes es
tan templado, que ni dejar la capa da mucha pena, ni traerla
en verano ; pero por ser las heladas destempladas ó fuera de
tiempo ó de órden, quémanse algunas plantas y algunas hortalizas de Castilla, ansí como árboles de agro, parras, higueras
grandes, melones, pepinos, berengenas, &c., y no se queman
estas cosas por causa de grandes frios ni con grandes heladas,
sino porque vienen fuera de tiempo, ca por Navidad ó por la
Epifania vienen diez ó doce dias tan templados como de vera-

no, y como la tierra es fértil, aunque no han mucho dormido
los árboles, ni ha pasado mucho tiempo que dejaron la hoja,
con aquellos dias de buen tiempo luego vuelven á brotar los
árboles, y tornados otros dos ó tres dias de heladas, que aunque no son recias, por hallar los árboles muy tiernos, todo lo
que ha brotado les quema, y por la bondad de la tierra acontece
algunos años tornar á echar dos ó tres veces : esto acontece
algunos años en España : vienen las heladas y el invierno todo
junto : no engaña algun calor las plantas para que echen temprano, mas antes los frios hacen detener los árboles. Despues, comenzando el verano, sigue su calor sin heladas, y
crianse los árboles y dan su fruta sin el peligro que esta tierra
padece, y los que ignoran estas razones espántanse como no
se hielan en Castilla los árboles que acá á do tan grandes son
las heladas, y acá con tan pequeñas se hielan. Esto que aquí
digo no va fuera de propósito de contar historia y propiedades
de esta tierra, ni me aparto de loar los bienes de nuestra cibdad de los Ángeles, por lo cual digo que en esta Nueva España
cualquier pueblo, para ser perfecto, ha de tener alguna tierra
caliente, á do tenga sus viñas, huertas y heredades, como lo
tiene esta de que hablamos.

A cuatro leguas tiene esta ciudad un vago que se llama Val
de Cristo, á do los moradores de los Ángeles tienen sus viñas,
huertas de agro, granadas, &c., á do se hacen extremada-
mente bien. Aquí tienen labranzas de pan, que lo cogen todo
lo más del año, que en tierra fria no se da más de una vez, como en España ; mas aquí donde digo, como es tierra caliente
ó que no le perjudica la helada, como tiene esta valle mucha
agua de pié, siembran y cogen cuando quieren muchas veces.
Acontece estar un trigo acabado de sembrar, y otro que brota,
y otro en porreta y espigando, y otro para se coger, y esta es
muy comun cosa, y el pan de este trigo en extremo es muy
bueno, tal que parece los vecinos de esta cibdad siempre comen pan de boda.

Lo que más ricas hace estas heredades son los morales que
tienen puestos y cada dia ponen, ca en esta vega hay muy
grande aparejo para criar seda. Es tan buena esta vega á do
está este vago que digo de Val de Cristo, que dudo haber otra

mejor ni tan buena en toda la Nueva España, porque buenos maestros y que saben conocer la buena tierra, dicen de esta vega que es mejor de la vega de Granada y mejor que la de Orihuela, por lo cual seria bien decir algo de suma de tan buena cosa.

Esta es una vega que llaman los españoles el val de *Atlixco* : empero entre los indios tiene muchos nombres, ca es muy grande. *Atlixco*, quiere decir, segun su propia etimologia « ojo ó nacimiento de agua », y este lugar propiamente es dos leguas encima del sitio de los españoles de Val de Cristo, á do nace una muy grande y muy hermosa fuente, que es de tanta agua, que luego nace un rio, el cual va regando muy gran parte de esta vega, ca es muy grande y muy ancha y de muy fertil tierra : tienen otros rios y muchas fuentes y arroyos. Junto á esta fuente está un pueblo que se llama del mesmo nombre de la fuente, *Atlixco*, ó San Pedro de Atlixco.

Otros llaman esta vega *Quauhquechullan* la vieja, porque en la verdad los de *Quauhquechulla* la plantaron é habitaron primero, esto es donde agora se llama *Acapetlahuacan*, que para quien no sabe el nombre es á do se hace el mercado ó *tianquizco* de los indios ; y esto aquí es de lo mejor de toda esta vega. Como los de *Quauquechulla* (*Quauhquechulla*) se oviesen aquí algo multiplicado, cerca del año de mil y cuatrocientos, ensoberbeciéronse y fueron á dar guerra á los de *Calpan*, que está arriba cuatro leguas al pié del vulcan, y tomados desapercibidos, maltratáronlos y matando muchos de ellos, retrajéronse los que quedaban de *Calpan* á *Vejocinco*, y aliáronse con ellos, y todos juntos fueron sobre los de *Acapetlahuacan* y mataron muchos más, y echáronlos del sitio, y los que quedaron retrayéronse dos ó tres leguas al rio grande de abajo, donde agora se llama *Conuatepec* (1), acerca del rio grande.

Pasados algunos años, é humillándose los de *Quauhquechullan* ó de *Acapetlauacan*, porque la tierra que habian perdido era muy buena, fueron con presentes, conociéndose por culpados de lo pasado, y rogaron á los de *Huexocinco* y *Cal-*

(1) No conozco pueblo de este nombre : yo leería *Cohuatepec* porque la *Historia de los Indios* (página 238) pone aquí *Coatepec*.

pan les perdonasen y los dejasen tornar á poblar su tierra, y
ellos hiciéronlo, porque todos eran parientes y venian de un
abolengo, y tomados á su asiento tornaron á hacer sus casas
y moraron algunos años en paz ; é olvidados de lo que habia
subcedido á sus padres, volvieron los de *Acapetlauacan* á la
locura primera que sus padres, é hicieron ni más ni menos,
dando guerra á los de *Calpan* (1) con los de *Vexocinco* y tornaron á destruir y desterrar á los de *Acapetlauacan ;* echáronlos
adonde agora están y edificaron á *Quauhquechullan ;* y porque estos fueron los primeros pobladores de esta vega, llamá-
ronla *Quauhquechullan* la vieja ; pero desde aquella postrera
vez los de *Vexocinco* y *Calpan* repartieron lo mejor de aquesta
vega, y desde entonces la poseen. A otra parte llaman *Acapetlayocan :* á esto llaman los españoles *Tochimilco,* y esto
se ha de entender del nombre de toda aquella provincia, y la
cabecera se llama *Acapetlayocan,* y esta es la cosa más antigua de todo este valle, y de aquí salieron los de *Vexocinco* y
Calpan, y esta provincia está siete leguas de la cibdad de los
Ángeles, entre *Quauhquechullan* y *Calpan,* y es muy buena
tierra y de mucha gente.

E dejadas las cosas que los indios en esta vega cogen, que
entre ellos son de mucho provecho, ansí como frutas, *centli* ó
maiz, que se coge dos ó tres veces en el año, danse flisoles, ají,
ajes, algodon, &c. Es valle donde se plantan muchos morales :
aquí se hace una heredad para el rey de ciento y diez mill morales, é ya están puestos ó traspuestos más de la metad, y crecen tanto aquí en un año como en España en tres años. Los
españoles vecinos de los Ángeles, algunos tienen á cinco ó
seis mil, otros ocho ó diez mill, ó más ó menos, cada uno como
puede criar : habrá aquí tanta cantidad de seda, que será una
de las ricas cosas del mundo, y este será el principal lugar
de seda, porque ya hay muchas heredades de ella, y con la
que por otras muchas partes de la Nueva España se cria y se
planta, de aquí á pocos años se criará más seda en esta Nueva
España, que toda la cristiandad, y mejor.

(1) Aquí parece que falta un renglón entero. En la *Historia de los Indios*,
página 239, están intercaladas las palabras siguientes : « los cuales vista la
maldad de sus vecinos, tornáronse á juntar ; etc. ».

Críase el gusano tan recio, que ni se muere porque lo echen
por ahí, ni porque lo dejen de dar de comer dos ni tres dias, ni
que haga los mayores truenos del mundo ningun perjuicio le
hace, como en otras partes, que si truena al tiempo que el gusano hila ó sube, se queda muerto colgado del hilo. En esta
tierra, antes que viniese la semilla de Castilla, yo ví gusanos
de seda naturales, y sus capullos, más pequeños son que los
que vinieron de España, y ellos mesmos se criaban por los
árboles.

Lo que más es de notar de la seda, que se cria dos veces en
el año, é yo ví los gusanos de la segunda cria en este año de mil

1540. y quinientos y cuarenta en principio de Junio ya grandecillos,
que habian dormido dos ó tres veces, y la razon por que se
criará la seda dos veces es esta, porque los morales comienzan
á echar desde principio de Febrero, y están en crecida y con
hoja tierna hasta Agosto, de manera que cogida la primera
semilla la tornan á avivar, y se queda á muy buen tiempo y
mucho, porque como las aguas comienzan por Abril, están los
árboles en crecida muy mucho más tiempo que en Europa ni
en Africa.

Hácense en este valle melones, cogombros, pepinos y todas
las hortalizas que en tierra fria, ca este valle no se debia llamar
tierra caliente porque no tiene de tierra caliente más de no le
perjudicar la helada, en lo demas es tan templada como la
otra tierra, en especial el asiento de los españoles, y hace tan
frescas mañanas como dentro en México, y tiene una propiedad este valle bien notada de los cristianos, que siempre á medio dia viene por aquella vega un viento muy gracioso y templado, que ellos llaman la mañera (marera), ó yo le llamo

Gen. III. 8. *auram post meridiem*, que ansí diz que se llamaba un viento
gracioso que corria en el paraiso terrenal, y de aquí es lo que
se dice cuando vino Dios á castigar á nuestro padre Adan, que
andaba Dios paseándose en el paraiso terrenal, y le daba aquel
aire fresco, como quien dice, paséase al frescor de la tarde,
deambulabat Deus in paradiso ad auram post meridiem. Ansí
este valle por tiempo ha de ser un paradiso terrenal, porque
tiene mucho aparejo para lo ser, ca ciertamente paraiso
quiere decir huerto ó jardin gracioso á do hay abundancia de

aguas, rosas y frutales, como lo hay aquí, y por eso se llama
Val de Cristo.

Antiguamente estaba muy gran parte de esta vega echa
erial, á causa de las guerras, porque de todas partes tiene este
valle grandes pueblos, y todos estaban de guerra unos contra
otros, antes que los españoles viniesen, y aquí era el campo de
las guerras. Esta era costumbre general entre todos los pueblos y provincias, que á los términos de cada parte dejaban
un gran pedazo despoblado, hecho campo, que nunca sembraban, para las guerras, ó ya que lo sembraban alguna vez, por
maravilla lo gozaban, porque los del otro término lo destruian.
Agora todo se va ocupando, ya de los españoles con ganados,
ya de los naturales con labranzas ; y se echan de nuevo mo-
jones á los términos, y algunos que no están bien claros, de-
termínanlos por pleito y esta es la causa de muchos pleitos
entre los indios, estar los términos confusos.

Los que escriben cosas nuevas, aunque se detengan y apar-
ten algo del intento principal, contando historia y dando razones de las causas, dignos son de perdonar ; ó si me he dete-
nido en este valle, que llamo paraiso terrenal, no es maravilla, que tambien se detuvo Sancto Amaro mucho más de lo
que pensó, cuando en el otro entró, si es verdad lo que en su
vida se lee. Y no me aparto mucho de decir los bienes de la
cibdad de los Ángeles, pues le doy por villa un paraiso terrenal, que ya que los hombres lo perdieron, si algunos lo podian
mejor hallar, eran los ángeles para su cibdad.

Volviendo digo que en aquella ribera que van junto á las
casas de la cibdad hay buenas huertas, ansí de hortaliza como
de árboles de pepita, que son perales, manzanos y membrillos, &c., y de árboles de cuesco, como duraznos, melocotones,
ciruelas, &c. A aquestas no les perjudica ni quema la helada.
Esta es tan buena tierra como la que sembró Ysaac en Pales-
tina, que cogió ciento por uno ; ca yo me acuerdo que cuando
S. Francisco de los Ángeles se edificó, habia un vecino sembrado aquella tierra que estaba señalada para el monesterio,
de trigo, y estaba bueno, y preguntado qué tanto habia sembrado y cogido, dijo que sembraba una hanega y cogeria cien
to, no por ser aquel el primer año que se sembraba, porque

Véase Fun-
dación de
Atlixco en
Torquemada,
I-319.

Torquemada,
I-314

antes que la cibdad allí se edificase, sembraba la ribera de aquel arroyo para el español que tenia el pueblo de *Cholollan* en encomienda, más habia de cinco años, que cada año se sembraba, y ansí es en esta Nueva España, que las tierras se siembran cada año, y no las estercolando fructificaban bien. En otra parte de esta Nueva España he sido certificado que de una hanega cogieron más de ciento y cincuenta hanegas : verdad es que esto que ansí acude, se siembra á mano como el *centli*, que hacen la tierra camellones, y con la mano escarban y ponen dos ó tres granos, y á un palmo ponen otro tanto, y sale una mata llena de cañas ó espigas. *Centli* ó maiz se ha sembrado en término de esta ciudad, que ha dado una hanega trescientas y más. Agora, como hay tantos ganados, ca cierto en poco tiempo se han mucho multiplicado, y vale de balde, labran la tierra con sus yuntas de bueyes como en España.

Tambien se sirven de carretas, que las hay muchas en esta cibdad, que es cosa de ver las que cada tarde entran cargadas á esta cibdad, unas cargadas de trigo, otras de *centli*, otras de leña para quemar cal, otras con vigas, y otras madera para hacer casas ; y carretas que vienen del puerto traen mercadería, y las que van llevan mantenimientos.

Lo principal de esta cibdad, y en que lleva ventaja á otras más antiguas que ella, es en la iglesia, porque cierto es muy solene, más fuerte y mayor que todas cuantas hasta hoy hay en toda la Nueva España. Es de tres naves : los pilares son de buena piedra negra de buen grano, con sus tres portadas labradas con mucha obra. En esta iglesia reside el señor obispo con sus dignidades, canónigos, curas y racioneros, en (é) todo lo conveniente al culto divino, porque aunque en *Tlaxcallan* se tomó primero la posesion, hay ya letras de S. M. que aquí sea la catedral, y como en tal residen aquí los ministros. Tiene dos monesterios de franciscos y dominicos : hácese un hospital que se llama S. Juan de Letran, y tiene todas las indulgencias y gracias que el mesmo de Roma : será muy solene, porque está bien dotado, y por estar en el camino, hay allí mucha necesidad. Hay buenas casas nobles, y muy honrados vecinos : aquí hacen mucha caridad á los que de nuevo vienen de Castilla : ca los que desembarcan desde Mayo hasta Setiembre enferman y mueren muchos, y aquí todos los vecinos se ocupan en hacerles caridad.

Tiene esta cibdad mucho aparejo para se cercar y ser el homenaje de toda la Nueva España, y hacerse en ella una fortaleza ; y hecho esto, que se puede hacer con poca costa y en breve tiempo, dormirán seguros los españoles de la Nueva España, quitados de cuantos temores y sobresaltos han tenido ya por muchas veces ; y de esta cibdad se dirá : *Hæc est civitas gloriosa, habitans in confitentia :* esta es la cibdad que DA confianza y seguridad á la Nueva España, porque la fortaleza de los españoles está en los caballos y tener tierra firme, lo cual tiene esta cibdad. Ansimesmo está en comarca y en medio para se enseñorear en todas partes, porque al puerto, en cuatro ó cinco dias se ponen en él ; y para guardar esta cibdad bastan la metad de los vecinos, y los otros para correr el campo y hacer entradas á una parte y á otra en tiempo de necesidad ; y hasta que en esta Nueva España haya una cosa fuerte, no está muy segura, á do los naturales son innumerables, que para cada español hay más de quince indios ; y pues esta cibdad tiene tantas y tan buenas partes, ella ha de ser defension y madre de esta tierra, y de ella se podrá decir : *Urbs perfecti decoris, gaudium universæ terræ :* es ciudad perfecta y acabada, alegria y defension de toda la tierra. *Thr. II. 15.*

Es muy sana : las aguas son muy buenas : los aires muy templados : tiene muy gentiles y graciosas salidas : tiene mucha caza : la vista muy hermosa, ca de una parte tiene las sierras de *Huexocinco,* que la una es volcan, y la otra sierra nevada : á otra parte, y no muy lejos, la sierra de *Tlaxcallan* y otras montañas en derredor : á otras partes campos rasos llanos : en conclusion, que en asiento y en vista y en todo lo que pertenece á una cibdad para ser perfecta, no le falta nada : de la cual se puede decir y verificar lo que es escrito : *Ecce habitatio civitatis hujus optima :* veis aquí que la habitacion, asiento y morada de esta ciudad es muy buena en superlativo grado. *IV Reg. II.
19.*

CAPÍTULO 65

De la calidad y fertilidad de la Gobernacion de Quauhtemalla,
y cómo en ella se coge mucho bálsamo y cacao ; y de la decla
racion de este nombre Vulcan.

La gobernacion de *Quauhtemalla* és gran cosa, porque demas de la cibdad principal, que se llama hay otros cinco ó seis
pueblos ó villas ya poblados de españoles. Hay en ella muchas
provincias y pueblos, y muchas generaciones diversas, y es-
trañas las lenguas unas de otras. Es gente más rebusta y más
rehecha que la mexicana. Toda aquella gobernacion es tierra
más doblada, de muy grandes quebradas y barrancas, y muchas montañas de buena madera. Hace muchos valles y vegas,
pero pequeñas, mas muy fértiles : el *centli* ó maiz muy mayor
en caña y mazorca que en la tierra de México : en razonable
año, una hanega de sembradura acude y multiplica hasta cuatrocientas y quinientas hanegas. Es tierra de muchas y muy
buenas aguas, sana y rica de metales, en especial oro y plata
pobre, pero la mayor riqueza es de cacao, porque hay mucho
y bueno, y es la principal moneda que por toda la Nueva España se trata. Hanse criado en aquella gobernacion y multiplicado mucho los ganados, ansí caballos como vacas, &c., y por
haber mucho, vale bien barato. Es tierra bien abundosa y
harta de mantenimientos. Cógese en esta gobernacion mucho
bálsamo, aunque no ha mucho tiempo que se han dado á sacar este bálsamo de los árboles : por ser como es cosa preciosa
y en extremo muy medecinable, hacen mucho por ello.

En la cibdad de *Quauhtemalla* y en toda la Nueva España
truena mucho : los rayos que caen son muchos, de que no pocos mueren ; pero los truenos que hace en S. Salvador de *Cuzcatlan*, que es una villa de aquella gobernacion, son muy desaforados y espantosos, tanto, que pone grima y muy gran temor
morar en aquella villa.

Ansimismo en *Quauhtemala* tiembla muy a menudo la tierra, y por ser cosa tan acostumbrada no tienen mucho temor ;

y este temblar de tierra dícese causarlo que la cibdad está
fundada entre dos vulcanes : junto al pié del uno están las
casas, y el otro vulcan esta á dos leguas : este solia echar humo, cuasi como el que dije está á vista de México, é habrá ocho
ó nueve años que cesó de echar humo, é fué cosa maravillosa é
no acostumbrada lo que aconteció el postrer dia que cesó de
echar humo, ca por espacio de diez ó doce horas echó de sí
humo y fuego con muy grandes llamas, en tanta manera, que
del resplandor que del vulcan salia daba muy gran claridad
en la cibdad y por toda la redonda, y lo que más ponia admiracion y espanto, era que salia de aquel vulcan muy grandes
piedras, ardiendo hechas brasas ; algunas afirman que eran
tan grandes como un buey, y venian rodando hasta el pié del
vulcan ; y puso tanto miedo á los moradores de la cibdad, especialmente á los indios, que muchos de ellos desamparaban
sus casas, y si mucho turara, pareciera cosa bastante para se
despoblar toda la ciudad, ca decian ser semejante fuego al que
en otro tiempo salió en isla de Sicilia de un vulcan, y la llama
y fuego llegó acerca la cibdad de Cathania, é los cathanienses,
aunque paganos, corrieron al sepulcro de la gloriosa virgen y
mártir Santa Agueda, y tomando su velo, pusiéronlo contra
del fuego, y luego cesó, é hoy dia parece por do el fuego bajó,
ca todo lo dejó quemado y abrasado hasta las piedras y la tierra, é la ceniza llegó quince leguas DE LA cibdad y hiciera mucho
dapño en la cibdad, sino que fué el viento contrario, &c.

Vulcan es una sierra redonda y muy alta, y tiene encima una
gran boca por do echa llamas de fuego, é muy gran golpe de
humo, que parece boca del infierno, y de estos hay muchos
en esta tierra de *Anahuac.* El vulcan que arriba dije que está
cerca de *Vejocinco* y á vista de la cibdad de México y de los
Ángeles, cesó de echar humo ha doce años, y agora desde el
fin del año de mill y quinientos y cuarenta ha tornado á echar
humo como solia, y aun parece que con más fuerza, é cuando
so tornar á echar humo, algunos dias antes y los primeros
as que brotó el fuego ó el humo, hizo tanto ruido de dentro,
que ponia espanto á los pueblos cercanos, é los vecinos que
están más cerca de la boca. Lanzó tanta ceniza fuera, que hinchió é cubrió muchas leguas á la redonda, é llegó hasta la cib-

En 1528. V.
pág. 142.
1540.

dad de los Angeles, que hay hasta la boca ocho ó nueve leguas.
Andaban los españoles, y traian los bonetes y las capas cubiertas de ceniza é no sabian qué fuese, ni la causa, hasta que vieron que el vulcan tornaba á echar ceniza y humo como solia,
aunque la ceniza nunca tal se habia visto. Allegó asimesmo á
Tlaxcallan, que son diez leguas, é hinchió los árboles y la
hortaliza, asi como lechugas y coles, de ceniza, lo cual allí
nunca fué visto, que el vulcan echase ceniza. Allegó tambien
á *Anauac*, que son quince leguas al poniente, y *Tlaxcallan* es
al Oriente.

CAPÍTULO 66

DE LA DECLARACION DE ESTE NOMBRE QUAUHTEMALLAN, É DE LA NO-
BLEZA DE LA CIBDAD DE SANTIAGO QUE LOS ESPAÑOLES HAN POBLADO
Y CÓMO EN AQUELLA GOBERNACION Y EN OTRAS CERCANAS, HAY RIOS
DE BABILONIA Y LLANTOS DE JEREMIAS.

Quauhtemallan es diccion compuesta de dos vocablos, conviene á saber, *quauhtli* (1), que quiere decir « árbol », é *temalli*,
« materia ó podre », de manera que segun su etimologia quiere
decir « árbol que corre ó echa de sí materia ó podre ».

Los tiempos pasados, cuando en *Quauhtemallan* reinaba la
idolatria y los pecados, é no se conocian en ella ni se adoraban
sino los demonios, no hay que dudar sino que era árbol hediondo, que de sí no daba sino fruto infernal : en ella los demonios eran llamados y honrados, allí Dios era ofendido y blas-
femado, y la gloria que á solo Dios se habia de dar, era dada á
los ídolos y á los demonios, como en otro tiempo tambien buscaron los demonios semejantes lugares para ser honrados y
adorados, como parecia en muchas partes del Viejo Testamento, que en bajo de grandes árboles é montañas espesas y
bosques eran llamados y adorados los demonios, y cometidos
grandes y enormes pecados, segun se lee en los libros de los
III Reg. Reyes, donde dice : *Ædificaverunt enim et ipsi sibi aras, et*
XIV, 23.

(1) Debe ser *cuahuitl*, porque *quauhtli* quiere decir águila.

statuas, et lucos, super omnem collem excelsum, et subter omnem arborem frondosam, &c. ; y en otra parte dice : *Immolabat quoque victimas in collibus et sub omni ligno frondoso.* *IV Reg.XVI. 4.* Tales lugares y semejantes árboles, secos, sin fruto de virtud, son materia dispuesta y tizones del infierno, y los que en ellos sacrificaban, segun lo afirma el profeta, *flamma succendit omnia ligna regionis :* la flama del fuego infernal abrasaba y *Joel. I, 19.* consumia la region y provincia de *Quauhtemallan* y á sus antiguos sacrificadores y habitadores, porque eran árboles secos, podridos, de los cuales no salia sino materia y podre hediondo. De tal árbol bien se diria aquello del profeta, *quasi lignum putridum :* era *Quauhtemallan* árbol podrido, hediondo, que de sí *Job.XLI.18* echaba y corria materia y podre, segun lo suena su propia interpretacion y etimologia.

Despues que los españoles conquistaron é posieron á *Quauhtemala*, y en ella se levantó la bandera de santa cruz, y se predicó en ella la fé verdadera y se edificaron templos á Dios, fué hecha y es hoy dia cabeza de aquella tierra, ansí en lo temporal como en lo espiritual, ca allí reside el obispo y tiene su catedral en aquella cibdad, y la iglesia y la cibdad se llaman Santiago. Está una buena poblacion do hay muy gentiles caballeros y nobles y muy limosneros cibdadanos, y mucho trato de mercaderes y oficiales. Ansí de esto como de todo lo que pertenece á una cibdad está bien noblescida y proveida, tanto que la que antes se llamaba árbol podrido, bien se podrá agora decir árbol florido, hermoso y muy gracioso, y de él se puede verificar aquello *sicut malus inter ligna silvarum.* Es agora *Cant. II, 3.* *Quauhtemalla* como árbol fructífero entre los árboles campestres é silvestres, y es ansí como rosa y como lirio entre las zarzas y espinas, y ansí resplandece *Quauhtemalla* entre muchos pueblos de gentiles de que está cercada, y al fruto de tal árbol podrémos bien decir *fructus arboris pulcherrime,* el fruto que la fé é confesion de la Santísima Trinidad hace en ella es preciosísimo y muy hermoso, é tal como este era aquel árbol, so la sombra del cual convidó el gran patriarca Abraham á Dios Trino y Uno, y le dijo adorando y puesto de rodillas : *Requie* *Gen. XVIII. 4.* *scite sub arbore,* descansa, Señor, so este árbol, y aquí os traeré comida con muy entera y pronta voluntad. Era *Quauhtemalla*

el tiempo pasado árbol infructuoso, espinoso, no más de para
el fuego : es agora buena y fructuosa, ca cierto es que el buen
árbol buen fruto da: *arbor bona bonos fructus facit.*Tiene esta
cibdad una buena vega, muy fertil, en la cual se multiplica
mucho el *centli* ó maiz que en ella se siembra, en tanta manera, que si se pone buen cobro y guarda, de una hanega se cogen seiscientas y más. Demas de un rio que por ella va, nace
tambien una rica fuente cerca de las casas de la cibdad, que la
riega toda. Va la vega muy llena de árboles frutales, por lo
cual aun se podria dar aun otra interpretacion á *Quauhte-*
mallan, quauchtemi (1), y querrá decir « lugar á do hay ó están
muchos árboles juntos ».

El adelantado de esta gobernacion echó dos gruesas armadas en la Mar del Sur : en ellas han salido muchos vecinos é
otros españoles que estaban bien remediados en lo temporal ;
pero como en esta tierra los españoles tengan grande ánimo
é gran corazon, no se contentan como en España, porque como
se les fantasia un engaño muy comun, que acontece á los que
van en demanda de tierras nuevas, y es que aquellas tierras
han de ser muy prósperas y ricas, y de grandes pueblos y cibdades, y que en ellas han de alcanzar gran nombre y riquezas
de rico caudal segun su corazon desea mas que si siempre les
acontece como al perro de las dos bodas, ó como al perro que
pasaba el rio y llevaba un queso, y la sombra de la luna pare-
cióle que era otro queso mayor, por cobdicia del cual abrió
la boca, y el rio llevóle el queso, y cuando fué por el otro, como
era fantasia y sombra, quedóse burlado y privado del uno y
de lo otro. Ansi aconteció á los de estas armadas y á otros muchos por toda esta tierra, y aunque ha salido mucha gente de
esta cibdad de Santiago, todavia está bien poblada.

Cosa natural es los miembros que están más apartados y remotos del corazon estar más frios y morir primero : bien ansí
parecen estar las tierras, reinos y gobernaciones con menos
calor de vida y de justicia cuanto más lejos están de su rey ó
de sus reales audiencias, por lo cual con verdad podemos decir
que esta gobernacion con otras sus vecinas hay rios de Babi-

(1) Ha de ser *cuauhtemi* ; de *cuahuitl*, árbol, y *temi* estar junto algo.

lonia con sus tristes llantos, y más especialmente las provincias y puertos á do se hacen navios, que antes que los echen al agua cuestan muchas vidas de indios, y parece que van

con sangre humana ; y así como son bien hechos los tales navios, en tal van á parar sus provechos y sus entradas : son entradas y puertas del infierno, porque *sicut te colimus ita nos tu visita ;* pues donde hay rios de Babilonia no faltan llantos de Jeremias, especial aquellos del cap. 9. Bien pueden decir estos pocos de indios que quedan por aquellas costas : *deducant oculi nostri lacrymas, et palpebræ nostræ defluant aquis, quia vox lamentationis audita est in terra nostra ;* corran de nuestros ojos lágrimas, y de ellos salgan y se destilen arroyos de agua, porque voz de lamentacion y lloro es oida en nuestra tierra. No es tan pequeño este llanto, ni su voz parezca tan baja que no llegue su voz clamor y se ponga en las alturas y llame fuertemente delante del trono de Dios, segun lo afirma el mesmo profeta, diciendo : *Vox in excelso audita est lamentationis luctus et fletus :* la voz llorosa, el llanto é triste lamentacion de estos desventurados indios es oida y clama delante de Dios, y allá sube y se pone en las alturas. *Jer. IX, 18 19.*

Jer. XXXI, 15.

Super hoc plangam et ululabo : vadam spoliatus et nudus : faciam planetum velut draconum, et luctum quasi struthionum. ¿ Quién sobre esto llorase y diese muy tristes gemidos, y pareciese no solo con vestiduras rasgadas,, mas desnudo delante Aquel que por nosotros murió desnudo en el árbol de la santa cruz, y delante de aqueste preciosísimo árbol añadiese é hiciese planto como dragones é lloro de avestruces ? No sin causa compara el profeta el lloro triste y amargo al que hacen estos animales en el desierto, ca ciertamente es muy grande y espantoso, y tal dice el profeta que debia ser hecho por las muertes de estos desventurados, porque son casi todas muertes de cuerpo y de ánima, y por esta razon lloraba David á su hermoso hijo Absalon, porque muriendo en pecado porque murió fué condenado, por lo cual su padre decia : « *Fili mi Absalom, Absalom fili mi, quis mihi tribuat ut ego moriar pro te, fili mi Absalom ?* *Mich. I, 8*

II. Reg. XVIII, 33.

De temer es que nuestro árbol de que hablamos de *Quauhtemallan* no tenga alguna llaga solapada ó sobre falso sana, más

peligrosa que las que arriba dije del tiempo pasado, cuando
era árbol que de sí echaba materia y podre ; y si tal llaga hay,
quién lo ha de saber sino los médicos aquellos que la tienen
á cargo, de los cuales ha Dios de recibir su cuenta, y si lo
quiere ignorar *ignorans ignorabitur :* no saber y no ver, igual
mal∕s, porque el que no sabe es como el que no ve.

Aquel ciego que relata S. Márcos, cuando estaba imperfectamente alumbrado no veia bien,porque los hombres le parecian
Marc, VIII, árboles, y por eso decia : *Video homines velut arbores :* como
24. árboles son los hombres, que aunque parecen andar no se
mueven de la tierra, mas por los intereses terrenales pervier-
ten sus juicios y la justicia, que esto es lo que destruye esta
tierra. De estos tales hombres en la tierra arraigados y que sus
Matth. III, deseos son terrenos, dice el Evangelio : *Jam enim securis ad*
10. *radicem arborum posita est,* y dá la razon diciendo el porqué :
Luc, III, 9. *omnis ergo arbor quæ non facit fructum bonum, excidetur*
et in ignem mittetur. ¿ Y qué maravilla que el árbol infructuoso sea cortado y echado en el fuego infernal, cuando el
árbol florido, gracioso y hermoso, Jesucristo, lleno de toda
Luc, XXIII, gracia y verdad tal justicia fué hecha que de sí diga : *si in viridi*
31. *ligno hæc faciunt, in arido quid fiet ?* ¿ Qué será del árbol seco,
terreno, sin virtud y sin bien, sino lo que el profeta dice : *Re-*
Eccll.,III,6. *linquaris velut lignum aridum in eremo :* por cierto será des-
echado como árbol seco en el desierto del infierno. Estas co-
sas son dichas de la santa Escritura en loor de los buenos, y en
venganza y reprension de los malos : *ad vindictam malefac-*
I Petr. II, *torum laudem vero bonorum.*
14.

Cuando yo escribia lo ya dicho, ninguna cosa sabia de lo
que despues sucedió, porque ni soy profeta ni hijo de profeta :
verdad es que tenia, *por lo que oia decir,* que el árbol de
Véase el im- *Quauhtemallan* estaba de dentro podrido, y tenia temor que
preso, página
130, linea 18. había Dios de hacer algun castigo ; pero nunca pensé que tan
riguroso y espantoso fuera como despues aconteció, segun
se sigue.

CAPÍTULO 67

DEL REINO DE MICHHUACAN : CÓMO ES SANÍSIMA Y ABUNDANTÍSIMA
TIERRA, Y DE LO QUE SIGNIFICA Y QUIERE DECIR MICHHUACAN, Y
DE LA CALIDAD DE LA GENTE.

Uuo de los ricos reinos de la Nueva España es la nacion de
Michuacan. Es tierra de muy buena templanza, sanísima, por
lo cual muchos enfermos de prolijas y luengas enfermedades
se van á curar á *Michuacan* ó á estar en ella alguna temporada   Véase Torque-mada, I-336.
por alcanzar sanidad, por la bondad de la tierra y templanza
de los aires. Tiene muy buenas aguas de rios ó fuentes, é de
estas fuentes, unas salen de agua delgada y fria, y otras de
agua tibia y otras de agua caliente, y algunas hay de agua
tan cálida, que podrian pelar en ellas un puerco. Hay en esta
region de *Michuacan* grandes estancos y lagos que se navegan
con acales ó barcas, y son de buena agua dulce, y en ellos hay
mucho pescado y bueno ; por lo cual la etimologia é interpretacion de su nombre le conviene muy bien y es conforme á su
propiedad, como lo son todos los nombres de esta lengua, porque *Michuacan* tanto quiere decir como « lugar de mucho
pescado ».

Por la fertilidad de esta tierra y su buena templanza, se han
criado y multiplicado en ella muchas plantas é árboles de
España, ansí arboles de tierra fria como de tierra caliente, y
viñas. Hay en ella muchos morales, de los cuales ya muchos
comienzan á criar seda, y andando el tiempo, criarse ha mun-
cha en cantidad. Hácese muy bien el trigo, y acude con mucha
multiplicacion : críase tambien grana de la buena. Hay en este
reino muy gentiles montañas de buena madera, y muchos ce
dros y cipreses : tiene muy abundosos pastos, y en esta tierra
tienen los españoles muchas estancias do apacientan y crian
muchos ganados : hay en ella buenas salinas. Hállase en esta
tierra piedra negra de que sacan las navajas, é otra más fina
que es natural azabache, y salen grandes pedazos.

Esta tierra de *Michuacan* es la más rica de metales de toda la Nueva España, ansí de cobre y estaño como de oro y plata.

1525. En el año de mil quinientos y veinte y cinco se descubrió una mina de plata riquísima sobremanera : esta mina que digo, por ser tan rica, no se contentando los oficiales del rey, sin poner ningun trabajo, con tener S. M. el quinto, ó quizá pensando no se les pegaria algo á las manos, aplicáronla toda para el rey : cosa maravillosa, que desde aquel dia nunca jamás pareció la mina, ni la pudieron tornar á ver, aunque no faltó diligencia en la buscar y rebuscar. Unos dicen que cayó encima una sierra y la cegó del todo : otros que los indios la cubrieron de tal manera que nunca más la vieron : otros dicen que fué permision de Dios que no pareciese, porque la tomaron al que la habia descubierto, y tambien porque no se perdiese la tierra, porque en aquella sazon habia muy pocos cristianos españoles en esta tierra, y por codicia de la plata casi todos se querian ir á la mina y dejaban á México despoblada, y los indios estaban muy apercebidos para se levantar y matar á los españoles, porque como parece en la tercera parte, capítulo quinto, nunca en tanto peligro estuvo la tierra de perderse como entonces (1).

Véase Torquemada, (I-337) columna 1.

La gente de *Michuacan* es rebusta y de mucho trabajo, y entre las otras naciones de indios es hermosa. Son belicosos, en especial de arco y flechas, de lo cual son tan diestros, que á más de cient pasos no yerran en pequeño blanco, singularmente los indios que llaman *teules chichimecas*, que muchos de estos   el reino de *Mechuacan* : estos pasan con una flecha una rodela é unas armas de algodon, y en descubriendo el ojo, lo tienen enclavado. Cuando van á caza, cercan los venados, liebres y conejos, y aunque vayan á más correr, no se les ha de salir cosa sin la matar ó herir que caiga presto ; y si

(1) El asunto de que aquí se trata no está registrado en el ejemplar presente. Ese capítulo 5° correspondería al Tratado 3° de los Memoriales completos, que no conocemos. El autor habla de esto en el capítulo 1°, Tratado 3° del impreso (páginas 143-144), y repite el mismo asunto, aunque con ménos detalles, en dos lugares del Tratado 1° viz : cap. 1° (páginas 20-21) y capina 12° páginas 66-67) : viene tratada tambien esta materia en Torquemada (libro 3, capítulo 42) en Gomara, *Conquista de la Nueva España* (capítulo 170) y en Mendieta (libro 3, capítulo 22).

por alguna arte se sale la caza sin lision, la pena que dan al
que mala maña se dió, es señalarle y echarle una vestidura
de mujer, que llaman *cuytele*, y en lengua de las islas se llaman abas, dando á entender que no es hombre sino mujer el
que no es muy gran flechero y certero.

Por mucho tiempo que los mexicanos tovieron continuas
guerras con los de *Mechuacan*, nunca les ganaron pueblo ninguno, ni bastó todo el imperio de México para los vencer, antes
tenian continuas guarniciones y fuerzas en las fronteras de
Mechuacan para que no les entrasen ni hiciesen dapño por
aquella parte, ó siempre se valaban los unos de los otros.

De México á la principal cibdad de *Mechuacan* ponen cuarenta leguas : está situada en una ladera sobre una hermosa
laguna, tan grande ó mayor que la de México. Excede esta
laguna de *Mechuacan* á la de México, ca esta es de agua dulce
y tiene mucho pescado y bueno : toman tambien en ella un
pescado pequeño como sardinas, que los españoles llaman
sardinetas : en algunas partes es muy hondable. Navégase este
lago con acales ó barcas, de las cuales en el andan muchas y de
ellas muy grandes, porque á tiempos se levantan en este lago
olas tan temerosas como en la mar.

Toda la tierra de *Michuacan* es bien fértil y abunda mucho
de mantenimientos, en especial de los que los naturales indios
usan, ansí como *centli*, y miel y cera, gallinas y mucha caza,
ansí de venados, como de conejos y liebres : cójese tambien en
esta tierra mucho algodon y bueno, y vale bien barato. Por ser
bueno, hácese muy buena ropa de algodon; de la buena que
se halla en toda la Nueva España. Las minas destruyeron y
despoblaron mucho esta tierra. *Torquema-
da, I-337 co-
lumna 2.*

CAPÍTULO 68

DE LA EXTREMADA Y MUY ESPANTOSA BOCA DEL INFIERNO QUE SE
MUESTRA EN LA PROVINCIA DE NICARAGUA; Y CÓMO EXCEDE Á TODAS
LAS QUE SE VEN POR TODAS LAS PARTES DEL MUNDO. *Torquemada
nunca fué á
Nicaragua
(véase Prólo-
go de su obra
I, página 2):
véase allí, pá-
ginas 329, 331
(textual).*

Entre los vulcanes que hay por toda esta gran tierra, y aunque entren todos aquellos de quien se tiene noticia hasta el dia

de hoy, no se ha visto otro semejante y tan espantoso, como el de Nicaragua, que está entre la cibdad de Leon y entre la cibdad de Granada : hay de Leon al dicho vulcan diez leguas, y de Granada tres. No está encima de muy alta sierra, como otros, m⸱ ; encima de un cerrejon redondo, al cual pueden subir cabalgando ; terná de subida media legua escasa, y arriba se hace un llano redondo, y en medio está la boca de aquel espantoso vulcan, que tambien es redonda tiene debajo obra de media legua el extremado fuego que siempre en aquella hoya anda DA tanta claridad, que de noche se ve á leer una carta dos leguas. Algunos quieren decir que de más lejos se leerá, otros que de menos ó no de tan lejos, y todo puede ser, porque cuando llueve, con el agua se enciende más y sale mayor resplandor, y entonces de más lejos se leerá la carta. La claridad que por allí sale vese de noche dentro en la mar por distancia de veinte leguas, y más de cinco que hay hasta la mar, y lo mesmo por tierra se ve de más de veinte leguas. Desde la boca se ponen á mirar abajo como pozo, á do bajando doscientas y sesenta brazas se hace á la manera de un gran sombrero, la copa es la boca, y esta tiene cerca de un tiro de ballesta de ancho, y puédese andar todo á la redonda como un claustro, y desde allí se parece el fuego y metal que abajo anda, que esta en hondo ciento y sesenta brazas, y contando desde lo alto, son por todas cuatrocientas brazas hasta el fuego. El fuego que allí parece es como de muy mucha cantidad de metal muy derretido, y hierve muy espantosamente, y de cuando en cuando da un gran bramido y levántase en alto aquel fuego, al parecer de arriba en altor de un estado, y vierte por todas partes, y sale tan negro que parece turbar todo aquel metal ; y dende en otro poco torna de la otra parte á hacer otro tanto, y ansí de todas partes batiendo que nunca cesa, mas anda con aquella furia y fuerza, que los indios moradores viejos nunca le han visto hacer mudanza, ni sus antepasados.

Desde la boca alta guindaron un fraile, y á otro ó dos españoles (1) metiéndoles en una caja ó cesto, y abajadas aquellas

(1) Torquemada (II-598, columna I) cita un pasaje de Motolinia que no figura en este ejemplar. Dice así : «Io ví esta boca del Infierno el año de... me parecia cosa nueva y mui espantosa. » Como Torquemada nunca pone los

doscientas y sesenta brazas, desde allí metieron un caldero, y cerca el caldero una cadena de hierro, para ver qué metal ó qué cosa fuese, y llegado al metal, es tanta la cabeza del fuego, que comió el caldero con ciertos eslabones, y no pudieron conocer qué metal fuese, ca pensaron ser oro, porque si otro metal fuese, gastarlo y consumirlo hia el fuego. Durmieron una noche allá abajo, que hay mucho espacio, y salidos, querian tornar á entrar ; no les consintieron porque debe ser trabajo y peligro, y que mucha costa le hizo aquel encaro. Cuando más llueve más se embravece y más sube el fuego, hasta tanto que dicen que sube herviendo y bramando cerca de cient estados arriba de do suele andar, y otros dicen que allega hasta junto del borde de la primera boca, que está ciento y cuarenta : cosa cierto muy temerosa es de ver y muy extraño de los otros vulcanes, porque los otros vulcanes á tiempo echan fuego ó humo ó ceniza, y otros tiempos cesan : los otros s. deben cebar de alcrebite ó piedra azufre, y segun la materia y fuego que de dentro anda, así sale de fuera, porque como el cuerpo de la tierra en su manera tenga sus venas como un cuerpo humano, y ansi como las venas fenecen y acaban unas en los piés y otras en las manos, &c., bien ansí en la tierra tiene sus venas y concavidades y sus bocas por do respira, y en muchas partes anda el viento muy bravo y cálido, y cuando hiere en los mineros ó vetas de la piedra azufre saca fuego como heriendo y fregando un palo con otro, que saca lumbre, que esto cada rato acontece en esta tierra, bien ansí el viento en su manera, y entonces aquel fuego, segund más ó menos que tiene de materia, ansí echa de sí por aquellas chimeneas

Véase nota, página 220.

lugares de donde copia, no podré decir si este pasaje era una simple adicion., al capítulo que trata del Volcan, escrita posteriormente, ó si corresponde á la « Relacion del Viaje á Guatemala » que cita Vetancurt (Menologio, página 138). Lo que en este ejemplar escribe el P. Motolinia parece que fué de oidas, y anterior á la fecha de Agosto 1544 en que visitó el Volcan ; así es que el párrafo copiado por Torquemada se escribiría después de esa fecha. El fraile de quien se habla aquí puede haber sido Fr. Blas de Iñesta, dominico, citado por Gomara (*Historia general de las Indias*, capítulo 203). Sobre el nombre de sus eompañeros y fecha de la exploración, véanse los documentos n°s 417 y 18 registrados en el « Catálogo de la Exposición Americanista » de 1881.

que llamamos vulcanes, fuego, humo ó ceniza, pero el fuego
de aquel vulcan que decimos de Nicaragua, sin echarle materia ni saber dónde se puede cebar cosa tan brava, que parece
que si le echasen un buey y una gruesa viga en un momento
lo consumiria, por lo cual algunos han querido decir que sea
aquella boca del infierno y fuego sobrenatural é infernal, é
lugar á do los condenados por manos de los demonios sean

Torquemada,
2-602 (tex-
tual).

lanzados, porque segund leemos en los Dialogos de S. Gregorio, li) ·o IV, capítulo 36, yendo á Cecilia unos caballeros del
rey Teodorico á demandar el pecho que era acostumbrado de
se dar cada un año, y cobrado, en aquella isla moraba un varon
solitario de gran virtud, é mientra los marineros aparejaban
la nave, fué él á ver aquel siervo de Dios y á se encomendar en
sus oraciones, é como aquel siervo del Señor le viese é hablase
con él é con los que iban con él, díjoles : « Sabeis cómo es
muerto el rey Teodorico », y respondieron ellos diciendo, que
no era verdad, ca ellos le dejaban vivo é sano, é no habian oido
cosa ninguna tal ; é dijo el siervo de Dios : « Muerto es cierto,
ca este otro dia fué tomado del papa Juan y de Simaco, patricio, y fué echado en esta hoguera de vulcano, que es aquí cerca, desnudo y descalzo y atadas las manos » ; y ellos, oyendo
aquesto, notaron el dia con diligencia, y tornando á Ytalia, supieron que ese mismo dia muria el rey Teodorico, que el siervo de Dios viera la su muerte y pena ; y justamente fué echado
en el fuego de por aquellos que él atormentara injustamente en
esta vida, ca él hiciera matar en la cárcel al papa Juan, y desca-
bezar á Simaco, patricio, varon de gran bondad. Pues si aquella es boca del infierno, estotra de que hablamos no solo parece
boca del infierno, mas el mesmo fuego infernal, que es rio de
ardiente y abrasante fuego, y cuán espacioso irá allá dentro en
la tierra á los abismos, pues allí á la boca tan furioso se
muestra.

¿ Quién considerando lugar de tanto horror y espanto, por
soberbio y ambicioso que sea no se humillará hasta la tierra, y
cuál habrá tan avariento y cobdicioso de las cosas temporales,
transitorias y corruptibles, que no moderará y trocará sus deseos, y que no restituya lo ageno, por no ir para siempre á ser
allí atormentado ? ¿ E cuál será tan carnal, que considerada

aquella terrible pena que no tiene fin, que no ponga fin á su deshonesto vivir, y cuál hombre habrá tan iracundo y vengativo, que no perdone sus injurias porque Dios le libre de aquel ardentísimo fuego ? Pregunta el profeta á los obstinados : *Quis poterit habitare de vobis cum igne devorante ? quis habitabit ex vobis cum ardoribus sempiternis ?* ¿ Cuál de los pecadores que agora no quiere hacer penitencia, podrá despues morar en aquel tan bravo y tan gastador fuego ; y cuál de los que agora no quieren dejar los vicios y pecados, podrá estar con los ardores y muy encendidas llamas sempiternas, cuales aquí en esta boca infernal y fragua del infierno parecen y se muestran al ojo ? ¿ y quién podrá morar con los moradores y administradores de aquellos tormentos, que son demonios, de los cuales es dicho que el fuego encendido que les sale de la boca es comparado á las lámparas ardientes, y por las narices les sale humo intolerable ¡ *Halitus ejus prunas ardere facit et flamma de ore ejus egreditur :* el resuelto del demonio enciende las brasas, é por su boca procede llama ardiente y abrasante. Allí á los pecadores que se dieron á los vicios y pecados mucho tiempo ó por espacio de cient años, y que fueran mill, les parecerá que fué un solo momento, por los cuales sin fin serán atormentados. Las penas de nuestra amenaza, verdaderas son, mas no vistas ; pero las que Dios allí en aquella hornaza ardiente muestra á todos los sentidos, porque parece al mesmo lugar que S. Juan en su Apocalipsi dice que fué ó será lanzado el mesmo Antecristo con sus satélites : *Missi sunt in stagnum ignis ardentis sulphure ;* fueron echados (pretérito por futuro) en aquel estanque de fuego y de piedra azufre ardiente ; y de aquel lago de desesperacion parece esta ser una y la más espantable boca de cuantas en el mundo se ven, que no se iguala el purgatorio de S. Patricio. Allí en aquello alto de aquel vulcan en estos unos altares (1) é *teucales* sobre los cuales invocaban los demonios, y allí les ofrecian sacrificios, y en tiempo de sequedad, que no llovia, en lugar de sacrificio y ofrenda despeñaban por allí abajo niños y muchachos para

Is. XXXIII, 14.

Job. XLI, 11.

Apoc. XIX, 20.

(1) Hay confusión en este pasaje, que Torquemada transcribe así en su *Monarquía indiana* (II-597, columna 2): « Allí en aquello alto de aquel Volcan están unos Teocales ó Altares, etc. »

que fuesen por agua, y los moradores de aquella provincia tenian que luego que allí ofreciesen aquellos niños habia de
llover, y antes que llegasen abajo iban hechos pedazos.

En aquella tierra del Perú, en la provincia de Quito, estaba
un vulcan, y del pié sale un arroyo pequeño. En el año de mill
y quinientos y treinta y cinco, mediado Agosto, hundióse é de-
rrofióse lo alto y atapó la boca, é muy gran parte de una noche,
pienso que vigilia de Ntra Sra, traia dentro muy gran ruido,
como grandes truenos ó como gruesa y grande artilleria que
juega á menudo, y luego salio tanta ceniza, que allegó más de
treinta leguas, y muy espesa, que bastó cubrir todos los campos, y arreventó por abajo, por aquella boca del arroyo, y
salió un muy gran rio de más de media legua de ancho, y todo
cuanto por delante tomó, lo acabó y llevó, hasta las peñas,
hasta que entró en una quebrada que acañaló, y halló paso
hondo y estrecho.

CAPÍTULO 69

DE CÓMO LA CIUDAD DE SANTIAGO DE QUAUHTEMALLAN FUÉ DESTRUIDA POR UN TERROMOTO, Y DE LA DESASTRADA MUERTE DEL GOBERNADOR DE ELLA Y DE SU MUJER.

En aquellos recuentros que dije en el capítulo catorce, que
tambien es añadido como este, que allí pasaron los españoles
con los indios alzados, uno de los treinta españoles que allí murieron (1) fué el adelantado D. Pedro de Alvarado, gobernador
de *Quauhtemallan*, que en gloria sea, no que los indios le matasen, sino que habia ido con otros muchos españoles é indios
amigos contra los enemigos alzados, é habiendo subido á un
peñol do estaban fuertes los indios alzados, y por falta de bueno órden tornaron los indios á defender y á llevar á los españoles : ya que se volvian retrayendo, ó segund otros dicen,

(1) Se habla de estas muertes en la página 232, aunque no hay conformi-
dad en el número. Véase mejor á Gomara (*Historia general de las Indias*,
capítulo 209, edición Barcia), quien como se diré en la nota siguiente copió
de Motolinía estos pasajes. Véase Mendieta, *Historia eclesiástica indiana*, página 739.

huyendo volvia el adelantado por una ladera, que debia de ser
agra y para el dicho D. Pedro muy amarga, vino de arriba un
caballo, rodando, y apéose del caballo en que iba por mejor
guardarse del que venia rodando, y puesto á su parecer en cobro, dió el caballo en unas peñas, y de allí tomó do estaba el
adelantado, y por mucho que quiso desviarse, todavía embistió
el caballo en el adelantado, y del golpe echó por la cuesta abajo rodando hasta que fué á parar en unas matas, y aunque luego le socorrieron, sacáronle medio muerto sin sentido. Vivió
dos dias, en los cuales le dió Dios juicio y entendimiento, y en
aquel tiempo se confesó y ordenó su ánima. Esto fué el dia de
los gloriosos apóstoles S. Pedro é S. Pablo (1).

No dejó de poner su muerte admiracion, temor y espanto
en ver una persona próspera y sublimada, que demas de la
gobernacion de *Quauhtemalla* y muy buenas provincias, &c.,
habia venido por la Mar del Sur con una gruesa armada, y habiendo saltado en tierra allegóse á México, y á la vuelta que
tornaba á despachar su armada, despachóle á él una bestia con
aquella desastrada muerte, cuando él urdia y queria tejer una
muy larga tela, al mejor tiempo se la cortó la muerte : *dum
adhuc ordirer, succidit me ;* cuando él estaba muy sublimado *Is.XXXVIII,*
y la fortuna le tenia más levantado, fué para dar con él mayor *12.*
caida : *elevans*   : su prosperidad y memoria
toda pereció en un sonido : *periit memoria ejus cum sonitu ;* *Ps. IX, 7.*
pereció su memoria y su casa con un espantoso sonido, tal que
quien bien lo quisiere considerar, le retumbarán ambos oidos,
y se les respeluzarán los cabellos, porque fué como quien echa
una gran piedra en un profundo pozo.

El armada de quince navios nuevos, que son más en la Mar
·del Sur que ciento en Europa(2), andadas trescientas leguas es-

(1) Torquemada (libro III, capitulo 34) menciona este pasaje y dice que
de aquí copió Gomara en el lugar citado; pero interpreta el texto de
Motolinia poniendo la muerte de Alvarado en el dia de S. Pedro. Mendieta
(libro 4, capitulo 8) entendió mejor la lección, bien que hace vivir al
Adelantado cuatro dias, siguiéndole en esto el P. Tello (*Colección de Documentos para la Historia de México.* J. G. I, II-395) quien pone la muerte en el
4 de Julio.

(2) Repite la especie Torquemada (libro 3, capitulo 34, al fin) citando á
Motolinia.

15

casas allegado al puerto que allí saltó en tierra, y en tanto que
vino á México todos se comieron de broma, tanto que fué va-
rarlos en tierra y echarles tabla nueva. Lo que á muchos he
visto notar es que nadie debe atrever á contraer matrimonio en
los grados que la Yglesia prohibe, porque demas de ver que
este caballero, de dos hermanas con quien casó no hobo hijo
ninguno, y su muerte desastrada, vemos que otros muchos
caballeros y señores en nuestra España casados con propincas
parientas, ni Dios es servido de las dar hijos, ni viven los más
consolados del mundo ; y esta experiencia no es agora solamente en nuestros tiempos, pues lo dice el decreto de Gregorio,
*cujus verba sunt: Quædam lex romana permittit ut sive fratris
sive sororis, seu duorum fratrum germanorum, seu duarum
sororum filius et filia misceantur, sed experimento dedicimus
ex tali conjugio sobolem non posse sucrescere, &c.*

RELACION DE LA TEMPESTAD QUE DESTRUYÓ Y ASOLO DE TRES PARTES
LAS DOS DE LA CIBDAD DE QUAUHTEMALLAN, SEGUND VINO Á MÉXICO
ESCRIPTA EN DOS PLIEGOS DE PAPEL, CONTANDO MUCHAS PARTICULA-
RIDADES ESPANTOSAS Y LOS ESPAÑOLES QUE MURIERON. AQUI VA
ABREVIADA Y SACADA LA SUSTANCIA DE ELLA.

El adelantado D. Pedro de Alvarado falleció en principio de
Julio de mill y quinientos y cuarenta y uno, como está dicho,
é la nueva de su muerte allegó á *Quauhtemallan* en principio
de Setiembre, porque está *Quauhtemallan* de *Etzatlan* ó de
Xalisco, á do murió, por mas de trescientas leguas. Estando
haciendo las honras por D. Pedro en Santiago de *Quauhtemallan* desde la dia de la Natividad de Ntra Sra, que fué juéves á ocho dias de Setiembre, aquel dia con los dos siguientes
llovió mucho, y el sábado que fueron diez dias del mismo mes,
á dos horas de la noche, de lo alto de un vulcan vino á deshora
muy gran tormenta é ímpetu de agua, que segun parece la
mesma sierra del vulcan se abrió, ó se derroñó algun pedazo
de sierra á do estaba mucha agua detenida, y fué tanta, que
traia muy grandes piedras, mayores que piedras de lagar, y
algunas habia tan grandes como ocho ó nueve buéyes juntos ;

y era tanta la fuerza del agua, que traia aquellas piedras como
si fueran corchas, y acanaló la fuerza del agua y vino á dar por
las casas del difunto D. Pedro de Alvarado, que en gloria sea ;
y el agua con las piedras trajo tambien muchos árboles y maderos, y grandes vigas, en tanta manera, que todos cuantos lo
vieron, muy espantados dicen que nunca jamás tal tempestad
y tal manera vieron, y fué tan súpita y á tal hora, que no se
podian unos valer á otros, y no tenia á poca dicha, mas por
muy gran merced de Dios, quien á sí mesmo pudo valer.

Como el ímpetu del agua allegó, dió primero en las casas
del adelantado, y luego llevó las paredes de la huerta, y árboles y naranjos, y algunos aposentos flacos. A este ruido levantóse Dª Beatriz de la Cueva, mujer del adelantado, y de la
cama do estaba pasóse á un oratorio que cerca tenia, con otras
once mujeres. Los hombres que en casa estaban habianse levantado, y la fuerza del agua los habia llevado ; y llamando á
otras doncellas y mujeres que estaban en otro aposento, y
ellas saliendo para ir á la capilla, al pasar tomólas la corriente,
y de siete personas escaparon cuatro, las cuales echó la tormenta cuatro tiros de ballesta fuera de la ciudad, y teniéndolas
á todas por muertas, á la mañana halláronlas medio vivas fuera de la ciudad. Luego el agua subió muy alta en la casa del
adelantado, y la derribó, y mató á la desdichada Dª Beatriz de
la Cueva, que se habia subido sobre el altar y estaba abrazada
con una imágen y con una niña, encomendándose á Dios con
las otras mujeres, y ansí fueron todas enterradas á la mañana
en una sepultura, salvo Dª Beatriz, que fué sepultada como
señora. Quedó solamente aquella cámara á do estaba Dª Beatriz, que no cayó, y si estuviera queda no muriera, mas buscando la vida halló la muerte como su marido. De creer es pia-
dosamente que Dios habia merced de su ánima, ca era tenida
por buena cristiana, y muy honesta y virtuosa señora. Habíase
mucho aflijido y llorado demasiado la muerte del adelantado.
Deseaba ella morir antes que su marido, ó que junta fuera la
muerte de entrambos, como es cosa comun de decir de los casados que mucho se aman ; mas venidos al punto, no hay
quien no tema la muerte. Al contrario aconteció á esta señora
que á Elias : Elias iba huyendo la muerte que la muy cruel

Jezabel le queria dar, y por otra parte demandaba á Dios que le sacase de este mundo y le diese la muerte. Huía este la muerte de la mano de los hombres crueles, y demandaba y queria la muerte de Dios, que es misericordioso y la muerte que da es preciosa, y halló la vida muy larga, que hasta agora vive. Esta Señora, si estuviera queda, viviera, pero buscando la vida murió allí, y como dicho es, no hay quien pueda huir del poder de Dios y de su *non est qui se abscondat a calore ejus.* En la mesma casa murieron muchos indios y indias, demas de las once mujeres. Derribó la avenida de tres partes de la cibdad las dos : era tanta el agua, que arrancaba las casas y enteras las llevaba gran trecho : murieron muchos españoles : en algunas casas marido y mujer y hijos, y todos los indios criados y esclavos : de estos, algunos que parecieron fueron sepultados ; otros nunca parecieron vivos ni muertos. De otras casas unos escapaban y otros morian : de ellos que los tomaban las casas debajo ; otros, llevándolos el agua, iban á parar encima de otras casas, ó que se asian de algunos árboles, ó de algunos maderos, y la tormenta los echaba fuera de la cibdad ; unos que nunca parecieron, otros que se salvaban cuando (quedando ?) toda la cibdad llena de piedras y arena y de cieno, á partes de una lanza en alto ; perdiéronse y ahogáronse muchos caballos, ganados y ajuar de mucho valor.

*P*s. *XVIII* 7.

Véase Torquemada 1-327, columna 1, línea 7.

Andaba en los aires tan gran tempestad y estruendo, que á todos ponia muy temeroso espanto, que parecian andar en aquella tempestad los demonios visibles é invisibles, porque como á un español y á su mujer oviese tomado una viga y los toviese á punto de morir, vino un negro grande, y el español rogóle que les quitase aquella viga, que estaban ya para espirar. Entonces el negro preguntóle : « ¿ Tú eres Morales ? », y él respondió. « Sí. » Luego el negro facilmente tomó la viga, y sacando al Morales debajo, tornó á soltar la viga encima de su mujer, y allí murió ; y afirma este español que vió ir al negro por la calle adelante como si fuera por enjuto, lo cual parecia que no era posible, porque habia mas de dos estados de cieno y lodo, sin el agua.

Vieron asimismo una vaca con un cuerno quebrado, y en el

otro una soga arrastrando, que andaba en la plaza y arremetia
con los que querian ir á socorrer la casa del adelantado, y á
un español que pasó delante le tropelló y por dos veces le tuvo
debajo del cieno, y pensó que nunca escapára, y todos tuvieron
que aquella vaca más fuese demonio que animal, porque sus
obras eran de cruel enemigo, decia la relacion. El castigo que
hizo Dios en casa de aquella señora fué espantoso porque el
sentimiento que por su marido hizo fué muy demasiado, no
queriendo comer ni beber, ni recibir consolacion ni consuelo,
mas antes á los que la consolaban respondia y dijo muchas
veces, que ya no tenia Dios más mal que le hacer. Hizo teñir
toda su casa de negro, de dentro y de fuera, y hacia cosas que
ponia espanto á los oyentes.

Mucho conviene á los hombres humillarse, mayormente en
los tiempos que Dios nos visita con tribulaciones de Job que
cuando Dios le visitó asperísimamente, entonces él más se hu-
milló y confesó Dios ser santo y justo en sus juicios. No todas
veces ni de todas personas sufre Dios ni deja sin castigo las
ofensas que parecen traer consigo palabras de blasfemia, se-
gun aquello : *blasphemantes ac loquentes quæ fas non est :* *II Mach*
XII, 14.
nadie debe hablar las cosas que no convienen en ofensa de
Dios. Es cosa muy comun llamar el vulgo buenos casados á los
que mucho se aman, y no miran si se aman segun Dios en la
medida que Dios quiere que se amen ; ca el amor principal,
que es de todo corazon y toda la voluntad y sobre todas las
cosas á solo Dios se debe. Si una persona tiene puesta su memoria, voluntad y entendimiento en otra persona más que en
Dios, no es cosa lícita ni buena, y este tal amor, mejor se dirá
idolatrar que amar, ahora sea de padre al hijo, ó por
el contrario, ahora sea el gentil, ahora sea á su dios de
oro ó plata ó de piedra. Si en estas criaturas pone el ánima á
sus potencias, á este tal amor su (se) puede decir idolatria, y
entonces el dios del gentil, que es aquel ídolo, y el dios del
avariento son riquezas, y el dios del padre es su hijo, y el dios
del varon es la mujer, pues que á estos da y cerca de ellos pone
mas que en Dios sus deseos, sus palabras, sus amores, ca qué
otra cosa es idolatrar sino quitar de Dios lo que es propio de
Dios, y darlo á la criatura. Medida tiene el amor del hijo al
padre, que ha de ser reverencial, y el del padre al hijo

ha de ser paternal, y el amor del marido á la mujer ha de ser cordial y fiel, &c. No es contra el amor divino sentir una mayor ternura en el corazon y más lágrimas en la pérdida de los hijos ó propincos deudos, estando principalmente el amor de Dios arraigado en nuestros corazones. El amor de los buenos casados es que se amen en Jesucristo, y que el uno al otro se den buen ejemplo de santidad y virtud, y que tengan cuidado de doctrinar y criar sus hijos y familia en la ley y mandamientos de Dios, y no consentir ni en sus personas ni en su casa ofensa de Dios. A los tales diría yo buenos casados ; mas á los que tanto se aman que nunca se querrian apartar y el uno del otro se tiene más memoria y mas amor é cesion que á Dios, de estos tales dice el Señor : *Qui amat patrem aut matrem plus quam me non est me dignus.* El que ama al padre, ó á la madre, ó al marido, &c. más que á Dios, no es digno de Dios, ni de su amor ni gloria, porque idolatrando, puso el amor de Dios en la criatura. Miren bien los que se tienen por buenos casados, que sean buenos idólatras, que todos los amores de las criaturas su medida tienen : el de Dios no ha de tener medida, porque ha de ser de todo corazon y de toda voluntad, con todas las fuerzas y sobre todas las cosas, y comienza aquí en esta vida, y en la otra dura sin fin.

Matth. X, 37.

Véase Torquemada, I. 327 y sus variantes.

En la mesma noche salió del mesmo vulcan otra tempestad á la parte de levante ó de oriente : otros piensan que fué la mesma, sino que fué remolinando y dando vuelta, como acaesce muy continuamente. Este mató muchos indios, derribó muchas casas, y ahogó grandísimo número de ganados. Murieron más de seiscientos indios, y muchos españoles : de estos más fueron mujeres que varones, y muchos niños. Casa ovo que murieron más de cuarenta, y casa de más de cincuenta personas. Queda la ciudad tan desipada y tan destrozada, que esas pocas casas que quedaron, están las calles tan llenas de piedras y cieno, que parece imposible poderse andar, porque el cieno llega á las ventanas : no hay hombre que quiera ni ose arrostrar á la ciudad. Bien se cumplió en la cibdad de *Quauhtemallan* lo del profeta : *Civitas enim munita desolata erit, et dimittetur quasi desertum :* la ciudad de *Quauhtemallan,* que era la señora y la fortaleza de toda aquella gobernacion, fué

Is. XXVII, 10

azotada y desamparada de Dios y dejada de los hombres sus
moradores, y hecha desierto, llena de cieno y piedras, y ansí
fué que luego los vecinos hicieron en el campo una rancheria,
y allí sus casas de paja, y han suplicado les concedan licencia
para edificar en otra parte. Este azote que Dios allí dió, licion
y ejemplo es que á todos nos enseña estar apercebidos para
rescebir la   que nuestros pecados merecen y para con
tiempo aplacar la ira del juez.

CAPÍTULO 70

DE LA COSAS QUE ACONTECIERON EN EL AÑO DE MILL Y QUINIENTOS Y VEINTE Y UNO, Y EN EL DE MILL Y QUINIENTOS Y TREINTA Y UNO, Y EN EL DE MILL Y QUINIENTOS Y CUARENTA UNO, NOTADAS POR MUCHOS, Y EN SER AÑOS DE UNO.

Las cosas dichas en el presente capítulo, con otras muchas
notables, acontecieron en el año de mill y quinientos y cuarenta y uno, no sin grande nota de muchos, diciendo que Dios
nuestro Señor por su oculto y justo juicio, en los de *uno*, conviene á saber, de mill y quinientos y veinte y uno, y en el de
mill é quinientos y treinta y uno, y en esta que decimos
mill y quinientos y cuarenta y uno, ha querido y permitido que viniesen muchos azotes por nuestros pecados
en esta Nueva España : demas de lo dicho en el capítulo
pasado de mill y quinientos y cuarenta y uno, en esta Nueva
España ha habido en la mar grandes tempestades y han pere-
cido muchos navios y en ellos mucha gente, especialmente de
uno que dió al traves en la costa de *Couazacoalco*, de solo aquel
se ahogaron ochenta y siete personas, entre las cuales habia
muchas personas de bien. No solo en el agua, mas en el aire se
mostró la rezura de este año, porque en sus grandes heladas
quemó mucho trigo, que lo tomó al tiempo que cernia, y á
otro el grano muy en leche, y la mayor cantidad de pérdida
fué en los panes de los indios, que se dice *centli*, ó maiz, que
abrasó y quemó muy gran cantidad de ello, y lo mesmo hizo
en las frutas, que las heladas tempranas quemaron mucha, y

1541

las de la postre los panes. En este mesmo año fué la matanza que el hijo de Almagro hizo en el Perú, en Pizarro con todos los de su alianza, hasta los oficiales del rey y los alcaldes del Cuzco, y dícese por cierto que está levantado con la tierra. Aquí ovo muy grandes crueldades y muertes. En este mesmo año estuvo la Nueva España en mayor peligro de perderse que ha estado despues que se conquistó, con solevantarse unos indios llamados chichimecas, que están cient leguas de México, una gente desnuda, desechada. Antes que se allanase y remediase costó la vida á cincuenta españoles y á muy muchos indios amigos (1), y fué menester salir el visorey D. Antonio de Mendoza con quinientos españoles, unos dicen que más, otros que menos, y habia sobre mil caballos, ca los más llevaban dobladura ; y salieron de indios amigos mucho número, de todas las principales provincias de la Nueva España, ansí tlaxcaltecas, mexicanos y tezcucanos, y en estos de otras muchas provincias, como los de *Michhuacan*, que estaban en el camino, y lo ficieron fiel y esforzadamente, aunque al principio se tuvo recelo de ellos (2), y los enemigos habianse hecho fuertes en cinco ó seis peñoles, que para ganarlos fué una de las bravas guerras de la Nueva España, y muchos afirman que si la persona del virey no se·hallara presente, nunca se ganaran, y costara muchas vidas de españoles, ca segund afirman, él hizo como valeroso y esforzado caballero, porque aquellos chichimecas no peleaban como indios, sino como diestros turcos. Eran, antes que se rebelasen, tan temerosos, que un grande escuadron de ellos viendo solo uno de caballo no paraban por valles y cerros, que parecia ir tras ellos un gran fuego, y en el tiempo de esta conquista salian en sus escuadrones como unos soldados diestros, y sin temor de los tiros, que no habia pocos de fruslera y muchos arcabuces, pasando el tiro, llevase al que

(1) Esta noticia, algo modificada, será sin duda la que en este mismo ejemplar se expresa que está registrada en un capítulo 14, sin decir de que Parte; y quedará entonces aquí fuera de su lugar. El texto de la página 224 parece indicar que el asunto de que voy tratando estaba ya escrito con anterioridad.

(2) Véase la carta de Jerónimo López en *la Colección de Documentos para la Historia de México*. J. G. I. (II-143).

llevase, luego cerraban los otros ; y acaesció á un español pasar á un indio con un arcabuz, y al que habia atravesado la pelota arremeter con el arcabucero, y tomarle su mesmo arcabuz y matarle con él, y caer ambos allí muertos. Como uno de los indios amigos de los españoles enclavase á un contrario con una flecha por los pechos, que son las puntas de hueso, ó de piedra de pedernal, ó de palo seco tostado y harpadas, que pueden entrar y no salir sin grande abertura y dolor, el mesmo indio sacarla regañando los dientes, ó poner la saeta en su arco, y tirar y derribar al mesmo que le habia primero tirado. Estos mesmos chichimecas daban tantos ardides y decian tantas malicias á los indios amigos, que parecia hablar el demonio por boca de ellos, para provocarles á que se levantasen, diciendo que ellos pocos y desnudos habian comenzado la guerra para que ellos, siendo muchos, le diesen fin y acabasen á los españoles que eran sus enemigos, y que porqué ayudaban á quien tan mal les trataba, y les tenia tomada la tierra, y que mejor harian morir una vez que tantas, y ser todos á una contra sus enemigos los españoles, &c. No fueron aquellas palabras de tan poca eficacia que ni movieron y alteraron á toda la tierra, y en la verdad yo sé que andaban moviéndose y apercibiéndose y haciendo armas, y cualquiera de los peñoles que saliera ó quedara con victoria, corria mucho riesgo la tierra por lo cual parece que en cada batalla ó peñol, á vencer los indios enemigos, estuvo la tierra en balanza, y los peñoles estaban tan fortalecidos, y los indios tan determinados á morir, que aunque los españoles pelearon y lo hicieron al fin como animosos españoles, y su capitan y visorey siempre delante, pero ellos confiesan que las principales armas con que peleaban y vencieron eran las de Moisés contra Amaleth, y ciertamente yo nunca ví hacer tantas plegarias y tan continuas oraciones de misas, procesiones, ayunos y disciplinas, de más de treinta años á esta parte, y Dios por su infinita bondad quiso ser aplacado y dar victoria á los españoles, y tambien darles aviso, cuando una gente en tan poco estimada y tan lejos del corazon de lo bueno puso la tierra en tanto riesgo que era, &c. que en la verdad no hay una cosa á que tener ojo ni cosa fuerte, sino todo el intento y cuidado es sacar de esta tierra oro y plata, y ella está toda colgada de un cabello, pues no hay animal, por insensible que sea, que no trabaje de echar de sí la carga todas las veces que pueda y viere lugar ; y adonde hay veinticinco para uno, no era razon de haber descuido.

1531.   En el año de mill y quinientos y treinta y uno fué en esta tierra entre los naturales una grande enfermedad que los indios llamaron *zahuatl tepiton*, que quiere decir « las viruelas ó sarampion pequeño » ; llamáronle un mal pequeño á respecto de otro muy grande, que fué el primero que en esta tierra se vió, en el año de mill y quinientos y veinte y uno, del cual murió grandísimo número de gente, como abajo diré. En este año que digo de mill y quinientos y treinta y uno, y de esta enfermedad, murió mucha gente y perecieron navios en la mar, especial uno en que vino el tesorero del rey Juan Alonso de Sosa, y por su buena dicha, como aportaron á tierra, sobre tarde, cerca del rio de Almeria, saltó aquella noche en tierra con dos frailes menores que allí venian, y otros cuatro ó cinco compañeros, y en esa mesma noche levantóse una grand tormenta, la cual absorvió el navio, que ánima ni cosa de él jamás pareció. Estos dos años, como no me hallé en Castilla, no sé lo que allá pasó : del año que sigue, diré lo que supiere y me acordare.

1521.   Bien hay que decir del año de mill é quinientos y veinte y uno. En él acontecieron las mayores mortandades y azotes que en esta Nueva España nunca se vieron, que fueron aquellas tres primeras y principales plagas que dijimos en la primera parte, en el capítulo segundo : la una fué LA conquista de

1ª parte, capí-   México : la otra llaman los indios *huei zahuatl*, que quiere de-
tulo 2.   cir la gran pestilencia de viruelas, de la cual murió gente innumerable, porque á la sazon la tierra por todas partes hervia de gente, y en muchas provincias y pueblos murió la mitad ó más de la gente, y en otras poco menos de la mitad, ó la tercera parte : la tercera fué una hambre, como en el dicho capítulo de las plagas está relatado, y tras aquellas tres principales mortandades, de guerra, pestilencia y hambre, que son los mayores azotes con que Dios castiga el mundo, se siguieron otras muchas plagas. Dijo Dios á David, que eligiese, cuando de él estaba enojado, y con solo la pestilencia de un dia fué

Dios aplacado, y en esta tierra todo aquel año de mil y quinientos y veinte y uno fué la grande saña y azote de Dios.

Bien se debe nuestra vieja España acordar de este triste y espantoso año cuando en el cual fueron hechas grandes crueldades por de las comunidades, y ellas venidas (vencidas) en el mesmo año y acabadas ; y á estas guerras no faltaron los otros dos azotes de hambre y mortandad, en especial en Extremadura, donde á la sazon yo moraba, y mucho más en el Andalucia, que fueron tantos los que de hambre y mortandad murieron, que á toda España ponia dolor y espanto.

Tampoco se olvidarán de este año los franceses, mirando cómo les fué en Tornai con nuestro invictísimo Emperador D. Cárlos, y la mucha y buena artilleria que allí perdieron, y lo que les aconteció con los gobernadores de España sobre Pamplona en la batalla que les dieron : aunque se encomenzó á vísperas, cuando vino la noche todos los más de los franceses ó eran muertos ó presos ; ni menos pudo el mar atajar ni impedir á este furioso año que no pasase en África á do no menos cruel se mostró con tan grandísima hambre cual en aquella tierra nunca se vió, y los padres vendian á sus hijos por el más bajo y menos precio que carneros, y venian los padres á vender sus hijos á menos precio.

En este mesmo año, en fin del mes de Octubre, fué el Emperador su persona sobre Argel con gran flota de naos y con muy escogida gente de España y de Ytalia y alemanes; y estando ya sobre Argel, subcedió una tan gran tormenta, que por nuestros pecados permitió Dios que perdiese gran número de naos, y se murió mucha gente, y S. M. padeció gran trabajo de hambre y de otros muchos peligros.

1541.

CAPÍTULO 1 (1)

DE DÓNDE HUBO PRINCIPIO LA IDOLATRIA, Y DE LAS CAUSAS POR QUE LOS ÍDOLOS FUERON ADORADOS EN EL MUNDO. DE LA MUERTE Y CERIMONIAS MUY EXTRAÑAS CON QUE ENTERRABAN AL CALZONCIN, SEÑOR DE MICHUACAN, Y CÓMO MATABAN OTROS MUCHOS PARA QUE LE FUESEN Á SERVIR AL OTRO MUNDO.

Antes que entremos en la materia de este capítulo justa cosa parece, pues este tracto tanto habla de idolatria, decir dónde comenzaron é tovieron principio los ídolos, y en qué tiempo y por qué causa fueron las idolatrias introducidas en el mundo ; para declaracion de lo cual es de notar que tres fueron las causas principales.

La primera y principio de idolatria y de fabricar ídolos fué la aflcion desordenada de los hombres cerca de sus propincos y de los difuntos, de los cuales hicieron imágines para en ellas se consolar y rememorar la memoria, é suplir en la imagen la aficion del difunto, segun hizo Nino, rey de los Asirios é fundador de la grand cibdad de Nínive, que muerto su padre Belo, al cual él mucho amaba, le hizo una estátua, á la cual estatua dió gran reverencia, honra y privilegios á los delincuentes que á ella se acogiesen, y ansí como DE esta imajen de Belo tomó principio la fábrica de los ídolos, tambien el nombre del primer ídolo se llamó Bel ; y como Nino para su consolacion hizo imagen é ídolo á su padre, otros padres hicieron imágenes é ídolo á sus hijos primogénitos, que antes de los padres fueron difuntos.

La segunda causa de idolatria fué la tirania de algunos reyes y señores que quisieron ser honrados no solo en su presencia, mas tambien en su ausencia, y á esta causa hicieron sacar y esculpir sus imágines y llevarlas á lugares remotos para ser

(1) Este capítulo es el primero de la *Segunda parte* de Motolinia y *Cuarta* del Sr. Troncoso.

honrados y adorados en ellos, como dice Joseph de Cayo, que envió su imagen por muchas partes.

La tercera causa de la idolatria fué la adulacion y cobdicia de los artífices, los cuales, para agradar más á los poderosos y reyes, hicieron sus imágines muy más hermosas y elegantes de lo que eran sus personas, y por la tal hermosura los simples fueron más facilmente traidos al servicio é adoracion de los ídolos. Todas estas causas aquí expresadas denota el Sabio en el libro de la Sabiduria, y como allí dice, los ídolos no fueron en el principio del mundo ni aun despues del diluvio muchos años, hasta Nino, rey de Nínive, que fué cuasi en tiempo de Abraham.

El señor de *Michuacan*, el cual se llama el *Calzoncin*, si allegaba á ser viejo, en su vida nombraba y decia el hijo que le habia de suceder en el reino, y este queria que comenzase á mandar y á se ensayar en el reino. Cuando el *Calzoncin* viejo enfermaba, ayuntábanse á le curar todos sus médicos, que no eran pocos, é venidos, si su enfermedad crecia, enviaba por más médicos á todo su reino, é venidos á le curar, trabajaban mucho por su salud é cura, y al tiempo que vian que estaba muy peligroso é mortal, el nuevo rey ó *Calzoncin*, que ya mandaba el señorio, enviaba á llamar todos los señores y principales del reino, y á los gobernadores y valientes hombres que tenian cargos del *Calzoncin*, y el que no venia, teníanle por traidor. Allegados, saludábanle todos, dándole sus presentes. Despues que estaba muy al cabo, ya que era de muerte, no dejaban entrar á nadie á do estaba, aunque fuesen señores, mas poníanlos en el patio delante de sus casas, y los presentes que le traian poníanlos en un portal, á do estaba su silla é insignias de señor.

Muerto el *Calzoncin*, el hijo que le subcedia, que ya mandaba y le obedecian, hacia saber la muerte á los señores y principales que estaban en el patio : luego ellos alzaban grandes voces, llorando por su señor difunto, é abiertas las puertas, entraban donde él estaba para le ataviar. Primeramente todos los señores le bañaban, los cuales andaban allí muy diligentes con los viejos que le solian acompañar : bañaban ansimesmo á todos aquellos que habian de morir é ir en compañia del di-

funto señor. Vestian el cuerpo muerto de esta manera ; poníanle junto á las carnes una buena camisa, de las que usaban los señores ; calzábanle unas *cactli* ó zapatos de cuero de
venado, que es calzado de señores; poníanle cascabeles de
oro en los tobillos, y en las muñecas piedras de turquesas,
é poníanle un tranzado de pluma, é á la garganta collares de
turquesas ; en los horados de las orejas ponian unas orejeras
grandes de oro : atábanle en los brazos dos brazaletes de oro,
y en el horado del bezo bajo, poníanle un bezote de turquesas ;
hacíanle una cama muy alta de muchas mantas de colores, é
ponian aquellas mantas en unos tablones, y al difunto ansí ataviado poníanle encima, como si estuviese en su cama, y atravesaban por debajo unos palos para despues llevarle en los
hombros. Ansimesmo hacian otro bulto encima de él tambien
de mantas con su cabecera, y ponian en aquel bulto un gran
plumaje de plumas verdes, largas y de precio, y tambien sus
orejeras de oro é sus collares de turquesas é ricos brazaletes
de oro, é su tranzado largo. A los piés de aquel bulto tambien
le calzaban *cactles* ó sandalias ; y cerca las manos poníanle
sus frechas é un arco con su carcax de cuero de tigre. Ansí
ataviado y puesto en aquel lecho, salian sus mujeres y lloraban por él á voz en grito.

Era costumbre y guardábase como ley, que habian de morir
con el *Caczoncin* muchos hombres y mujeres, á los cuales
todos adornaban y componian, porque los habia de llevar consigo, segun ellos pensaban, que le habian de servir en el otro
mundo. Estos eran señalados por el hijo heredero é nuevo señor que subcedia. Señalaba siete señoras : una llevaba todos
los bezotes que el difunto tenia, ansí de oro como de otras piedras de precio : llevaba aquellos bezotes atados en un paño y
puestos al cuello : iba su camarera que guardaba sus joyas,
ansí collares como otras piezas : iba una servidora de sopa,
que le servia de darle vino y cacao ; otra que le daba agua á
manos y le tenia la taza mientras bebia ; una cocinera, otra que
le daba el orinal, con otras mujeres que le servian de diversos
oficios y los habian de continuar en la muerte, segund su
ciega fantasia y engaño.

Varones, uno que le llevaba las mantas del *Caczoncin* di-

funto á cuestas : otro que le peinaba y tranzaba los cabellos ;
el que le hacia las guirnaldas de flores ; el que le servia de llevar su silla ; otro que le llevaba á cuestas las mantas de
algodon ; otro llevaba hachas de cobre para hacer y cortar
leña (aunque no llevara este no muriera de frio) ; el que le
servia y llevaba el aventadero y moscador grande para hacer
sombra ; otro que llevaba su calzado ; otro los perfumes ó cañutos de olores ; un remero ; un barquero ; un barrendero; un
calador ; el portero de su sala ; otro portero de las mujeres ;
un plumajero ; un otro de hacer plumajes ricos, con platero
que le hacia joyas ; un oficial de arcos y frechas ; dos ó tres
monteros ; de aquellos médicos que no le pudieron sanar, algunos iban con él para enmendar la cura que en este habian
errado ; un gracioso que tenia cargo de recontarle novelas, un
tabernero y otro chocarrero, é otros que le servian de diversos
oficios.

Componíanlos y adornábanlos á todos, y dábanles mantas blancas, y llevaban todos estos consigo todos aquellos
sus oficios de que habian servido al *Caczoncin* muerto : iban
tambien un tañedor y un bailador : el carpentero de hacer atabales ; y otros muchos criados suyos se ofrecian para le ir
á servir en aquella jornada, ca decian que habian comido su
pan, y que si quedaban, quizá el que subcedia en el señorio
no les haria tan buen tratamiento como el pasado, aunque no
los dejaban ir, porque decian que bastaban aquellos otros oficiales, á los cuales ponian guirnaldas en las cabezas, y teñían-
les los rostros de color amarillo, é iban todos en procesion,
unos tañendo con unos huesos de caimanes y en unas rodelas
de tortugas, é los señores é sus hijos le tomaban en sus hombros, é venian sus parientes del señor *Caczoncin* que se llamaban de apellido de *encani, zacapu heriti, vanacaye,* é iban con
él cantando un cantar que decia de esta manera : *Utaijnauze
yocacina tayo maco,* &c (1). Este cantar é otros que cantan los

(1) El Códice intitulado «Relacion de las ceremonias etc. de Mechuacan»
que cito en la nota al fin de este capítulo, nos da esta lección : « venian
todos sus parientes del apellido *hencani* y *zacapuhiris* y *banacea*, iban
cantando con el un cantar suyo que empieza desta manera : *Utaine uce, yoca
zinatayo, maco,* etc. » Véase allí, pág. 57.

indios son escuros é intricados. Todos aquellos llevaban sus insignias de valientes hombres. Sacaban el difunto á la media noche é llevaban delante sus lumbres, é tambien iban tañendo sus trompetas, é llevaban delante de él toda aquella gente que habian de matar, é iban barriendo el camino, é decíanle : « Señor, por aquí has de ir : mira no pierdas el camino » ; é ordenados en procesion con todos los señores de la tierra é gran número de gente, llevábanlo hasta el patio de los teocales ó templos grandes donde habian puesto una gran hacina de leña seca concertada una sobre otra : era la leña de rajas de pino. Allegados allí daban con él cuatro vueltas alrededor de aquel lugar donde lo habian de quemar, tañendo sus trompetas, é luego poníanle encima de aquel monton de leña con todo su aparato é atavio como lo tenian compuesto, é tornaban aquellos sus parientes á decir su cantar, é luego ponian fuego por todas partes, é ardia toda aquella leña, y en tanto que ardia, con porras achocaban todos aquellos, los cuales, para no sentir tanto la muerte, teníanlos ya emborrachados, y enterrábanlos detrás del templo de su principal dios llamado *Curicaneri* (1) con todas aquellas joyas que llevaban, y echábanlos de tres en tres y de cuatro en cuatro ; é ya cuando amanecia estaba quemado el *Caczoncin* y hecho ceniza ; y siempre á todo esto estaban los presentes, todos aquellos señores que habian venido con el, atizando el fuego y poniendo diligencia que todo se tornase ceniza, é ya que todo estaba quemado, juntaban toda aquella ceniza é huecesitos, é todas las joyas que se habian derretido, y llevábanlo todo á la entrada de la casa de los ministros del demonio, é puesto en una manta hacian un bulto de mantas con las ceremonias é   arriba dichas, é poníanle una máscara de turquesas, é sus orejeras de oro, y su tranzado de pluma, é un gran plumaje de plumas verdes, de las grandes ricas, é collares é brazaletes de oro, &c. Poníanle una rodela de oro á las espaldas, é al lado su arco é flechas, é calzábanle é ponian en las piernas sartales de cuentas y cascabeles de oro.

Luego hacian al pié del templo del dicho demonio *Curia-*

(1) Este dios se llamaba *Curicaberi* segun el Códice de arriba, página 58.

16

veri ,1), debajo en el principio de las gradas, una gran sepultura bien honda, de más de dos brazas y media en ancho, cuasi cuadrada, y cercábanla de esteras nuevas por las paredes y en el suelo, é asentaban allí dentro una cama de madera, é tomaban aquella ceniza con aquel bulto compuesto un sacerdote de los que tenian por oficio llevar los dioses á cuestas, y cargado á las espaldas, llevábalo y poníalo á la sepultara, donde antes que le pusiesen otra vez habian cercado aquel lugar ó sepultura de rodelas de oro y plata, y á los rincones ponian muchas frechas de buen almacen : ponian tambien ollas y jarros con vino y comida : aquel sacerdote ó ministro del demonio ponia una tinaja y dentro de ella asentaba aquel bulto, de manera que mirase á poniente (2), é atapaban aquella tinaja é camas con muchas mantas, y echaban allí unas cajas que acá hacen de cañas encoradas con cueros de venados, y tambien le dejaban allí sus plumajes con que solia bailar, é más otras rodelas de oro y plata, y otras cosas de ajuar de señores, hasta henchir aquella hoya, y atapaban la sepultura con unas vigas, y despues tablas, y embarrábanla muy bien por encima. Las sepulturas de la otra gente henchian y cubrian con tierra.

Luego todos aquellos que habian tocado al *Caczoncin* ó á los otros muertos, se iban á bañar porque no se les pegase alguna enfermedad, é lavados, volvian todos los señores y otra mucha gente al patio del *Caczoncin* muerto, y allí delante la casa asentados, el señor que subcedia mandábales sacar mucha comida que para aquel entierro tenian aparejada : á cada uno daban un poco de algodon con que se limpiase los rostros despues de haber comido, y estábanse en aquel patio asentados, tristes, las cabezas bajas, con mucho silencio, cinco dias. En aquel tiempo ninguno de la cibdad molia maiz en piedra, que acá cada yantar y cena muelen y hacen pan fresco, y en ningund hogar se encendia lumbre, y todos los mercados y tratos cesaban de comprar y vender, ni pampoco andaban ni parecian por la cibdad, mas toda la gente estaba triste, y aun dentro de sus

(1) Debe ser *Curicaveri* ó *Curicaberi*, como ya se dijo en la nota precerente.

(2) El Códice citado (página 59) dice que lo colocaban mirando al Odiente, y esto mismo repite Mendieta, página 167.

casas y en ayuno por la muerte de su señor. Los señores de la provincia salian unos una noche é otros otra, é iban á las casas del demonio ó la sepultura del difunto, y tenian por órden su oracion y vela. En la guarda de estas cosas é cerimonias y en todas las obsequias era muy solícito el hijo del muerto que subcedia en el señorio (1).

CAPÍTULO 2

DE LAS CERIMONIAS CON QUE ENTERRABAN LOS SEÑORES DE LA NUEVA ESPAÑA, É COMO LOS ADORNABAN Y VESTIAN PARA LOS QUEMAR, Y TAMBIEN LA OTRA GENTE BAJA ; Y DE LO QUE SENTIAN CERCA DEL ÁNIMA, Y Á DO PENSABAN QUE IBAN DESPUES DE LA MUERTE.

Lo arriba dicho en el capítulo precedente, es solamente el enterramiento del *Caczoncin*, señor de *Michuacan* : en este capítulo diré la costumbre y cerimonias con que se enterraban los otros señores de la Nueva España.

Cuando algund señor moria, luego lo hacian saber á los pueblos comarcanos é á los señores de ellos, y tambien á los señores de las provincias con quien el señor difunto tenia parentesco ó amistad, y tambien les hacian saber el dia del entierro, que era al cuarto dia, cuando ya no le podian soportar de hedor : hasta entonces le tenian en su casa puesto sobre unas esteras, y allí lo velaban. Venidos los señores y principales al enterramiento, para honrar al señor difunto traian plumajes y mantas é rodelas y algunos esclavos para matar delante del difunto, é tambien traian sus banderas pequeñas ; é

(1) El asunto de este capítulo se ha tomado casi literalmente del Códice intitulado « Relacion de las ceremonias y ritos, poblacion y gobierno de los indios de la provincia de Mechuacan », que se encuentra en la *Coleccion de Documentos inéditos para la Historia de España*, publicada por el Marqués de Miraflores y D. Miguel Salvá, tomo LIII, páginas 55 á 59. Madrid, 1869. Nuestro bibliógrafo Baristain dice que un Códice sobre instituciones de Michoacan estaba depositado en el Escorial, lo cual salió cierto ; y que su autor era Fr. Martin de la Coruña: hay que averiguar esto último, y si aquel manuscrito era el mismo que se ha copiado aquí.

ayuntados todos, TOMABAN el cuerpo muerto y envolvíanle en
quince ó veinte mantas ricas tejidas de labores, y metíanle en
la boca una piedra fina de esmeralda, que los indios llaman
chalchihuitl, y aquella piedra decian que le ponian por corazon, y ansí ponian en los pechos de los ídolos unas piedras
finas que decian ser sus corazones, en memoria de los cual
las debian tambien poner á sus muertos : é primero que em-
balsamasen al difunto, cortábanle unas guedejas de cabellos
de lo alto de la coronilla, en los cuales decian que quedaba la
memoria de su ánima y el dia de su nacimiento é muerte ; y
aquellos cabellos y otros que le habian cortado cuando nació
y se los tenian guardados, y pónianselos en una caja pintada
por de dentro de figuras del demonio, é amortajado é cubierto
el rostro, poníanle encima una máscara pintada. Luego allí
mataban un esclavo.

Adornábanle é vestíanle de las insignias del demonio que
tenia por principal en su pueblo, en cuya casa ó templo ó patio
se habia de enterrar.

Todas sus mujeres y amigos y parientes y señores que allí
estaban, al tiempo que lo llevaban al templo iban llorando, é
algunos otros iban cantando ; pero en este auto no tenian atabales, aunque siempre tienen de costumbre de nunca cantar
sin tambien tañer atabales. Allegados con el difunto á la puerta
del patio á do estaba el templo, salia el grand *alfaqui* con los
otros ministros á lo recibir, y puesto delante el principal templo en lo bajo, ansí como estaba adornado con muchas joyas
de oro y plata y piedras ricas, quemábanlo con tea y con cierto
género de incienso que aquí llaman *copalli*. Aquel primer
esclavo que le sacrificaron en su casa, era uno que el señor
difunto tenia en su casa y era su oficio como de sacerdote
que en casa del difunto tenia oficio y cargo de poner lumbre en los incensarios en los altares é oratorios que el señor tenia en su casa : aquel mataban para que estuviese con
el señor en el infierno, é allá le sirviese del mesmo oficio.

En aquel tiempo que estaban quemando el cuerpo del difunto en el patio, allí sacrificaban con él, ó por el alma del difunto,
ciento ó ducientos esclavos, segund mayor ó menor señor era
el muerto : estos eran de sus esclavos y de los ofrecidos de los

amigos que á su enterramiento habian venido. Sacrificaban y mataban los dichos esclavos por los pechos, sacándoles los corazones, y daban con ellos en el fuego donde el señor ardia : esto hacian aquellos ministros detestables. De estos esclavos algunos eran mujeres ; é los enanos, corcovados é contrechos que el señor difunto tenia en su casa, allí morian, y al otro mundo decian que le iban á tener palacio. Los esclavos llevaban vestidos de sus mantas nuevas, y llevaban otras para servir con ellas á su amo allá en el infierno, que pensaban que como no le calentaba el sol, hacia gran frio. Allí en el patio y en su casa, antes que le sacasen, ponian mucha comida y rosas, en señal que en el otro mundo tambien la tenia : algunos indios contradicen esto, diciendo que la dicha comida y esclavos no la llevaban porque creyesen que allá la oviesen de tener, sino porque aquella era su costumbre de enterrar los señores. Hace al propósito de esto que muchas veces cuando cantaban en regocijo les decian : « Cantemos y holguemos, que despues de muertos en el infierno lloraremos. »

Para que guiase al difunto, y le adiestrase el camino por adalid, matábanle un perro, y la muerte que le daban era frechándole con una saeta por el pescuezo, y muerto, poníanselo delante, y decian que aquel perro le guiaba y pasaba todos los malos pasos, ansí de agua como de barrancas, por do habia de ir su ánima, y tenian que si no llevaba perro, no podria pasar muchos malos pasos que allá habia. Quemaban ansimismo los esclavos, pero no con el señor, sino á otra parte.

Otro dia cogian la ceniza del muerto, é si habia quedado algund huesezuelo, é poníanlo todo con los cabellos en la caja, y buscaban la piedra que le habian puesto por corazon, y tambien la guardaban allí, y encima de aquella caja hacian una figura de palo que era imágen del señor difunto, y componíanla, y ante ella hacian sufragios, ansí las mujeres del muerto como sus parientes ; y decian á esta cerimonia *quitonaltia* (1).

Cuatro dias le hacian de honras, llevándole ofrenda allí do

_____

(1) Hay en la obra de Mendicta (página 163) esta variante : « cuando hacian esta ceremonia, decian : *quitonaltiaya*. »

le habian quemado : á algunos la llevaban dos veces al dia la
ofrenda, y á otros sola una vez ; é lo mesmo hacian ante la caja
do estaban los cabellos y la ceniza y lo demas. Esta que he
dicho era la costumbre de enterrar los grandes y principales
señores. Al cuarto dia, cuando acababan las principales honras del entierro, mataban otros diez ó quince esclavos,
porque decian que en aquel tiempo de los cuatro dias
iba camino el ánima, y tenia necesidad de socorro, y con
aquellos que mataban, pensaban los ciegos enviarle gran socorro, como acá humanamente, considerando mal de muchos
gozo es. Pero ya que esto sea así, y esté escrito, y los vulganes
quieran decir *solatium est miseris socios habere licet poe-
nantes,* de la santa Escritura bien sabemos que *non
qui cum multis ardebunt.*

A los veinte dias sacrificaban cuatro ó cinco esclavos, é á los
cuarenta dias mataban otros dos ó tres ; á los sesenta uno ó
dos, é á los ochenta mataban diez, ó más ó menos segund era
el señor. Este era como cabo de año, y de ahí adelante no mataban más ; pero cada año hacian memoria ante la caja, y entonces sacrificaban codornices ó conejos, aves y mariposas, é
ponian ante la caja é imágen mucho incienso é ofrenda de comida, é vino é rosas, ó unos canutos ó cañas que dicen acay
(acá) *yetl,* que son unas cañas de dos palmos con cierta confec-
cion olorosa dentro, cuyo humo reciben en la boca, y dicen ser
sano para la cabeza. Esto ofrecian cada año hasta cuatro
años, y en esta memoria de los difuntos, los vivos se embeodaban y bailaban y lloraban, acordándose de aquel muerto y
de los otros sus difuntos.

Muchos de estos naturales creian que en la tierra habia infierno, y que era nueve casas ó nueve moradores, y que á cada
una de ellas iban su manera de pecadores. Los que morian de
su muerte natural causada por enfermedad, decian que iban
al infierno bajo : Los que morian de bubas decian que iban á
otra parte : los que morian de heridas eran iguales á los de bubas : los niños decian que iban á otra parte, é los que morian
en guerra ó sacrificados ante los ídolos creian que iban á la
casa del sol, no dentro ó arriba al cielo, que á este lugar ninguno pensaban que allegaba ; mas la casa del sol llamaban

tonatiuhixco, que es la faz del ó el nacimiento en oriente.

Al tiempo de enterrar los difuntos, vestíanlos de diversas vestiduras é insignias de demonios. Si era niño vestíanlo de las vestiduras ó insignias de un demonio que tenian por abogado de los niños. Los nombres, pues Dios los ha destruido y raido su memoria, no los quiero yo aquí nombrar. Si moria de llagas ó mal contagioso, vestíanle de las insignias de otro demonio : si era mercader, de otra manera : si era señor, de otra, y si mujer señora y diferente de las pobres ; y si moria en la guerra, ó podian cobrar su cuerpo ó no ; si podian haber el cuerpo, allá lo quemaban sin cerimonias, é cuando volvian á su tierra traian una saeta de aquel que ya habian quemado, y dábanla á los de su casa, y estos la componian y ataviaban, y la tenian por imágen del muerto, y vestida de las insignias del sol quemábanla. Mas á los que por adulterio mataban, los de su casa le hacian una imágen compuesta con las insignias de un dios llamado *Tlazolteut*, que quiere decir, dios de la basura é de la suciedad, é á este dedicaban los pecados del adulterio é otros semejantes, y á este tenian por muy sucio é muy vil demonio, y que era servido con los pecados de vileza.

A los que morian ahogados, no pudiendo haber sus cuerpos, hacíanle su figura y poníanle las insignias de Dios del agua, pues que lo habia llevado, lo hiciese bien con él. En algunas partes, los que no eran casados, aunque les ataviaban, sus cuerpos sin quemarlos los enterraban. Algunos de estos naturales eran tan ciegos y tan simples, que no habia más de nacer y morir : otros que sus ánimas eran como las de los brutos, mas muy diferente : otros que despues del cuerpo muerto iban á do este capítulo está ya dicho. Esta manera de sepultar á los difuntós era la más comun y más general entre los *nauales*, aunque no todos lo guardaban. Otras naciones de diversas lenguas, de las cuales hay muchas en la Nueva España, guardaban otras diversas ceremonias y ritos en sus sepulturas.

CAPÍTULO 3

Torque nada,
2·474.
Zurita, Ma-
nuscri'o. pá-
ginas 73-77. DE LA DISCIPLINA, HONESTIDAD Y CUIDADO CON QUE SE CRIABAN LOS
HIJOS É HIJAS DE LOS SEÑORES DE LA NUEVA ESPAÑA, Y DEL CAS-
TIGO QUE LES DABAN, AUN POR PEQUEÑOS DEFECTOS.

En habiendo hijos los señores naturales de la Nueva España,
como tenian muchas mujeres, por la mayor parte los criaban
sus madres, y cuando no criaba su madre, buscaban ama de
buena leche ; y decian ser buena leche, si echadas unas gotas
en la uña, no corria de espesa. Ponian mucha guarda que los
hijos de los señores se criasen con un manjar, y que la ama
ó madre no mudase el manjar con que comenzaba á criar la
criatura : algunas comian carne, otras solo pan caliente y sal,
porque como lo amasan sin sal, al comer muchos lo comen
con sal, y con el pan tambien comian algunas frutas sanas,
y lo más comun era una frutilla que se dice *tomatl*. Dábanles
cuatro años leche, y estas naturales son tan amigas de sus hijos, y críanlos con tanto amor, que por no se empreñar de otro,
ó por no perjudicar al hijo, huyen mucho el ayuntamiento de
sus maridos, y si enviudan y quedan con hijo de leche, por
ninguna cosa se casan hasta tener el hijo criado ; y si lo contrario alguna hacia parecia que hacia muy gran traicion.

En destetando los niños, ó á los cinco años, luego mandaba
el señor que sus hijos varones fuesen llevados al templo á servir á los ídolos, y allí fuesen doctrinados, y supiesen muy bien
todo lo que tocaba al servicio de los dioses, y los criaban con
mucho castigo y disciplina, y estos eran los primeros en todo
lo que tocaba al culto de los ídolos, y el que no andaba muy
diligente en servicio de los dioses, y en todo lo que tocaba á
sus sacrificios, era muy bien castigado. Llevaban estos naturales sus hijos al servicio de los dioses, porque aquel tenian
por buen servicio, y ansí criados los tenian por bien doctrinados, y andaban allí hasta que se casaban. Tambien de allí salian á la guerra, si eran hombres mancebos de buenas fuerzas.

Las hijas de los señores y principales, y más especialmente

las hijas de los grandes señores, que su casa se dice *tecpan*, que quiere decir « palacio », eran criadas con mucha disciplina é honestidad, y con gran solicitud y cuidado de sus madres y de sus amas y de las viejas, y de las hermanas mayores. Luego desde los cuatro años las enseñaban á ser muy honestas en el hablar y en el andar, y en la vista y recogimiento : muchas nunca salian de casa hasta que las casaban, y si habian de ir fuera era muy de tarde en tarde al templo, ora por las haber su madre prometido en el parto, ahora por las haber prometido por alguna enfermedad ; y en la fiesta de tal demonio á quien estaban prometidas, ó cuando habia alguna grande y muy general fiesta, iban con mucha compañia de viejas, é iban tan honestas, que no alzaban los ojos de la tierra, y si se descuidaban, luego les hacian señal que recogiesen su vista : no hablaban sino en el templo la oracion que le habian enseñado. A la mesa, en tanto que comian, los niños y doncellas nunca habian de hablar, porque lo tenian por cosa muy fea y de escándalo ; mas con silencio y con mucha mesura comian y bebian. Su comer de todos estos naturales es en tierra sobre unas esteras : nunca los hombres comian con las mujeres. Esto tenian cuasi por ley, que la doncella antes de casada nunca hablase á la mesa.

Las casas de los señores naturales todas eran grandes, aunque bajas ; porque la humedad no les causase enfermedad, alzaban los aposentos un estado, unos más y otros menos, que quedaban como entresuelos, y en estas casas habia huertas y verjeles ; y aunque las mujeres estaban por sí y á su parte, no salian las doncellas de los aposentos á la huerta y verjeles sino acompañadas con sus guardas, y si salia mala vez sola, punzábanles los piés con unas puas muy crueles, hasta salir sangre, en especial si eran de diez ó doce años, ó dende arriba : aun andando en compañia no habia de alzar los ojos, ni volver á mirar atrás ; y las que eran descuidadas, con muy ásperas ortigas las castigaban las carnes cruelmente, é la pellizcaban las amas hasta las dejar llenas de cardenales. Teníanlas enseñadas como habian de hablar á las señoras, é si topándolas por casa no las saludaban, quejábanse á sus madres ó amas y eran castigadas ; y si en algo eran perezosas ó malcriadas, pasábanles unas puas como alfileres gordos por las orejas, porque oyesen é obedeciesen á toda virtud.

Siendo las niñas de cinco años las comenzaban á enseñar á hilar, tejer y á labrar, é no las dejaban andar vagabundas ni ociosas. Tambien tenian sus ratos y tiempos de holgar ante sus madres. Cuando alguna se levantaba de labor fuera de tiempo é andaba vagueando, aun siendo niñas las castigaban y ataban los piés porque asentasen ; é solamente por decir « muchachuelas, atabal suena ; ¿ á do cantan ? ó ¿ á do bailan ? », reñian y encarcelaban á las amas porque no las tenian bien criadas y móstradas á callar : parece que habian de ser sordas y mudas, lo cual conviene mucho á las mujeres mozas, y más á las vírgenes.

Hacíanlas velar y trabajar é madrugar, porque con la ociosidad, que es madre de vicios, no se hiciesen torpes, y porque anduviesen limpias se lavaban con mucha honestidad dos ó tres veces al dia, y la que no lo hacia llamabanla sucia, perezosa, é las ya grandecillas siempre andaban acompañadas, é no salian un paso fuera del umbral adentro de casa, sin compañia de viejas, ó de sus madres ; é cuando alguna era acusada de alguna cosa grave ó de algun mal hecho, si de ello estaba inocente, para cobrar su fama hacia juramento en esta manera : « ¿ Por ventura no me ve nuestro señor dios ? » y nombraba el nombre del mayor demonio y á quien ellos atribuian más divinidad, y poniendo el dedo en tierra besábanlo, y con este juramento quedaban de ella satisfechos, porque ninguno osaba jurar tal juramento, sino diciendo verdad, porque creian que si jurasen tal juramento falso los castigaria su dios gravemente, con grave enfermedad ó con otra adversidad.

Cuando el señor queria ver á sus hijos é hijas, llevábanlos como en procesion, guiándolos una honrada matrona, y agora fuese en general todos, ó si algunos particularmente querian ver á su padre, siempre le pedian licencia y sabian primero que holgara de ello, é allegando ante el señor, mandábalos asentar, é la guia le saludaba é hablaba en nombre de todos sus hijos, é ellos estaban con tanto silencio y recogimiento, en especial las muchachas, como si fueran personas de mucha edad y seso. La guia presentaba al padre los presentes que sus hijos llevaban, ansí como rosas ó frutas que sus madres les daban para llevar al padre : las hijas llevaban lo que habian labrado ó tejido para la madre, mantas de labores, é otros.

El padre hablábales á todas, avisándolas é rogándolas que fuesen buenas é guardasen las amonestaciones y doctrina de sus madres y de las viejas sus maestras, é las toviesen mucha reverencia y obediencia, y dábales gracias por los presentes que le habian traido, y por el buen trabajo y cuidado que habian tenido de labrarle mantas, &c., é no respondia ni hablaba ninguna, mas de cuando allegaban y se partian, que se inclinaban y hacian reverencia, y ninguna se reia delante el padre, ni hacia otro meneo, más de estar con mucha cordura, y con la habla que el padre les haria, volvian ellas muy contentas y alegres. Cuando eran niños tenian las amas mucha vigilancia de no allegar á sí las criaturas, por no las oprimir ó matar durmiendo, ó los tenian en sus cunas, y en esto se desvelaban mucho las madres y las amas.

Ningund hombre entraba á do estaban y se criaban las doncellas, ni ellas los miraban ni hablaban. Un mancebo, hijo de un señor principal, saltó las paredes do se criaban las hijas del señor de *Tezcuco* por ver y hablar una su hija, é no mas de cuanto en pié le vieron hablar con la doncella en pié. El mancebo tuvo aviso y socorro para muy de presto ponerse en salvo, que si ansí no lo hiciera, no pagara sino con la vida, y á la doncella, aunque su padre la queria mucho y era hija de señora principal, mandó que luego la ahogasen ó la ahorcasen, y aunque mucho le rogaron, no bastó, porque dixo que quedara muy deshonrado si á tan mal hecho no le diera su castigo, y por dar enjemplo á los otros señores, que no le tuviesen por injusto ni por cobarde, ca era valiente hombre, é parecíale que si no mandara matar la hija, que caia en caso de cobardia.

E no era menor el castigo que daban á las casadas, adulterando, mas antes era ley comun, y este mesmo señor de *Tezcuco*, llamado *Nezaualpilcintli*, que fué uno de los reyes principales de esta tierra, mandó matar á otra hija suya casada porque cometió adulterio, y no bastó que su marido la perdonó y rogaba por ella, sino que murió por su delicto ; y estos

Zurita, Manuscrito, páginas 67-68.

castigos é otros semejantes, ayuntadas las doncellas de palacios y las mujeres, decíanselos para que ellas escarmentasen en cabeza agena é para que no cometiesen semejantes delictos; pero á semejantes platicas no estaban presentes las niñas que aun están en su inocencia, para no les dar ocasion ni despertar al que duerme.

Torquemada, 2-475. Consideradas las cosas dichas en este capítulo con ánimo justo, bien hay cosas en que tomen ejemplo los cristianos de estos infieles, como los señores criaban sus hijos é hijas en buena disciplina é honestidad é castigo. Bien pueden tomar licion las doncellas y damas de los grandes palacios, é haber vergüenza de sus disoluciones, ca se puede de ellas decir Jer. XVIII, 13. aquellas del profeta : *Quis audivit talia horribilia quæ fecit nimis virgo Israel?* ¿ Quién no se espantará en ver y oir cosas tan horribles que las vírgenes cristianas hacen con tan gran disolucion, y no miran la grande y muy peligrosa ocasion que de pecar dan á los hombres, de lo cual todo darán muy estrecha cuenta á Dios ? Porque hechas bailadoras, salteras y ti tan sin rienda de vergüenza, que de ellas se veri- Zac. VIII,5. fique lo que dice Zacarias : *Puellis ludentibus in plateis :* no falta sino que salgan á bailar en las plazas ; pero igual mal es dar á ello ocasion, ansí de juegos y gastos, como de muchas disoluciones é ofensas de Dios : miren las hijas de los gentiles criadas con tanto recogimiento é honestidad como monjas religiosas.

Torquemada, 2-474.

CAPÍTULO 4

CÓMO LOS INDIOS NATURALES DE ESTA NUEVA ESPAÑA CRIABAN, AMONESTABAN Y CASTIGABAN Á SUS HIJOS, Y DE CÓMO SE CRIABAN EN COMUNIDAD CON MAESTROS Y CAPITANES HASTA LLEGAR Á EDAD DE SER PARA CASAR, Y DE LAS AMONESTACIONES Y CONSEJOS QUE DABAN Á SUS HIJOS É HIJAS AL TIEMPO DEL CASAMIENTO.

Zurita, Manuscrito, páginas 77-80. La gente comun y plebeya tampoco se descuidaba de criar á sus hijos so disciplina, ca luego que comenzaban á tener juicio y entendimiento, los amonestaban é daban consejos bue-

nos y los retraian de vicios y pecados, y los ponian á que sirviesen á los que tenian por dioses, y los llevaban consigo á
los templos, y los ponian en trabajos y en oficios, segund que
en ellos vian habilidad é inclinacion, y lo más comund era
darles el oficio y trabajo de que su padre usaba. Si los vian
traviesos ó malcriados, castigábanlos recísimamente, á las
veces riñéndoles de palabra, otras ortigándoles por el cuerpo
con ortigas, en lugar de azotes ; otras veces dábanles con ver-
gas : si no se enmendaban, colgábanlos y dábanles humo á
narices, é lo mesmo hacia la madre á la hija cuando lo mere-
cia ; y si se ausentaban de sus casas, los padres los buscaban
una y muchas veces ; y algunos de cansados dejábanlos por
bellacos, no curando de ellos, y muchos de estos venian á parar, como dicen, en la horca, ó los hacian esclavos.

Castigaban y amonestaban mucho á sus hijos que hablasen
verdad, y si eran viciosos en mentir, el castigo era henderles y
castigarles un poco el labio ; y á esta causa usaban mucho ha- Torquemada,
blar verdad. Bien sé que á esto podrán responder algunos 2-478.
españoles y decir que ven en ellos el contrario, y cierto tienen
razon. Preguntado á los indios, que qué es la causa de ser viciosos é muchas veces no decir verdad, responden que por
ser los españoles gente superba y de mucha fantasia, y que
ellos los indios les tienen grand miedo y no les osan responder
sino lo que á ellos es más apacible, y decir de sí á cuanto les
mandan, ora sea posible ora no, y que no se confian ni entienden bien con los españoles, y andan con ellos como amedren-
tados y sobresaltados, y es ansí que en preguntando el español al indio alguna cosa, luego el indio se recata para responder recatadamente, y yo seguro que pocas veces les tomen desapercibidos, mas siempre recatados. Tambien dicen los indios que como la entrada de los españoles y las guerras dieron
tan gran vaiven á toda la tierra, en muchas cosas perdieron
su justicia y castigos, órden y conciertos que tenian, y que
no tienen jurisdiccion ni libertad para pugnir y castigar los
delincuentes, é que ya no se castigan entre ellos las mentiras
ni perjurios ni los adulterios, y que más se atreven las mujeres
á ser malas, que solian, y aun que de los españoles han deprendido algunos vicios.

Siendo muchachos, unos se criaban en los templos, como dicho es, en el servicio más propinco de los dioses, y estos eran los hijos de los señores y principales : los otros eran criados en capitanias : en cada barrio ó feligresia habia uno llamado *Telpuchtlato* que quiere decir « guarda ó capitan de los mancebos », y este tenia cargo de los recoger y de trabajar con ellos en traer leña para los braseros y fuegos que ardian delante los ídolos, y en obras de la república, y en hacer y reparar los templos. Ocupábanse tambien en hacer todas las obras que pertenecian al servicio exterior de los ídolos : ayudaban á hacer las obras y casas de los señores principales : tambien tenia de su comunidad sus casas, tierras y heredades, que labraban, sembraban y cogian, y trabajaban para su comer y vestir, y allí tenian tambien á tiempo sus ayunos y sacrificios de sangre que hacian en sus personas, y hacian sus ofrendas á los ídolos. No les consentian andar ociosos, ni dejaban de castigar duramente cualquier vicio que venia á noticia de su mayor, el cual les tenia sus capítulos, y les amonestaba y corregia y castigaba. Algunos de estos mancebos salian á las guerras ; los de más fuerzas tomaban armas, y los otros á ver y á deprender cómo se ejercitaban las guerras. Eran estos mancebos tan mandados y tan prestos en lo que les encomendaban, que sin ninguna excusa hacian todas las cosas corriendo ; ahora fuese de noche, ahora de dia, ahora por montes, ahora por valles, ora con agua, ora con sol, no parecia que tenian impedimento ninguno.

Allegados á edad de casarse, que era de veinte años, poco más ó menos, demandaban licencia para buscar mujer, y dábansela ; pero el que sin licencia se casaba, que acontecia muy ralo, demas de le dar su penitencia, siempre le tenian por hombre muy sin crianza, ingrato y como apóstata. En algunas partes, de lo que en su comunidad tenian ayuntado, les daban y ayudaban, máxime siendo pobres, para que toviesen con que sustentar la carga del matrimonio. Otros que sus padres eran ricos, daban presente en su salida, ansí al *telpuchtlato* como á la casa á do se habian criado.

Tambien aun estando en aquella congregacion pedian licencia y iban por algunos pocos dias á ayudar á sus padres á sem-

brar y á labrar y á coger y al encerrar la mies, é traian de lo
que cogian para su comunidad, y criábanse en aspereza, ansí
en el comer poco y pan duro de su bizcocho y dormir con poca
ropa y medio al sereno en salas y aposentos abiertos cuasi
como portales ; y esto dizque lo hacian porque como las guerras eran muy comunes, por hallarse ya ejercitados, hechos como dicen á las malas.

Si pasando ya de edad para ser casados se descuidaban ó no
se querian casar, tresquilábanlos y despedíanlos de la compañia de los mancebos, en especial en *Tlaxcallan*, ca esta era
señal é una de las cerimonias que tenian de matrimonio, tres-
quilarse y dejar la cabellera y lozania de los mancebos y de
allí adelante criar otro modo de cabellos ; é por maravilla era
el que no se casaba cuando se lo amonestaban y mandaban, é
los más pedian licencia, segund está dicho.

Cuando se despedian de la casa á do se habian criado, su capitan les amonestaba é hacia un largo razonamiento, diciéndoles que mirasen que fuesen muy solícitos servidores de los
dioses ; que no olvidasen lo que en aquella casa é congregacion habian deprendido, y que pues tomaban mujer y casa,
trabajasen de ser hombres para mantener y proveer su familia, y no fuesen negligentes, perezosos, mas solícitos, y supiesen criar sus hijos : ansimesmo que para el tiempo de las
guerras fuesen esforzados y valientes hombres, é que los dioses les ayudarian é harian ricos, si ellos fuesen buenos. Acon-
sejábanles que toviesen acatamiento é obediencia á sus padres,
é honrasen y saludasen á los viejos, &c. Luego en siendo casados eran empadronados y contados entre los casados, que también de los casados habia sus cuadrilleros ; que ansí para los
tributos como para otras obras y trabajos, todo se repartia por
órden y concierto, y aunque esta tierra era muy poblada y
llena de gente, de todos habia memoria, chicos y grandes, cada
uno en su manera trabajaba y reconocia superior.

Tampoco dejaban á sus hijas, al tiempo que las casaban, sin
consejo, é doctrina, mas antes les hacian muy largas amonestaciones, máxime á las hijas de los señores y principales.
Antes que saliesen de casa, sus padres las informaban cómo
y en qué manera habian de amar, aplacer y servir á sus ma-

Zurita, Ma-
nuscrito, pági-
nas, 89-90.

ridos para ser bien casadas y amadas de ellos. Decíanle la madre : « Hija mia muy amada, ya ves cómo te vas para tu marido, ca esta gente que aquí está es venida para te llevar é acompañar : mira que ya te apartas de nos y de esta tu tierra y casa : si fueras varon aquí vivieras con nosotros ; mas ya sabes que es costumbre que las mujeres vayan y sigan á sus maridos y estén con ellos y vivan en sus casas, (esto es los señores) ;

Véase Torquemada, II-472, columna 2, línea 27.

decíanle « pues eres ya casada irás con tu marido, y ten aviso que no seas defectuosa ni malcriada, mas mira que de tal manera vivas, que seas ejemplo á las otras mujeres : cata que eres mujer de señor y no vas á trabajar á otra parte sino allí como á cosa de los dioses ». Entonces nombrábanle cuatro ó cinco dioses, los principales, á los cuales le encargaban que toviese mucho cuidado de los ofrecer y dar ofrenda, segund que las señoras acostumbraban hacer. Decíanle : « Mira que en el servicio de los dioses y en la ofrenda que cada dia les has de hacer y ofrecer, y en el incienso que ante ellos has de hacer no seas negligente, é ansimismo ternás cargo de tu marido é lo servirás con diligencia, porque ansí merezcas ante los dioses haber hijos que subcedan en el señorio, é para esto alcanzar, en ofrenda de los dioses barrerás la cámara de tu marido é dárasle agua á manos para se lavar é limpiar con ella la boca, é ansimismo pornás diligencia en la comida que le has de dar, y cuando saliere fuera á otro pueblo, á la vuelta, ya cuando supieres que tu marido allega cerca de casa, salirlo has á recibir y saludar con mucho amor y honestidad, y haciéndolo tú de esta manera, tu marido te querrá mucho y te mostrará amor, y lo mesmo haremos nosotros cuando oyéremos y supiéremos tu buena crianza y el amor que os teneis el uno al otro : estaremos de ello muy gozosos y ricos ; pero si otra cosa haces que no sea tal como se espera de las señoras de tu suerte, sernos ha causa de mucha pena y vergüenza. » Y dichas estas cosas é otras, despidiéndose con lágrimas, decíanle : « Vete, hija, con tus madres que te acompañarán » (estas eran unas mujeres que habian de ir con ella y estaban presentes á la amonestacion) : « con estas te aconsejarás y consolarás, y estas te darán tus vestidos. » E ya cuando se salia despedida, por saludacion le decian : « *Matimoteopuh* » (*Matimoteopouh*), que quiere decir : « Ve agora, hija, y no hagas cosa mala ni vergonzosa. »

Principalmente les encargaban y encomendaban tres cosas : la primera, el servicio de los dioses : la segunda, la buena guarda ó honestidad : la tercera, el servicio, amor y reverencia de su marido. Aunque infieles, no carecian de buenas costumbres. Cuanto á lo primero, cualquier mujer casada que tenia hacienda, en especial las mujeres de los señores y principales, como personas que la nobleza y crianza les ponia más obligacion, cuando no eran impedidas por enfermedad, cada dia se levantaban muy de mañana, en riyendo el alba, y ellas mismas ponian su ofrenda á los dioses sobre un altar que tenian en los patios de sus casas. En aquel altar estaba un brasero redondo con sus brasas, y allí la señora ofrecia su incienso al mesmo fuego, que lo tenia por dios, y tambien en reverencia del sol y de los otros dioses. Tambien ponia un vaso de barro con sus piés, y en él echaba agua limpia, y en la agua harina de maíz ó de *tlaulli*, que tambien ofrecia aquella ofrenda á los dioses, y luego tomaba unas brasas en una como sarteneja, aunque de barro, y teniéndola por el cabo echaba sobre las brasas incienso, y luego levantaba la mano con su brasero al mediodia é hácia oriente y á las otras dos partes del mundo de setentrion y poniente. Ponia tambien allí unos vasos con comida, al que queria, y limpiaba los vasos. A esta ofrenda de la manera DICHA decian ellos *tlatlalchipahua cihuatl*, que quiere decir « la mujer hermosa la tierra », conviene á saber, que con la dicha ofrenda que ponia al sol, y al fuego, y á la tierra, é á los otros dioses, creian que les habian de subceder buen dia, y que el sol habia de hacer bien su curso y alumbrar la tierra, y en ella fructificar los mantenimientos á la vida necesarios.

Cuando era fiesta, demás de lo sobredicho, sacrificábanse allí en aquel altar, de las orejas, é hacian más cerimonias é oraciones. Cuanto á lo segundo, las mujeres casadas, en especial las señoras, vivian con mucha honestidad y recatamiento, ca sus maridos no eran nos (menos) celosos que los españoles, y el adulterio era entre ellos castigado *usque ad mortem*, ansí á los que pecaban con mujer casada, como á ellas. Cuanto á lo tercero, cuasi siempre se ocupaban las señoras en hacer vesti-

Véase Torquemada, II-473, columna 4. La significación literal del vocablo puede verse en el Glosario del mismo Torquemada.

duras para sus maridos, y ellos tenian tambien cuidado de buscar para sus mujeres todo lo que se habian de vestir.

Estas, en su manera, aunque infieles, parece que guardaban aquel consejo del Evangelio : *Primum quærite regnum Dei et justitiam ejus*, é no se apartan del mandamiento de Dios, que dice y manda á las mujeres, que sean y estén so la subjecion y poderio de sus maridos, y no como muchas de nuestras naturales, que quieren mandar en casa más que sus maridos ; y lo que más monstruosa cosa es, que quieren mandar y mandan á sus maridos con el pié. Hayan vergüenza y confusion las tales, y tomen ejemplo de estas infieles que ansi obedecen y aman á sus maridos, y ansí los sirven.

Matth.
VI, 33.
Luc. XII, 31.

Torquemada,
2-474.

CAPÍTULO 5

DE LAS CERIMONIAS É RITOS QUE LOS INDIOS DE LA NUEVA ESPAÑA TENIAN EN SE COPULAR É CASAR, ANSÍ LOS SEÑORES Y PRINCIPALES COMO LOS COMUNES Y POBRES.

Por falta de no haber bien entendido y sabido los ritos é cerimonias que estos naturales de la Nueva España tenian en se casar ó copular, y por no saber la diferencia que habia entre mancebas y mujeres legítimas, ó por no haber sabido las personas que tenian por legítimas é lícitas, y los que excetaban de su matrimonio, por no haber alcanzado los tiempos pasados la verdad de lo sobredicho, ha sido causa de muchas opiniones y de tener diversos pareceres, unos afirmando que entre estos habia matrimonio é otros teniendo lo contrario. Agora ya la espirencia ha enseñado por los ritos, costumbres y cerimonias de estos naturales, ha descubierto y enseñado que entre ellos habia legítimo y verdadero matrimonio. Para fundar esta materia, porné en este capítulo las cerimonias é ritos que estos naturales de la Nueva España tenian de se copular é de contraer matrimonio.

Cuando alguno queria casar á su hijo, en especial los señores y principales, todos tenian memoria, del dia ó signo en que habian nacido, pero no todos sabian la significacion de ellos. Pues luego que el padre queria casar á su hijo llamaba los exponedores y maestros de los signos segun sus cerimonias y hechicerias, y tambien ponian diligencia de saber el signo y nacimiento de la doncella que le queria dar por mujer; y si el maestro decia que los signos venian conformes y buenos, enviaba sus mensajeros, en la manera que luego se dirá, á los padres de la doncella. Tambien inquiria del signo, y si sabia que el signo en que habia nacido ó la casaban denotaba que con aquel habia de ser mala ó no bien casada, no consentia; pero averiguado que los signos eran buenos y conformes, entendiase en el matrimonio.

Ya que estaban satisfechos de las personas y de los signos, los padres ó parientes más cercanos del novio, ca los varones buscaban y movíanlos (1) de parte del novio dos viejas de las honradas y más abonadas de sus parientes que las llaman *cihuantlanque*, que quiere decir « demandadoras de mujeres ó casamenteras » : estas llevaban la embajada á casa de los padres de la moza, si los tenia, ó á los deudos más cercanos en cuyo poder estaba, y propuesta su embajada, con buen razonamiento y plática bien ordenada, respondian la primera vez excusándose y dando causas y razones para ello porque ansí era costumbre, aunque su voluntad estoviese muy propuesta y deseosa que viniese en efecto su peticion y casamiento. Volvian las matronas con la respuesta dicha á los padres del mancebo, y ellos que ya sabian las excusas de la primera embajada, pasados algunos pocos dias tornan á enviar las viejas y ruegan mucho á los padres de la doncella consientan en el matrimonio y quieran aceptar su embajada, y tambien les digan lo que tiene la moza, y ellas declaran lo que el mancebo tiene, y lo que sus padres más le quieren dar. Entonces responden y dicen los padres de la doncella que hablarán á sus parientes y á su hija; y esto hecho, que los parientes y la hija

Mendieta,126.

Zurita, Manuscrito.página 71.

Véase Glosario de Torquemada.

(1) Se nota que falta en este lugar alguna cosa para el perfecto sentido El pasaje puede completarse con la lección de Mendieta (página 126) qu copiaré, poniendo con versalitas los vocablos que aquí faltan. Dice así: « siempre los padres ó parientes más cercanos del novio movian los CASAMIENTOS. PRIMERAMENTE IBAN de parte del novio dos viejas, etc. ».

vienen en el casamiento, y la han mucho amonestado que sea buena, y que sepa servir y agradar á su marido, no les eche en vergüenza, y en algunas partes dicen que añadian, diciendo y amonestándola : « Mira que si no fueres tal cual debes, que tu marido te dejará y tomará otra. » No he alcanzado á saber de esto último más de que algunos lo traen para decir que no habia matrimonio.

Tornadas las casamenteras á sus deudos y padres del varon y dada la respuesta, esperan el acuerdo de los padres de la moza, el cual envian con otras matronas de sus parientas, y dicho que son contentos y que huelgan que el casamiento y (1) pase y venga en efecto, luego háblanse los deudos del mozo, y de él mesmo toman consentimiento, y amonéstanle sus padres como fué amonestada la doncella, aunque en otro modo ; y concertadas las bodas, envian gente por ella : en algunas partes traíanla á cuestas, y si era señora é habia de ir lejos, llévanla en una litera ; y esto yo lo vi. Allegada cerca la casa del varon, salíala á recibir á la puerta de la casa, y llevaban un braserillo á manera de incensario, con sus brasas y encienso, y á ella dábanle otro, con los cuales una al otro se incensaban, y tomada por la mano, llevábala al aposento que estaba aderezado, y otra gente iban con bailes y cantos con ellos. Los novios se iban derechos á su aposento, y los otros se quedaban en el patio, que casi todas las casas tienen patio, chico ó grande. Asentaban los novios en un *petlatl* ó estera nueva delante el fuego : allí les ataban las manos (mantas), la del uno con la del otro, y él da á ella unas vestiduras de mujer, y ella daba á él otras de varon, y traida la comida, el esposo da de comer con su mano á su esposa, y ella ansimesmo da de comer á é él con su mano. De parte de él dan mantas á los parientes de ella, y de parte de la esposada dan mantas á los parientes de él, y los deudos, amigos y vecinos comen de regocijo y beben de vísperas abajo ; y cuando viene la noche, cantores y bailadores y cuasi todos están beodos, salvo los desposados, porque luego comienzan á estar en penitencia y sepa-

(1) Para el buen sentido habría que suprimir la conjunción *y*, ó que poner antes de ella las palabras SE HAGA ú otras semejantes.

racion cuatro dias, y aquellos cuatro dias ayunan por ser buenos casados é por haber hijos, é no consumen matrimonio en
aquel tiempo, ni salen de su aposento mas de á sus necesidades naturales, y luego se tornan á su aposento, porque si
salian ó andaban fuera, en especial ella, tenian que habia de
ser mala de su cuerpo. Para la cuarta noche aparejábanles una
cama, y esta hacian unos viejos que eran guardas del templo :
estos juntaban dos esteras ó *petlatles*, y en medio ponian unas
plumas y una piedra llamada *chalchihuitl*, que es de género
de esmeraldas, é ponian un pedazo de cuero de tigre encima
de las esteras, y allí tendian luego sus manteles. Los *mazatecas* se abstenian de no consumir matrimonio veinte dias, y
estaban en ayuno é penitencia : los *nahuales* en aquellos cuatro dias no se bañaban, que entre los indios es cosa muy frecuentada. Poníanles tambien á las cuatro partes de la cama
unas cañas verdes é unas puas de *metl* para se sacrificar y sacar sangre los novios de las orejas y de la lengua para ofrecer
al demonio, y las puas ensangrentadas ponian sobre la cama,
y los desposados tambien se vestian y ponian algunas insignias del demonio, y la media noche y al medio dia salian de
su aposento á poner incienso sobre un altar que en su casa
tenian, y tambien incensaban las cañas que en su cámara
tenian, y ponian comida por ofrenda aquellos cuatro dias. Ya
que los novios habian consumido matrimonio, tomaban la
ropa y las esteras, y la ofrenda de comida y llevábanlo al templo ; y si en la cámara hallaban algun carbon ó ceniza, tenian
que era señal que no habian de vivir mucho ; pero si hallaban
algund grano de maiz ó de otra semilla, era señal que denotaba larga vida. Al quinto dia se bañaban los novios sobre
unas esteras de espadañas verdes, y siempre cubren mucho
(ser) todas sus partes vergonzosas (1) ; y al tiempo que se bañaban echábanles agua uno de estos ministros del templo, á

(1) Pongo entre paréntisis el vocablo *ser* porque sale sobrando en esta
cláusula. Mendieta (*Historia Eclesiástica Indiana*, página 128) no dice
que los bañistas cubrieran sus verguenzas : la especie está en Roman (*República Indiana Occidental*, libro 3, capítulo 2) y tambien en Torquemada
libro 13, capítulo 6) quien repite unas veces la leccion del agustino y otras
la del P. Motolinia.

manera de otro baptismo ó bendicion. Los señores y principales echábanles el agua con un plumaje, á reverencia de un
demonio, y echábanle cuatro veces agua y otras cuatro vino, á
reverencia del dios del vino, é luego los vestian de nuevas é
limpias vestiduras, y daban al novio un encensario para que
echase incienso á ciertos demonios en su casa. A la novia poníanle encima de la cabeza pluma blanca, y los piés y las manos emplumábanle de pluma colorada, y cantaban y bailaban
y daban otra vez mantas, y á la tarde emborrachábanse. Esta
era la general costumbre, salvo que los que no tinien costilla
ni posibilidad, no hacen todas las cerimonias ni llaman tantos. Otros que se habian enamorado é ayuntado secretamente
y estado algund tiempo amancebados, teniendo contentamiento daban consentimiento matrimonial é noticia á algunos
deudos ; aunque pobres, se ayuntan y comen, y los unos y los
otros (son) de allí adelante son tenidos por marido y por mujer, y viven como casados y vecinos del pueblo.

En la provincia de *Michuacan*, demas de otras muchas cerimonias, lo que tenian por más esencial era carearse y mirarse
el uno al otro, y aunque estuviesen junto mucho tiempo, si el
uno de los dos por descontentamiento no mirase al otro, no se
ternian por casados, y se dejaban, y decian « nunca le mi-
ré », &c.

En algunas partes de la *Mixteca*, entre otras cerimonias,
ataban una guedeja de cabellos del desposado con otra de la
desposada, y tomábanse las manos, y atábanles las manos : y
en esta mesma *Mixteca* traian al esposo á cuestas cierto trecho, cuando le llevaban á desposar, y en otras muchas partes,
en señal de primer matrimonio, tresquilábase el varon.

Algunos muy pobres labradores, que en la Nueva España
los llaman *macehuales*, concertado el casamiento, tomaban
á su mujer con afecto conyugal, é trabajaban algund tiempo,
é ya que tenian allegado algund caudal con que hacer el regocijo de la boda, llamaban á sus deudos, y gastaban esa pobreza que tenian, é hacian cerimonias de pobres.

Pero si algund mancebo se enamoraba de alguna moza é se
ayuntaba sin consentimiento ni noticia de los padres, aunque
con afecto matrimonial, pasado algund tiempo en que ayunta-

ban para poder convidar á sus deudos, entonces el varon iba á los padres de la mujer, y decíales : « Yo digo mi culpa, y conozco que os he ofendido en me haber casado y tomado vuestra hija sin os haber dado parte, y hemos errado en nos haber ayuntado sin vuestra licencia y consentimiento : si agora sois contentos que hagamos la solenidad é cerimonias de casados, veldo ; y si no, veis aquí á vuestra hija. Tambien pienso que estareis maravillados de haberos faltado vuestra hija ; mas de consentimiento de ambos nos ayuntamos como casados, y agora queremos trabajar de vivir bien, y de buscar que tengamos de comer y de criar nuestros hijos : rogámoos nos perdoneis y consintais en esto ». Respondian los padres y deudos, que tenian por bien que pasase el matrimonio, y que desde adelante fuesen buenos ; pero pues lo habian hecho sin su licencia, si de algun delicto fuesen en algund tiempo acusados, no les echase á ellos culpa : como quien dice, mirando en sus abusiones : « Por el pecado que habeis cometido en os haber ayuntado clandestinamente, algund mal os ha de subceder : nosotros quedamos sin culpa » : é luego hacian el regocijo é solemnidad que su costilla alcanzaba, como pobres.

Hase mucho dudado, si entre estos infleles y naturales de la Nueva España habia matrimonio ; por tanto he procurado é inquirido saber y poner aquí los ritos y cerimonias que entre estos gentiles habia é usaban cerca del matrimonio, é aplicados á los ritos de otros infleles entre quien hay y se tiene haber matrimonio segun derecho y doctores téologos y juristas, y el mesmo juicio se debe tener de estos, é no hay quien dubde, ni dubdamos aquí si entre infleles hay matrimonio, que esta es infalible conclusion aflrmativa, que si la dubda que de estos de la Nueva España se tenia, vista la platica aquí puesta, parece que estos naturales se copulaban *affectu conjugali*, ca ciertamente los ritos y cerimonias ya dichos, argumento son de señal demostrativa que entre ellos ovo é habia *simul consensu* de afecto matrimonial.

CAPÍTULO 6

Cómo la órden política de la República permite menor mal, por evitar el mayor ; é de cómo estos indios usaban del derecho natural é jus gentium et civile, y castigaban los delitos repugnantes á la ley divina ; y cómo tambien usaban de estos derechos en el contrato del matrimonio, segund paresce en este capítulo y en el pasado ; y de la costumbre que tenian en tomar mancebas ; y de los nombres diferentes de mujer y de manceba.

Teníase costumbre entre los moradores de la Nueva España que oviese mujeres públicas permitidas, como entre fieles : no empero habia lugares particulares ni casas diputadas donde estuviesen, de manera que aunque no del todo, en esto tenian aquella manera que entre los fieles se tiene, y era órden política para evitar mayor mal : que aunque la fornicacion jamás es lícita, sino reprobada y pecado *ut Matthei s. et me nemo sibi blandiatur.* 324, la orden pulítica la permite por este fin de evitar mayor mal, como este es de adulterios y de estupros, bestialidades, &c. : es derecho cevil favorecedor de la república por el bien comun permitir esto, en lo cual parece que estos naturales no carecian del *jus civile gentium.*

En dos ó tres provincias bien lejos de México sé que ovo sodomia cuasi permitida, y que se usase este nefando y abominable delicto fué por carecer de ley de gracia y divina, y el demonio para más predominallos los cegó é hizo creer que entre sus dioses se usó y fué lícito aqueste vicio, ó no obstante que ansí se lo notificó é introdujo, segund sus historias lo manifiestan, como sea vicio tan repugnante á la naturaleza, siempre lo tovieron por malo y en grand deshonra y enfamia, y en las provincias de México y *Tezcoco*, con lo á estos señorios subjeto, habia pena de muerte al que tal pecado cometia, y no solo no lo permitian, mas incurrian (inquirian) y buscaban los tales delincuentes para los punir con pena de muerte, como lo hizo el señor de *Tezcoco* llamado *Nezahualpilzintli.* E su hijo *Conuanacothzin* (*Coauanacothzin*) que despues subcedió en el señorio de *Tezcoco*, hizo lo mesmo que el padre, ca incurió y buscó los delincuentes de aquel crimen pésimo é justició é ahorcó públicamente muchos de ellos. Este alcanzó á los cristianos é fué baptizado y llamado D. Pedro de Alvarado, é fué con el marques del Valle á las Higueras, é allí murió de su muerte natural ; donde colegimos que usaban del derecho natural é no tenian depravado ni ofuscado el seso natural, que ansí en esto como en todo lo que es contra los diez mandamientos de Dios, se tenia ser malo y habia leyes é prohibiciones y castigos contra los homicidas y contra los que hurtaban y contra otros muchos vicios y pecados, en especial contra los que adulteraban, que probado el adulterio, morian por ello el adúltero y la adúltera. Si el varon era casado y tenia acceso á mujer no casada, no lo castigaban ni tenian por adulterio ; pero cualquier hombre que pecase con mujer casada, morian ambos por el tal delicto, no solo los menos principales y gente comun ; pero los principales y los señores que reconocian señor superior, como aconteció en *Tlaxcala*, que un señor principal, señor de muchos vasallos y hermano de *Maxixcacin*, que cometió adulterio, y sobre el caso, ayuntados todos los señores de *Tlaxcala* y su hermano *Maxixcacin* con ellos, el cual era muy valeroso y la segunda cabeza de *Tlaxcallan* de cuatro, y capitan general de toda la provincia, fué por todos determinado que muriese por su delicto, y no se quebrantasen sus buenas costumbres por nadie. Zurita, Manuscrito, página 67.

El señor de *Tezcoco*, abuelo del que agora es señor, llamado *Nezaualcoyozin*, padre de *Nezaualpilcintli*, los cuales padre y hijo reinaron en el señorio de *Tezcoco* noventa años : este señorio era igual al de México, é allegaba hasta la mar del Norte, que es *Tozapan* ; con otros muchos pueblos y provincias, tributaban y eran subjetas á *Tezcoco*, cuando los españoles entraron esta tierra : ambos á dos fueron muy valerosos señores, y tuvieron cada uno de ellos muchas mujeres, de las cuales se afirma que cada uno tuvo cada cient hijos é otras tantas hijas, ó muy pocas menos, é hoy dia son vivos muchos hijos del uno y nietos del otro. El que es agora señor, D. Anto- V. Sahagún, Historia general de las cosas de Nueva España, edición de Bustamante.

Torquemada, 3-183, 1-187.

nio Pimentel, el abuelo de este que ahora es señor, llamado *Nezaualcoyocin*, mandó justiciar por veces cuatro de sus hijos, porque pecaron y tuvieron acceso con sus madrastras, mujeres de su padre, porque cayeron en el pecado que incurrió Ruben, primogénito del patriarca Jacob, y el mesmo pecado cometió Absalon, hijo del rey David.

Pues en estos habia *jus gentium et civile*, y á nuestro propósito veremos que aqueste *jus civile* lo tenian y usaban de él en el contrato del matrimonio, por las leyes que están ya dichas y por las costumbres diferentes, de las que luego diremos, de mancebas, que aunque en muchas partes y á muchas personas permitidas, no se aprobaba ser justo ni razonable,

Zurita, Manuscrito, página 71.

sino injusto y *permissive*, como entre fleles. Sabemos esto porque los padres y parientes ancianos siempre amonestaban á sus hijos y deudos mancebos se apartasen de este vicio, y los reprendian y castigaban, cuando sabian que pecaban, y las hijas las tenian muy guardadas y encerradas, maxime los principales, y que algo tienen, por causa de honestidad.

Los mancebos, antes que viniesen á ser hombres del pueblo y tener casa como vecino particular, á aquestos permitíaseles ó disimulábase con ellos tener mancebas. Estos eran hijos de señores y principales, ó de hombres ricos, y en tanto se acostumbró, que en México y *Tezcoco* y en los lugares cercanos vino en costumbre que las tales mancebas las pedian á sus padres, especialmente á las madres, y se las daban á este efecto de tomarla por manceba y no por mujer. Conocerse ha esto ansí de la plática cómo fué pedida simplemente como de nombre propio y vocablo que las llaman ansí á la manceba como á la casada. La pedida por manceba se dice *tlacatcahuili;* la que se demanda por mujer legítima y verdadera se dice *cahuantlantli*. Donde no habia costumbre de demandar manceba, nombrábase por el nombre general de manceba, que se dice *temecauh*. Los vulgares que algo entienden bien caen en todas estas diferencias de los vocablos y de la significacion.

Acostúmbrase comundmente ó por la mayor parte, despues que el tal mancebo había un hijo de su manceba, ó la dejar ó la recibir por mujer, porque ansí se lo requerian el padre ó la madre, ca le decian que pues ya tenia hijo, como quien

dice, pues ahora hay causa y razon, tomad á nuestra hija por
mujer, si no, dejalda, que nosotros le buscaremos marido,
porque no es razon que más tiempo viva amancebada y en tal
estado ; y ansí pasaba de hecho, ó consentia casarse con ella,
ó se la quitaban ; y si consentia en el matrimonio, llamaban
los parientes debdos de la una y de la otra parte, y hacian las
cerimonias y demostraciones de casamiento ó *simul* consentimiento, segun su posibilidad, de la manera que ya está dicho
en el capítulo precedente.

Habia otra manera de mancebas como entre fieles, que en
enamorándose y queriéndose bien, se ayuntaban, y si despues
de algund tiempo, ó años, era su voluntad de casarse, decíanlo
á sus deudos, y hacian los ritos y cerimonias de matrimonio,
y desde entonces al varon no le llamaban « mancebo », que
en su lengua se dice *telpuchtli*, mas llamábanle *tlapalihui*,
como si dijésemos casado y hombre vecino del pueblo, ó hombre que ya tiene cuidado de su casa y su mujer ; y á ella no la
llamaban como antes *nomecauh intlacalacahuilli*, que ambos
son vocablos de manceba, mas decirle han *nocinauh* ó *ciuan-
tlantli*, esto es, mujer legítima.

Hay aun otra manera de mancebas, que aunque ilícitas y
por tales juzgadas, se permitian, que son muchas que los principales y señores tenian : agora digamos de las que ellos tomaban, ahora de las que pedian, antes ó despues de casados
con la su igual y señora que dicen *cihuapilli*, todas las tengo
por mancebas. Tienen tambien sus nombres particulares,
allende del general « manceba » : las que pedian á los padres
de ellas que eran doncellas, y aunque no sean, llámanse *ci-
huanemactli*, y tambien *tlacihuaantli :* las que ellos tomaban
sin pedirlas dícense *tlacihuaantin* ; é algunas é muchas veces
tomaban más de una á efecto matrimonial ; é las llamo mancebas á todas ellas las que despues de la primera las recibian,
aunque sea con tal afecto, ahora las tuviesen juntas, ahora
hayan dejado é repudiado las primeras é haga vida con las
segundas.

Las sobredichas mujeres está claro que no son legítimas,
sino modo ilícito y fornicario recibidas, y lo mesmo en cualquiera otra semejante manera sean recibidas con el tal afecto

las que son prohibidas, atenta la ley y ritos de naciones y provincias, y atenta la ley divina natural, cuanto á los infieles, dejada la ley positiva mosáica á que no son obligados.

CAPÍTULO 7

EN QUE PONE LA DIFINICION DEL MATRIMONIO, DECLARADA AL PROPÓSITO DE LOS INFIELES, Y EXPRESA LOS GRADOS Y PERSONAS LÍCITAS, Y CÓMO SU AYUNTAMIENTO CONYUGAL FUÉ ENTRE LEGÍTIMAS PERSONAS : DICE Á QUÉ DERECHO SON OBLIGADOS LOS INFIELES GENTILES, Y Á QUÉ DERECHO NO ; Y CÓMO ESTOS INDIOS DE LA NUEVA ESPAÑA GUARDARON EL DERECHO NATURAL, CERCA DEL CONTRAER MATRIMONIO.

Para declaracion de esta materia es muy necesaria la definicion que los derechos y doctores ponen del matrimonio, la cual es la que se sigue : *Matrimonium est maris et fœminæ conjunctio, inter legitimas personas, individuam vitæ consuetudinem retinens.* En nuestro romance quiere decir : Matrimonio es un ayuntamiento de macho y hembra, entre legítimas personas, de individua sociedad, que es compañia perpetua, indivisible é inseparable.

Dejadas las declaraciones que hacen al propósito de todo el género humano de que todos largamente hablan DIRÉ á nuestro propósito brevemente que su declaracion consiste en dos ó tres puntos. El primero es saber si entre estos infieles naturales de la Nueva España el ayuntamiento de másculo y hembra era entre legítimas personas.

Cuanto á este artículo primero, diremos que que la comund y aprobada costumbre de casarse y darse por marido y mujer, cuanto á los grados y personas lícitas, era que no se casaban hijo con madre, ni padre con hija, ni hermanos unos con otros, ni suegro con nuera, ni suegre con yerno, ni padrasto con antenada, ni madrastra con antenado aun (?) que fuese despues habido.

Todas las otras personas y grados allende de las dichas eran

lícitas casarse, que segund ley divina no les son prohibidas
mas antes si tuvieran ó en algunas provincias tuvieron, costumbre de copularse más personas de las aquí dichas, sacado
padre y madre é los ascendientes é descendientes, fuera y es
válido matrimonio, como dijimos, que no son obligados los
infieles gentiles á otra ley sino á la ley divina y natural, y no
á la divina positiva mosáica ni evangélica, á ellos ignota, y de
ley natural no hay prohibido más de padre y madre : son, empero, obligados los infieles á guardar sus leyes y costumbres
lícitas y honestas, las cuales por venir á la fe no las han de in-
validar, mas antes más firmemente guardar en aquello que no
es contra la fe y artículos de ella y contra ley general casar ó
de si entre estos infieles oviera costumbre que no se podian
en quinto ni en sexto grado, los que vinidos á la fe se hallasen
en los tales grados juntos y casados, serian tenidos por forni-
carios, y han de apartarse, salvo si despues del bautismo se
quieren de nuevo casar y darse nuevo consentimiento, hasta
que esto hagan están modo ilícito é fornicario, y en pecado.

Veamos agora si por aventura hallaremos alguna costumbre que se diga con verdad costumbre lícita et *moribus uten-
tium approbata*, que permita algunas personas de las que aquí
decimos en alguna provincia de la Nueva España, porque
presupuesto que la hay, *qualibet provincia abundat suo usui*,
guardarse ha, pues como digo no es contra el derecho divino
natural al cual los infieles sean obligados y no á otro, digamos
asi. Cuanto á hermano y hermana, no se ha hallado costumbre en ninguna provincia poderse casar, ni que se tenga el
tal ayuntamiento por lícito y permitido, sino por muy malo,
ilícito y reprobado y digno de castigo : y si alguno se permitia
y disimulaba era por defecto de justicia, ó porque era señor
ó principal, á quien muchas veces no tocan las leyes, segun
aquello *et leges telæ similes dicebat aragnis, qui majora cedit,
inferiora capit*. Solos cuatro ó cinco se han hallado en la
Nueva España casados con propias hermanas, y porque no
habia costumbre, mas como es dicho todo lo contrario, se
apartaron.

Cuanto á la suegra y noverca ó madrastra, entre los señores
y principales y personas que usaban de muchas mujeres, ha-

Torquemada, 2-420.

bia una manera de costumbre, que muerto el padre, las mujeres ó mancebas que dejaba, tomábalas su hijo mayor y principal que quedaba con el señorio y con la casa y herencia ; y esta costumbre era más ó menos en unas provincias que en otras : en México y en *Tezcuco* poco se usaba. En otras provincias que más se usaba era de esta manera, que el hijo subcesor del padre tomaba aquellas mujeres de su padre en quien no habia habido hijos, *quasi ad suscitandum semen ejus*, é aquesta costumbre, aunque se usaba, no se tenia por buena, por lícita, mas antes, cuanto más cerca de la cabeza, que es México y *Tezcuco* tanto por no lícito se tenia porque se decia *totecauh* (1), como quien dice pecado ó cosa de admiracion, y los hijos del tal ayuntamiento se decian *tezauhpilcintli*, esto es, hijo hecho en pecado y espurio, y estas que digo, aunque las tomaban por mujeres, no por principales, sino como mancebas.

La suegra no he oido ni sabido en poco ni en mucho que fuese costumbre, mas reprobado é muy ilícito en *Tezcoco* y México, y éntre todos los *nahuales*. Dícese que en la provincia de *Mechuacan* habia costumbre de tomar la suegra, y tambien si uno casaba con muger mayor y de dias, y la tal mujer, si tenia hija de otro marido, por contentar al que entonces tenia, y porque no la desechase por vieja, le daba la propia hija, y tenia madre y hija : empero, no se tenia por lícito ni honesto ; ni tampoco se estima por cosa lícita tomar la suegra, mas por cosa vergonzosa, y que ponia admiracion y escándalo.

Entre los *otomis*, *pinoles* y *mazatecas* é otras muchas generaciones de esta Nueva España que estaban sujetas á los *nahuales*, si no eran los señores y principales, ni tomaban pluralidad de mujeres ni se casaban con más de una, y esta remota y no parienta. Esto es lo que hasta el presente se ha alcanzado.

Cerca de lo que dijimos de las madrastras y en *Michuacan* de las suegras y nueras, la plática que se tiene es que no era costumbre aprobada, sino un abuso é introduccion que usa-

(1) Ha de ser *totetçauh*. Véase Mendieta, página 305.

ron algunos principales, como personas poderosas y que no
habia quien les fuese á la mano, por lo cual los que en estos
grados se hallaron, venidos á la fe se han apartado. Hemos
visto cuánto tenian estos naturales del *jus civile gentium*, que
aunque fuese verdad que la costumbre de casarse y copularse
con hermanos y con suegra y madrastra fuera aprobada y general, pues no es contra el derecho divino natural, y tenian
leyes y costumbres del modo de casarse *affectu conjugali*, claro se concluye [*gentium*], que era lícito modo, y civil modo,
esto es jurídico, que declara y demuestra, ansí en las leyes y
costumbres estatuidas y guardadas, como en los nombres y
vocablos diferentes en lo uno y en lo otro, de manera que vista
la definicion del matrimonio y como se aplica á otros infieles,
se conocerá patentemente concluirse haber matrimonio entre
otros que no tengan tanto de policia.

Cuanto lo que toca á las personas que se juntaban y copulaban, consta que eran *legítimas* ó no prohibidas, porque á los
infieles, como es dicho, no les obliga ley divina positiva, sino
la ley divina natural, á ellos y á todo el linaje humano dada.
No les obliga la ley (1) mosáica, porque no fué á ellos dada
ni obligatoria sino á los judios y que la aceptaron : no los obliga la ley del Evangelio, porque nunca la aceptaron : pecan,
empero, en no la aceptar en siéndoles predicada, porque lo
manda Dios, que es señor universal, á quien todos son obligados á los preceptos positivos de ella, y en esto no pecan, digo, en los que son preceptos positivos, que si son divinos naturales, obligados son á guardallos, no como ley evangélica
positiva ; sino como ley divina natural injunta. Presupuesta
esta verdad, síguese que los infieles no son obligados á se abs-
tener y no acopularse las personas que prohibe la ley mosáica,
que están en el Levítico, XVIII ; y si el derecho evangélico pro-
hibiera otras personas, tampoco eran obligados á no casarse.
No son tampoco obligados á otro derecho canónico de la Yglesia, ca no son del gremio de ella, ni á otras leyes y estatutos
humanos de ley cristiana, ni de otra ley que prohiba más personas de las que el derecho natural prohibe, que son padre y

(1) *Sic.* Supongo que falta el vocablo DIVINA.

madre, é á las prohibiciones que su ley é profesion manda por costumbres aprobadas y estatutos entre ellos aprobados y guardados : ende consta que guardaban la ley natural, pues no se casaban padre con hija, ni hijo con madre : guardaban tambien las constituciones que habia, cuanto á ilegitimar otras más personas ; y si en algunas partes no se guardaban algunas costumbres enteramente, era defecto de justicia, ó porque las quebrantaban personas poderosas, que estos rasgan la ley y tela como las arañas que dije ; y lo que de hecho se hace, no se ha de alegar por ley ; y si alguno dijese que en áquellos principales ya estaba introducida costumbre, será, como está dicho, en aquellas personas que son allende de padre y madre, con hija é hijo dudo empero que tal costumbre valga, pues no es universal.

Dice el Abulense, que es el Tostado, que tener muchas mujeres es de segundos preceptos divinos, y por tanto no directe prohibido á los infieles ; y dice más, que ninguna afinidad hay de derecho natural ; luego quien puede tener sin pecado dos mujeres, ¿ no pecará teniéndolas á él propincas en afinidad ? El maestro Vitoria é otros afirman que los infieles, teniendo muchas mujeres, están en invencible ignorancia é no pecan, si empero á ellos nunca ha venido la ley evangélica, ni se la han predicado ; ó si fué predicada, no hay noticia de ella, que se perdió en tiempos pasados, sin culpa de los hijos.

Luego, si en la provincia de *Michuacan* fué costumbre aprobada, *quod ego dubito*, los principales tener dos mujeres en primer grado, quitarle han la postrera que ovo, aunque afecto matrimonial, porque eran parientas : de aquí se nota que este caso ya dicho, no es de primeros preceptos, sino de segundos, y que no es contra derecho natural, y ansí queda muy más firme nuestra opinion, que ninguna costumbre habia entre estos naturales, que diese por legítimas personas en el matrimonio y cópula las que de derecho natural de primeros preceptos son ilegitimas : onde pluralidad de muchas mujeres, aunque es derecho natural, es de segundos preceptos, en que cae justa ignorancia estante costumbre ante la noticia del Evangelio que declaró ser de derecho divino natural, Matth. XIX ; y esto presuponiendo falso por verdadero

que en la provincia de *Mechuacan* fuese costumbre tener
dos mujeres juntas hermanas, ó madre y hija, ó si de hecho
se hallase alguna provincia en la Nueva España que toviese
tal costumbre, la cual hasta agora no se ha hallado, ni creo la
hay.

CAPÍTULO 8

EN EL CUAL SE DECLARA LA SEGUNDA PARTE Y DIFINICION DEL MATRI-MONIO, EN VER CÓMO TENIAN COMPAÑIA INDISOLUBRE : PONE LA DUDA QUE HABIA EN SABER SI ENTRE ESTOS OVIESE DIVORCIO, Y DADO CASO QUE LO OVIESE, COMO LA COSTUMBRE DEL REPUDIO, Y EN QUÉ EXCUSA DE CULPA, Y AUNQUE NO ES LÍCITO, COMO LO ES ENTRE INFIELES.

Lo segundo que habemos de ver, cerca de la difinicion del
matrimonio, como se aplica á estos naturales, lo que dice matrimonio es sociedad y compañia perpetua é indisoluble ; é
antes que entremos á la aplicacion de estas palabras, conviene
que traigamos aquí la manera del repudio ó divorcio que se
tenia é usaba entre aquestos infieles de la Nueva España, porque hace mucho al propósito de la declaracion de lo que aquí
en este capítulo hemos de tratar, y ansimesmo porque es la
cosa de que más se ayudan é más hincapié hacen los que quieren sentir que no habia matrimonio entre estas gentes.

Segund la informacion que se ha podido alcanzar hasta el
presente en esto del repudio, que hay opiniones y diversos pareceres, ca unos dicen por justicia y por sentencia se apartaban é repudiaban ; otros dicen que no habia sentencia, pero
amonestados que se quisiesen bien, una y dos y más veces,
por los jueces y personas diputadas para las causas matrimoniales, si no querian sino apartarse, entonces disimulaban
con ello, y esta era tácita sentencia. *Torquemada, 2-444?*

Lo uno y lo otro puede ser verdad, segund costumbre de diversas provincias. En México, y en las provincias cercanas á
México, por sentencia se apartaban de hecho. Pues en *Tez-*

Torquemada,
2-441.

Zurita, Ma-
nuscrito,
página 61.

coco, á do agora esto escribo yo, me acuerdo en los primeros años, que á esta tierra venimos haber visto muchas veces asentados los jueces en sus estrados, é venir el pueblo ante ellos con sus quejas y pleitos, é veian como desagraviaban á los agraviados, y en la del matrimonio reñian al que de los dos era culpado ó mal acondicionado, y trabajaban de concordar los discordes, y de los poner en paz, diciéndoles que mirasen con cuanto acuerdo y solenidad se habian casado y ayuntado, y que no echasen en vergüenza y deshonra á sus padres y deudos que en ello habian entendido, ni al pueblo que ya sabian que eran casados.

En otras provincias hallamos que se apartaban las más veces por su propia autoridad, y esto debia ser por falta de buen regimiento y justicia, porque nunca se tuvo ni tenia por bueno el repudio, mas por malo, lo cual es mucho de advertir y notar, ca por esta causa entre los deudos del marido y de la mujer que se apartaban y descásaban, se engendraban y causaban enemistades, enojos y guerras y muertes, si eran señores ó personas principales. Esto no obstante, digamos una cosa, que aunque estas enemistades habia, presuponemos por verdadera la opinion que se hacia el divorcio por sentencia, y cuando ansí se hacia, no se sigue que por eso no era lícito, *opinative et permissive* cuanto á los efectos de él, ca muchas cosas les parecen á los hombres que no se hagan, que segun derecho son permitidas, justas y lícitas, y para estorbar que no vengan á efecto, ponen la hacienda y vida al tablero. De aquí quiero inferir que cuando el repudio se hace por sentencia y por aquellas causas que entre los infieles se da por bueno, decimos que es lícito *permissive;* y porque no me aleguen el Evangelio y el derecho canónico en opósito, digo que es justo y lícito, no para que valide el acto, sino *permissive* y para los otros efectos que apunté, y para excusacion de pecado, porque aunque es contra el derecho natural, es de segundos preceptos, y ha lugar á *ignorancia.*

Y no es mucho decir tambien que escusa de culpa aun donde no habia sentencia, sino que *ad libitum* se apartaban, porque pensaban que lo podian hacer, y realmente ansí lo pensaban por las causas que dicen que se dejaban ; ca pregun-

tados, decian : « dejámonos, que nos queriamos mal », y el
varon dice que no le queria servir su mujer, ni hacer las cosas
de su oficio que la mujer debe hacer en su casa, y que era muy
perezosa, ó otras tachas semejantes, y decian : « ¿ pues no la
habia de dejar, teniendo tal y tal tacha ? » Ella decia que la
heria muchas veces, y la trataba mal, y no le daba el vestido
que el hombre suele dar á su mujer, y que no tiene cuidado de
sus hijos, &c. Onde lo mesmo que decimos de las muchas mujeres de que usan los infieles, en que cae ignorancia invencible cuanto á la culpa, eso diremos del divorcio é repudio que
excusa la costumbre de culpa y pecado cuando se piensa que
es justa, esto es, que le es lícito usar de él.

Ya que sea verdad que estos se apartaban despues de ayuntados y copulados, ahora por sentencia, ahora por su propia
autoridad *ad libitum* como está dicho, no empero habia tal
pacto ni condicion al tiempo que se ayuntaban y hacian el contrato del matrimonio, sino despues de hecho, é para
se apartaban contra la sustancia y fuerza del contrato, muy
claro es en derecho que si la tal condicion no se expresa al
tiempo del consentimiento, no se invalida el matrimonio aunque sea retenta en el ánimo. No sé si cerca de esto sabré enten-
derme ó darme á entender. Decimos que se requiere se ponga
el pacto y condicion para que invalide el matrimonio : entién-
dese esto porque el ánimo y voluntad interior no sabe, onde
si *alias* constase de la condicion, y se pudiese probar una pro-
testacion que fuese voluntad de cualquiera de los dos con-
traentes de apartarse y dejarse, ó que fué con dolo ó engaño
la tal cópula é ayuntamiento, por el amor libidinoso que á
ello le convidó, el tal matrimonio darse hia por ninguno, por
ser contra la sustancia del matrimonio, por la falta del consentimiento de afecto matrimonial : tex en el capitulo *tua de
sponsa*, pero porque no se probó allí, dice el papa *qualite cos-
titerit non videmus :* por tanto da la Iglesia sentencia é deter-
minase este á las palabras que no suenan condicion, que de lo
oculto y que no se prueba no juzga.

Las palabras y pláticas que los padres y parientes hacian y
decian á sus hijos cuando se querian casar no son condicio-
nales ni las entienden los padres, como algunos las quieren

inducir y entender, sino que es una plática y amonestacion
que los buenos padres y que bien quieren y aman á sus hijos
les hacen y deben hacer y amonestar ; pero porque en aquesto
quieren hacer algunos hincapié, digo que sea verdad que
aquestos naturales se casaban con condicion de se apartar,
segund sus leyes y costumbres, y que realmente ansí lo dijesen y toviesen en la voluntad, y pensaban que era lícito apartarse y repudiarse por sentencia ó por su propia autoridad,
conforme á la costumbre que entre ellos habia, digo que no
por eso era inválido el matrimonio.

Y otra vez digo y declaro, y nótese bien, que si su voluntad
era de casarse, como de hecho lo era, pero con las condiciones
que tenian por lícitas de repudio, y no sabian ni pensaban que
era contra derecho y ley del matrimonio, era válido y firme,
ligítimo y valedero, y si esto probamos *in pace factus est locus
iste*.

Que fuese su intento y voluntad de casarse, no es de dubdar : muy probado está de las maneras y costumbres que tenian de copularse, y la diferencia que se hacia de tomar unas
por mancebas y otras por mujeres. No creo yo que hay quien
quiera afirmar que no habia afecto conyugal en las pedidas y
tomadas, no como mancebas, sino en otra manera, y no se
puede dar medio ni otro tercero modo, sino la que era pedida
no modo fornicario sino otro modo, hémosle de llamar conyugal é matrimonial, y ansí dicen los derechos civiles *quod nos
matrimonium appelamus*, llamalde como quisiéredes, y llá-
menle las otras naciones como se les antojare, dádmele que
haya consenso y que no sea fornicario, que al tal nosotros
llamámosle matrimonio.

Pues que ansí es que estos naturales tenian voluntad de
consentir *affectu* conyugal de marido y mujer, si me decís
porque se apartaron, habiéndose casado pensando que lo podian hacer, no fué matrimonio de lo que se ven en los capítulos cuanto.   de. di. que mandan que venidos á la
fe torne á la primera, aunque la haya dejado y repudiado conforme á su ley ó costumbre. Si decís que no era su mujer, porque se casó con pensamiento de dejarla, conforme á sus leyes,
porqué le compeleis la tome y deje la que tiene, que son dos

fuerzas contra todo derecho : la una es casarlo por fuerza con persona determinada, y la otra quitarle á su mujer con quien está casado. Ytem, distinguis la ley del repudio y los efectos de él entre los infieles, y lo dais del todo por ilícito y reprobado, contra lo que está escrito de él, y es condenar la opinion y verdad del matrimonio, que lo hay entre los infieles, aunque hay repudio, que claro está que casarse con intencion de usar de él conforme á sus leyes y costumbres, y no saben ni son obligados á saber que es ilícito, porque es de segundos preceptos, hasta que sepan y les sea publicado el Evangelio, que lo declaró ser de derecho natural. Es tambien hacer adulterios y punir á las penas de ellas contra todo lo que está escripto y declarado acerca de los casos del Apóstol cuando el uno de los casados se convierte, quedándose el otro en infidelidad, .que aunque sea verdad el repudio no ser lícito, eslo empero entre los infieles segund opinion, y esta opinion prevalece á la verdad cuanto á las penas del adulterio, é ha lugar aquella regla del derecho scilicet para que sea punido, *item non peccat* cuanto á Dios, siendo en caso que hay ignorancia invencible como la hay en nuestro caso.

Quiero decir que no obstante que los contrayentes se casen con saber que entre ellos hay ley de repudio y que es lícita, y ansí lo tienen, y segund la tal ley se casan, y no dejarian de casarse, dado caso que supiesen que era ilícita, sino que habian de permanecer juntos, estos tales son marido y mujer y vale el matrimonio, y de esta manera se casan los infieles, y se casaban estos naturales. No era su intencion cuando se casaban expresa de apartarse determinadamente, ni de dejarse dentro de tal tiempo, mas de que no pensaban nada sino de casarse y estar juntos como marido y mujer, ó si algo pensaban era que se casaban segun su ley en la cual hay repudio, y no sabian ni podian saber, ni eran á ello obligados, esto es, que el matrimonio es indisoluble, y los que este derecho de la indisolubilidad ó inseparabilidad no saben, aunque sean infieles, si se casan pensando que es reparable, vale el matrimonio ; y porque esto sea más creido, véase una glosita en el capítulo *solet quæri*, 32. 42, *in verbo* ⟶ *cujus verba sunt in fine : quod siqui alias credint hoc licere ut ad tempus*, &c., y es doctrina de Santo Thomas y del Abb., esto es, que el que se casa diciendo y expresando en pacto que es su intencion de casarse, segund su ley de repudio, hablando de los indios dice que vale el matrimonio. No sé que más claro lo diga el Silvestre, tambien en esta materia *Matrimonium* 3. § 5 & 6 fl. Resta, pues, que concluyamos que entre estos infieles se platica la definicion en la última parte que dijimos que es indisoluble, no obstante que tengan leyes de repudio, y piensen que son justas que digan expresamente que segun ellas se casan, y queda firme cuanto á esto la definicion y defensa de los contrarios.

CAPÍTULO 9

EN QUE PONE EL SIMUL CONSENTIMIENTO É AFFECCION CONYUGAL, EL CUAL AUNQUE NO POR PALABRAS LO TENIAN POR SEÑALES Y DEMOSTRACIONES : Y AL FIN PONE LO QUE SOBRE EL MATRIMONIO DETERMINABAN Y SENTIAN, EN ESPECIAL EN TEZCOCO, Y EN LOS PUEBLOS Á ÉL SUBJETOS.

El tercero, cuanto al simul consentimiento, es necesario hacerla verdadera, y probar que entre estos naturales habia el tal consentimiento y afecto conyugal y que de él constaba. Para fundamento principal notemos la aprobada opinion que entre infieles no se requiere palabras para que conste del consentimiento : basta señales y otras demostraciones suficientes : esto es muy *a fortiori* verdad entre los infieles contra los contrayentes : en el matrimonio para declarar el consentimiento nunca se lee que oviese palabras, sino señales y demostraciones.

Ytem se presupone que en el matrimonio y el baptismo el consentimiento no se requiere ser explicito, sino que implícito, esto es, que aunque no sepan los que se casan qué cosa es matrimonio, ni su definicion, ni la fuerza del matrimonio, basta que su intento no es fornicario sino de darse por compañeros, como lo hacen los otros sus vecinos que están juntos en su casa, y se ayudan á servir y á criar sus hijos. Esto presupuesto, cuanto á lo primero de las demostraciones, qué más señales de las puestas en el capítulo, ca se pedian por los parientes, hacer las cerimonias de juntarles á los dos, y atarles las mantas y los cabellos, y donarse él á ella y ella á él las ropas que usaban y acostumbraban vestir, y traer y darse de comer, y cuando los padres los amonestan, callan y no contradicen ; aquel callar solo es suficiente : *gl. in c. honoratur*, 32. 42., cuanto más que hay las cosas ya dichas *et traduccion ad domum*, que es aun mayor presuncion, *immo* probanza *de consensu*, máxime siendo con solemnidad como estos naturales usaban, segun lo trae el Abb. c. *ex parte de resti. spoli. fi. colu.*

E nota que los que no hacen cerimonias basta que cuando se casan y dan por compañeros es su intencion hacer aquello que hacen los que se casan con cerimonias é solenidad, y ansí se entiende aquel vulgar *consensu firmatur etsi consuetudo non servatur*, dc q̃ in c. *1. de sponsa si pro qz* : aquello es entre fieles que de los tales habla el Abb., mucho más entre infieles que no se les pide tanto para la probanza del consentimiento, como á los fieles que tienen leyes y estatutos.

Todo esto se dice en suma, sin allegar muchos fundamentos que hacian al propósito : otros infieles tienen tambien la ceremonia de darse de comer por demostracion de matrimonio y de su consentimiento, y en otra nacion tienen la otra de carearse el esposo   la esposa. Matrimonio es el que se hace *infacie ecclesie*, y tambien es matrimonio el que se hace clandestinamente, y legítimo matrimonio es entre infieles : la diferencia es que el uno es sacramento y el otro no, sino largo modo ; y tambien hay diferencia en la indisolubilidad : en el uno quiso Dios dar más casos ó causas de separacion que en el otro, por justas razones. Dejadas estas causas y casos, en lo demas dádmele matrimonio de consentimiento tan firme es el uno como el otro. Este consentimiento ya lo damos, y voluntad de afecto conyugal ya lo damos en estos naturales, como está dicho. El que me dice que no tomó su mujer por manceba cuando se ayuntaron, qué quiere decir sino que la recibió por mujer, pues no hay otro tercero modo

ni otro afecto sino estos dos, *scilicet*, fornicario y **matri-**
monial.

A la sazon que esto trasladaba vine á morar aquí á *Tezcoco*,
adonde se tiene que la lengua de los *nahuales* ó mexicanos se
habla en su perfeccion, como la castellana en Toledo, y donde
estaban las leyes de estos naturales en más vigor, porque de
más de noventa años antes que los españoles entrasen en la tierra entrasen reinaron en ella dos señores, aunque gentiles, cela-
dores de sus antiguas leyes y costumbres, y tornándome de
nuevo á informar de los viejos que habian seydo jueces, y son
hombres pláticos en sus ritos y costumbres, dicen que en
Tezcoco en las casas del señor, que ellos llaman el palacio, en
el patio mayor estaban, é hoy dia están, dos aposentos, que
son unas salas bajas, levantadas del suelo bajo siete ó ocho
gradas, que son como entresuelos. En aquellas salas abiertas
residian los jueces que oian los pleitos y tambien las causas
de matrimonio. Habia muchos jueces, porque cada pueblo con
sus perroquias ó barrios iban á su parte á pleito é *Motecui-*
zoma remitia muchos pleitos, mayormente de matrimonio, á
Tezcoco.

Allegados los casados que iban discordes, oian al quejoso, y
hecha su plática y dicha la queja, preguntaban luego al otro
y decíanle si era verdad y si pasaba ansí como allí delante de
ellos se habia propuesto la queja. Preguntaban tambien de
qué manera se habian ayuntado, si habia sido modo matrimonial, de consentimiento y licencia de sus padres y con cerimonias, ó por modo fornicario de amancebados ; y si estaban
amancebados, poco caso hacian en que se dejasen ó quedasen ;
pero los que eran casados segun sus ritos matrimoniales, una
y dos y muchas veces trabajaban de los concertar ; mas nunca
consentian que se apartasen, ni jamás se daba á los tales sentencia de divorcio, porque les parecia, y ansí lo tenian de sus
antecesores, que una cosa que pasó delante del pueblo, y con
tanto acuerdo y con tan solenes cerimonias era muy mala cosa
dar lugar á que se deshiciese, y que era mal ejemplo y perjuicio de toda la república. Con todo esto, se apartaban algunos
de hecho, y en el pueblo era tenido por muy mal hecho, ca
decian, ¿ cómo quebrantó aquel ó aquella su palabra, y cómo

no ha tenido vergüenza de haber dado tan mal ejemplo á todo el pueblo ? Con algunos se disimulaba, á otros echábanlos algunos dias en la carcel, y despues quemábanles los cabellos con tea, y ansí andaban con los cabellos quemados, como en nuestra España, anda señalado y herrado el que dos veces se casa.

Ha habido, empero, razon de dubdar si entre estos infieles habia matrimonio, como sea verdad que se hallan muchos gentiles entre los cuales no hay matrimonio, ansí como son los garamantes, é otros etiopes de que habla el Abulense é hace mencion. La causa principal por que parecia no haber matrimonio entre estos era la frecuentada costumbre que de no muchos años acá tenian de tomarse y dejarse facilmente, sin mucha causa para se apartar, y á esta causa los ministros de los sacramentos dubdaron si entre estos habia matrimonio, y la dubda ha sido causa de inquisicion, y el cuidado y diligencia ha sacado la verdad, como entre estos naturales habia matrimonio, y en estos tres capítulos hemos visto como la definicion del matrimonio se aplica á estos gentiles, así en darse por marido y por mujer entre legítimas personas, como en sociedad de compañía perpetua é indisoluble, é junto con lo dicho tenian simul consentimiento, y demás de lo dicho, tambien parecerá por lo que se sigue (1).

CAPÍTULO 10

DE LAS ELECCIONES Y CONFIRMACIONES DE LOS SEÑORES, É QUÉ COS-
TUMBRES É LEYES CERCA DE ESTO GUARDABAN LOS INDIOS NATU-
RALES DE LA NUEVA ESPAÑA.

Torquemada, 2-357. Zurita, Manuscrito páginas 14-21.

Habiendo dicho como se criaban los hijos de los señores, y las cerimonias y fiestas con que los casaban, es agora de ver cómo los ponian al señorio, y qué cerimonias guardaban

(1) En lo que sigue sólo habla del matrimonio incidentalmente (capítulo XVI) con motivo de las leyes penales contra los adúlteros; por lo cual creo que el ejemplar que tenemos á la vista está trunco en esta parte.

— 282 —

cuando los levantaban por señores, no obstante que en diversas provincias tenian distintas y diversidad de cerimonias, y
diferian unas de otras, pero diciendo las solenidades y leyes
de México y *Tezcuco*, se dicen las más principales y más comunes de la Nueva España.

Pues cuando en la cibdad de México ó *Tezcuco* habian de
levantar señor, despues de sepultado el señor difunto con las
ceremonias arriba dichas, si era en México, luego lo hacian
saber á los señores de *Tezcoco* y *Tlacopan*, ca estos eran primeros reyes de la tierra, despues del de México, y tambien lo
hacian saber á los señores de toda la tierra á México subjeta, é
venian con sus presentes para los dar al que habia de ser levantado por señor : é visto é determinado cuál era al que le
pertenecia el señorio, era llevado al templo principal, que se
llamaba *Vicilopuchtli*, é iban callando, sin instrumentos, é
allegado al patio y puesto ante las gradas del templo, subíanle
de brazo dos caballeros de la ciudad, é iba desnudo, salvo los
paños menores ó *maxtlatl*. Delante de él iban los señores de
Tezcuco y de *Tlacopan* ; el papa mayor con otros ministros
estaban arriba en lo alto, y allí le tenian aparejados las insignias reales que le habian de poner y de nuevo vestir, y los
que le guiaban iban vestidos de las insignias de sus ditados,
y llegados arriba hacian su acatamiento al ídolo, y en señal
de reverencia ponian el dedo en tierra y llegábanlo á la boca.

Lo primero que el papa hacia era teñir de negro todo el cuerpo del señor, con tinta muy negra, é tenia hecho un hisopo de
ramas de cedro y de sauce y de hojas de caña, y puesto el señor de rodillas, tenian un vaso de agua bendita, ó maldita,
el papa saludando el señor con breves palabras, tomando
agua con aquel hisopo rociaba al señor cuatro veces : po-
níale luego y vestíale una manta pintada de cabezas de muerto y de huesos, y encima de la cabeza le ponia dos mantas de
la mesma pintura, y destas la una manta era negra y la otra
era azul. Luego le colgaban del pescuezo unas correas coloradas largas : de los cabos de las correas colgaban unas insignias, y á las espaldas colgaban una calabacita llena de unos
polvos que decian tener virtud para que no llegase á él ni le
empeciese enfermedad ninguna, y tambien para que ningund

*Véase Roman, fulio 361 vuel-
to, columna 2.*

demonio ni malo lo engañase. Tenian por demonio unas personas malas, que eran entre ellos como encantadores y hechiceros, *é tambien le ponian aquellos polvos porque no enfermase, en la fiesta que llamaban *temohua*, que quiere decir « descendimiento de los dioses », porque tenian, creyendo en sus agüeros, que el que aquel dia enfermaba no habia de escapar* (1). En el brazo le ponia una taleguilla á modo de manípulo con incienso, é dábale un brasero ó incensario con brasas, y allí echaba del incienso, y con todo acatamiento y reverencia iba á incensar el ídolo. Acabadas estas cerimonias, y asentándose el papa, le hacia un razonamiento en esta manera, diciendo :

« Señor mio, mirad cómo os han honrado vuestros caballeros y vasallos ; pues ya sois señor confirmado, habeis de tener mucho cuidado de ellos y amarlos como á hijos : habeis de mirar que no sean agraviados, ni los menores maltratados de los mayores ; ya veis como los señores de vuestra tierra, vuestros vasallos, todos están aquí con sus caballeros, cuyo padre y madre sois ya vos, y como tal los habeis de amparar y defender y tener en justicia, porque todos sus ojos están puestos en vos. Sois el que los habeis de regir y dar órden en las cosas de la guerra : mirad que tengais mucho cuidado : habeis de velar mucho en hacer andar al sol é á la tierra ; (que quiere decir en buen sentido), mirad, señor, que habeis de trabajar como no falte sacrificio de sangre y comida al dios sol, porque tenga por bien de hacer bien su curso é alumbrarnos, é á la diosa tierra tambien, porque nos dé mantenimientos : é mirad que veleis mucho en castigar y matar á los malos, ansí señores como regidores, á los desobidientes é todos los delincuentes, &c. » (2).

Acabada la dicha plática, el señor otorgaba todo aquello y daba gracias al papa, y luego le bajaban abajo á do los otros

(1) Lo que está entre los dos asteriscos falta en Mendieta y Torquemada, pero se encuentra casi textual en Roman (libro 2, capítulo 1). Tampoco lo pone Gomara (*Crónica de la Nueva España*, capítulo 199).

(2) Esta arenga está sustancialmente en Roman (*loc. cit*) y sólo extractada en Mendieta y Torquemada. Tampoco trae este texto Gomara (çapítulo 199) sino en extracto.

señores le estaban esperando para darle la obidiencia, y en señal de obidiencia, despues de hecho su acatamiento, presentábanle algunas joyas, otros mantas semejantes á las que arriba le habian puesto. Desde las gradas del templo íbanle acompañando hasta una casa de aposento que que estaba dentro del patio : allí tenia su asiento, llamado *tlaccateco*, é no salia del patio por cuatro dias, en los cuales hacia gracias á los dioses haciendo penitencia é ayunando : y aunque en aquellos dias no comia más de una vez al dia, comia carne y todos los otros manjares de señor. En aquellos cuatro dias, una vez al dia y otra de noche, se bañaba en una alberca que para esto estaba á las espaldas del principal templo, y allí se sacrificaba de las orejas, y echaba su sangre, y tambien ponia incienso y esto mesmo hacia ante los ídolos, y ponia tambien ofrenda.

Acabados los cuatro dias, venian todos los señores al templo, y hecho su acatamiento á los ídolos, llevaban al señor con mucho aparato y regocijo, y hacian gran fiesta. De alli adelante hacia y mandaba como señor, y era tan obedecido y tenido, que apenas le levantaban los ojos á le acatar en el rostro, si no era habiendo placer con algunos señores ó privados suyos.

Los señores de las provincias ó pueblos que inmediate eran subjetas á Mexico, iban allí á ser confirmados en sus señorios, despues que los principales de sus provincias les habian elegido ; é con algunos señores hacian las mesmas cerimonias que aquí están dichas en lo alto del templo, é con otros en lo bajo al pié de las gradas.

En los pueblos y provincias que inmediate eran subjetas á *Tezcuco* y á *Tlacopan*, tenian recurso por la confirmacion á sus señores, que en esto y en otras cosas estos dos señores no reconocen superior ; pero cuando alguno de estos dos señores fallecia, luego lo hacian saber al señor de México y le daban noticia de la eleccion, y tambien era suya la confirmacion.

Aunque los señores venian por línea recta, para saber el hijo que habia de heredar, tenian muchos respectos. Lo primero se miraba si el señor que moria tenia hijo de mujer se-

ñora de México, ó hija del señor de México ó de *Tezcuco*, en
las provincias á *Tezcuco* sujetas, y aquel hacian señor, aunque hubiese otros primeros hijos de otras señoras, y ansí fué
aquí en *Tezcuco*, á do esto escribo, que muerto el señor llamado *Nezaualcuyocin*, no le heredó hermano ninguno, ni el
hijo primero, aunque los tenia, mas heredó *Nezaualpilcintli*,
porque era hijo de la mujer señora mexicana ; y lo mesmo fué
cuando murió *Nezaualpilcintli*, que ni le heredó hermano, de
muchos que tenia, ni los primeros hijos, aunque eran hijos
de señoras y de mujer legítimas, habidas afecto matrimonial,
si mujeres se pueden decir en su infidelidad ; mas heredó el
hijo de la señora mexicana ; y si en *Tezcuco* esto tenia lugar,
mucho más en los otros señores que reconocian mayor vasa-
llaje.

Demás de esto, tenian respecto entre los hijos, viendo que
el primero no era tan idóneo, de elegir á aquel que en las guerras se habia mostrado animoso, y á aquel elegian ; y aunque
el señor fuese electo y confirmado, si en las guerras no hubiese hecho por su persona en que se mostrase ser esforzado,
carecia en su traje de muchas joyas y ropas, como parecerá en
EL capítulo siguiente. Tambien acontecia tomar por señor al
hijo que el señor viejo más amaba, y él mesmo en vida mostraba y decia á sus caballeros, que tal hijo habian de levantar
y tener por señor, como leemos haberlo hecho el rey David,
que mandó le sucediese Salomon en el reino ; de manera que
si eleccion se puede llamar, era entre los hijos ó hermanos del
señor difunto, y aunque para aquella eleccion se ayuntaban
muchos principales é otros menos principales, no tenian voces ni se hacia eleccion por escrutinio, mas ya tenian todos mirado aquel que señorio le pertenecia, y en él no habiendo falta
por do fuese incapaz, y si habia diversos pareceres, dependia
la eleccion del señor cuya era la confirmacion, el cual estaba
ya bien resuelto é informado de lo que al señorio pertenecia,
y sin contradiccion aquel tal era acebtado por todos.

Si algun hijo de señor, aunQUE fuese el mayor y el más
principal, si antes de tiempo era ambicioso por el señorio é
andaba sobornando á los principales para que á él y no á otro
eligiesen, atrayendo á sí á los electores, como hacia Absalon

por haber el reino de Israel, é si antes, de tiempo se ataviaba vanamente, é vian en él falta de humildad, por el tal caso era privado del señorio, porque el señor que lo habia de confirmar procuraba de tener entera relacion de su vida, y al que no era tal no lo admitia al señorio.

Si algund señor cometia algund grande delicto, ansí como traicion, moria por ello, é no lo heredaban sus hijos, mas algund hermano, como menos participante del delicto. Al hijo del condenado, que habia de heredar, hacíanle gobernador, é dábanle otro de los principales oficios del señorio. El señor confirmado, vuelto á su pueblo, convidaba á los señores de los pueblos y provincias comarcanas y á los amigos y parientes que le habian acompañado, á los cuales hacian mucha fiesta y les daban presentes y habia grandes bailes y beoderas, y tambien al señor le presentaban y daban presentes.

CAPÍTULO 11

Zurita, Manuscrito, páginas 21-24. Documentos de Indias, II, 201.

DE LAS CERIMONIAS, PENITENCIA Y GASTOS QUE HACIA EL QUE EN LAS PROVINCIAS DE TLAXCALLAN, HUEXOCINCO Y CHOLOLLAN, CUANDO ERA PROMOVIDO AL DITADO Y SEÑORIO DE TLECUYTLI.

Cuando en las provincias de *Tlaxcallan*, *Huexocinco* y *Cholollan* querian promover á algund hijo de señor á la dignidad y título de *tecuitli*, que era la mayor que entre ellos habia, primero sus padres, por espacio de dos ó tres años ó más, allegaban mucha ropa y muchas joyas, como hacen en nuestra España las personas ricas, que allegan grande ajuar, para casar alguna hija honradamente.

Allegado el tiempo que el mancebo habia de recibir la dignidad de *tecuytli*, elegian dia de buen signo, y llamaban á todos los señores y principales y parientes y amigos y acompañaban al mancebo hasta la casa del demonio principal, que llamaban *Camaxtle*, y entrados en el patio subian al mancebo á lo alto del templo, y hecho acatamiento á los ídolos, y puesto de rodillas, venia el ministro mayor del templo, y con una uña

Mendiola, página 136.

Id.

de águila y con un hueso de tigre delgado como punzon, hora-
dábale encima de las ventanas de la nariz, y en cada parte
le hacia pequeño agujero, y allí le ponian unas pedrecitas de
azabache negro, porque en esta tierra hay azabache
de otras colores. Acabada toda su penitencia despues
ponia unas piedras de turquesa, ó de esmeralda, ó unos
granos de oro tan grandes como cabezas de alfileres gordos,
que no eran mayores los agujeros, y en aquello conocian todos
que era *tecuytli*. Horadarle con uña de águila y con hueso de
tigre significaba que en las guerras los que tal dignidad y señorio recibian, que eran como armados caballeros, habian
de ser en la guerra muy ligeros para seguir y alcanzar á los
enemigos, como águilas, y fuertes y animosos para pelear como tigres y leones ; y ansí llamaban á los hombres de guerra
cicauhtle ucelotle (1), que quiere decir « águila, leon tigre »
en vocativo.

Luego vituperaban é increpaban al que se ensayaba para
ser nuevo caballero, é no solo le injuriaban de palabra, mas
repelándole y empujándole para le probar de paciencia, y para
que como entonces que era novicio sufria con paciencia, no
hiciese menos despues de señor, y tambien le tiraban por las
mantas y se las quitaban, hasta dejarlo con solo el *maxtlatl*, que
es una toca larga con que cubren sus vergüenzas; y tomaba tan
bien aquella leccion de paciencia como uno de los filósofos antiguos, que para turbarlos no bastan todas las ocasiones del
mundo, antes cuanto más se indignan contra ellos ó les riñen
ó injurian, con toda la mansedumbre del mundo responden
« no te enojes, qué es lo que quieres, ó qué mandas » ; y si los
reprenden, las mas veces responden y dicen « porque peque »,
y mientras más señores son, más sumisa voce y más mansa-
mente responden y hablan, y ansí el nuevo caballero desnudo
se iba á una de las salas y aposento de los que servian al demonio, llamado *tlamΛcazcacalco*, para comenzar allí su penitencia, la cual duraba á lo menos un año : algunos hacian dos
años penitencia, y asi humillado se asentaba en la tierra hasta
la noche, que le ponian una estera é un asiento bajo con otro á

(1) Debe ser *cuauhtle ucelotle*.

las espaldas para se arrimar, é traíanle ótras mantas, simples
con que se cubriese. Toda la otra gente se asentaba á comer
de regocijo, y en comiendo se iban, quedándose el señor nuevo haciendo penitencia, y luego á la noche le daban un brasero é incensario con su incienso, con otra especie de incienso, para con todo incensar al demonio : dábanle tambien tinta
con que todo se paraba negro, y poníanle delante puas de
metl para se sacrificar y ofrecer sangre. Quedaban con él dos
ó tres hombres diestros en la guerra, que llaman *yaotequihua*,
que tambien le ayudaban á hacer penitencia. Los cuatro dias
primeros ninguna cosa dormia de noche : de dia asentado dormia un rato no más : todo el otro tiempo tenia delante de sí
un despertador, y tenia en las manos unas puas de *metl*, que
son como punzones, y en viendo que se iba á dormir, punzá-
bale ya por las piernas, ya por los brazos, hasta le sacar sangre, y decíanle : « despierta, que has de velar y tener cuidado
de tus vasallos : no tomas cargo para dormir sino para velar,
y que huya el sueño de tus ojos, y mires por tus criados. »
    A la media noche iba á echar incienso á los ídolos, y sacri-
ficábase y ofrecíales su sangre. Luego daba una vuelta á la redonda del templo, y cavaba delante las gradas, que era al
poniente y al mediodia, á oriente y á septentrion, y allí ente-
rraba papel y *copalli*, que es su incienso, con otras cosas que
tenian de costumbre de enterrar allí, y sobre ello echaba su
sangre que allí sacrificaba, á una parte de la lengua, á otra de
las orejas, y en otra de los brazos, y en otra de las piernas. A
la mañana y al medio dia y anocheciendo, iba á hacer oracion
y á encensar á los ídolos, y ante ellos á se sacrificar. Sola una
vez le daban de comer á la media noche, y poníanle delante
cuatro bollicos de su pan de maiz, tamaño cada uno como
una nuez, que apenas habia cuatro bocados, y una copita muy
chica de agua, que habria dos sorbos. Comian comunmente
la mitad : otros decian : « por cuatro dias quiérome esforzar
á no comer nada. » Acabados los cuatro dias, demandaba licencia al grand sacerdote, é iba á acabar su ayuno á los templos de su perroquia, que á su casa no iba, ya que fuese casado no tenia conversacion con su mujer, ni con otra. Allí hacia toda la penitencia que los otros servidores del demonio, y

se sacrificaba á menudo, é ofrecia incienso los dias de sus fiestas, que eran de veinte en veinte dias. Salian á la media noche á lugares que tenian por santos á ofrecer sacrificio : algunas veces al rio ó algunas fuentes, ó encima de algunas sierras do honraban y llamaban á algunos demonios, y aquellos dias y otros, tambien festivales, que llamaban *tonalli*, vuelto de su sacrificio, comia una vez á la media noche.

Cuando se iba acabando el año, sus padres, si los tenia, ó sus parientes y mayordomo, aparejaban las cosas necesarias, que no eran pocas. Ponian por memoria los señores que habian de ser convidados, y los principales y menos principales, amigos y parientes, y segund el número, dentro de casa en unas salas, ponian todo lo que habian de dar á cada persona á su parte. Miraban la ropa que tenian, y cacao, gallinas y todo lo demás que habian menester ; y si lo que tenian no allegaba á la copia, deteniase el poniente (penitente) dos ó tres meses, ó medio año, y cuando todo estaba puesto á punto, señalaban el dia de la fiesta, el cual dia elegia que fuese de buen signo. Tenian por mal signo ó mala casa el dia que tenían pares, así como cuatro, seis, ocho ; y porque siempre contaban sobre el número del dia en que nacia, si habia nacido en dia de pares, para la fiesta buscaban nones, porque pares y nones siempre son nones, que era tenido por buen signo ; pero si el dia de su matrimonio habia sido de nones, buscaban casa de nones, porque quedase siempre en casa de nones, entonces buscaban dia de pares porque quedase siempre en casa de nones (1). Dia y signo y casa todo es una cosa ; y para entender esto hase de ver el capítulo 16 de la primera parte. Elegido el dia, iban á convidar á los señores, ansí comarcanos, como amigos y deudos : el mensajero que iba á convidar á un señor, siempre tenia cargo de venir delante de él, y de le aposentar y proveer de todo lo necesario. Si algun señor de los convidados estaba malo é muy impedido, que no podia venir, enviaba en su lugar una de las principales personas de su provincia, y con él ve-

Véase Mendieta, página 158.

(1) Para entender la parte final del período, se debe recurrir á la lección de Mendieta, quien dice así (página 159) : « Y por el contrario, si habia nacido en dia ó casa de nones, elegian dia de pares porque todos juntos fuesen nones. »

nian muchos principales, y asentaban su silla, y par de ella al
que venia en lugar del señor ausente ; y delante el asiento ponian todos sus presentes y su comida, y allí hacian todas las
cerimonias y acatamiento que harian al señor, si presente fuera. Tambien esto se guardaba en otras fiestas.

Allegado el dia, é todos los señores congregados y pueblo
innumerable de gente popular, luego por la mañana se lavaba
y bañaba el mancebo, y llevábanle con mucho regocijo de bailes y cantos al templo principal del demonio á do habia ayunado los primeros cuatro dias, y subidas las gradas del templo,
que no eran pocas, y hecho acatamiento á los ídolos, desnu-
dábanle la ropa simple que llevaba, y atábanle los cabellos con
una correa de cuero colorado, y de esta correa colgaban á los
unos plumajes ó penachuelos : dábanle una manta buena que
se cubria : encima echábanle una manta rica de nuevo caballero llamado *tecuitli* : en la mano izquierda le daban un arco,
y en la derecha le ponian una saeta, y allí le hacian una plática encomendándole que fuese bueno y que velase sobre la
guarda y buen tratamiento de sus vasallos, cuasi como la del
capítulo pasado, y entonces le daban el título de su señorío, ó
le llamaban *Xicotencatl tecuitli*, ó *Maxixcacin tecuitli*, ó *Chichimecatl tecuitli*, &c. : luego le bajaban acompañándole, y bajo en el patio comenzaban sus bailes y cantos conformes á la
fiesta. Bailaban los de la provincia : los otros señores convidados estaban asentados cada uno en su lugar mirando la
fiesta. Templano venian los con presentes, y tras ellos la comida (1) : ponian delante de cada señor un toldo muy grande
y grueso, y este era de buena labor, que cuasi tenia uno que
llevarlo á cuestas, y valia dos esclavos, y encima ponian otro
toldo menor, y su manta con *maxtlatl*, y dábanle una manta
rica, y esta luego se la cubria : dábanle sus cotaras ó sandalias
de señor, y un plumaje y orejeras con su bezote : estas eran de
piedras de precio, ó de plata ó de oro : unos hacian esta fiesta
más cumplidamente que otros. A otras personas menos principales daban menos y no tan buena ropa, y á los que venian

(1) He aquí la lección de Mendieta (*loc. cit*): « Llegada la hora de comer
venian con sus presentes muchos servidores unos tras otros en ringlera, y
tras ellos la comida. »

acompañando los señores, á cada uno como era : á los principales ministros del templo daban como á señores, y á los
otros, á cada uno segund su dignidad : daban á muchos principales y mandones y ciertos oficiales de la provincia, y el dia
siguiente repartian ropas de mantas y *maxtlatles* por los criados y paniaguados, y por los oficiales mecánicos como plateros, pedreros, carpinteros, &c.

Ponian delante de cada señor mucha comida, y era tanta,
que de solas gallinas unos gastaban *eytzontli* que son tres
veces cuatrocientas, y se monta mill y ducientas : otros *nauh-
tzontli*, que quiere decir cuatro veces cuatrocientas, y que
son mill y seiscientas, y estas, gallinas de la tierra, que tiene
y vale una más que dos de Castilla, y entre estas habia muchos
gallos que llaman de papada, que vale uno cuatro gallinas de
Castilla, sin muchas codornices conejos, liebres, venados y
muchos perrillos de la tierra, que capados pequeños los tienen
como nosotros gordos cabritos. Para estas fiestas buscaban
cuantas cosas de caza podian haber por los campos y por los
montes, hasta culebras y víboras de las grandes, que los cazadores las buscan : atan á los dedos del pié cierta yerba, que
en oliéndola la víbora, luego sale huyendo, y échale de la
mesma yerba, y atordécela, y queda como beoda hasta
tomarla con la mano y sacarle los dientes ó colmillos, y échan-
las en un cántaro, y llévanlas vivas : yo las he visto muchas
de estas. Los cazadores en semejantes fiestas trabajaban de
haber de cuantas cosas viven en la tierra. Comian las víboras
los viejos cortada la cabeza y la cola. Plinio en el libro VII dice
que en la Yndia comen la carne de las víboras, y Dioscorides
en el 2° libro dice que la víbora se puede comer seguramente,
y que es provechosa para la vista y para los nervios, y hase de
cortar la cabeza y la cola, y desollada, cocida en aceite ó en
vino. Estos no la cocian en aceite, que no lo tenian, pero bebian no poco vino, y allá dentro hervia y cocia y hallábanlas de
mucho provecho.

Amasaban y cocian mucho pan de muchas maneras ; pues
de su vino no era la cosa que menos se gastaba : más tinajas
y vasijas eran menester, que hay en un gran mercado de Zamora. Cacao molido para su bebida ; aji, que era y es la espe-

cia de todos sus manjares ; inflnidad de piñas y sartales de
rosas y cañutos de perfumes ; y no se contentaban con la fruta
de su tierra, mas traian más de la tierra caliente. De todas
estas cosas se gastaba en mucha cantidad. La comida alcanzaba á pobres y á ricos. Más se gastaba en una flesta de estas,
que no gasta cuando se gradúa uno por exámen de doctor ó de
maestro en santa teologia. De estas flestas que digo yo ví algunas bien principales con todos estos gastos que aquí digo, aunque no hacian las cerimonias al demonio ni en sus templos.

Estos, aunque envueltos en errores, trabajaban de se dispo-
ner y aparejar para recibir sus oflcios y dignidades, haciendo
mucha penitencia y sufriendo muchos trabajos sin ningund
merecimiento, porque les faltaba la lumbre de la fé y el conocimiento y caridad de Dios ; pero todavia se ejercitaban en las
virtudes, ansí de la paciencia humildad, como de la pobreza
y obidiencia, &c. : mucha más razon seria que los cristianos
que han de recibir temporales dictados, y principalmente los
que son promovidos á las dignidades espirituales (1), para las
recibir y que en ella sirviesen á Dios y alcanzasen corona eterna ; pero vemos que el aparejo y modo para alcanzar las dignidades es con ambicion y sobornos, por fraudes y dones, y á las
veces con simonia, como dijo una persona que le proveyeron
de una dignidad eclesiástica en una de las iglesias catedrales
de esta Nueva España. Esta, hablando con otro clérigo que
tambien venia acá proveido de otra dignidad ; « tal dignidad
me dan de tal iglesia ; pero por Dios vivo que me cuesta mula
baya, que vale más de cincuenta ducados. » La mula diz que
era buena. No fué cosa DE palabras, que acá pasó con su dignidad, y ansí en lugar de virtudes van llenos de vicios y pasiones. Cuales son las elecciones, promociones y confirmaciones, tales son las ejecuciones de los oflcios, y de aquí es que
por los malos perlados castiga Dios á ellos y al pueblo, como
lo hizo por los hijos de Helí, y las tales elecciones son como la
de Abimelech, que es comparada á la zarza que rasguña y
espina al que á ella se allega, y de la zarza sale fuego que quema á sí mesma y á los otros árboles.

(1) Para formar buen sentido faltan en este lugar los vocablos SE DISPU-
SIESEN Y APAREJASEN que pueden verse en Mendieta (página 161).

Los que TENIAN este dictado de *tecuitli* tenian entre otras
preeminencias, que en los concilios y ayuntamientos sus votos
eran principales, y en las fiestas hacian más cuenta de ellos,
así en los lugares como en los presentes que se daban y repartian, y podian traer tras si á doquiera que iban una silla ó
asiento bajo de palo con cuatro piés, todo de una pieza muy
bien labrado y pintado, y el asiento era muy bien cavado y
muy ligero, é hoy dia usan de ellos.

Mendieta
(loc. cit.).

CAPÍTULO 12

DE LAS LEYES Y COSTUMBRES QUE LOS INDIOS DE ANAHUAC TENIAN EN LAS GUERRAS.

La discordia y guerra es mal tan añejo y tan general, que á
todas las partes del mundo alcanza : no hay parte á do no se
extienda, ni deja tierra, ni reino ni provincia, ni cibdad, ni
villa ni lugar á do no alcance, ni hay parentesco tan propinco
que sus puertas no pase, pues vemos que tuvo principio en los
dos primeros hermanos, cuando el uno mató al otro, y entre el
cuerpo y el ánima, que tanto se aman, y con ser un mesmo
hombre no falta guerra y no peca (pequeña?) mas muy
grande y muy continua, segun está escripto : *Caro enim con-
cupiscit adversus spiritum : spiritus autem adversus carnem :
hec enim sibi invicem adversantur.* Siempre anda esta batalla : cuando el espíritu prevalece, la carne está descontenta
y quejosa : cuando la carne vence y manda, el ánima de señora es hecha sierva ; ¿ cómo podrá estar contenta ? y dura
esta pelea hasta tanto que el Espíritu Santo da quietud y paz
á los varones perfectos é santos, y á los justos en la muerte,
y por eso dice : *Amodo jam dicit Spiritus, ut requiescant a
laboribus suis.* Entonces cesan los trabajos de la pelea á los
buenos, que á los malos nunca jamás cesa ni cesará.

Gal. V. 17.

Apoc.
XIV, 13.

Otra batalla leemos no menos digna de admirar que de notar, porque fué entre dos hermanos en el vientre de Rebeca su
madre, de la cual guerra dice S. Crisóstomo, queria saber la
causa de esta nueva batalla ; qué pudo acaecer en el vientre de

la madre ; qué interese ovo que fuese bastante razon para pelear ; qué se promete al vencedor, ó qué se le niega al vencido ;
delante de qué juez pasa el desafío para coronar al vencedor ;
quién les enseñó antes de nacidos el arte de militar ; la razon é
causa de esta batalla : dice que signiflca dos pueblos diversos
y contrarios que de aquel vientre procedieron, los cuales siempre tuvieron continua guerra y pelea. Pues qué maravilla que
en esta gran guerra do hay tantas generaciones y tan diversas
naciones toviesen continuas guerras y batallas.

Zurita, Ma-
nuscrito, pá-
ginas 72-73. Demas de las guerras que estos naturales tenian con los señores de las provincias y pueblos que tenian por enemigos,
para dar principio y comenzar guerra de nuevo con otros, tenian por causa justa si en alguna provincia no subjeta á México mataban algunos mercaderes mexicanos, y tambien los
señores de México y *Tezcoco* enviaban sus mensajeros á provincias remotas y lejos, rogándoles y requiriéndoles que reci-
biesen sus dioses mexicanos y los toviesen en su templo y ado-
rasen y reverenciasen, y al señor de México toviesen por superior, y le obedeciesen y tributasen, &c. Si al mensajero que
llevaba la tal embajada le mataban, por la tal muerte y desa-
cato comenzaban guerra. Habida alguna de estas causas, ó
otras más suflcientes, los señores de México ó *Tezcoco* ó otro
que queria comenzar guerra, ayuntan y llaman los viejos y
viejas y la gente de guerra que llaman *quauhti oceloti*, que
quiere decir los llamados águilas y leones ó tigres, que son la
gente de guerra.

Entonces el señor ó su secretario declarábales cómo queria
hacer guerra á tal provincia y por tal causa, &c. Si era por haber muerto mercaderes, respondíanle y decíanle que tenia razon y justa causa, queriendo sentir que la mercaduria y contrato es de ley natural, y lo mesmo el hospedaje y buen tratamiento de los huéspedes, y á los que esto quebrantaban era lícito darles guerra : empero, si era porque habian muerto á su
mensajero, ó por otra menor causa, decíanle una y dos y tres
veces, que no hiciesen guerra, y decíanle « ¿ porqué has de hacer guerra ? » como quien dice que no era justo título ni causa
suficiente para dar guerra ; mas si muchas veces los ayuntaba
y les preguntaba, entonces por importunacion y acatamiento

de su señor, respondian que hiciese guerra segun deseaba y queria, como quien dice que lo primero te dijimos como puestos en nuestra libertad aquello sentiamos ; pero agora importunados de tí, que eres nuestro rey y señor, y no te podemos ni debemos resistir, decímoste que hagas lo que quisieres y por bien tuvieres.

Determinado y acordado que se hiciese la guerra, tomaban ciertas rodelas y mantas, y enviábanlas á aquellos con los cuales querian comenzar guerra, diciéndoles y haciéndoles saber la guerra que les querian hacer y la causa, porque estuviesen apercibidos y no dijesen que los tomaban á traicion. Entonces ayuntábanse los de aquella provincia, é si vian que se podian defender y resistir á los que á sus casas los venian á buscar, apercebíanse de guerra, y si no se hallaban fuertes, ayuntaban joyas y tejuelos de oro y piedras de *chalchihuitl* y buenos plumajes, é saliéndoles al camino con aquellos presentes y con la obediencia de recibir su ídolo, el cual ponian en par y en igualdad del ídolo de su provincia, ca en cada pueblo tenian é honraban á un dios por más principal ; los pueblos que ansí venian de voluntad, sin haber precedido guerra, tributaban como amigos y no como vasallos, y servian trayendo presentes y estando obedientes.

Si no salian de paz, ó la guerra era con las provincias de sus contrarios, antes que la gente se moviese de guerra, enviaban delante sus espias muy disimuladas y pláticas en las lenguas y provincias á las cuales iban á dar guerra. Estas espias se vestian y afeitaban el cabello al modo de los pueblos á do iban, por espias, que en esto siempre habia diferencia, y las provincias que tenian miedo y recelo de algunos señores, siempre tenian entre ellos indios disimulados y secretos, ó en hábito de mercaderes, para que de ellos fuesen avisados, y no los tomasen desapercibidos. A las espias que enviaban delante llamaban ratones, que andan de noche ó escondidos y á hurtadillas. Bien asi dijeron los asirios cuando los hebreos comenzaron á salir de Betulia contra el real de Holofernes : hanse atrevido á salir unos ratones contra nosotros, como gente que sale de agujeros y de resquicios. *Egressi mures de cavernis suis, ausi sunt provocare nos ad bellum.* Judi XIV.

Vista por los espias la disposicion de la tierra y dada relacion de todas las particularidades y flaqueza de los lugares,
el descuido ó apercibimiento de la gente, luego los señores á
los que lo hacian fiel y diligentemente, daban á cada uno en
pago de su trabajo y peligro en que se habia puesto, una tierra
para que sembrase y toviese por suya ; y si de la parte contra-
ria salia alguno á descubrir y á dar aviso cómo su señor ó su
gente venian sobre ellos, y que estoviesen avisados, al tal dábanle mantas y pagábanle bien. Algunas veces pasaba esto
tan secreto, que nadie no lo sabiendo, se quedaban con lo que
le daban ; pero si se venia á saber, hacian en él horrible y muy
cruel castigo, como á traidor enemigo de su república y que
iba á dar aviso á sus contrarios.

Tomaban al que la dicha traicion habia cometido, y en la
plaza por justicia, cortábanle todos los miembros y sentidos
del cuerpo : lo primero le cortaban los bezos, alto y bajo, y las
narices ; las orejas á raiz del casco ; luego las manos y los brazos por los codos y por los hombros ; los piés por los tobillos y
por las rodillas ; luego repartian y echaban aquel cuerpo
muerto hecho pedazos por los barrios lugares públicos, para
que viniese á noticia de todos, y hacian esclavos á los parientes de aquel traidor en primer grado, así como hijo y hermanos, si supieron de la traicion, y á todos los que la supieron
y no la dijeron ; y para saber ponian mucha diligencia.

CAPÍTULO 13

EN EL CUAL SE PROSIGUE LA HISTORIA, Y EL MODO QUE TENIAN EN LA GUERRA, Y CÓMO SE HABIAN CON LOS QUE PRENDIAN.

Juntadas las huestes, la batalla casi siempre se daba en el
campo, entre los términos de las provincias, aquellos llamaban *quiauhtlale* (1), que quiere decir término y lugar de la

(1) Así está también en Gomara (*Nueva España*, capítulo 244) : Mendieta
omite el nombre (libro 2, capítulo 27), y también Roman (libro 3, capítulo 10);
Torquemada (libro 14, capítulo 3) pone *Yauhtlalli*, el cual nombre es más
apropiado á la significación.

guerra : allí salían los naturales á recibir á sus contrarios, y
ayuntados ya cerca los unos de los otros daban una espantosa
grita que ponian la voz en el cielo : otros silbaban ; otros ahu-
llaban, que ponian temor y espanto á cuantos los oian, que parecia que allí lloraban las muertes y heridas que luego habian
de suceder : el señor de *Tezcoco* llevaba un atabalejo encima
entre los hombros, que tocaba al principio de la batalla ; otros
unos caracoles grandes que sonaban á manera de cornetas ;
otros con unos huesos hendidos daban muy recios silbos : todo esto era para animar su gente y apercebirlos á todos.

Lo primero jugaban con hondas y varas como dardos, que
sacaban con jugaderas y las echaban muy recias, y tambien
arrojaban piedras de mano. Tras esto llegaban los de espada
y rodela, con los cuales iban rodelados los de arco y flecha, y
allí gastaban su almacen ; y aunque se arrodelan en extremo
muy bien, estas flechas hacian mucho daño.

En la provincia de *Teohuacan* habia flecheros tan diestros,
que de una vez tiraban dos y tres saetas, y las sacaban tan
recias y tan ciertas como buen tirador una sola. Esta arte de
saeta y frecha es la mas comun y más antigua de todas cuantas armas hay en este nuevo mundo, y cuanto tiempo ha que
hay memoria de gente la hay de flecha y arco, porque la necesidad de las guerras y de mantenerse de caza, se cree haber
sido la que descubrió este arte. Bien pueden los indios andar
desnudos sin alcanzar una manta, pero no sin flecha y arco.
Bien se puede creer que estos naturales nunca tomaron
este arte de   hijo de Júpiter (1), ni de Perseo, ni menos de Apolo ; que de estos se escribe haber tenido principio
en otras partes. Aunque he hecho digresion, todo es cosa de
guerra.

La gente de la manguardia, que he dicho, no era la más
fuerte ni la más diestra ; mas éranlo los que iban en la batalla;
que gastada mucha parte de la municion, salian de fresco
con (sendos ?) lanzones (2) y espadas largas de pedernal, y las

(1) Torquemada, en el lugar citado, da la lección siguiente : « de Saites,
hijo de Júpiter ; etc. »

(2) Aquí dice Torquemada : « salian de refresco, con unos Lan-
çones ; etc. »

espadas siempre las traian fiadas y atadas á la muñeca ; porque aunque alguna vez la soltasen de la mano, no la perdie-
sen. No tenian costumbre de romper unos por otros, mas primero andaban como escaramuzando y arremetiendo los unos
volvian las espaldas, los otros volvian un poco huyendo, y de
presto vuelven los que iban huyendo, y desta manera andan
un rato prendiendo y hiriendo en los postreros ; y despues de
algo trabados y cansados, y como los indios dicen están medio
ciegos como beodos muy embravecidos, salian otros escuadrones de nuevo, y de cada parte tornaban á atravesarse. Tenian gente suelta para tomar desde luego los heridos y llevarlos á cuestas, y estaban aparejados los zurujanos con sus melecinas, los cuales con más brevedad sanaban á los heridos,
que no nuestros zurujanos, porque no saben alargar la cura
porque les paguen más de lo que merece, como acontece entre
nuestros naturales.

Usaban tambien de echar celadas, y muchas veces eran
muy secretas y muy disimuladas, porque se echaban en tierra
y se cubrian con paja, y de noche hacian hoyas que se encu-
brian, y allegando cerca del lugar, los amigos fingian huida,
y los contrarios iban descuidados, siguiendo á los que huian,
y acontecíales como suele acontecer entre otras naciones.

Cuando alguno prendia á otro, si no se queria rendir de
grado, sino que trabajaba mucho por se soltar, el que lo habia
preso trabajaba de lo jarretar en la corva del pié, ó por el brazo
en el hombro, por llevarlo vivo al sacrificio ; y cuando uno no
bastaba para prender á otro (1) es cosa prolija y cruel ver cómo repartian aquel cuerpo despues de sacrificado delante los
ídolos. Nunca jamás rescataban ni libraban á ninguno, por
principal señor que fuese : antes mientras mayor señor era,
más lo guardaban para sacrificar ante sus demonios ; y el que
prendia á algund señor principal, presentábalo á su mesmo
señor, y él dábale joyas y hacíale otras mercedes ; y á todos los
que nuevamente prendian en la guerra algunos de los enemigos, tambien les daba el señor ropa.

(1) Se conoce que en este lugar algo falta para el buen sentido. He aquí
la lección de Mendieta (página 131): « Cuando uno no bastaba para prender
á otro, llegaban dos ó tres y lo prendian. »

Torquemada,
2-539.

Los que vencian la batalla seguian la victoria hasta que los contrarios encontraban algun lugar á do se hacian fuertes, é iban quemando y robando cuanto hallaban ; y viendo los vencidos su flaqueza, muchas veces se daban y sujetaban por vasallos del señor que los llevaba de vencida : sus mesmos vasallos le requerian que se diese, porque él ni ellos no pereciesen ni les asolasen sus casas y pueblo ; y si todavia porfiaba á ho se dar, pareciendo que era soberbia, sus mesmos vasallos le mataban, y trataban sus paces con el otro señor.

Otras veces los que vencian no pasaban más adelante de cuanto quemaban las casas de paja que estaban á la raya do residian ó dormian los que guardaban é velaban el pueblo, y de allí se volvian con lo que habian alcanzado. El que llevaba algun prisionero, que en singular llamaban *malli* y en plurar *mamaltin*, si otro se lo tomaba de noche ó de dia, hurtado ó tomado por fuerza, quejábase á la justicia, y por el mesmo caso moria, como cosario ladron, que hurtaba y salteaba cosa preciosa, y la honra y esfuerzo del otro queria atribuir á sí.

El que tenia prisionero, si lo daba á otro, tambien moria por ello, porque los presos en guerra, cada uno los debia sacrificar y ofrecer á los dioses.

Cuando dos indios echaban mano para prender algund contrario, y estaba la cosa en dubda, y porfia, iban á los jueces, y ellos apartaban al captivo en guerra y tomábanle juramento que dijese cuál le habia prendido primero : entonces él decia : « este me prendió primero, y este es mi señor que me ganó en guerra. »

Vueltos al pueblo, cada cual guardaba los que habia captivado, y echábanlos en unas jaulas grandes que hacian dentro de algunos aposentos, y allí habia sobre ellos guarda ; pero si el carcelero ponia mal cobro, y se le soltaba algund preso, pagaban al señor del preso, y dábanle una moza esclava y una rodela, con una carga de mantas ; y esto pagaban los del barrio do era vecino el carcelero, porque habian puesto por guarda hombre de mal recabdo ; y cuando el que se habia soltado aportaba á su pueblo, si era persona baja y de poca suerte, su señor le daba, porque se habia soltado ropa de mantas para vestir y para se remediar. Empero, si el que se soltaba

Zurita, Manuscrito, página 73.

era principal, los mesmos de su pueblo le mataban, porque decian que les volvia á echar en vergüenza y en afrenta, é ya que en la guerra no habia sido hombre para prender á otro ó para se defender, que muriera allá delante los ídolos, como preso en guerra, y que muriendo ansí, moria con más honra, que no volviendo fugitivo.

Habia pena de muerte á cualquiera que hurtaba el atavio de guerra de los señores, ó descosia y hurtaba parte notable de ello, aunque fuese muy propinco pariente ; y ansí el temor del riguroso castigo, guardaba la falta de las puertas, que no las usaban. La mesma pena de muerte tenia el que en las guerras se vestia de las armas y divisas de los señores de México, ó *Tezcuco*, que eran señaladas sobre todas, y á solas sus personas eran lícitas y no á otra.

CAPÍTULO 14

EN EL CUAL SE PROSIGUE Y ACABA LA MATERIA DE LA GUERRA, Y CUENTA LA HONRA QUE HACIAN AL QUE EL SEÑOR PRENDIA LA PRIMERA VEZ EN LA GUERRA, Y LA QUE AL SEÑOR MESMO ERA HECHA.

Tenian estos naturales en mucho cuando su señor era esforzado y valiente hombre, porque teniendo tal señor y capitan salian con mucho ánimo á las guerras, segund que leemos lo hacian los hijos de Israel en tiempo que fueron regidos y gobernados por jueces. Entonces Dios los elegia y nombraba : aquí ellos se habian de mostrar y señalar, y en tanto que esto no hacian los señores, aunque estuviesen elegidos y confirmados, y en la posesion del señorio, parecia, que no estaban contentos, ni usaban libremente de la ejecucion y dignidad de señor, como los otros que ya se habian mostrado ser valientes hombres en las guerras. Ca tenian de costumbre que ni los señores ni los hijos de señores no se poner joyas de oro ni de plata, ni piedras preciosas, ni mantas ricas de labores, ni pintadas, ni plumajes en la cabeza, hasta que oviese hecho alguna valentia, matando ó prendiendo por su mano

alguno ó algunos en guerra; y mucho menos la otra gente
de más bajo estado usaba de ropas ó joyas, hasta que lo habia
alcanzado y merecido en la guerra. Por lo cual, cuando el señor la primera vez prendia alguno en la guerra, luego despa-
chaba sus mensajeros para que de su casa le trajesen las mejores joyas y vestidos que tenia, y á que diesen la nueva cómo
el señor habia por su persona preso en la guerra un prisionero
ó más; y vueltos los mensajeros con las ropas, luego componian y vestian al que el señor habia preso, é hacian unas como
andas en las cuales le traian con mucha fiesta y solemnidad :
llamábanle hijo del señor que lo habia preso, y hacíanle aquella honra que al mesmo señor, aunque no muy deveras; y
aquel preso delante, y toda la cabalgada con él, venian los de
la guerra muy regocijados, y los del pueblo salian á los recibir
con trompetas y bocinas y bailes y cantos y nuevo vencimien-
to, y al preso que venia en las andas saludaban todos primero
que al señor ni á otro ninguno, diciéndole : « Seais bien venido, pues sois llegado á vuestra casa : no os aflijais, que en
vuestra casa estais. » Luego saludaban al señor y á sus caballeros. Sabida esta primera victoria del señor por los otros pueblos y provincias, los señores comarcanos, parientes y amigos, veníanle á ver y á regocijarse con él, trayéndole presentes
de joyas de oro y de piedras finas y mantas ricas, y él reci-
bíalos con mucha alegria, y hacíales gran fiesta de bailes y
cantos, y de mucha comida, y tambien repartia y daba muchas
mantas, y los parientes más propincos quedábanse con él hasta que allegaba el dia de la fiesta que habian de sacrificar al
que habia preso en la guerra, que allegados al pueblo señalaban el dia.

Allegada la fiesta, en que el prisionero habia de ser sacrificado, vestíanle de las insignias del dios del sol, y subido á lo
alto del templo, y puesto sobre aquella piedra, el ministro
principal del demonio le sacrificaba como está dicho en la
primera parte, en el capítulo diez y siete (1). Con la sangre
que del corazon salia, rociaban ó ensangrentaban á las cuatro partes del templo, é la otra sangre cogíanla en un vaso ó

(1) Véase página 59 de este ejemplar.

enviábanla al señor, el cual mandaba que rociasen con ella á todos ídolos de los templos que estaban en el patio, en hacimiento de gracias por la victoria que le habian dado, y por ellos y mediante su favor habia alcanzado.

Sacado el corazon, echaban por las gradas á rodar el cuerpo, el cual tomado abajo, cortábanle la cabeza y poníanla en palo alto ó varal, como hacen en muchas partes las cabezas de los justiciados por graves delitos, y levantado ponianlo en el patio del templo, y desollaban el cuero, y hacianlo (henchíanlo) de algodon, y por memoria llevábanlo á colgar en casa del señor. De la carne hacian otras cerimonias, que por ser crueles y estar ya dichas otras cuasi semejantes en la primera parte, y por causa de brevedad, no las digo aquí (1).

Véase Mendieta, página 123.

Todo el tiempo que el preso estaba en casa del señor vivo, antes que le sacrificaban, ayunaba el señor, y antes y despues de sacrificado hacia el señor otras muchas ceremonias, que por causa de brevedad dejo.

De allí adelante el señor se podia ataviar y usar de joyas de oro y de mantas ricas, cuando queria, especial en las fiestas y en las guerras y en los bailes poníanse en la cabeza unos plumajes ricos, que ataban tantos cabellos de la corona cuanto espacio toma la corona de un abad, con una correa colorada, y de allí le colgaban aquellos plumajes ricos con sus pinjantes de oro colgaban á manera de chias de mitra de obispo ; y aquel atar de cabellos era señal de valiente hombre. Los indios menos principales no podian atar los cabellos hasta que oviesen preso ó muerto en guerra cuatro, ó dende arriba, y los penachos que aquellos echaban no eran ricos. Estas é otras cerimonias guardaban en sus guerras, y como gente ciega y que servian á los crueles demonios, tambien ellos lo eran y pensaban que hacian gran servicio á Dios, ca ciertamente todas las cosas que hacian las aplicaban á Dios, como si lo tuvieran delante los ojos : hasta lo que comian, lo primero era quitar un poquito y ofrecérselo al demonio, y de lo que bebian echaban un poco fuera por la mesma intencion, y las rosas que les daban, cortaban un poco antes la oliesen para ofrecer á Dios ;

(1) Véase el capítulo XVII de aquella Parte en las páginas 58 y 59.

y el que esto no guardaba era tenido por malcriado, y que no
tenia á Dios en su corazon, y ansí dicen agora los que se es-
fuerzan á servir y amar á nuestro verdadero Dios : « Siempre
doy mi corazon á Dios, acordándome de él. » &c.

CAPÍTULO 15

DE LOS JUECES Y JUDICATURA, Y DE LA MANERA QUE TENIAN DE PRO-
CEDER EN LOS PLEITOS, Y CÓMO SE HABIAN EN TODAS LAS COSAS DE
JUSTICIA ESTOS NATURALES DE LA NUEVA ESPAÑA.

Gran hermosura y preciosa órden pone la justicia contra la
fealdad y desórden del pecado, y aunque estos naturales, por
la ceguedad de su idolatria muchas veces tomaban las tinieblas por luz y la luz por tinieblas, y no pocas elegian el mal
por bien y el bien tenian por mal, y por tener el paladar estra-
gado lo amargo tenian por dulce y lo suave dejaban por les parecer amargo, con todo esto tenian leyes y costumbres algunas loables, mediante las cuales se regian y gobernaban, no
que todas fuesen tan rectas y tan niveladas que diesen á cada
uno lo suyo, segund lo quiere y demanda la verdadera justicia. Con sus leyes, empero, conservaban la república y castigaban los delincuentes. No todas las naciones son tan justas
que nivelasen y repartiesen con funiculo y medida todas sus
heredades, como lo hicieron los tribus de Ysrael ; mas hallamos en todas partes más y menos, y por eso aunque la tierra
es harto grande, que bien repartida habrian parte todos, por
no lo estar, unos abundan y otros ayunan, y así fué entre estos
naturales de la Nueva España.

Tres señorios principales habia en esta tierra, á los cuales
estaban subjetas todas las más principales provincias y pueblos de la Nueva España, y estos eran *Tenuchtitlan* México,
Tezcuco y *Tlacopan*, y en estos habia más órden de justicia
que en todas las otras partes, porque en cada cibdad de estas
habia jueces, á manera de audiencia ; aunque México era cabeza principal de todas. Poca diferencia tenian en las leyes y

Zorita, Ma-
nuscrito, pá-
ginas 59-61.

modo de juzgar, y diciendo la órden que en una parte se guardaba, quedar ha entendido de todas. Yo seguiré aquí el modo que en *Tezcuco* se tenia en administrar la justicia, porque á la sazon me hallé aquí en *Tezcuco*, do podré hallar más bastante informacion : tambien porque en este señorio ovo un señor llamado *Nezaualcoyocin*, abuelo del que agora tiene el señorio, el cual reinó cuarenta y dos años : fué hombre de buen juicio, el cual instituyó y ordenó muchas leyes para buen regimiento y conservacion de su señorio. A este le sucedió un hijo llamado *Nezahualpilcintli*, que tambien fué señor y reinó cuarenta y cuatro años, que demás de las leyes del padre, el añadió otras, y segun los tiempos se iban variando, aplicó los remedios y establecimientos, segun el tiempo y la necesidad los demandaba ; y como estos señores, padre y hijo, se dieron buena manera en poner buena órden en su tierra, los señores de México teníanlos como á padres, ansí por ser propincos deudos, como por la estima de sus personas, y de México remitian y enviaban á *Tezcuco* muchos pleitos para que allí se determinasen y sentenciasen : siempre, empero la audiencia de México tuvo sobre todas preeminencia en las cosas de la guerra, y allí se determinaban.

Habia, pues, en *Tezcuco* subjetas muchas provincias y pueblos, como aquí adelante pienso mostrar pintadas (1), y todas reducian en seis cabeceras, y allí tenian obidiencia y recurso, allí se recogian los tributos, y tambien iban, allí á los pleitos aunque en lugar de los jueces todos estaban en el palacio. Cada una de estas cabeceras tenia dos jueces : estos todos eran hombres escogidos, personas de buen arte y de buena capacidad : algunos eran parientes del señor. El salario y partido que estos tenian, era que el señor les tenia señaladas sus tierras competentes á do sembraban y cogian los mantenimientos que les bastaba, y dentro de las mesmas tierras habia

(1) Esta copia no tenía la pintura de que aquí se habla; pero existía en los Memoriales que se conservaban en México puesto que allí la vió el oidor Zurita cuando formó su « Relación sobre la Nueva España » (página 249 de este Manuscrito) : todavía Torquemada pudo consultarla á principios del sigle xvii (libro 15, capítulo 26), pero ya hoy no parece. La nómina de pueblos, si puede verse adelante (página 353).

tambien casas de indios, que eran como renteros, que sembraban y cogian los frutos. Muriendo algund juez, la tierra no pasaba por herencia á algund hijo heredero, mas al juez que subcedia en el oficio de la judicatura.

Estos jueces, en amaneciendo estaban asentados en sus estrados, aunque de esteras eran los estrados, y luego cargaban dellos mucha gente, y (aun) (ya) que habia gran rato que oían pleitos, traíanles algo templano la comida de palacio. Despues de comer y reposado un poquillo, volvian á oir y estaban hasta hora de vísperas. Las apelaciones de estos iban delante de otros dos jueces, que presidian sobre todos, y sentenciaban con parecer del señor.

Zurita, Manuscrito páginas 63-66.
Véase Mendieta, página 134.

Cada diez ó doce dias, el señor con todos los jueces tenian acuerdo sobre los casos árduos y de calidad : todo lo que delante del señor se platicaba iba ya examinado y probado : los testigos trabajaban de decir verdad, ansí por temor de la tierra, y por la cual juraban, ca la tenian por dios, y el juramento era poner el dedo en la tierra y allegarlo á la lengua, como quien dice : « Por la diosa tierra que en sí nos sustenta ; y de sí nos mantiene, de decir verdad. » Tambien habian temor á los jueces, que tenian tan buena manera, que pocas veces se les encubria la verdad, y tenian toda sagacidad en preguntar.

Los jueces ninguna cosa rescebian, ni tomaban presente ninguno, no aceptaban persona ni hacian diferencia del chico al grande en cosa de pleito, y cierto en esto parece que guardaban aquel mandamiento de Dios, que dice : *Non accipies personam, nec munera : quia munera excæcant oculos sapientum et mutant verba justorum :* no es lícito á los jueces recebir dádivas ni presentes, porque en la verdad los dones ciegan los ojos de los sabios y mudan las palabras y sentencias de los justos. Dios lo dice, y es muy gran verdad.

Deut. XVI. 19

Si se hallaba que algun juez, por respeto de alguna persona, iba contra la verdad y rectitud de la justicia, ó si rescibia alguna cosa, aunque fuese don ó presente, ó si sabian que se embeodaba, si eran cosas pequeñas, una y dos veces los otros jueces le reprendian entre sí ásperamente. Si no se enmendaba, á la tercera vez le tresquilaban, y con gran confusion le privaban del oficio, la cual cosa entre ellos era tenida por muy

20

grande ignominia : é como un juez favoreciese en un pleito á un principal contra un plebeyo, y en la sentencia é informacion que dió del dicho pleito al señor de *Tezcuco*, no fuese verdadera ni justa, despues sabida la verdad por el señor, por el mesmo caso mandó ahorcar al injusto juez, y tornóse el pleito á un rever y sentenciar por el plebeyo.

En cada sala estaba con los jueces un escribano ó pintor diestro, que con sus carateres, las personas que tractaban pleitos y todas las demandas y testigos asentaba, y ponia por memoria lo que se concluia y sentenciaba en los pleitos, en los cuales ni el señor ni los jueces permitian oviese dilacion, ni más apelaciones que delante el señor con los dos jueces de apelaciones, y á lo más largo los pleitos árduos se concluian á la consulta de los ochenta dias, que llamaban *nappualtla-tulli*, que presto se dirá lo que quiere decir. Tenian aquellos doce jueces otros doce, que eran como alguaciles mayores : el oficio destos era prender á personas principales, é iban á los otros pueblos á llamar ó prender á cualesquiera personas que el señor ó los jueces les mandaban, y estos eran conocidos en las mantas pintadas que llevan, y á doquiera que iban les hacian acatamiento como á muy principales mensajeros del señor y de su justicia mayor : á estos llamaban *achcauhtli*, y á los jueces *tecuytlatoque*. Habia otros muchos mandoncillos que servian de emplazadores y de mensajes, que en mandándoles la cosa, iban volando como gavilanes ; ahora fuese de noche, ahora de dia, ahora lloviese, ahora apedrease, no esperaban tiempo ni otra obediencia, sin jamas saber (recinegar) (rezongar) ni dilatar tiempo.

Véase Mendieta, página 136.

En las otras provincias y pueblos subjetos á *Tezcuco* estaban jueces ordinarios, los cuales tenian autoridad limitada para sentenciar en pleitos de poca calidad ; podian, empero, prender á todos los delincuentes, y examinar los pleitos árduos, y estos guardaban para los ayuntamientos generales que tenian de cuatro en cuatro meses de los suyos, que era de ochenta en ochenta dias, en el cual término siempre venian todos los jueces á *Tezcuco*, y se ayuntaban todos delante el señor, el cual presidia, y tenian consulta general, y allí sentenciaban todos los casos árduos y criminales. A esta congre-

gacion llamaban *nappualtlatulli*, que quiere decir « la plática
y consulta de ochenta en ochenta dias », la cual consulta dura
diez ó doce dias. Demas de los pleitos que allí se tractaban,
conferian también sobre todas las cosas tocantes á sus repú-
blicas y á todo el reino, á manera de cortes.

CAPÍTULO 16

EN EL CUAL PROSIGUE LA MATERIA DE LA JUSTICIA, Y DICEN CÓMO CON-DENABAN Á MUERTE Á LOS HOMICIDAS, ADÚLTEROS, INCESTUOSOS Y ALGUNOS LADRONES, &c.

Sentenciaban á muerte·á los que perpetraban y cometian
enormes y graves crímenes, ansí como á los homicidas. El
que mataba á otro, moria por ello. La mujer preñada que tomaba con que lanzar la criatura ella y la física que le habia
dado con que echase la criatura, ambas morian. A las mujeres
siempre las curaban otras mujeres, y á los hombres otros
hombres. El que hacia fuerza á virgen, ora fuese en el campo,
ahora en casa del padre, moria por ello. El que daba ponzoña
á otro, con que moria, el homicida y el que le dió la ponzoña
con que mató, ambos morian. Si el marido mataba á la mujer
que le hacia maldad, aunque la tomase cometiendo adulterio,
muria por ello, porque usurpaba la justicia y no la llevó á los
jueces, para que despues de convencida, muriera por sentencia (1).

La mujer que cometia adulterio (2), tomándoles con el
delicto, ó habida muy violenta sospecha, prendíanlos, y si no
confesaban, dábanles tormento, y despues de confesado el delicto, condenábanlos á muerte. Unas veces los mataban atán-
doles de pies y manos, y tendidos en tierra, con una gran piedra redonda y pesada les daban en las sienes, de tal manera,

Zurita, Ma-nuscrito, pá-gina 66.

(1) Torquemada (libro 12, capítulo 4) al trascribir este pasaje cita al
P. Motolinia.
(2) En este lugar omitió el copista las palabras Y EL ADÚLTERO, que
pueden verse en la obra de Mendieta (página 136).

que á pocos golpes les hacian la cabeza una torta. A otros ahorcaban con unos garrotes de palo de encina hechizos. Otros tiempos quemaban el adúltero, y á ella ahorcábanla. Otras veves á emtramos los ahorcaban ; y si eran *pipiltin*, que quiere decir « principales », como hidalgos, despues de ahorcados emplumábanles las cabezas y poníanles sendos plumajuelos verdes, y ansí los quemaban ; y decian que aquella era señal que se compadecian de ellos, y por eso les quemaban los cuerpos de aquella manera. A otros adúlteros mandaban los jueces que fuesen apedreados, y llavábanlos á la plaza á do se ayuntaba muy mucha gente, y puestos en medio de la plaza, á él atábanle las manos, y luego disparaban más piedras que pelos tenian en la cabeza, y en cayendo no penaban mucho, mas luego eran muertos y cubiertos de piedras. Si algunos, habiéndose embeodado, y estando así embriagados, cometian adulterio, no les excusaba la beodez de la muerte, mas por el mesmo delicto morian.

El hombre que se echaba con su madrastra, ambos morian por justicia ; y por este mesmo caso mandó matar el señor de *Tezcuco* á un su hijo que se echó con una de sus mujeres, y ella tambien murió por su pecado. Eran condenados á muerte, cuando el hermano se echaba con su hermana, ahora fuesen de padre y de madre, ora de solo padre ó de sola madre hermanos ; y si en la Nueva España se hallaron tres ó cuatro casados, dicen que se ayuntaron despues de las guerras y conquista, ó en partes no subjetas á México ó á *Tezcuco*. El padrastro que se echaba con su antenada, ambos morian ; y todos los que cometian incesto en primer grado de consanguinidad, ó de afinidad, tenian pena de muerte, salvo cuñados y cuñadas, y cuando uno muria, las mujeres que dejaba era costumbre que los hermanos mayores ó menores, ó alguno de ellos tomaban la mujer ó mujeres del hermano difunto, aunque oviese habido hijos, *quasi ad suscitandum semen fratris*.

Deut. XXV, 5.

Por lo aquí escripto es de creer que lo arriba dicho de la provincia de *Michuacan*, que los entenados alguna vez tomaban á las madrastras, fué abuso ó corrutela muy mala, y no costumbre.

Los que conspiraban y tractaban traicion contra algund señor, á los que le querian privar del señorio, aunque fuesen deudos muy propincos, eran punidos con sentencia de muerte.

Cuando algund señor moria y dejaba muchos hijos, si alguno se enseñoreaba en el palacio, y se queria preferir á los otros, aunque fuese el mayor, no lo consentia el señor á quien pertenescia la confirmacion, ni menos el pueblo, mas antes dejaba pasar un año ó más, en el cual tiempo miraban cuál era mejor para regir el pueblo ; ca no es poco dapño de la república que forzadamente herede el hijo al padre en el señorio, ahora sea bueno, ora sea malo, ca el bueno conservará la república y el señorio, y el malo destruirá. Antiguamente en muchas partes los reyes y señores eran elegidos, y como buscaban buen rey, eran bien regidos.

Los que cometian el crímen pésimo, agente y paciente, murian por ello ; y de cuando en cuando la justicia los andaba á buscar, y hacian inquisicion sobre ellos para los matar, que bien conocian que tan nefando vicio era contra natura, porque en los brutos animales no lo vian. Bestialidad no se hallaba entre estos naturales. Zurita, Manuscrito, página 66.

El ladron que hurtaba hurto notable, especialmente de los templos ó de la casa del señor, ó si para hurtar rompia casa, por la primera vez era hecho esclavo, y por la segunda le ahorcaban. Al ladron que en la plaza ó mercado hurtaba cosa algo de precio, ansí como ropa ó algund tejuelo de oro, ó por frecuentacion de hurtos pequeños en el mercado que habia algunos ladrones tan sotiles, que en levantándose la vendedera ó en volviendo la cabeza, le hurtaban lo que tenia delante : á el tal (ahorcándole) (ahorcábanlo) por el hurto y por la circunstancia del lugar, ca tenian por grave el pecado cometido en el mercado ó plaza. Veaso Mendieta, pagina 138.

El hombre que andaba vestido con vestiduras y traje de mujer, y la mujer que andaba como hombre, ambos tenian pena de muerte.

CAPTULO 17

EN EL CUAL SE PROSIGUE Y DICE LA JUSTICIA QUE SE EJECUTABA POR DIVERSOS DELICTOS, CON ALGUNOS ENJEMPLOS QUE QUEDABAN POR LEY.

Son estos indios de su naturaleza tan sin cólera y tan pacíficos, que parecen carescer de la irascible, por lo cual muy pocas veces les acontece reñir; pero cuando algunos reñian y allegaban á descalabrarse ó á mesarse ó á romperse las mantas, como no habia armas presto los ponian en paz. Si la justicia lo sabia, enviábalos á la cárcel y allí estaban algunos pocos dias. El injuriador pagaba la cura al descalabrado, ó la manta que le habia rompido; que muchas veces toda su furia pára en romperse las mantas, que como eran delgadas, presto se rompian.

Nunca sacaban armas, sino cuando salian á la guerra. Los cazadores muchas de sus rencillas era de algunas palabras de enojo, á llegar á rempujarse el uno al otro, y cuando más, tomaban puños de tierra, y dábanse con ella en los ojos, y luego se apartaban, limpiando cada uno sus ojos; pero los que reñian en el mercado, como alborotadores del pueblo, eran más gravemente castigados, y aconteció una vez en el mercado de *Tezcuco*, que como riñesen dos mujeres, y de palabras viniesen á las manos, echáronse mano á los cabellos, y la una asió á la otra UNA oreja y rompiéndosela hasta correr sangre por el rostro abajo, y á la pelea de las mujeres, toda la gente del mercado se ayuntó y escandalizó como cosa cuasi nunca vista. Sabido por el señor, mandó ahorcar á la mujer que rasgó la oreja á la otra, por el alboroto y escándalo que habia dado, y porque fuese enjemplo para las otras mujeres. Parece que tuvo en esto la manera que se tiene de castigar los delictos que acontecen en los reales, que por evitar escándalo y peligro, pequeña culpa es gravemente castigada, por respecto del lugar y del tiempo (1).

Zurita, Manuscrito, página 68.

(1) Torquemada (libro 12, capítulo 15, al fin) cita el caso con referencia

Acontecia algunas veces que dos mancebos se enamoraban
de una moza, y como de semejante caso procedan muchas di-
sensiones, estos naturales tenian de costumbre desafiarse para la primera guerra, y en ella se esperaban y buscaban el uno
al otro, y allí se sacudian de tan buena gana como con los enemigos, y dábanse hasta que reconocida ventaja de la una
parte, salian á los departir, que luego entendian el caso y porqué habien desafiado ; y lo mesmo acontecia cuando alguno
tenia alguna manceba, é otro se enamoraba de ella y se la sacaba de casa : si era hombre de corazon el que primero tenia
la mujer por manceba, desafiaba al otro, y el campo señalaban
para la guerra primera, y el que mejor lo hacia en el desafio y
salia por vencedor, al parescer y sentencia de algunos que por
padrinos y veedores ponian, vueltos de la guerra, aquel llevaba la mujer á su casa ; y esto ansí parescia estar en costumbre y ser lícito en el campo de la guerra, y no en otra parte.

La pena que daban á las alcahuetas era, que averiguado
usar aquel ruin oficio, las sacaban á la vergüenza, y en la plaza, adelante todos, le quemaban los cabellos con tea encen-
dida, hasta que se le escalentaba lo vivo de la cabeza, y así
afrentada y conoscida, que los cabellos quedaban chamus-
cados, se iba ; pero si la persona que alcahuetaba era de honra
ó principal, mayor pena le daban, onde como el señor de un
pueblo llamado *Tezunyocan* se enamorase de una hija del señor de *Tezcuco*, y pusiese por medianera á una mujer, despues de algunos mensajes, concertó entrar á do estaba la doncella. La manera que tuvo para entrar fué esta : que en esta
tierra usan mucho unas cajas de caña ligeras, algunas como
pequeñas arcas y otras menores, y en estas cajas llevar y traen
ropa y otras muchas cosas. Tomó la alcahueta una caja de
aquellas, no pequeña, y metió al señor enamorado, que no
debiera, y entró con él dentro del palacio á do la señora estaba.
Ella, ahora por temor del padre, que era severo en castigar y
en ejecutar justicia, ahora porque se pagaba de palabras y no
de obras, no consintió ni quiso poner el pecado en efecto ; y
como por la mucha guarda que en el palacio habia, vino á no-

al P. **Motolinia**, dando á la obra de éste el título de *Memorial*. Véase también
el capítulo 23 de esta Cuarta Parte (página 332).

ticia del gran señor de *Tezcuco*, llamado *Nezahualpilcintli*, el cual mandó luego prender á la alcahueta y al que en la caja en su casa habia metido, y á entrambos los mandó ahorcar. Estas cosas y los castigos de ellas, y otras semejantes, quedaban muy en la memoria de todos, y por ley para todo el señorio de *Tezcuco*.

Estas y otras muchas leyes tenian estos naturales, que escribirlas todas seria hacer muy largo proceso, con las cuales se convervaban y regian ; y ansí las leyes como todas sus memorias, escribian con carateres ó figuras á ellos muy inteligibles, y á cualquiera de nosotros que las quiera mirar con alguna plática, á pocas vueltas las entenderá. Yo por las mesmas figuras voy sacando y escribiendo estas cosas que aquí digo, y lo que dubdo ó no entiendo, por no errar pregúntolo á algund buen maestro ; y este modo de escribir por figuras y carateres, tuvieron antiguamente los muy sabios egipcios, segund lo afirman antiguos autores.

Las cárceles que estos indios tenian eran crueles, en especial á do encarcelaban los de crimen y los presos en guerra porque no se les soltasen, tenian las cárceles dentro de una casa escura ó de poca claridad, y en ella hacian su jaula ó jaulas, y á la puerta de la casa, que era pequeña, como puerta de palomar, cerrada por de fuera con tablas y arrimadas grandes piedras, y allí sus guardas : é como las cárceles eran inhumanas, en poco tiempo se paraban los presos flacos y amarillos, y la comida que no era abundosa, era lástima verlos : parescia que desde la cárcel comenzaban á gustar la angustia de la muerte.

CAPÍTULO 18

DE LA MANERA QUE TENIAN EN VENDER Y COMPRAR Y DAR EMPRESTADO ANTES DE LAS GUERRAS Y DESPUES ; Y CÓMO USABAN DEL VINO ANTES DE LA CONQUISTA, Y DESPUES, Y DE LA PENA QUE DABAN AL QUE SE EMBEODABA.

Segund las grandes ocasiones y destruiciones que tras la conquista de esta Nueva España sucedieron, como parece en el segundo capítulo de la primera parte fue maravilla cómo no se asoló y perdió toda la tierra. La causa de haberse sustentado muchos pueblos fué el gran concierto é órden que estos naturales entre sí tenian, que los niños de cinco ó seis años tenian por memoria empadronados, y cada uno en su manera todos trabajaban y se ayudaban : con todo esto se perdieron muchos pueblos, como yo los he visto por mis ojos, que no lo creí hasta que lo ví.

Una de las cosas que estos indios buscaron para se sustentar é que pudiesen pagar sus tributos á los españoles, fué tomar emprestado de los mercaderes, y con esto se adeudaron y destruyeron más, porque como los tributos no son pequeños, los indios recogedores y que pagan los tributos, viéndose en necesidad comenzaron á tomar prestado de los mercaderes y á les empeñar tierras y heredades, y tras esto á darles esclavos ; pero como no bastasen por ser los tributos muy ordinarios y grandes, iban siempre cresciendo en deudas, ca los empréstidos eran á logro y usura y no pequeña mas cuasi alacernina, que si prestaban cient cargas de cacao ó mill pesos de oro, al cabo del año pedian la metad, más, y algunos doblado, y á otro año se iba multiplicando é cresciendo el logro, por lo cual, como digo, muchos pueblos se despoblaron, y otros muchos quedaron muy adeudados en grand cantidad, y lo están hoy dia. Sabido por la audiencia real, en muchas partes puso órden y remedio.

Zurita, Manuscrito, pagina 73.

Para escribir lo que antiguamente usaban estos naturales, hallo que no tenian ni usaban logros ; mas su ley y costumbre era venta y compra con paga, y cuando se fiaban algo, era sobre prenda ó sobre palabra, y no pagaban más cantidad de la que recibian, ni el que prestaba esperaba ni demandaba más cantidad de la que habia emprestado. No me maravillo de los que tengan lo contrario desto, que yo, antes que de raiz esto supiese, estaba engañado en la mesma opinion.

En la manera y modo que estos naturales usaban el vino antiguamente, yo estaba muy engañado, porque cuando en esta tierra entré, que fué tres años despues que se conquistó, ví que todos y por todas partes muy desenfrenadamente se daban al vino, y que sin ninguna mesura se embeodaban, ansí

1524.

los principales como la gente *utriusque sexus*, hombres y mujeres. Paresce que el demonio á rio vuelto introdujo las beoderas, y tomóse licencia general que todos pudiesen beber
hasta caer, y los hombres volverse como brutos, de manera
que como cesó la autoridad y poder los jueces naturales ejecutar sus oficios, cada uno tuvo licencia de hacer lo que quiso
y de irse tras su sensualidad ; y los que no han inquirido ni sabido lo que antes de las guerras se guardaba, piensan que todo
estaba ansí sin órden, segund lo vieron en la conquista y despues de ella, y es verdad que yo estaba tan desta opinion, que
cuando me decian, tal principal ó tal y tal señor no bebe vino
ó nunca lo bebió, me maravillaba mucho. Despues que comencé á escribir los ritos y costumbres de estos indios y á querer
saber la verdad, halléme que en muchas cosas estaba muy engañado, y esta del beber vino era una de las cosas que yo
tenia entendida al reves.

Despues de me haber mucho informado cómo estos usaban
del vino, hallo que estos naturales condenaban por muy mala
la beodez y la vituperaban como nuestros españoles. Usaban
del vino con licencia de los señores ó de los jueces, y estos no
la daban sino á los viejos é viejas de cincuenta años arriba,
ó poco menos, que decian que la sangre se iba enfriando, y
que era remedio para calentar y dormir ; y estos bebian dos ó
tres ó hasta cuatro tazas pequeñas, que deste vino nadie se
puede embeodar sino con mucha cantidad. En las bodas y en
las fiestas é otros regocijos podian beber, el que era ya de edad
varonil, dos ó tres tazas. Los médicos daban muchas melecinas en una taza de vino, y á las paridas era más comund
cosa en los primeros dias de su parto beber un poco de vino,
por salud y no por vicio ; y habia muchas personas que así
tenian abhorrido el vino, que ni enfermos ni sanos lo querian gustar, y en la verdad ello huele mal y no sabe muy bien.
El vino de Castilla ningund indio hay, hombre ni mujer, que
le sepa muy bien la primera vez y la segunda y siempre, pero
tal saborcillo tiene. Los *macehuales*, que son los labradores,
cuando acarreaban madera del monte y cuando traian grandes piedras, entonces bebian, unos más, otros menos, para
templar el frio y el trabajo.

Zurita, Ma-
nuscrito, pá-
ginas 68-69.

Despues que en esta tierra se ha multiplicado el agro de las limas y limones, hacen los indios un vino agrete, y ansí lo llaman *xoco vino*, que quiere decir « vino agrete », que los que lo pueden haber, hacen mucho por ello.

Los señores y principales, y la gente de guerra tenian por pundonor de no beber vino : su comund potuo era cacao y otros brevajes que hacian de semillas molidas, y de *centli* tostado y molido.

La pena que se daba á los que tomaban beodos, ó de haber bebido y se comenzaban á embeodar, daban voces ó cantaban, era que públicamente en el mercado, que los indios llaman *tianquiztli*, ahora fuese hombre ahora mujer, allí le tresquilaban públicamente, y luego le iban á derribar la casa, dando á entender que la persona que se embeoda y pierde el seso no era digna de tener casa en el pueblo, ni de contarse entre los vecinos. Bien cabe aquí decir algo de la cepa ó cardon de que sacan el vino, que ciertamente es cosa de admiracion las cosas y provechos que de aquella cepa proceden.

CAPÍTULO 19

DEL ÁRBOL Ó CARDON LLAMADO METL Ó MAGUEY : DE MUCHAS COSAS QUE DE ÉL SALEN, ANSÍ DE COMER COMO DE BEBER, CALZAR Y VESTIR : DE OTRAS MUCHAS COSAS DE QUE SIRVE, É DE OTRAS MUCHAS PROPIEDADES (1).

Metl es un cardon, árbol que en lengua de la isla Española, se dice *maguey*, DEL CUAL se hacian y salen tantas cosas, que es como lo que dicen qué hacen del hierro, y responden cochillos, tijeras, martillos, tenazas, &c., y dicen y nunca acaban : ansí parece en las cosas que deste *metl* se dice tener. Es ver-

(1) Se diria que este capítulo estaba aquí fuera de su lugar, si la última cláusula del anterior no precisara su colocación. Por el asunto que trata debía corresponder más bien á la Tercera Parte donde se hace la descripción del país y se habla de sus producciones. En la *Historia de los Indios*, es el XIX del Tratado tercero.

dad que la primera vez que yo le ví, sin saber nada de sus propiedades dije : « Gran virtud sale de este cardon ». Es un árbol
ó cardo á manera de Zábila, sino que es muy mayor : tiene sus
ramas ó pencas verdes, tan largas como vara y media de medir : van como una teja muy larga, del medio gruesa, adelga-
zando los lados : del nacimiento es gorda ; tendrá cerca de un
palmo de grueso : va acanalada, y adelgázase tanto á la punta,
que fenece en una pua como punzon. Tendrá de estas pencas
treinta ó cuarenta, unos más otros menos, segun su grandor,
ca en una tierra se hacen muy grandes, y en otra medianos, y
en otra pequeños. Despues que el *metl* está hecho y tiene su
cepa crecida, córtanle el cogollo con cinco ó seis pencas, que
allí son tiernas : la cepa que hace encima de tierra, de donde
proceden aquellas pencas, será del tamaño de un buen cántaro, y allí dentro de aquella cepa le van cavando y haciendo
una concavidad tan grande como una buena olla ; y hasta gastarlo del todo y hacerle aquella concavidad tardará dos meses,
unos más y otros menos, segun el gordor, y cada dia destos
van cogiendo un licor en aquella olla, en la cual se recoje lo
que destila. Este licor, luego como de allí se coge es como
aguamiel : cocido y hervido al fuego, hácese un vino dulcete,
limpio, lo cual beben los españoles, y dicen que es de mucha
sustancia y saludable. Cocido este licor en tinajas, como se
cuece el vino, y echándole unas raices que los indios llaman
ocpatli, que quiere decir, « melecina ó adobo del vino », hácese
tan fuerte vino, que á los que beben en cantidad, conviene á
saber, nueve ó diez tazas, embeoda reciamente, y desto usaban los más como los indios de este *metl*, de se embeodar
cruel y bestialmente. Tiene mal olor el vino, y peor el resuello
de los que mucho beben : en la verdad, bebiendo templada-
mente es saludable y de mucha fuerza. Todas las melecinas
que se han de beber se dan á los enfermos con este vino puesto
en su taza : allí echan lo que es saludable á cada enfermedad.
Deste mesmo licor hacen buen arrope de miel : la miel, mejor
sabor tiene la de abejas ; pero para guisar de comer dicen que
es mejor esta y bien sana. Tambien sacan deste licor unos
panes pequeños de azúcar ; pero ni es tan blanco ni tan dulce
como el nuestro. Ansimesmo hacen de este licor vinagre

bueno : unos lo aciertan ó saben hacer mejor que otros.

Sácase de aquellas pencas de *metl*, hilo para coser : tambien hacen cordeles, sogas, maromas, cinchas ó jáquimas, ó todo lo que se hace del cañamo, se hace del *metl*.

Sacan de él vestido y calzado, porque los indios su calzado es apostólico, ca son propiamente sandalias : llámanLAS los indios *cactli*. Tambien hacen alpargates como los del Andalucia. Hacen mantas y capas deste *metl*.

Las puas de este *metl* sirven de punzon, ca son agudas y recias : suplen por clavos, que entran por una pared y por un madero, razonablemente, aunque su propio oficio es servir de tachuelas, cortándolas pequeñas. En cosa que se haya de roblar ó volver no valen nada, porque saltan ; pero pueden hacer que salga aquella pua con su hebra, y entonces sirva de hilo y aguja.

Pues las pencas por sí no dejan de aprovechar para muchas cosas. Cortan estas pencas, ca son largas, y EN un pedazo ponen los indios el *centli* que muelen, y cae allí, que como lo muelen con agua, y el mesmo *centli* ha estado en mojo, ha menester cosa limpia en que caya, y en otro pedazo lo echan despues de hecho masa, ca es cosa limpia. De estas pencas hechas pedazos se sirven mucho los maestros, que llaman *amanteca*, que labran de pluma y oro : encima de estas pencas hacen un papel de algodon engrudado, tan delgado como una delgada toca, y sobre aquel papel y encima de la penca labran todos sus debujos, y es de los principales instrumentos de su oficio. Los pintores y otros oficiales se aprovechan mucho destas hojas ; hasta los que hacen casas, para servir de barco tenian un pedazo, y llevan allí su barro : tambien sirven de canales.

Si este *metl* no le cortan para coger vino, mas lo olvidan é lo dejan espigar, como de hecho muchos espigan, echan un pimpollo tan grueso como la pierna de un hombre, y crece dos y tres brazas, y echa allá su flor y semilla. Sécase, y donde hay falta de leña, sirve para hacer casas, ca de él sacan buenas latas, y las pencas de los verdes suplen por tejas. Cuando ha echado su árbol, luego se seca todo hasta la raiz, y lo mesmo despues que le han cogido el vino. Aprovechan las pencas secas para hacer lumbre, ca en las más partes esta es la leña de los pobres : hace buen fuego, y la ceniza es como de encina muy buena para legia, y muy fuerte.

Es muy saludable para una cuchillada ó para una llaga fresca, tomada una penca y echada en el fuego ó en las brasas, y exprimir el zumo ansí caliente, es mucho bueno para el que pica víbora HAN DE tomar destos *metl* chiquillos, tiernos, tamaños como un palmo y la raiz que es tierna y blanca Y SACAR el zumo Y mezclado con zumo de sensias (asensios) desta tierra, Y LAVAR LA MORDEDURA, luego sana. Yo lo ví experimentar a de ser en aesto (1).

Deste mesmo género de *metl* y de la mesma manera, sino que el color tira un poco á blanquizco, y es tan poca la diferencia, que pocos la saben determinar, que las hojas ó pencas son un poquillo más delgadas ; deste que digo sale mejor aquel vino que dije que beben algunos españoles é yo lo he bebido, y el vinagre deste tambien es mejor. Este cuecen en tierra, las pencas por sí y la cabeza por sí, y sale de tan buen sabor como un diacitron no bien adobado ó no muy bien hecho. Lo de las pencas está muy lleno de hiladas : este no se sufre tragar, mas de mascar y chupar, y ansí lo llaman *mexcalli* ; pero si las cabezas están cocidas de buen maestro y en algunas partes que son mejores que otras, tiene tan buenas tajadas, que muchos españoles lo quieren tanto como diacitron. Pues dirá alguno, si hay muchos destos *metl* ; digo que toda la tierra está llena de ellos, salvo la tierra caliente : la que es templada tiene más destos postreros ; y estas eran las viñas de los indios : vn (van) todas las linderas y vallados de sus heredades llenas DE ELLOS.

Hácese del *metl* buen papel : el pliego es tan grande como dos pliegos del nuestro, y desto se hace mucho en *Tlaxcallan*, que corre por gran parte de la Nueva España. Otros árboles hay de que se hace en tierra caliente, y desto se solia hacer y gastar gran cantidad : el árbol y el papel se llama *amatl*, y este

(1) Esta frase no tiene sentido. En la *Historia de los Indios* (página 245) se lee lo que sigue : « Esto yo lo he visto experimentar y ser verdadera medicina; esto se entiende siendo fresca la mordedura. »

nombre llaman á las cartas y al papel y á los libros los españoles *amatl :* el libro su nombre se tiene.

CAPÍTULO 20

QUE TRACTA EL MODO Y MANERA QUE ESTOS NATURALES TENIAN DE HACER ESCLAVOS, Y DE LA SERVIDUMBRE Á QUE LOS ESCLAVOS ERAN OBLIGADOS.

El hacer de los esclavos entre estos naturales de la Nueva España es muy al contrario de las naciones de Europa, y es cosa tan dificultosa acabarla de bien entender como cualquiera de las ya dichas, y á mi ver no he sentido cosa escabrosa é incritada (intricadas) como esta, y puesto caso que yo ponga mi diligencia para sacar la raiz los modos y maneras que estos tenian de hacer esclavos, nadie querria que la tomase por ley ó argumento para defender su partido, ni tomando unas cosas y dejando otras, con ellas quiera excusar y favorecer su opinion, dado caso que yo me siga por las leyes y costumbres de *Tezcuco* y México especialmente en esta cuarta parte, que creo son las más generales. En otras provincias y generaciones de otras diversas lenguas, tenian otras leyes y costumbres de hacer esclavos, y especial á do no reconocian subjecion á México ni á *Tezcuco.*

Segund que del comun decir yo tenia entendida esta materia de hacer esclavos, hallo que muy al contrario la usaban estos naturales, y aun me parece que estos que llaman esclavos les faltan muchas condiciones para ser propiamente esclavos, porque los esclavos de la Nueva España tenian peculio, adquirian y poseian propio, y no podian ser vendidos sino con las condiciones que abajo se dirán. El servicio que hacian á sus amos era limitado, y no siempre ordinario. A unos que servian por esclavos, casándose ó habiendo servido algunos años, ó queriéndose casar, salian de la servidumbre, y entraban otros, sus hermanos ó deudos. Tambien habia esclavos hábiles y diligentes, que demas de servir á sus amos, mantenian casa con mujer y hijos, y compraban esclavo ó esclavos, de que se servian. Los hijos de los esclavos nacian libres. Todas estas condiciones, ó lo más, faltan á los que las leyes dan por siervos y esclavos.

Las maneras de hacer esclavos que luego se dirán, pasaban delante de testigos, personas de anciana edad, los cuales ponian de la una parte y de la otra, para que fuesen como terceros, y entendiesen en el principio, y fuesen testigos ; y estos habian de ser hasta cuatro, ó dende arriba, y siempre se ayuntaban muchos, como cosa solene.

Habia algunos hombres que se daban al vicio de jugar á la pelota, ó al juego que llaman el *patolli*, que es á la manera de juego de las tablas, aunque acá lo juegan encima de una estera : encima de aquella estera lanzan unas habillas ó frisoles rayados, y segun el número que salen, ansí van mudando pedrezuelas por unas casas que están rayadas y señaladas en la estera : dicen los que saben el juego de las tablas, que el que estos juegan es el mesmo. Estos jugadores, puestos en necesidad, para tener que jugar vendíanse y hacíanse esclavos. El más comund precio eran veinte mantas, que es una carga de ropa : unas son mayores y mejores que otras, y vale más una carga que otra, y ansí eran los esclavos : unos más dispuestos que otros, y por el mejor daban más precio.

Habia tambien mujeres que se daban á ruin vida, y á traerse lozanamente, y las malas mujeres en esta tierra de balde daban su cuerpo las más veces, y ansí por necesidad, como por traerse y vestirse á su contentamiento, vendíanse por esclavas. Estas dos maneras de esclavos, primero gozaban de su precio, que comenzaen á servir, y el precio pocas veces pasaba de año que no se les acabase, y luego iban á servir. Esto parece al que hacian señor por un año y acabado le mataban.

Cuando algund niño se perdia, luego le pregonaban y buscaban por todas partes, y si alguno lo escondia y lo iba á vender, ó de industria hurtaba algund muchacho y lo vendia en otro pueblo, cuando se venia á saber, al ladron, porque vendió por esclavo al que no lo era, hacíanle á él esclavo.

Los parientes de traidor á su señor ó á su república, que supieron de la traicion y no la manifestaron, hacíanlos esclavos ;

y al traidor dábanle la muerte que dijimos en los capítulos de
la guerra.

Al que hurtaba en cantidad harto notable, ó tenia por uso el
hurtar, al tal hacíanle esclavo, y si despues de esclavo tornaba
al oficio de ladron, ahorcábanle.

En esta tierra guardan el *centli* ó maiz en unas paneras ó
trojes como muy grandes tinajas, y encerrado allí el pan, atá-
panle la boca que tiene en lo alto con su barro. El ladron que
allí ha de hurtar no basta ir solo, mas ha menester conpañia
que le ayude á subir, y el que entra saca maiz que puede
dar á otro, y el que á este hurto incitaba á otro, comundmente
era el que sobia y entraba en la troje : tomado ó sabido el hurto, solo al solicitador y que entró en la panera hacian esclavo.

El que hurtaba pequeños hurtos, si no eran muy frecuenta-
dos, con pagar lo que hurtaba hacia pago, y si no tenia de que
pagar una y dos veces los parientes se ayuntaban y repartian Torquemada, 2-564.
entre sí el valor lo que habia hurtado, y pagaban por diez y
doce mantas y dende arriba. Ni es de creer que hacian esclavo
por cuarenta ni cincuenta mazorcas de *centli*, ni por otra cosa
de más precio, si él tenia de que pagar ó los parientes que lo
tenian por costumbre, y ansí lo afirman los de *Tezcuco* (1). A
las personas de diez años abajo perdonábanles los hurtos y
delictos, por inocentes y por menores de edad.

En hurtando alguna cosa de mucho precio, ansí como joyas de oro ó mantas ricas en cantidad, luego ponian diligencia
de lo buscar por los mercados, y avisaban á las guardas que
siempre residian en la plaza, que llamaban *tiyantiztli (tiyan-
quiztli)* ó *tiyanquizco*, que el primero es el recto y el otro es
oblico : no tiene esta lengua en los nombres más de estos dos
casos. El primero que conoscia su hurto y daba con el ladron,
aquel se le daban que fuese su esclavo, aunque oviese tambien
hurtado á otros ; y por esta causa casi siempre compraban y
vendian en el *tiyanquizco*, y el que fuera de allí queria vender,
teníanle por sospechoso, y en el mercado tenian mucha guarda y aviso sobre los ladrones.

(1) Torquemada (libro 14, capítulo 16), trascribiendo este pasaje, cita el
nombre del P. Motolinia.

En los mesmos mercados tienen sus portales y saletas abiertas que miran hácia el *tiyanquizco*, á do se albergan los tratantes y los pasageros, y tambien para cuando llueve ; y como en el mercado, entre otras muchas cosas, se venden y caen cosas de comer, á las noches van los perrillos de la tierra á buscar su vida, y los guardas del *tiyanquizco*, y á las veces otros muchachos, cuando sienten que es hora que los perrillos están dentro, ponen redes á las calles que salen del mercado. Acaeció una vez que estando las redes puestas en este *tiyanquizco* de *Tezcuco*, entre los que estaban albergados en los portales, levantóse un indio, y hurtó la manta á otro, dejándole descubierto ; pero por sotilmente que lo hizo, despertó el desnudo, y va tras el ladron dando voces, y el ladron iba adelante huyendo, y al salir del mercado, no viendo la red, cayó en ella, y allí enredado, tomáronle. A la mañana, llevado á los jueces, fué condenado por esclavo, diciendo, que sus pecados eran grandes, pues le habian metido en la red de los perros, y este fué hecho esclavo, en caso particular no daban pena por tomar perros agenos, porque dicen que es animal que tiene buenos dientes y piés para huir, que se defienda ó que los guarde su amo.

Véase Torquemada, II-565, columna 1.

Algunos pobres que tenian hijos, especialmente los viejos, ó en tiempo de mucha necesidad, hablaba el marido con la mujer en poner algund socorro á su necesidad y pobreza, y concertábanse de vender su hijo, y llamados los terceros y testigos vendíanLO. Acontecia muchas veces que habiendo servido aquel hijo algunos años, parecíales que era bien repartir el trabajo, y daban al señor otro hijo de nuevo, y sacaban el primero : no solo holgaba el amo, mas daba por el que entraba de nuevo otras tres ó cuatro mantas ó cargas de maiz, y esto estaba ansí en costumbre.

Id.

Habia algunos holgazanes que tenian poco más cuidado de andarse comiendo y bebiendo, y como les faltaba, vendíanse y gozaban de su precio, é luego, como lo acababan de comer, comenzaban á servir á sus amos. Lo que aquí va dicho de hombres, lo mesmo se ha de entender de mujeres.

CAPÍTULO 21

EN EL CUAL ACABA LA MATERIA DE LOS ESCLAVOS, Y SE DECLARA LAS
CONDICIONES DE SU SERVIDUMBRE, Y CUÁLES SE PODIAN VENDER, Y
CUÁLES NO.

Tuvieron otra manera de hacer esclavos, que llamaron *hue-
huetlatlaculli*, que quiera dècir « culpa ó servidumbre antigua ». Si una casa ó dos se vian en necesidad de hambre, vendian un hijo, é obligábanse todos á tener siempre aquel esclavo vivo, que aunque muriese el que señalaban habian de suplir otro, salvo si moria en casa de su amo, ó le tomaba algo
de lo que él adquiria, por lo cual ni el amo le tomaba lo que el
esclavo tenia, ni queria que habitase en su casa, mas de que
le llamaban para entender en la hacienda de su amo, así como
para ayudar á labrar, sembrar y cojer : algunas veces traia
leña y barria. Cuando aquel que habian señalado, habia
ya servido algunos años, queriendo descansar ó casar
decia á los otros que juntamente con él estaban obligados
y habian gozado del precio, que entrase otro á servir algun tiempo ; pero no por esto se libraba de la obligacion él
ni con quien casaba, ahora fuese varon, ahora hembra ; mas
los que de primero se habian obligado, con los dellos descendientes, contraian aquella obligacion, y desta manera de obligados acontecia estar cuatro ó cinco casas, ó los moradores
dellas ser obligados por un esclavo á un amo y á sus herederos.

En el año de mill y quinientos y cinco años, el cual fué año
de hambre, el señor de *Tezcuco* llamado *Nezahualpilcintli*,
viendo el abuso de la mala ley, y para que con aquel año no se
acrecentase más, casó é anuló la mala ley y libertó las casas
que estaban obligadas. De creer que sabido en México y en
otras partes que tenian tan mala costumbre de hacer esclavos,
y que harian lo que en *Tezcuco* (1).

1505

(1) Aquí dice Torquemada (libro 14, capítulo 17) : « cree el Padre Fra

Había algunos esclavos mañosos que por tener para jugar
ó para comer, se vendían dos veces. Llevados por sus amos
ante los jueces, mandaban que el esclavo sirviese al que se
vendió delante testigos ; y si ambas veces había pasado la venta ante testigos, daban el esclavo al primer amo.

Los hijos de esclavo eran libres, y lo mesmo los hijos de
esclava nacían libres ; pero lo que es más, los hijos de esclavo
y esclava eran tambien libres.

Algunos quieren decir que si un libre se echaba con esclava
y se empreñaba, el tal libre era hecho esclavo y servia al señor de la esclava ; pero cuanto he podido inquirir no hallo tal
cosa, ni los indios conceden tal modo de esclavo.

Ansimismo ovo quien quiso decir que cuando alguno tomaba mantas fiadas de algund mercader, ó otra cosa de equivalente valor, y moria sin pagar, que el mercader, de su autoridad, por la deuda hacia esclava á la mujer del difunto, é si el
difunto había dejado hijo, al hijo hacia esclavo y no á la madre. Lo que en este caso dicen los viejos de *Tezcuco*, que lo
saben bien, porque algunos dellos fueron jueces antes de las
guerras y saben bien las leyes por do se regían, que pasaba
desta manera, que si alguno tomaba fiado y no tenia de que
pagar, una y dos veces los parientes se ayuntaban y repartían
entre si la deuda y lo libraban de la cárcel y de la deuda ; y si
era difunto, el acreedor se entregaba en los bienes ó heredades, si las había dejado, ansí como haciendas, casas ó tierras ; pero no en persona jamás.

Los esclavos, demas de servir á sus amos, que como la
servidumbre no era ordinaria (1), adquirían para sí hasta casarse y mantener casa, y comprar otro esclavo que los servian, y algunos hubo que tuvieron esclavos á su servicio, siendo ellos esclavos. Esto debió saber aquel negro que escribió
desta Nueva España á otro su amigo, tambien negro y esclavo,
y habiendo quedado en Santo Domingo ó en España, y decia

Torquemada,
2-566.

Toribio, que viendo lo que á cerca de esto havia pasado, en Tetzcuco, hiço
Motecuhçuma, lo mismo en esta su Ciudad de Mexico, y que lo mismo
corrió, por otras partes del Imperio ; etc. ».

(1) Supongo debe ser : « como que la servidumbre no era ordinaria ; »
con lo cual se aclara el concepto.

la carta : « Amigo fulano, esta es buena tierra para esclavos : aquí el negro tiene buena comida : aquí negro tener esclavo que sirve á negro, y el esclavo del negro tener naboria, que quiere decir mozo ó criado : por eso trabaja que tu amo te venda para que vengas á esta tierra, que es la mejor del mundo para negros » (1).

Si los esclavos eran muchachos ó pobres, estábanse en casa con sus amos, los cuales los trataban cuasi como á hijos, y ansí los vestian y daban de comer como á hijos, y muchas veces los amos tomaban á sus esclavas por mujeres, y las mujeres, muertos sus maridos, tomaban á sus esclavos por maridos, y esclavos habia que mandaban y regian la casa de su señor, como un mayordomo.

Los esclavos que salian malcriados y perezosos, viciosos y fugitivos, sus amos les amonestaban y requerian dos y TRES veces y más, delante testigos, y si todavia permanecian incorregibles, echábanles la collera, que es una media argolla de palo, y puesta en la garganta sale detrás encima de las espaldas con dos agujeros, y por los agujeros atraviesan una vara larga con que queda presa la garganta, y á la vara ayuntan otra vara por de fuera de los agujeros ; y atan las varas ambas á dos, la una á la otra y arremátanla á las puntas á do no puede alcanzar con las manos, ni se puede desatar, y ansí los llevan por los caminos, y á las veces le echa una trailla de cordel, por do los llevan otros, y porque de noche no se desaten ó no corten el cordel, átanles las manos una sobre otra, y á las veces arriba á la vara que va encima de los hombros.

Despues que al esclavo echaban collera, podíanlo vender en cualquier *tiyanquizco,* y si de la primera ó segunda vendidura no se enmendaba, que cuando le mercaban preguntaban cuántas veces habia sido vendido, si todavia perseveraba en ser astroso de tres veces ó desde arriba le podian vender y comprar para ser sacrificado. Pocas veces sacrificaban esclavos ; quasi todos eran presos en guerra.

Cuando el esclavo traia collera, tenia un remedio para se

Véase Torquemada. II-567, columna 1.

(1) Viene citado Motolinia por Torquemada (libro 14, capítulo 17) con motivo de esta carta.

librar,.y era que si se podia escabullir y acogerse al palacio y casa principal del señor, en entrando dentro era libre, é nadie le podia impedir la entrada, ni volver del camino que llevaba, si no era su amo ó su ama, y los hijos cuyo era el esclavo : cualquiera otra persona que echaba mano del esclavo para le impedir, ahora en la calle por el camino, ora á la puerta del palacio, por el tal detenimiento era hecho esclavo y el esclavo libre. Estos palacios eran las casas de los grandes señores.

Cuando alguno que tenia esclavo y se via en necesidad, no por eso lo vendia, mas decíale : « Yo me veo en necesidad : conviene que trabajes de me ayudar, » luego su esclavo comenzaba de ir á los mercaderes, cargándose de lo que valia poco precio, y llevábalo á vender á otra parte á do valie más, y allá a do vendia tornaba á cargar de lo que en su tierra era de más precio y ganancia : con el cual trabajo é industria iba remediando la necesidad de su amo.

Acostumbrábase entre estos naturales los señores de esclavos que bien los habian servido, de los dejar horros y libres en su muerte, y si esto no hacian, quedaban los esclavos á sus herederos.

CAPÍTULO 22

DE LA DISPUSICION DEL LUGAR Á DO ESTOS NATURALES CONTRATAN : DE LOS ASIENTOS DE CADA OFICIO Y MERCADURIA, Y DE LA MONEDA QUE USABAN PARA COMPRAR Y VENDER.

Habiendo dicho de las cosas venales, conviene agora decir algo de la moneda, órden y lugar donde contratan estos naturales. El lugar adonde venden y compran llámanle *tiyantiztli*, que en nuestra lengua diremos « mercado », para lo cual tenian hermosas y grandes plazas, y en ellas señalaban á cada oficio su asiento y lugar, y cada mercaduria tenia su sitio. Los pueblos grandes, que acá llaman cabecera de provincia tenian entre sí repartido por barrios las mercadurias que habian de vender (1), y ansí los de un barrio vendian el pan cocido, otro

(1) Torquemada (libro 14, capítulo 13) copia ésto citando á Motolinia.

barrio vendia el *chilli*, los de otro barrio vendian sal, otros
malcocinado, otros fruta, otros hortaliza, otros loza, otros podian vender *centli :* en esta lengua, cuando el pan se coje y todo el tiempo que está en mazorca, que así se conserva mejor
y más tiempo, llámanle *centli :* despues de desgranado llámanle *tlaulli :* cuando lo siembran, desde nacido hasta que
está en una braza, llámase *tloctli* (1) : una espiguilla que echa
antes de la mazorca en alto, llámanla *miyauatl :* esta comen
los pobres, y en año falto, todos.

Cuando la mazorca está pequeñita en leche muy tierna,
llámanla *xilotl :* cocidas las dan como fruta á los señores.
Cuando ya está formada la mazorca con sus granos tiernos, y
es de comer, ahora sea cruda, ahora asada, que es mejor, ahora cocida, llámase *clotl.* Cuando está dura bien madura, llámanla *centli,* y este es el nombre más general del pan de esta
tierra. Los españoles tomaron el nombre de las islas, y llámanle maiz.

A una parte se vende el pan en mazorca y en grano, y cerca
las otras semillas, ansí como frisoles, *chiyan,* que es como
zaragatona, y sacan della aceite como de linaza, y usan de ella
molida para sus brevajes, y con esta mezclan la semilla de
los *xenixos* y bledos. Las aves están á su parte, los gallos por
sí, y luego las gallinas y los lavancos, palomas y tórtolas y codornices á su parte. Tienen su lugar á do se venden las liebres
y conejos y los venados cuarteados, y allí cerca los perrillos
y *tuzas,* que son como pequeños conejos y andan debajo de
tierra como topas. Tampoco se pierden los lirones ni los ratones grandes, y otras cosas de estas raleas *de avibus et repti-
libus.* A otra parte se vende el pescado, que barren la laguna
y arroyos hasta sacar los lombricillos y cuantas cosillas se
crian en el agua. Críanse sobre el agua de la laguna de México
unos como limos muy molidos, y á cierto tiempo del año que
están más cuajados, cójenlos los indios con unos redejon-
'cillos de malla muy menuda, hasta que hinchen los acales ó
barcas dellos, y á la ribera hacen sobre la tierra ó sobre arena
unas eras muy llanas con su borde de dos ó tres brazas en lar-

(1) Debe ser *tlatoctli* ó *toctli,* que de ambos modos lo nombran.

go y poco menos de ancho, y échanlos allí á secar : echan
hasta que se hace una torta de gordor de dos dedos y en pocos
dias se seca hasta quedar en gordor de un ducado escaso ; y
cortada aquella torta como ladrillos anchos* (1), cómenlo mucho los indios y tiene se buenos anda esta mercaduria por todos los mercaderes de la tierra, como entre nosotros los que
son de la salsa de los indios es bien sabroso, tiene un saborcillo de sal*, y creo especialmente que á este cebo vienen á
esta laguna de México grandísima multitud de aves de agua,
y son tantas, que por muchas partes parecen cuajar la agua :
esto es en el invierno, en el cual tiempo los indios toman muchas aves destas, y tambien se venden muchas por los mercados y bien barato, que como son de agua, no son muy sa-
brosas.

Torquemada,
2-558.

(2) ¶ Véndese en estos mercados mucha ropa, que es el trato

(1) No se entiende bien en estos Memoriales el pasaje que está entre los
dos asteriscos. Gomara, que copió de aquí, da la siguiente lección en la
Crónica de la Nueva España (capítulo 79): « hácenlo Tortas, como Ladrillos,
i no solo las venden en Mercado, mas llevanlas á otros fuera de la Ciudad, i
lejos : comen esto, como nosotros el queso ; i asi tiene un saborcillo de
Sal, que con Chimolli es sabroso ; etc. •

(2) ¶ Ha confundido el copista las especies que se tratan en este párrafo,
dislocándolas y truncándolas. Como no es posible restablecer el texto por
completo, he puesto en él únicamente algunas llamadas para que la lectura
enlace los asuntos análogos. Estos Memoriales han sido la fuente de
otras obras, y de éllas he tomado las lecciones que pueden servir de guia
para llegar á una interpretación más correcta, aunque siempre quedarán
oscuras algunas especies.
Comenzando la lectura en el calderón se interrumpirá en la primera cruz
(✠) saltando á la segunda para continuar desde allí hasta el asterisco (*)
donde viene á concluir el asunto. Como prueba del enlace que hay entre los
vocablos anteriores á la primera cruz y los que están despues de la segunda
(✠), pongo la lección siguiente tomándola de la *Crónica de la Nueva España*
por Gomara (*loc. cit*) : « Tambien ai mantas de hoja de Metl, i de Palma, i de
pelo de Conejos, que son buenas, preciadas, i calientes ; pero mejores son
de pluma. Venden hilado de pelos de conejos ; Telas de Algodon, hilaça,
i madejas blancas, i teñidas. »
Continuando la lectura despues de la primera cruz (✠) se vé que falta
el principio de un período. Para reponerlo tomaré un pasaje de Antonio de
Herrera que proviene también de los « Memoriales » de Motolinia usados por
aquel para escribir sus « Décadas » ; advirtiendo que lo que va con VERSA-

principal : la más de ella es de algodon ; tambien hay mucha
de *metl* y de las hojas de un género de palmas hacen unas mantas gruesas, de que los españoles hacen mantas (✽) de ʟᴀꜱ medicinables con las cuales curan muy naturalmente y en breve,
ca tienen hechas sus experiencias, y de esta causa han puesto
á las yerbas el nombre de su efecto y para que es apropiada. A
la yerba que sana el dolor de la cabeza llámanla medicina de
la cabeza ; á la que sana del pecho llámanla del pecho ; á la
que hace dormir llámanla melecina del sueño, añadiendo
siempre yerba, hasta la yerba que es buena para matar los piojos (✽), y cerca destas ʜᴀʏ otras con seda de pelo de conejo en
lana y en madejas tenian de todas colores, y lo mesmo de hilo
de algodon (*) estos venden tambien las colores : otros venden
rosarios de palo y de hueso y de piedra de diversas colores
que ꜱᴏɴ joyezuelas que se echan al cuello y á las muñecas, y
véndese piedra alumbre, aunque no purificada ; pero es tan
buena la de esta tierra, que sin la beneficiar hace mucha ope-
racion, é hay muchas sierras y montes de alumbres, unos buenos y otros mejores.

Véndese en estos mercados madera, las vigas por sí y cerca
la tablazon y las latas, y á su parte leña. A otra parte venden
plumajes y pluma de muchas colores, oro, plata, estaño, y
herramientas de cobre, y *cacauatl* : finalmente se vende en
estas plazas cuantas cosas cría la tierra y el agua, que los indios pueden haber, y todas son moneda, é unas truecan por
otras. Verdad es que en unas provincias y tierras se usa más
una cosa por moneda que otra. La moneda que más general-

ʟɪᴛᴀꜱ se ha de suplir en nuestro ejemplar. Dice así el cronista de Indias
(Década 2, libro 7, capítulo 16) : « Sᴀᴄᴀʙᴀɴꜱᴇ ᴀʟ Tɪᴀɴɢᴜᴇᴢ, Uɴɢᴜᴇɴᴛᴏꜱ,
Xᴀʀᴀᴠᴇꜱ, Aɢᴜᴀꜱ, ɪ ᴏᴛʀᴀꜱ ᴄᴏꜱᴀꜱ de enfermos: casi todos los males curan con
Iervas; tanto, que aun para matar los piojos, tienen Ierva propria, i conocida. » Reponiendo los vocablos que señalo, se puede continuar arriba la
lectura hasta llegar á la segunda cruz, notándose que termina el periodo
allí, casi del mismo modo que en la lección de Herrera.

Para terminar la lectura se ha de proseguir desde el asterisco (*) hasta el
fin del párrafo. El primer asunto se relaciona con los que venden colores, y,
como éstos y los herbolarios eran unos mismos según dice Sahagún en su
Historia (libro X, capítulo xxɪ, § 1), queda bien enlazada esta materia con
la que anteriormente se leyó.

mente corre por todas partes son unas como almendras que
llaman *cacauatl.* En otras partes usan más unas mantas pequeñas que llaman *patol coachtli :* los españoles, corrompiendo el vocablo, dicen *patoles coacheles.* En otras partes usan
mucho de unas monedas de cobre cuasi de hechura de *tau,*
de anchor de tres ó cuatro dedos, delgadas, unas más y otras
menos. Adonde hay mucho oro tambien traen unos cañutillos
de oro, é ya andan entre los indios muchos tostones de á dos y
tres y cuatro reales, y á todos los llaman tomines ; pero muy
bien saben cada toston de cuantos tomines es.

<h2 style="text-align:center">CAPÍTULO 23</h2>

QUE TRATA CÓMO LOS INDIOS HALLAN REMEDIO EN CONTRATAR, Y QUE
LAS RECUAS SON DELLOS MESMOS ; DE CUÁNTOS EN CUÁNTOS DIAS
SON SUS MERCADOS, Y DE LA GRAND MULTITUD DE AVES QUE EN
ELLOS SE VENDEN ; DE LOS PAJARITOS LLAMADOS HUICICILTIN, CÓ-
MO LA METAD DEL AÑO ESTÁN DORMIDOS Ó MUERTOS, Y DESPUES
AL PRINCIPIO DEL VERANO RESUCITAN.

Para esta pauperrima gente es muy grande remedio el contratar, en el cual contrato hallan remedio y provecho desde el
más pobre hasta el más rico. En los mercados los muy pobres
comienzan por haber una gallina clueca para echarla á sacar é
criar algunos pollos, con los cuales comienzan á ir á los mercados y tratar, y los más pobres traen leña menuda y despues
más gruesa, ó cárganse de cañas, que en muchas partes las
tienen más á mano, é ya que tienen para poder comprar una
carga de fruta, van por ella á tierra caliente, como quien va
de Benavente ó de Zamora á Vilvestre por fruta nueva, y por
más ganar el que va por carga mete carga : cárgase de sal ó
centli, y desta manera, aunque no sin mucho trabajo, paga su
tributo, y alcanza de abito (dia y vito), y viven del trabajo de sus
manos, y comen su pan con dolor y con harto sudor, porque
su asnillo es su mesmo cuerpo, y ellos tratan como él merece,
segund dice el profeta : *cibaria et virga et onus asino :* la carga
llévala á cuestas, la vara en la mano y la comida unas tortillas

de *tlaxcalli*, que así se llama el pan amasado, que están durí-
simas, con su agua fría. En la tierra del Perú cargan carneros
grandes, que son como medio camellos, y en la tierra nueva
en cierta parte cargan perros. Estos desventurados no alcanzaron animales que pudiesen cargar, sino que de ellos mesmos son las recuas, pero ya que Dios en lo espiritual les ha
quitado el grave yugo del antiguo enemigo y los ha hecho cristianos, y tambien ha multiplicado en esta tierra muchos animales, que ya valen de balde los caballos y los bueyes, cuando
fuere allegada la hora, Dios, por su bondad infinita, les pro-
veerá de alivio para los cuerpos.

En los grandes pueblos ó cibdades, como México, *Tezcuco*
y *Tlaxcallan*, cada dia tienen mercado, y se ayunta grand número de gente. La frecuencia de comprar y vender es de medio
dia para abajo. En otros pueblos es mercado de cinco en cinco
dias : otros le tienen de veinte en veinte dias que solian principiar ó acabar sus meses : de poco acá comienzan á hacer sus
mercados de ocho á ocho dias, y á este término habian de venir á ser todos los mercados como en Castilla ; pero agora lo
más general por toda esta tierra es de cinco en cinco dias, y
los mercaderes y tratantes tienen ya sus jornadas y paso contados, y ándanse de mercado en mercado como en España de
feria en feria, que de la de Villalon se van á Medina, &c.,
aunque alguna diferencia habia de los mercados y del un caudal al otro. Acá como en unas partes hay abundancia de lo que
en otras falta, cargan y llevan donde hay falta, de manera que
por todas partes corren las mercadurias. Singularmente es de
notar el gran número de aves que en muchas partes destos se
venden y compran, especialmente en el mercado de *Tepeyacac* : los españoles corrompiendo el vocablo llámanle *tepeaca* :
esta es un grand pueblo ; está cinco leguas de la ciudad de
los Ángeles al oriente : son tantas las aves de todos los géneros que cada dia se venden, que parecen ir los caminos llenos
de los que van cargados de ellas en sus jaulas lijeras y bien
hechas. Contado he que llevaba un indio solo de gallinas de
Castilla y pollos como para caponar sante y dende arriba (1).

Torquemada, 2-558.

(1) Dice aquí Torquemada (libro 14, capítulo 14): « setenta en todos, y
dende arriba. »

Muchas veces trabajé por ver si se podian contar para saber
el número, pero no fué cosa posible, porque era turbar todo el
mercado : preguntando á los más pláticos del pueblo y del
mercado, cuasi todos venian y respondian que cada cinco dias
se venderían *ce xiquipilli* que quiere decir ocho mil.

De estas aves muchas son gallos y gallinas de la tierra, que
son grandes aves : gallinas y pollos de Castilla ; de esta es la
mayor cantidad : parece cosa increible los que en esta tierra se
han multiplicado, aunque en el año de mil y quinientos y
treinta y nueve vino por ellas una muy grand pestilencia y anduvo por muy gran parte de toda la Nueva España, y fué tal
que la casa ó pueblo que entraba apenas dejaba ninguna. En
muchas casas ovo que de doscientas y trescientas, y en otras
casas de cuatrocientas y quinientas, cuasi todas las barria ;
mesones ochocientos y á mil lo mesmo ; y lo que ponia admiracion era que andando buena la gallina por el corral, ó estando sobre los pollos, y luego de repente se caia muerta sin
más se menear. Vemos que para matar una gallina, despues
de quebrado el pescuezo y arrancada la cabeza daba muchos
saltos, y en aquella pestilencia luego las derribaba muertas.
Casa ovo que sin muchas gallinas mató doscientos capones ;
que en esta tierra no hacen los capones á docenas, mas á
cientos (1).

Patos de los grandes ánsares agora se comienzan á multiplicar, que no ha mucho que vinieron : de los otros menores,
que llaman ánades ó lavancos, de los blancos, y palomas blancas de las calzadas, que todas estas han venido de España, muy
mucho se han multiplicado, ansí por la bondad de la tierra,
como por ser muchos los que las crian, y valen de balde.

Ya que he comenzado á hablar de aves, no quiero callar una
cosa cierto maravillosa que Dios muestra en un pajarito de los
cuales hay muchos en esta Nueva España, y aunque el pajarito
es pequeñito, la novedad no es chica, mas muy de notar. El
pájaro se llama *Vicicilin* : muchos en plural se llaman *Vicicil-
lin*, la pluma del cual es muy preciosa, en especial la del pe-

(1) Torquemada (*loc. cit.*) menciona en este lugar la obra del P. Motolinia
con el título de *Memoriales*. Véase también la página 310 y las « Décadas »
de Herrera (Década 6, libro 3, capítulo 19).

cho y pescuezo, aunque es poca y menuda : esta pluma, puesta
en la obra que los indios labran de oro y pluma, muéstrase de
muchas colores : mirada ansí derecha parece como pardilla ;
vuelta un poco á la vislumbre parece naranjada ; otras veces
parece como llama de fuego. Este pajarito, aunque es muy chi-
quito, tiene el pico largo y delgado, tan largo como medio dedo ; y como él y su pluma es extremada, tambien su mantenimiento es extremado, ca no se mantiene de simillas ni de moscas, mas de solamente se ceba y mantiene de la miel ó rocio
de las flores, y ansí anda siempre con su piquillo chupando
las rosas muy sotilmente, volando sin se asentar sobre ellas,
y ansí anda de unas flores en otras y de un árbol en otro ; y
como en esta tierra por el mes de Octubre comienza la tierra
á se agostar y secar las yerbas y flores, que hasta entonces
siempre hay rosas, faltándole al pajarito *vicilin* busca lugar
competente á do pueda estar escondido en alguna espesura de
árboles, ó algun árbol secreto, y en una ramita delgada apé-
gase de los piés y pónese allí escondido, y muérese, y estase
allí hasta el mes de Abril, que con las primeras aguas y truenos como quien despierta de un sueño torna á revivir y sale
volando á buscar sus flores, que ya en muchos árboles las hay
desde Marzo, y aun antes.

Algunos incrédulos DE que estos pajaritos tornen á revivir,
hallándolos ansí por los árboles, tómanlos y métenlos en unas
cajas de caña, y por el mismo mes de Abril reviven y andan
allí volando, hasta que les abren, ó por la pluma los matan,
que los indios hacen mucho por su pluma (1).

La primera vez que yo esto oí, como me pareció cosa sobre
naturaleza que una ave mesma esté muerta medio año, y la
mesma torne á revivir, pensé que no entendia bien lo que me
decian. Despues de bien entendida la cosa, tampoco lo crei,
hasta que yo mismo por mis ojos vi estar el pajarito apegado
por los piés en un árbol de la huerta del monasterio de *Tlaxcallan*, y allí lo iban á ver todos los frailes muchas veces, hasta
que allegó el tiempo de su resurreccion ; desde Noviembre

(1) Con motivo del *witsi tzilin* cita varias veces Torquemada la autoridad
del P. Motolinia en su « Monarquía Indiana » (libro 14, capítulo 44).

hasta Abril ninguno destos pajaritos parecen, porque todos están ansí, esperando que los truenos y el verano los despierte.

Si Dios ansí conserva unos pajaritos y despues los resucita, y cada año en esta tierra se ven estas maravillas, quién dudará sino que los cuerpos humanos, que son sepultados corruptibles, que no los resucitará Dios incorruptibles por Jesucristo, y los vestirá y adornará de los cuatro dotes, y manterná de la suavidad de su divina fruicion y vision, pues á estos pájaros tan chiquitos ansí sustenta del rocio y miel de las flores, y viste de tan graciosa pluma, que ni Salomon en toda su gloria ansí fué vestido como uno de estos.

Consérvanse y multiplícanse tambien estos pajaritos criando cada año sus hijos, é yo he visto muchos nidos de ellos con sus huevos : é todo esto es muy notorio entre los indios naturales : é como un dia les predicasen la resurreccion general, y como el predicado trajese esta comparacion, pasó el mesmo pajarito por encima de toda la gente chiando, ca él siempre va haciendo ruido, y de esto todo yo soy testigo de vista.

Dando fin á la materia de las aves, porque no piensen que aquel venderse las aves en tanta multitud, que es un mercado ó una temporada, digo que es todo el año, y no mucho lejos de la mesma ciudad de los Ángeles, en otro pueblo que se llama *Acapetlayocan*, en la provincia de *Tochimilco*, cada cinco dias se venden cuasi otras tantas como en el de *Tepeyacac*. Está *Tochimilco* de los Ángeles nueve leguas entre el poniente y el mediodia, y *Tepeyacac* al oriente, y en todos los otros mercados hay tambien mucho trato de aves, especial en *Otompan* y en *Tepepulco*, y de todos estos llevan muchas aves á vender á la cibdad grande de México que allí se gastan y valen más caras, segun por los otros mercados valen muy barato, ganan los mercaderes algo en México.

CAPÍTULO 24

Habiendo dicho y brevemente tocado cómo se han multiplicado las aves de España y se venden por toda esta tierra, el
barato que los huevos valdrán bien se colige de la multitud de
las aves. Resta agora decir algo de las frutas, especialmente
de las que en más cantidad se han dado de las otras de su ra-
lea, ansí como pepinos, cohombros, melones cuasi todo el año
se hacen solamente en tierra caliente, que en la otra tierra, las
aguas y las heladas las atajan. Legumbres de hortaliza, como
la buena de España, sino que en esta tierra nunca falta de invierno y de verano, y tienen buena sazon los cardos y coles y
lechugas y rábanos, &c. La fruta de árboles, que entre los indios se ha mucho multiplicado y las venden en sus mercados,
son granadas, duraznos y membrillos : tambien tienen peras y
manzanas : los higos comienzan agora, y de esta fruta ha de
haber tanto como la que más.

Acuérdome haber oido muchas veces en España que el que
planta ó pone la palma no goza del fruto. Si en otras partes es
regla general, en esta tierra de *Anáhuac* por expiriencia parece lo contrario, porque yo mesmo planté dos huesecitos de
dátiles en *Quauhnahuac*, que es una de las principales villas
del marquesado, en el año de mill y quinientos y treinta y uno,   1531.
y no ha muchos dias que estando yo aquí en *Tezcuco* en este
año de mil y quinientos y cuarenta y uno, como á plantador,   1541.
para que diese gracias á Dios, me trajeron sus flores muy hermosas que habian despedido las palmas. La flor de la palma es
un racimo grande, blanco, hermoso, y aquel despedido, queda
la fruta. E no fué sola una palma la que echó flor, más cuatro.
Decia la carta, que era de un religioso bien digno de fe, que
estaban en dubda si este primer año cuajarian los dátiles, pero

á otro tenian que sí. Cuando estas palmas yo planté, pasaba de mis cuarenta años, y espero en el Señor ver la fruta, aunque en la verdad, el fruto de otra palma deseo más gustar.

Tenian en costumbre los mercaderes de hacer por los caminos sus ofrendas al demonio, de incienso ó de papel ó de rosas, y cuando no las tenian de las odoríferas, cogian de las del campo por do iban, y si [al que] no buscaban yerba, por no aparecer vacios. Esto hacian por reverencia de un demonio que tenian por abogado. En los oratorios del camino y en todos los altozanos de las cuestas y sierras, acabadas de subir allá en lo alto ponian su ofrenda y descansaban un poco. Donde les tomaba la noche allí hacian rancho é hincaban su bordon ó vara, delante el cual se sacrificaban y sacaban unas gotas de sangre de las orejas. ¡ Oh demonio enemigo del humanal linaje ! Cuando aquellos desventurados iban cargados y cansadísimos, que debieran descansar, comer y dormir, añadiéndoles trabajo á trabajo, hacíalos sacrificar. Las varas que los mercaderes traian por los caminos eran negras, delgadas como cañas delgadas, aunque son macizas.

Algunos de los mercaderes más devotos levantábanse tambien á la media noche, y delante su vara hacian oracion y ofrecian, rogando á sus dioses les diesen salud y ganancia en su trato. Despues de baptizados muchos de ellos en llegando á do han de descansar, delante la santa cruz de Jesucristo oran. Hanme dicho que los indios de *Michuacan*, yendo de camino, á do llegan y han de dormir, hacen una choza bonita á do ponen su cruz, y allí delante de ella rezan. En los primeros años que se administró el bautismo, muchos de estos mercaderes baptizados que iban entre otros indios lejos á do no habia llegado la palabra de Dios, ellos llevaban sus imágines, y en sus casas que tienen los mercaderes por toda la tierra á su parte comenzaron á poner la doctrina cristiana y á enseñar á muchos por ejemplo y por palabra.

CAPÍTULO 25

Del juego de la pelota, y de qué dispusicion era el lugar á do jugaban : las cerimonias y hechicerias que hacian cuando lo acaban de hacer : de qué materia hacian la pelota, y cómo la jugaban.

Dos maneras de juegos tenian estos naturales : el uno era de fortuna que llaman *patoliztli*, y se juega como el juego de las tablas, del cual ya dije en el cap. 20, 2ª parte : el otro era de industria, que los indios llaman *ulamaliztli*, y en nuestro castellano se dice el juego de la pelota de viento. En la mesma plaza á do estos naturales hacian el mercado ó trataban, tenian el juego de la pelota principal : otros habia por otros barrios, menores. El lugar á do jugaban llamábanle *tlachtli* y *tlachco*; los españoles llámanle *batey* que es nombre de las islas : su disposicion y forma era que hacia una calle de dos paredes gruesas, y subiendo van saliendo las paredes afuera y ensanchando el juego de lo alto : tenian de largo veinte brazas, unos mayores y otros menores, segund era el pueblo, que en algunas partes hacíanlos almenados y curiosos, que tambien era templo del demonio, y por eso se destruyeron. De ancho seria obra de cuatro brazas : las paredes de los lados eran bien altas y anchas : de las fronteras eran bajitas : tenia sus escaleras para subir encima, y de todas partes habia mucha gente á mirar cuando jugaban.

Acabado de hacer y de encalar, un dia de buen signo, á la media noche, ponian el corazon al juego de ciertas hechicerias, y ponian en el medio del juego y en el medio de las paredes estado y medio alto á la parte de dentro unas piedras poco menores que piedras de molino : tenian un pezon que entraba dentro en la pared cada una, por do se tenian : cada una de estas piedras tenia en el medio un agujero por do á mala vez podia caber la pelota. Hecho esto, por la mañana adornaban dos ídolos, y poníanlos encima de las paredes del *tlachco*, en el medio, el uno frontero del otro, y luego los cantaban allí

22

delante y decíanles sus cantares, que cada dios tenia su cantar
ó cantares, é otros mensajeros iban á los templos á hacer saber
á los ministros cómo tenian hecho un juego de pelota, y en él
cumplidas todas las solemnidades y cerimonias, que no res-
taba mas de que tuviesen por bien de ir allá un ministro á lo
santificar y bendecir. Venian algunos de aquellos ministros,
negros como los que salen del infierno, y tomaban la pelota y
echábanla cuatro veces por el juego. Los señores hacian luego
ciertas cerimonias y sacrificios, y otros entraban á jugar como
por pasatiempo.

Llamaban á uno que tenia especial arte del demonio, para
que metiese la pelota por alguno de los agujeros de las piedras, y esto habia de ser heriéndola con el cuadril é media nal-
ga, é invocando al demonio metia de lejos la pelota por el agujero, de lo cual quedaban todos espantados, porque meter
aquella pelota por tan pequeño agujero hiriéndola con el cuadril, más parece maravilla que otra cosa, porque tomándola
un hombre con la mano y allegándose muy cerca, no la em-
bocará de cient veces una, ni de ducientas. Los que se hallaban presentes, que no eran pocos, decian que aquel que em-
bocó la pelota por el agujero habia de ser ladron ó adúltero, ó
habia de morir presto.

La pelota era del tamaño de las pelotas de viento, aunque
era más pesada, porque la hacian de cierta goma que sale de
unos árboles que se hacen en tierra muy caliente, y punzando
aquel árbol salen unas gotas gruesas blancas, y luego se cuaja, y tratándolas, tórnanse negras como pez.

En los principales juegos ó *tlachco* jugaban los señores y
principales y grandes jugadores, y por adornar su mercado
los dias de feria principalmente y otros muchos dias, iban á
jugar dos á dos y tres á tres, y á las veces dos á tres. Para jugar desnudábanse, quedando cubiertas sus puridades con sus
maxtlatles muy labrados, que son largos como tocas de camino : no les embarazaba el sayo ni el jubon, ni les podia tocar en la manga ni en la falda la pelota, para que fuese falta ;
que tambien tenian que era falta si la pelota le daba en cualquiera parte fuera del cuadril. Ibanse y veníanse de unos pueblos á otros los señores y principales á ver, y traian consigo

grandes jugadores para jugar unos contra otros mantas ricas y joyas de oro. Ponian tanta y más diligencia que los nuestros en el juego de la pelota : los que ganaban ó jugaban mejor, burlando decian á los otros : « Decid á vuestras mujeres que se den prisa á hilar, que menester habreis mantas. » Otras veces decian : « Id á tal feria á comprar ropa, &c. » : tenian que reir los que miraban. No hacian chazas, sino servíanse, y ni más ni menos que los nuestros. Si no venian buena no la recebian, y despues que comenzaba á echar la pelota, los que la echaban por cima de la pared de frente ó atoparen en la pared ganaban una raya, y si daban con ella en el cuerpo de su contrario, ó alguno jugaba de mala, fuera del cuadril, ganaban una raya, y á tantas rayas primeras iba todo el juego. No hacian chazas. Otros atravesaban y ateníanse á la una parte y los otros á otra. Otras veces jugaban tres al mohino y jugando, &c., á las veces hablando, á las veces en silencio, siempre llamaban á un demonio que tenia preeminencia en aquel juego. Al buen jugador y que le acudia bien la pelota decian que lo causaba el buen hado y signo en que habia nacido, y al que perdia, por el contrario.

Cuando acertaba alguno á meter la pelota por alguno de los agujeros, lo cual era muy ralo, demas de ganar el juego, todos los que estaban de aquella juego banda y en la metad del juego le habian de dar las mantas, y el que metió la pelota hacia ciertos sacrifícios y cerimonias á la piedra y al agujero por do la pelota habia entrado.

CAPÍTULO 26

DE LA MANERA QUE ESTOS NATURALES TENIAN DE BAILES Y DANZAS : DE LA GRAND DESTREZA Y CONFORMIDAD QUE TODOS GUARDABAN EN EL BAILE Y EN EL CANTO, Y DE OTRAS MUCHAS COSAS DESTA MATERIA ; QUE NO ES MENOS DE NOTAR ESTE CAPÍTULO Y LOS SIGUIENTES, QUE LOS PASADOS.

Una de las cosas principales que en toda esta tierra habia eran los cantos y los bailes, ansí para solenizar las fiestas de sus demonios que por dioses honraban, con los cuales pensaban que les hacian gran servicio, como para regocijo y solaz propio, y á esta causa al baile le pusieron dos nombres, como adelante se declara, y por ser cosa de que hacian mucha cuenta en cada pueblo, y cada señor en su casa tenia capilla con sus cantores componedores de danzas y cantares, y estos buscaban que fuesen de buen ingenio para saber componer los cantares en su modo de metro ó de coplas que ellos tenian, y cuando estos eran buenos contrabajos teníanlos en mucho, porque los señores en sus casas hacian cantar muchos dias sumisa voz.

Ordinariamente cantaban y bailaban en las principales fiestas, que eran de veinte en veinte dias, y en otras menos principales. Los bailes más principales eran en las plazas ; otras veces en casa del señor en su patio, que todos los señores tenian grandes patios : tambien bailaban en casas de señores y principales.

Cuando habian habido alguna victoria en guerra, ó levantaban nuevo señor, ó se casaba con señora principal, ó por otra novedad alguna, los maestros componian nuevo cantar, demas de los generales que tenian de las fiestas de los demonios y de las hazañas antiguas y de los señores pasados.

Proveian los cantores algunos dias antes de las fiestas lo que habian de cantar : en los grandes pueblos eran muchos los cantores, y si habia cantos ó danzas nuevas, ayuntábanse otros con ellos, porque no oviese defecto el dia de la fiesta. El dia que habian de bailar, ponian luego por la mañana una grande estera en medio de la plaza á do se habian de poner los atabales, é todos se ataviaban é se ayuntaban en casa del señor, y de allí salian cantando y bailando. Unas veces comenzaban los bailes por la mañana, y otras á hora de misas mayores. A la noche tornaban cantando al palacio, y allí daban fin al canto á prima noche ó á gran rato de la noche andada, y á la media noche.

Los atabales eran dos : el uno alto redondo, más grueso que un hombre, de cinco palmos en alto, de muy buena madera, hueco de dentro y bien labrado ; por de fuera pintado : en la boca poníanle su cuero de venado curtido y bien estirado. Des-

de el borde hasta el medio hace su diaponte (diapente), y tá-
ñenle por sus puntos y tonos que suben y bajan, concertando
y entonando el atabal con sus cantares. El otro atabal es de
arte que sin pintura no se podria dar bien á entender : este
sirve de contrabajo y ambas suenan bien y se oyen lejos. Allegados los danzantes al sitio, pónense en órden á tañer los atabales ; van dos cantores, los mejores, como sochantres, para
de allí comenzar los cantos. El atabal grande encorado se tañe
con las manos, y el otro, como los atabales de España, con
palos, aunque es de otra hechura. El señor con los otros principales y viejos andan delante los atabales bailando : estos
hinchen tres ó cuatro brazas al rededor de las tablas, y con
estos otra multitud que va ensanchando é hinchendo el corro.
Los que andan en este medio en los grandes pueblos son más
de mill y á las veces más de dos mill : demas de estos, á la
redonda anda una procesion de dos órdenes de bailadores,
mancebos varones, grandes bailadores : los delanteros son
dos hombres sueltos de los mejores danzantes, que van guian-
do la danza. En estas dos rencleras, en ciertas vueltas y con-
tinencias que hacen, á las veces miran y tienen por compañero
al de enfrente, y en otros bailes al que va junto tras de él. No
son tan pocos los que van en estas dos órdenes, que no alle-
guen á ser cerca de mill, y otras veces más, segund los pueblos y las fiestas. Antes de las guerras, cuando celebraban sus
fiestas con libertad en los grandes pueblos se ayuntaban tres Mendieta,
página 141.
mill y cuatro mill y más á bailar. Despues de la conquista la
mitad, hasta que se fué desminuyendo y apocando el número.

Queriendo comenzar á bailar, tres ó cuatro indios levantan
unos silbos muy vivos ; luego tocan los atabales en tono bajo,
y poco á poco van sonando más, é oyendo la gente que los
atabales comienzan, sienten todos el cantar y comienzan el
baile. Los primeros cantos van en tono bajo, como bemolados,
y despacio : el primer canto es conforme á la fiesta, y siempre
dan principio de canto aquellos dos maestros, y luego todo el
corro prosigue el canto y el baile juntamente, y toda aquella
multitud traen los piés tan concertados como unos muy diestros danzadores de España ; y lo que más es, que todo el cuerpo, ansí la cabeza como los brazos y manos van tan concer

tados, medido y ordenado, que no discrepa ni sale uno de otro
medio compás, mas lo que uno hace con el pié derecho y tambien con el izquierdo, lo mesmo hacen todos y en un mesmo
tiempo y compás ; cuando uno abaja el brazo izquierdo y levanta el derecho, lo mesmo y al mesmo tiempo hacen todos,
de manera que los atabales y el canto y los bailadores todos
llevan su compás concertado ; todos son conformes, que no
discrepa uno de otro una jota, de lo cual los buenos danzadores de España que lo ven se espantan, y tienen en mucho
las danzas de estos naturales, y el gran acuerdo y sentimiento
que en ellas tienen y guardan.

Los que quedan más apartados en aquella rueda podemos
decir que llevan el compasillo, que es de un compás hacer dos,
y van más vivos y meten más obra en la danza ; y estos de la
rueda todos son conformes unos á otros. Los que andan en
medio del corro hacen su compás entero, y los movimientos,
ansí de los piés como del cuerpo, van con más gravedad.
Ciertos levantan y abajan los brazos con mucha gracia. Cada
verso ó copla, repiten tres ó cuatro veces, y van procediendo
y diciendo su cantar bien entonados, que ni en el canto ni en
los atabales ni en el baile sale uno de otro. Acabado un cantar
(dado caso que los primeros parecen más largos por ir más
despacio, AUNQUE no tardan en ninguno una hora) ; acabado
uno, toma la vez que el atabal mudA el tono : todos cesan de
cantar, é hecho ciertos compases de intervalo en el canto, mas
no en el baile, luego los maestros echan otro cantar un poco
más alto y el compás más vivo, y ansí van subiendo los cantos
y mudando los tonos y sonadas, como quien de una baja mú-
da y pasa á una alta, y de una danza á un contrapás. Andan
bailando algunos muchachos y niños, hijos de principales,
de siete y ocho años, que cantan y bailan con los padres. Como
los muchachos cantan en prima voz, agracian mucho el canto. A tiempos tañen sus trompetas é unas flautillas no muy entonadas. Otros dan silvos en unos huesezuelos que suenan
mucho. Otros andan disfrazados en traje y en voz, contraha-
ciendo á otras naciones, mudando el lenguaje. Estos que digo
son como truhanes : andan sobresaliendo, haciendo mil vi-
sajes, y diciendo mil gracias que hacen reir á cuantos los ven

Mendieta,
página 142.

y oyen : unos andan como viejas, otros como bobos. A tiempos salen de ellos á descansar y á comer, y aquellos vueltos, salen otros. A tiempos les traen allí piñas de rosas y guirlandas que les ponen sobre las cabezas, demas de sus atavios que tienen para bailar, de mantas ricas y plumajes, y en las manos traen sus plumajes pequeños hermosos. En estos bailes sacan muchas divisas y señales en que se conocen los que han sido valientes hombres en guerra.

Desde hora de vísperas hasta la noche, los cantos y bailes vanse avivando y alzando los tonos, y la sonada es más graciosa ; parece que llevan algun aire de los hinos que tienen su canto alegre, y los atabales tambien van más subiendo ; y como la gente es mucha en cantidad, óyese grand trecho, en especial á do el aire lleva la voz, y más de noche, que luego proveian de grandes lumbres y muchas; cierto era muy cosa de ver.

A estos bailes ó danzas llaman los españoles *areito*, que es vocablo de las islas, pero hasta hoy no he visto persona que por escripto ni por palabra sepa dar cuenta ni declarar los vocablos de aquella lengua de las islas : lo que dicen ó escriben, ni saben si es nombre ni si es verbo, si es singular ó si plural, si es verbo activo, bien si es pasivo ; mas como los negros bozales que comienzan á hablar en nuestra lengua y dicen « si entender hacer, si saber vra merced, señor », bien ansí desta manera son las palabras que DE la lengua de las islas se dicen, por lo cual esta palabra *areito* es impersonal, y quiere decir bailar ó bailan todos los del corro. Cuando por las islas pasé los ví bailar y cantar muy pastorilmente ; no empero ansí los de la Nueva España, mas segun está dicho, bailan con mucho primor y gentileza.

CAPÍTULO 27

CÓMO EL BAILE DE ESTOS NATURALES TIENE DOS NOMBRES : CUALES BAILES HACIAN Á SUS DEMONIOS, Y DE LOS BAILES Y CANTARES QUE SE HACIAN EN LOS VENCIMIENTOS QUE DIOS DABA Á LOS PADRES DEL VIEJO TESTAMENTO.

En esta lengua de *Anavac* la danza ó baile tiene dos nombres : el uno es *macevaliztli*, y el otro *netotiliztli*. Este postrero quiere decir propiamente baile de regocijo con que se solazan y toman placer los indios en sus propias fiestas, ansí como los señores y principales en sus casas y en sus casamientos, y cuando ansí bailan y danzan dicen *netotilo*, bailan ó danzan ; *netotiliztli*, baile ó danza.

El segundo y principal nombre de la danza se llama *macevaliztli*, que propiamente quiere decir merecimiento : *macevalon* quiere decir merecer : tenian este baile por obra meritoria, ansí como decimos merecer uno en las obras de caridad, de penitencia y en las otras virtudes hechas por buen fin. De este verbo *macevalo* viene su compuesto *tlamacevalo*, por hacer penitencia ó confesion, y estos bailes más solenes eran hechos en las fiestas generales y tambien particulares de sus dioses, y hacíanlas en las plazas. En estas no solo llamaban é honraban é alababan á sus dioses con cantares de la boca, mas tambien con el corazon y con los sentidos del cuerpo, para lo cual, bien hacer, tenian é usaban de muchas memorativas, ansí en los meneos de la cabeza, de los brazos y de los piés como con todo el cuerpo trabajaban de llamar y servir á los dioses, por lo cual aquel trabajoso cuidado de levantar sus corazones y sentidos á sus demonios, y de servirles con todos los talantes del cuerpo, y aquel trabajo de perseverar un dia y gran parte de la noche llamábanle *macevaliztli*, penitencia y merecimiento, y porque aquello hacian en las fiestas principales, y en los cantos más que en otra cosa loaban y engrandecian á sus demonios. Llamábanle *macevaliztli*, confesion de merecimiento.

Estos indios de *Anauac* en sus libros y manera de escritura
tenian escrito los vencimientos y victorias que de sus enemigos habian habido, y los can'ares dellos sabíanlos y solemnizá-
banlos con bailes y danzas, bendiciendo y confesando á sus demonios, por los cuales creian haber habido victoria contra sus
enemigos, y por estas memorias hacian en sus fiestas aquellos
actos, trabajos y cantares *macevaliztli*, esto es, merecimiento,
ca tenian que delante sus dioses fuesen muy acebtos y dignos
de merecimiento, y decian *macevalo*, todos los del corro merecen y alaban á los dioses en los cantos y bailes. De este verbo
macevalo, por trabajar ó merecer ó trabajo de merecimiento,
viene *macevali*, que quiere decir labrador, y en plural *mace-
valtin*, labradores. Los españoles dicen « los macevales » esto
es, la gente baja labradora.

CAPÍTULO 28

EN QUE CUENTA LAS EDADES DEL MUNDO, SEGUND LOS SABIOS DESTA
TIERRA DE ANAVAC, PRESUPONIENDO LAS QUE LOS CATÓLICOS Y
SANTOS DICEN QUE HA HABIDO, Y LAS QUE DICEN LOS POETAS Y
OTROS GENTILES QUE HA HABIDO.

Siempre hemos de huir las nuevas invenciones y opiniones
que son contra la comund y que todos tienen, y mayormente
esto es más verdad, y ansí está mandado por nuestra Iglesia
católica con penas de censuras de excomunion en las que esa
Yglesia santa y sus santos tienen por verdadera ; onde no me
quiero entremeter ni disputar cuántos años ha que comenzó el
mundo, ni si es á los hombres incierto su principio ó incógnito
como el dia del juicio : sé que es segund una opinion que ha á
cinco mil y ducientos años, uno menos, que comenzó y era
hecho el mundo cuando Cristo vino á encarnar, y mas et mill
y quinientos y cuarenta y dos que hay desde su advenimiento
hasta hoy, y los católicos varones y santos dividen este tiempo
en seis edades, dejada la division poética que es en cuatro eda-

1542.

des : la primera llaman edad de oro, la segunda de plata, y la tercera de metal y la cuarta de hierro, que esto es habido otro respeto, conforme á la estátua que vido Sant Francisco, que tenia la cabeza de oro, los pechos de plata, el cuerpo de metal y los piés de hierro.

Estamos, pues, en la 6ª edad, que es despues del advenimiento de Cristo hasta la fin del mundo, que será segund su beneplácito, ni hay quien lo sepa, ni su bendita Madre ; ó puesto caso que por conjeturas hemos venido rastreando para probar é sospechar verisimilmente que estas gentes fueron en estas partes antes del advenimiento de Cristo, entre ellos no se halla escriptura ni figuras de sus antigüedades, ni piedras esculpidas sino de ochocientos y tantos años acá : bien es verdad que por lo que en sus libros y antigüedades cuentan consta antes destas ochocientos y tantos años, que fué cuando segund sus fábulas y ficciones comenzaron las gentes en este nuevo mundo de *Anavac,* habia mundo y gentes, y despues que el mundo es criado, dicen ellos cinco soles, que las podemos decir cinco edades, con aqueste que agora es ; y llámanlo estas gentes soles, ora que el demonio así se lo hizo entender, ora que ellos se engañaban cuando acontecieron eclipsi ó algun gran diluvio ó tempestad ó terremotos, pestilencia ó tales cosas que cuasi toda la gente ó mucha perecia, y pasada aquella tribulacion é infortunio comenzaba otro sol y nueva edad, y de hecho piensan que el sol perecia é comenzaba é nacia otro nuevamente criado. Estos soles ó edades no saben cuántos años turaron cada uno de ellos : quedóles memoria de los nombres de ellos y cómo perecieron, y la gente tambien que toda diz que muria y perecia juntamente con el sol. Abreviando sus historias y ficciones, en breve diré y en suma lo que acerca desto dicen.

El primer sol se llamó *nahinatl,* y pereció por agua, y toda la gente se ahogó. El segundo sol dicen *nahin ocelutl ;* pereció cayendo el cielo sobre la gente, y los mató á todos, y cuentan que en aquella edad y sol segundo fueron los gigantes, y que de aquellos son los grandes huesos que dije que agora se hallan en las minas y en otras partes debajo de la tierra : los que agora son preguntados no dicen que segund sus antepasados padres y abuelos, les han dicho. Aquestos huesos son de unos hombres muy grandes y muy altos que de otras partes dizque vinieron, que onde antes de ellos habia gentes en aquesta segunda edad. El tercero sol dice *nahui quiyauitl* : pereció este tercero sol por fuego, ardió todo el mundo y murió toda la gente. El cuarto sol, llamado *nahui ɛhecatl* pereció por aire : fué tan impetuoso el aire y viento que hizo, que todos los montes y árboles destruyó y arrancó, y levantaba las grandes peñas y las quebrantaba y hacia ir rodando, y todos los edeficios destruyó : la gente de esta cuarta edad no pereció, pero dizque se tornaron *uzumatin* : *uzumatli* en singular es un animal ansí como mono, y muy poco difiere de las monas que en España hemos visto del gato paus ; dícense en plural *uzumatin* : de estos hay muchos en esta tierra, y estos dicen sus fabulosas historias que son como digo los hombres de la cuarta edad ó cuarto sol : ha ochocientos y cuarenta y ocho año que feneció, que son segun su cuenta en *XI tochtli*, á los 47 años de la última hebdomada de años de aquella edad ; y de la encarnacion de Cristo año de seiscientos y noventa y cuatro. Este cuarto sol ó edad acabada y fenecido, fué criado el quinto sol, que es este en que agora estamos : llámase *nahui acatl* : no fué luego criado, que veinticinco años estuvieron los dioses sin sol, despues que pereció el cuarto en tinieblas : *quia tenebræ erant super faciem abyssi*, y lo están y estarán *in æternum et ultra*, y todos los que los siguieron. A los quince años despues que pereció la cuarta edad fueron hechos los primeros hombres, que fué un hombre y una mujer. Dejo de decir sus mentiras, como dizque los hizo el Dios llamado *chicuinahui eecatl*, y despues de hechos los primeros padres, luego fueron hombres perfectos y ovieron hijos que tambien estuvieron en tinieblas, diez años, los cuales cumplidos, apareció el nuevo sol. Fué criado aqueste quinto sol en *ce tochtli*, que es la casa de un conejo, y el principio de la hebdomada de años, y por ser principio de nuevo sol y nueva edad llámase primera hebdomada, y de allí comienza nueva cuenta y nuevo calendario y cómputo de años, como nosotros hacemos desde la encarnacion de nuestro redentor Cristo.

De aquí colegimos que antes de este quinto sol y edad tenian

694.

la misma cuenta ; pero como la gente no era de tanta manera y capacidad y sin escriptura de letras olvidábanse y descuidábanse tanto, que aun para sacar á luz lo que ha subcedido en esta última edad, ha habido mucha dificultad y trabajo, para sacar las flores de entre las muchas espinas de fábulas y ficciones y diabólicas cerimonias y abusiones y hechicerias, y ansí como los otros gentiles han tenido mucho de esto, y á los hombres los hacian dioses y por tales los tenian y deificaban, bien de esta manera hicieron estos.

Tornando al propósito de la cuenta de los años y tiempos de esta quinta edad, adviértase á ella, y tenga en memoria, pues con trabajo y dificultad se ha sacado si agora esta inquisicion nó se oviera hecho y cuasi luego á los principios que entramos en la tierra se investigó entonces los naturales no lo osaban decir ni bien declarar y esto era con intento de sabidos los ritos y cerimonias consultallos y predicar contra ellos, é agora ya se va todo olvidando, que apenas hay quien sepa declarallo sino á pedazos y otros de vidas, que con oir á unos y á otros se ha alcanzado á saber y concordar muchas cosas que parecian contradecirse y variar, y juntose con lo del ciento y sesenta de la primera parte y los que se siguen hasta el fin.

Declaracion de los años.

Esta es la tabla y cuenta de los años, ansí olimpiadas indicciones, como hebdomadas, la cual no se puede bien entender sin saber ó tener delante las figuras de los años que están puestas en el cap xvi de la primera parte ; é dado que las figuras no son más de cuatro, conviene á saber, un conejo, una caña, un cuchillo de sacrificar, una torre ó casa, por estas cuatro señales conocian, sabian y contaban los indios de la Nueva España los años, y en toda la tierra y naciones de ella eran conformes y sabian en que hebdomada, indiccion é olimpiade. Si decian un conejo, siempre era primer año de olimpiade indiccion como de hebdomada, y á esta causa la casa de un conejo va de colorado pintada. Si decian el año de dos conejos, en la hebdoma era año de 41 ? cuatro y primera olimpia

Véase Historia de los Indios, página 36, línea 23, y la nota al pié.

de la casa llamada castillo año segundo de la cuarta indiccion,
y así va de todas las otras casas hasta acabarse la hebdomada.
Cada una de estas casas tiene de número de 1 hasta 13, y cuatro veces 13 hacen una hebdomada que son 52 años. Las cosas
notables que acontecian ó vieron en el cielo ó en la tierra, ansí
como eclipse del sol ó de la luna, de cometas ú otra nueva señal, íbanlas escribiendo y pintando luego encomenzaban la
hebdomada ponian la casa del año, y los maestros del cómputo iban apuntando todas las cosas dignas de memoria, guerras, muertes de personas eminentes, terremotos, hambres,
mortandades, &c.

Va la cuenta de dos maneras : la una comienza del año de
seiscientos y noventa y cuatro, y prosigue hasta este presente
año de mil y quinientos y cuarenta (y dos ?) : la otra cuenta
va contando las hebdómadas : cada hebdómada tiene cuatro
indicciones, y cada indiccion tres olimpiadas. Prosigue·la
cuenta como hoja que tiene dos colunas. 694.

Esta es la relacion postrera de Sívola, y de más de cuatrocientas leguas adelante.

Desde *Culhuacan* á Sívola hay más de trescientas leguas, poco del camino poblado : hay muy poca gente : es tierra estéril
hay muy malos caminos : la gente anda del todo desnuda, salvo las mujeres, que desde la cintura abajo traen cueros de venados adobados blancos, á manera de faldillas hasta los piés.
Las casas que tienen son de *petlatles* hechos de cañas : son las
casas redondas y pequeñas, que apenas cabe un hombre en pie
dentro. Donde están congregados y donde siembran es tierra
arenosa : cogen maiz aunque poço y frisoles y calabazas, y
tambien se mantienen de caza, conejos, liebres y venados. No
tienen sacrificios. Esto es desde *Culhuacan* á Síbola.

Sívola es un pueblo de hasta ducientas casas : son á dos, y
tres.y cuatro y cinco sobrados : tienen las paredes de un palmo de ancho: los palos de la maderacion son tán gruesos como
por la muñeca, y redondos : por tablazon tienen cañas muy
menudas con sus hojas, y encima tierra presada : las paredes
son de tierra y barro : las puertas de las casas son de la ma-

nera de escotillones de navio : están las casas juntas, asidas
unas con otras : tienen delante de las casas unas estufas de
barro de tierra donde se guarecen en el invierno del frio, porque le hace muy grande, que nieva seis meses del año. De
esta gente algunos traen mantas de algodon y de maguey y
cueros de venados adobados, y traen zapatos de los mesmos
cueros hasta encima de las rodillas. Tambien hacen mantas
de pellejos de liebres y de conejos con que se cubren. Andan
las mujeres vestidas de mantas de maguey hasta los piés :
andan ceñidas : traen los cabellos cogidos encima de las orejas como rodajas : cojen maiz y frijoles y calabazas lo que les
basta para su mantenimiento, porque es poca gente. La tierra
donde siembran es toda arena : son las aguas salobres : es tierra muy seca : tienen algunas gallinas, aunque pocas : no saben qué cosa es pescado. Son siete pueblos en esta provincia
de Sívola, en espacio de cinco leguas : el mayor será de ducientas casas, y otros dos de á ducientas, y los otros á sesenta y á
cincuenta y á treinta casas.

Desde Sívola al rio y provincia de *Tibex* hay sesenta leguas :
el primer pueblo es cuarenta leguas de Sívola ; llámase *Acu-
co*. Este pueblo está encima de un peñol muy fuerte : será de
ducientas casas, asentado á la manera de Sívola, que es otra
lengua. Desde allí al rio de *Tiguex* hay veinte leguas. El rio
es cuasi tan ancho como el de Sevilla, aunque no es tan hondo : va por tierra llana : es buen agua : tiene algund pescado :
nace al norte. El que esto dice vió doce pueblos en cierto compás del rio : otros vieron más dicen el rio arriba, abajo todos
son pueblos pequeños, salvo dos que ternán á ducientas casas : estas casas con las paredes como á manera de tapias de
tierra é arena muy recias : son tan anchas como un palmo de
una mano. Son las casas de á dos y tres terrados : tienen la
maderacion como en Sivola. Es tierra muy fria : tiene sus estufas como en Sívola : y el asentando (hiélase tanto) el rio, que
pasaban bestias cargadas por él, y pudieran pasar carretas. Cogen maiz lo que han menester, y frisoles y calabazas : tienen
algunas gallinas, las cuales guardan para hacer mantas de la
pluma. Cogen algodon, aunque poco : traen mantas de ello,
y zapatos del cuero como en Sívola. Es gente que defiende bien

su capa, y desde su casa, que no curan de salir fuera. Es tierra toda arenosa.

Desde la provincia y rio de *Tiguex*, á cuatro jornadas toparon cuatro pueblos. El primero terná treinta casas. El segundo es buen pueblo grande destruido de sus guerras : tenia hasta treinta y cinco casas pobladas : el tercero hasta (*sic*). Estos tres son de la manera de los del rio en todo. El cuarto es un pueblo grande el cual está entre unos montes : llámase *Cicuic* : tenia hasta cincuenta casas con tantos terrados como los de Sívola : son las paredes de tierra y barro, como las de Sívola. Tienen harto maiz y frisoles y calabazas y algunas gallinas. A cuatro jornadas de este pueblo toparon una tierra llana como la mar, en los cuales llanos hay tanta multitud de vacas, que no tienen número : estas vacas son como las de Castilla, y algunas mayores, que tienen en la cruz una corva pequeña y son más bermejas, que tiran á negro : cuélgales una lana más larga que un palmo entre los cuernos y orejas y barba, y por la papada abajo y por las espaldas, como crines, y de las rodillas abajo todo lo más es de lana muy pequeñita, á manera de merino : tienen muy buena carne y tierna, y mucho sebo. Andando muchos dias por estos llanos, toparon con una ranchería de hasta ducientas casas con gente : eran las casas de los cueros de las vacas adobados, blancas, á manera de pabellones ó tiendas de campo. El mantenimiento ó sustentamiento de estos indios es todo de las vacas, porque ni siembran ni cogen maiz : de los cueros hacen sus casas, de los cueros visten y calzan, de los cueros hacen sogas y tambien de la lana : de los niervos hacen hilo con que cosen sus vestiduras y tambien las casas : de los huesos hacen alesnas : las boñigas les sirven de leña, porque no hay otra en aquella tierra : los buches les sirven de jarros y vasijas con que beben : de la carne se mantienen ; cómenla medio asada é un poco caliente encima de las boñigas, la otra cruda, y tomándola con los dientes, tiran con la una mano, y en la otra tienen un navajon de pedrenal y cortan el bocado ; ansí lo tragan como aves medio mascado : comen el sebo crudo, sin calentallo : beben la sangre ansí como sale de las vacas, y otras veces despues de salida, fria y cruda : no tienen otro mantenimiento esta gente. Tienen perros como los de esta tierra, salvo que son algo mayores, los cuales perros cargan como á bestias y les hacen sus enjalmas como albardillas y las cinchan con sus correas, y andan matados como bestias en las cruces. Cuando van á caza cárganlos de mantenimientos, y cuando se mueven estos indios porque no están de asiento en una parte, que se andan donde andan las vacas para se mantener, estos perros les llevan las casas, y llevan los palos de las casas arrastrando atados á las albardillas, allende la carga que llevan encima : podrá ser la carga, segund el perro, arroba y media y dios. Hay de este Síbola á estos llanos adonde llegaron treinta leguas y aun más. Los llanos proceden adelante, ni se sabe qué tanto. El capitan Francisco Vazquez fué por los llanos adelante con treinta de á caballo, y Fr. Juan de Padilla con él : toda la demas gente se volvieron á la poblacion del rio para esperar á Francisco Vazquez, porque ansí se lo mandó : no se sabe si es vuelto, &c.

Es la tierra tan llana, que se pierden los hombres apartándose media legua, como se perdió uno á caballo, que nunca más pareció, y dos caballos ensillados y enfrenados, que nunca más parecieron. No queda rastro ninguno por donde van, y á esta causa tenian necesidad de amojonar el camino por donde iban, para volver, con boñigas de vacas, que no habia piedras ni otra cosa.

Marco Polo veneciano en su tratado en el cap. XV trata y dice que á (ha visto ?) las mesmas vacas y de la mesma manera en la corcova ; y en el mesmo capítulo dice que tambien hay carneros tamaños como caballos.

Nicolás veneciano dió relacion á Micer Pogio florentino en el libro segundo cerca del fin dice como en la Etiopia hay bueyes con corcova como camellos, y tienen los cuernos largos de tres codos, y echan los cuernos encima sobre el espinazo, y hace un cuerno de estos un cántaro de vino.

Marco Polo en el capítulo ciento y treinta y cuatro dice que en la tierra de los tártaros hácia el norte, se hallan canes tan grandes ó poco menos que asnos, á los cuales echan uno como carro, y entran con ellos en una tierra muy lodosa, toda cenagales, que otros animales no podrian entrar ni salir sin se anegar, y por eso llevan perros.

— 333 —.

Consúltese con lo siguiente la *Lista de pueblos pertenecientes á Tezcuco*, publicada por mí en el volúmen IV de los «Anales del museo nacional de México. »

De estos pueblos que están aquí señalados y pintados la cabecera y señorío principal es *Tezcuco*, y los otros tienen sus nombres : todos ellos eran subjetos al señor de *Tezcuco*, y cada pueblo tenia señor despues que se casaron con hija del señor de Tezcuco, y por eso están aquí estas mujeres pintadas : todas fueron hijas de un gran señor de *Tezcuco*, llamado *Nezahualcoyocin*, el cual con sus hijas daba á sus maridos el señorío. Las figuras y nombres de los pueblos donde eran señores están escriptas sobre sus cabezas. Aquella señal y pintura que tienen tras sí al colodrillo es el nombre de cada una, y por donde se conoscia y pintaba el nombre propio, segund van declarados dos ó tres. Estos que están aquí dentro de esta casa son padre y hijo, dos muy grandes señores que aquí reinaron ochenta y seis años : el padre se llamó *Nezaualcuyocin*, y el hijo *Nezaualpilcintli* = *Vehxutla*; *Couatlichan*; *Chimalhuacan*; *Otompan*; *Teotiuacan*; *Acolma*; *Tepechpan*; *Teconyucan*; *Chiyaputla* (*Chiauhtlan*); *Chiuinahutla*; *Tollancinco*; *Quauhchinanco*; *Xicotepec*; *Pauatla*.

1ª lista

Estos (sic) pueblos que aquí están pintados no tenian más tributo de hacer y reparar las casas é obras del señor y de los templos, y para ellas buscaban y traian cal, piedra y madera é todos los materiales, y servian de leña medio año, é solo el palacio gastábase entre dia y noche una hacina de un estado en alto y diez brazas en largo, que entraban más de cuatrocientas cargas de indios.

Estos diez y seis pueblos que aquí están figurados eran subjetos á *Tezcuco*, y en ellos no habia señor sino mayores y principales que los regian. Todos eran como renteros del señor de *Tezcuco*, y demas de sus tributos tenia en estos pueblos el señor de *Tezcuco* muchas tierras que le labraban, y por eso están aquellos indios con sus *huictles* en las manos, que son las palas con que en esta Nueva España labran la tierra. Servian tambien su medio año de leña para la casa del señor.

A los templos del demonio otros habia que servian de leña : gastábase mucho más que no en el palacio : cuasi toda era

23

leña de encina ó de roble : con ambas partes más se gastaba
entre dia y noche de mill cargas de leña, sin muchas cargas
de tea con que se alumbraban. Tambien traian muchas cargas de cortezas de árboles secas que hacen buena lumbre y
en extremo muy buena brasa. — *Couatepec* ; *Yeztapacoca (Ix-
tlapaloca)* ; *Papalotla* ; *Xaltoca* ; *Auatepec* ; *Oztoticpac* ; *Coua-
tlacingo* ; *Axapuchco* ; *Azcaymeca (Aztaquemecan)* ; *Tizayu-
ca* ; *Tlauanapa (Tlallanapan)* ; *Tepepulco* ; *Cempuallan* ;
Coyoac ; *Oztotltlatlahucan* ; *Achichitlacachyocan (Achichi-
lacachyocan)*.

El tributo de estos sesenta y ocho pueblos (1) se recogia en
ciertas partes y pueblos principales, y allí estaban mayordomos mexicanos y de *Tezcuco* y de *Tlacopan* que recogidos los
tributos los repartian en tres tercios : el uno enviaba el mayordomo del señor de México, que es aquel que está asentado
en lo alto, y el otro el segundo señor de *Tezcuco*, que es
aquel que está asentado en el medio, y el otro tercio lleva el
señor de *Tlacopan*, que es el otro señor asentado en lo bajo :
las figuras que están en el campo en medio, es el número del
tributo que cada un año daban. — *Cozcaquahgochpantlan
(Cozcacuauhtlan y Tochpan)* ; *Te... tlazouallan (Tochmilco ?
y Tlazohuallan)* ; *Mazatlan* ; *Yyactecuicitla (Iyactecuitzatlan)* ;
Xochiquantla (Xochiquentla) ; *Chiconcouac* ; *Quahutlaaca-
pan* ; *YchcapeTLAZOTLAN* ; *Tetlpuztecca* ; *Quaxipeztecomatla* ;
Mayotlan (Moyotlan) ; *Sauicilco (Ahuitzilco)* ; *Amazcallapan
(Ametzcallapan)* ; *Tlatolloyan* ; *Tizapan* ; *Ollan* ; *Yxuac* ; *Teo-
titlan* ; *Ytzmatlan (Itzmatlan ?)* ; *Tlacoxuchitla* ; *Panzotlan
(Pantzontlan)* ; *Citlalpoua (Citlalpollan)* ; *Chinameca* ; *Quahu-
zaputitlan* ; *Teteltitlan* ; *Ciuateopan (Ciuateotitlan)* ; *Coua
apan* ; *Tepetlapan* ; *Quaxipeztecomatlan* ; *Maca apan* ; *Toco-*

(1) No hay más que 66 nombres; pero con el texto de los *Anales Antiguos
de México y sus contornos* (n° 4, 4ª lista) pueden reponerse los otros 2, pues
el primer nombre de la lista, que aqui es *Cozcaquahgochpantlan*, allá se
divide en 2 : *Cozcacuauhtlan* (37) y *Tochpan* (38) ; y el 2° nombre que está
escrito aqui, *Te... tlazouallan*, allá corresponde á 2 : *Tochmilco* (36) y
Tlazohuallan (35). Hay que advertir, sin embargo, que aqui está repetido
el nombre *Tecomuapan*, asi es que los 68 pueblos se reducen siempre á 67.

*lotlan (Tecolotlan) ; Ometlan ; Cemazac ; Ytzmatlan ; Atlxo-
xohuya (Atlxoxouhcan) ; iij Ytzcuinco ; Tlapolhuitlan (Tlapa-
llitlan) ; Tozpatlan ; Yxicayan ; Atecpan ; Papantlan ; Poua-
zantlan ; Tozpotonco (Tepoztonco) ; Omazatlan (Omacatlan) ;
Viloc ; Coahucalco (Cuauhcalco) ; Quezalcouatonco (Quetzal-
coatenco) ; Couatlachco ; Tollapan ; Quahuzapotla ; Xochmi-
tlan ; Coyochichimalco (Coyochimalco) ; Pollotlan ; Yezteca-
tlan (Eztecallan) ; Ocelotepec ; Tecoma apan (repetido) ;
Quahucallapan (Quauhcallapan) ; Patoltetipan ; Ayotepec ;
Miztontla ; Totoluacan ; Miyaua apan ; Tetlmocinpaca ; Teco
nin apan ; Apachiquahutle (Apachicuauhtla) ; Micquetlan.*

El tributo de estos treinta y tres pueblos (1) se recogia por
los mayordomos de los tres señores principales de esta tierra, que aquí están pintados por órden. México y *Tezcuco* partian igualmente : el de *Tlacopan* llevaba la metad que cada
uno de los primeros, de manera que los tributos se hacian cinco partes : el de México y *Tezcuco* llevaban cada dos, y el de
Tlacopan una parte. *Tlatlahuquitepec ; Tlapacoyan ; Cihu-
couac (Tziuhcoac) ; Tlacotepetl ; Civatla ; Cozoquitla (Cozo-
quentla) ; Tlapalichcatlan ; Tamaoc (Temoac) ; Tonalla ; Que-
chicolihuacan (Cuachical) ; Palzoquitla (Patzoquitlan) ; Xicalanco ; Tacatlan .(Tecatlan) ; Ayacachtepec ; Cozcatecutlan ;
Avatla ; Xochimilco ; Zocotetlan (Xocotitlan) ; Tezquicapan
(Teccizapan) ; Teonochtlan ; Chicontepec ; Chamolla ; Teo-
quauhtla ; Xocacapan ; Tanchol (Tenchol) ; Tecpan mollanco ;
Tlilzapo apan ; Teca tonalla ; xolla (Xolla) ; Mollanco ; Xochi-
tlan ; Tlamacaztlan.*

Lo mesmo que arriba está dicho en la tercera casa de aquellos muchos pueblos, es de decir de estos XII (2) que aquí están figurados ; que los tributos de ellos se repartian por los
tres ya dichos señores de México, *Tezcuco, Tlacopan.* — *Toch-
tepec ; Otlatetlan ; Xalapan ; Tezinacan otoc ; Zoyatepec ; Tle-*

4ª lista.

5ª lista.

(1) Solo hay 32 en lista ; pero en los « Anales Antiguos de México y sus
contornos » (n° 4, 3ª lista) se lee el nombre de otro, que es *Tamazollan.*
(2) La 5ª lista de la pieza n° 4 en los « Anales antiguos de México » trae
otros dos pueblos que son *Cacamolhuhcan* y *Yecatitlan.*

quahutlan ; Ychtatlan ; Oxitlan ; Poctlan ; Chiltepec ; Tlaco-
apan ; Quichollan.

Quauhnauac con los otros ocho pueblos que aquí están pintados, el señorio y todos los tributos eran del señor de *Tezcuco.*
Estos naturales pintan al reves de nosotros estos (esto es) de

6ª lista. arriba para abajo ; por eso está la cabeza, que es *Quauhnauac*
en lo bajo (1). *Coahunauac ; Atlpoyecca ; Miacatlan ; Maza-*
tepec ; Tlaquiltenanco ; Zacatepec ; Ollintepec ; Ocopetlatla ;
Vevetlizatlan.

CAPÍTULO 29

EN EL CUAL SE CONVIDAN LOS CONQUISTADORES PRIMEROS Y LOS ESPI-RITUALES CONQUISTADORES Y LOS ANGELES Á HACER CÁNTICO NUE-VO DE HACIMIENTO DE GRACIAS AL SEÑOR.

Si estos naturales tenian cantaban á sus dioses hacian nuevos cantares, los cuales dioses, segun la verdad y el profeta
que lo afirma, todos son demonios, á nuestro verdadero Dios
que hizo los cielos y la tierra, el mar y todo lo que en ellos es,
al cual se debe himno y cantar de los cánticos de Sion por las
muchas victorias y maravillas que en esta tierra ha obrado,
mucha razon seria que oviese quien le hiciese nuevo cantar,
pero quién le hará ? que yo confieso mi grande inhabilidad y
mayor indignidad, porque para hacer nuevo cantar y nueva
alabanza requiérese buen órgano, buena garganta y buena
lengua, lo cual en extremo yo no tengo.

(1) En la pieza citada de los « Anales de México » la lista donde se halla
Cuauhnáhuac es la 1ª del documento.

ÍNDICE

23.

Acabóse de copiar á 3 de Enero de 1873.

(G. I.)

9471-03. — Corbeil. Imprenta de Éd. Crété.

p
p
ε
h

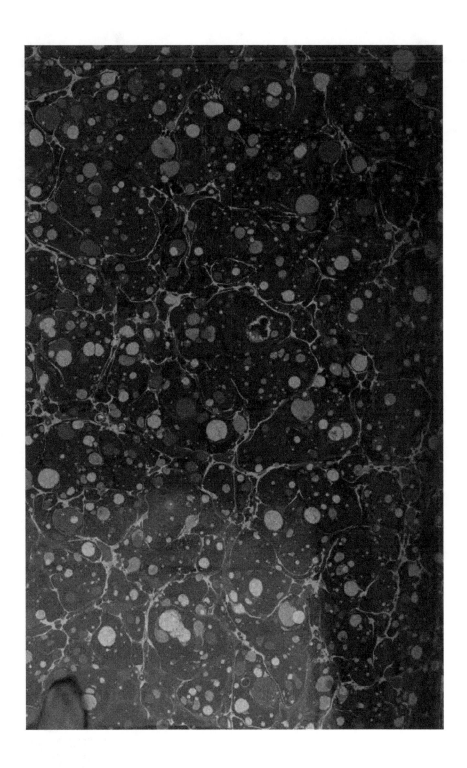

CPSIA information can be obtained
at www.ICGtesting.com
Printed in the USA
LVHW101309081019

633554LV00021B/239/P